ESTUDOS DE DIREITO TRIBUTÁRIO

EM HOMENAGEM AO PROFESSOR ROQUE ANTONIO CARRAZZA

Volume 3

ESTUDOS DE DIREITO TRIBUTÁRIO

em Homenagem ao Professor ROQUE ANTONIO CARRAZZA

FERNANDA DRUMMOND PARISI
HELENO TAVEIRA TÔRRES
JOSÉ EDUARDO SOARES DE MELO
(Coordenadores)

VOLUME 3

PARTE I – PLANEJAMENTO TRIBUTÁRIO E SANÇÕES TRIBUTÁRIAS

PARTE II – ADMINISTRAÇÃO TRIBUTÁRIA E DIREITO PROCESSUAL TRIBUTÁRIO

CAROLINA HAMAGUCHI • DANIEL LEIB ZUGMAN
EDUARDO ARRUDA ALVIM • EDUARDO DOMINGOS BOTTALLO
EDUARDO FORTUNATO BIM • EURICO MARCOS DINIZ DE SANTI
FABIANA DEL PADRE TOMÉ • FERNANDO BONFÁ DE JESUS • JONATHAN BARROS VITA
JORGE BRAVO CUCCI • JOSÉ MANOEL DE ARRUDA ALVIM NETTO
MARIA LEONOR LEITE VIEIRA • MARIA RITA FERRAGUT
MARY ELBE QUEIROZ • PAULO ROBERTO COIMBRA SILVA
RENATO LOPES BECHO • RICARDO MARIZ DE OLIVEIRA
SUZY GOMES HOFFMANN

MALHEIROS EDITORES

ESTUDOS DE DIREITO TRIBUTÁRIO
em Homenagem ao Professor
ROQUE ANTONIO CARRAZZA

ISBN DA COLEÇÃO: 978-85-392-0234-8
ISBN DO VOLUME 1: 978-85-392-0237-9

Rua Paes de Araújo, 29, conjunto 171
CEP 04531940 — São Paulo — SP
Tel.: (11) 30787205 – Fax: (11) 31685495
URL: www.malheiroseditores.com.br
email: malheiroseditores@terra.com.br

Composição
Acqua Estúdio Gráfico Ltda.

Capa
Criação: Vânia L. Amato
Arte: PC Editorial Ltda.

Impresso no Brasil
Printed in Brazil
04.2014

PLANO DA OBRA

VOLUME 1

PARTE I – **PRINCÍPIOS CONSTITUCIONAIS TRIBUTÁRIOS**

PARTE II – **DIREITO TRIBUTÁRIO E DIREITOS FUNDAMENTAIS**

PARTE III – **COMPETÊNCIA TRIBUTÁRIA E CONTRATOS ADMINISTRATIVOS**

PARTE IV – **NORMAS GERAIS EM MATÉRIA TRIBUTÁRIA E TEORIA DAS OBRIGAÇÕES**

VOLUME 2

PARTE I – **TRIBUTOS FEDERAIS**

Parte II – **TRIBUTOS ESTADUAIS**

PARTE III – **TRIBUTOS MUNICIPAIS**

VOLUME 3

PARTE I – **PLANEJAMENTO TRIBUTÁRIO E SANÇÕES TRIBUTÁRIAS**

PARTE II – **ADMINISTRAÇÃO TRIBUTÁRIA E DIREITO PROCESSUAL TRIBUTÁRIO**

COLABORADORES

CAROLINA HAMAGUCHI

Mestre em Direito Tributário – Advogada

DANIEL LEIB ZUGMAN

Mestrando na Escola de Direito de São Paulo da Fundação Getúlio Vargas/Direito GV – Pesquisador do Núcleo de Estudos Fiscais da Direito GV

EDUARDO ARRUDA ALVIM

Mestre (1996) e Doutor (2007) em Direito pela PUC/SP – Professor (bacharelado, especialização, mestrado e doutorado) da PUC/SP e da Faculdade Autônoma de Direito/ FADISP

EDUARDO DOMINGOS BOTTALLO

Mestre, Doutor e Livre-Docente em Direito Tributário – Foi Professor Associado da Faculdade de Direito da USP, Cursos de Graduação e Pós-Graduação – Presidente Honorário do Instituto Geraldo Ataliba/IDEPE

EDUARDO FORTUNATO BIM

Procurador Federal – Mestre em Direito pela UNIMEP – Doutorando em Direito do Estado pela USP – Professor na FACAMP

EURICO MARCOS DINIZ DE SANTI

Mestre (1995) e Doutor (2000) em Direito Tributário pela PUC/SP – Professor de Direito Tributário da Direito GV – Professor e Coordenador do Curso de Especialização em Direito Tributário do GV *Law* e Coordenador do Núcleo de Estudos Fiscais da Fundação Getúlio Vargas-NEF/Direito GV – Vencedor do *Prêmio Jabuti* em 2008, na categoria de "Melhor Livro de Direito" (1º lugar), com a obra *Curso de Direito Tributário e Finanças Públi-*

cas, Editora Saraiva – Prêmio *Livro do Ano* pela Academia Brasileira de Direito Tributário/ABDT para a obra *Lançamento Tributário* (originariamente, dissertação de Mestrado), atualmente publicada pela Editora Saraiva

FABIANA DEL PADRE TOMÉ

Mestre e Doutora em Direito Tributário pela PUC/SP – Professora dos Cursos de Pós-Graduação *Stricto Sensu* e *Lato Sensu* da PUC/SP – Professora do Curso de Especialização em Direito Tributário do IBET – Advogada

FERNANDO BONFÁ DE JESUS

Doutor e Mestre em Direito Tributário pela PUC/SP – Professor dos Cursos de Pós-Graduação em Direito Tributário da FAAP, IBMEC, Escola Superior do Ministério Público/ESMP e EPD – Economista e Advogado

JONATHAN BARROS VITA

Advogado, Consultor Jurídico e Contador – Especialista em Direito Tributário pelo Instituto Brasileiro de Estudos Tributários/IBET-SP – Mestre e Doutor em Direito Tributário pela PUC/SP – Mestre em Segundo Nível em Direito Tributário da Empresa pela Universidade Comercial Luigi Bocconi/ Milão (Itália) – Professor do Mestrado em Segundo Nível em Direito Tributário da Empresa na Universidade Comercial Luigi Bocconi, do Mestrado e da Graduação da UNIMAR e das Especializações em Direito Tributário da PUC/SP-COGEAE, IBET, FAAP e EPD e em Direito Internacional da EPD – Conselheiro do Conselho Administrativo de Recursos Fiscais/CARF e do Conselho Municipal de Tributos de São Paulo – Juiz do Tribunal de Impostos e Taxas do Estado de São Paulo – Secretário da Comissão Especial de Direito Tributário do Conselho Federal da OAB – Sócio do IBDT, da ABDF, IFA, IASP, CBAr e CONPEDI

JORGE BRAVO CUCCI

Professor de Direito Tributário da PUC/Peru

JOSÉ MANOEL DE ARRUDA ALVIM NETTO

Doutor em Direito – Professor do Mestrado e do Doutorado da PUC/SP – Advogado

MARIA LEONOR LEITE VIEIRA

Mestre e Professora da PUC/SP/COGEAE, do IBET e do IGA-IDEPE – Advogada

Maria Rita Ferragut

Livre-Docente pela USP – Mestre e Doutora em Direito Tributário pela PUC/SP – Autora e coautora de diversos livros, dentre os quais *Presunções no Direito Tributário e Responsabilidade Tributária e o Código Civil de 2002* – Advogada em São Paulo

Mary Elbe Queiroz

Pós–Doutoramento em Direito Tributário pela Faculdade de Direito da Universidade de Lisboa/Portugal – Doutora em Direito Tributário (PUC/SP) e Mestre em Direito Público (UFPE) – Pós-Graduação em Direito Tributário pela Universidade de Salamanca/Espanha e Universidade Austral/Argentina – Presidente do Centro de Estudos Avançados de Direito Tributário e Finanças Públicas do Brasil/CEAT-Brasília/DF – Presidente do Instituto Pernambucano de Estudos Tributários/IPET-Recife/PE – Membro Titular Imortal da ANE/Academia Brasileira de Ciências Econômicas, Políticas e Sociais do Brasil – Coordenadora do Curso de Pós-Graduação do IBET/Instituto Pernambucano de Estudos Tributários-IPET em Recife/PE – Professora de Cursos de Pós-Graduação

Paulo Roberto Coimbra Silva

Professor de Direito Tributário e Financeiro da UFMG – Doutor e Mestre em Direito Tributário

Renato Lopes Becho

Bacharel em Direito pela UFMG – Especialista em Cooperativismo pela UNISINOS/RS – Mestre, Doutor e Professor de Direito Tributário na PUC/SP – Livre-Docente em Direito Tributário pela USP – Juiz Federal em São Paulo/SP

Ricardo Mariz de Oliveira

Especialista em Direito pela USP – Presidente do Instituto Brasileiro de Direito Tributário/IBDT – Advogado

Suzy Gomes Hoffmann

Doutora em Direito do Estado pela PUC/SP – Advogada – Vice-Presidente do Conselho Administrativo de Recursos Fiscais/CARF

PREFÁCIO

Temos a satisfação, coordenadores e autores, de oferecer nosso máximo reconhecimento ao jurista ROQUE ANTONIO CARRAZZA, Professor Titular de Direito Tributário da PUC/SP, consagrado autor e conferencista, líder de Escola, mas especialmente um ser humano generoso, de espírito leve e repleto de virtudes, magnânimo e elevado em princípios.

Reverências acadêmicas postulam merecimentos apurados pelo tempo e pelas obras havidas. Era já tempo justo para o seu *Festschrift*, como mencionam os alemães, ou *Libro in Onore*, na forma italiana, em louvor do nosso querido amigo. E não há dúvida de que esse sentimento é igualmente difuso entre todos aqueles que tiveram o privilégio de compartilhar da sua convivência intelectual, como alunos, leitores e ouvintes, pela sua vasta erudição e seus conhecimentos jurídicos, mas também pelo dom do manejo do vernáculo de modo tão autêntico.

Nesta oportunidade registramos sua grandiosa e inestimável contribuição à Ciência Jurídica e à formação de inúmeros estudiosos do direito tributário, labores intelectuais que se sedimentaram em tantas obras, de amplo reconhecimento acadêmico e profissional, sendo motivo de orgulho para todos aqueles que se unem em torno dessa homenagem.

Nos dizeres de Platão, "quem ama extremamente deixa de viver em si e vive no que ama". Estas são palavras que ilustram bem a dedicação do nosso homenageado à Ciência, como se vislumbra de seu rico percurso científico e profissional.

No seu talento extraordinário, além da vasta cultura extrajurídica, obteve conquistas e méritos que foram reconhecidos muito cedo, frutos do seu peculiar brilhantismo e da dedicação ímpar ao extenuante trabalho de estudar, pensar e desvendar as nuanças das normas jurídicas e explicitá-las em sua escrita. Sem dúvida, uma contribuição original e definitiva à construção do nosso direito tributário.

Nas origens, foram as fecundas e primordiais lições de Geraldo Ataliba (precursor e líder da Escola Paulista de Direito) que serviram para talhar sua formação primordial. Convivendo com o saudoso Mestre, apurou seu rigor científico, a se desvelar no estudo dos indissolúveis laços entre os vieses constitucional, administrativo e tributário – que caminham de mãos dadas (na visão do homenageado) e se harmonizam em plena sistematização.

Sua *formação acadêmica* foi insculpida integralmente na Pontifícia Universidade Católica de São Paulo (PUC/SP). Obteve o grau de Bacharel em Direito (1972), depois os títulos de Mestre em Direito do Estado (1976), Doutor em Direito Tributário (1978) e Livre-Docente em Direito (1985). Ao mesmo tempo, exercia a docência nos Cursos de Graduação e de Pós-Graduação, até culminar na sua aprovação no concurso para Professor Titular de Direito Tributário, em 1989.

A história do eminente Professor pode ser definida como verdadeira história de amor. Além de ter estudado naquela prestigiosa Universidade, tornou-se um dos seus mais importantes docentes, associado sempre à linha acadêmica e à instituição de modo indelével. Sempre foi Professor do Curso de Bacharelado, da Pós-Graduação *Lato Sensu* (Extensão e Especialização) e *Stricto Sensu* (Mestrado e Doutorado), e exerceu as funções de Chefe do Departamento de Relações Tributárias, Econômicas, Comerciais – Departamento IV (1991 a 2013), Vice-Diretor da Faculdade de Direito (1979 a 1981) e Vice-Coordenador e Coordenador do Programa de Pós-Graduação em Direito (1983 a 1991).

Sua vocação para a docência acadêmica é evidenciada pela fineza e pelo respeito que devota aos alunos, com permanente vocação para o estímulo da sabedoria, acolhendo-os com cordialidade e despertando-lhes a confiança para evoluírem nos âmbitos intelectual, profissional e pessoal.

Reiteradas vezes os alunos convidaram-no para paraninfo e patrono de turmas, expressando o grande afeto e a admiração pelo autêntico *Scholar*, característica da pessoa profunda em seus misteres, que tem conhecimento especializado e qualificado de determinada matéria.

Mas não só. Fora da Universidade, compartilhou seu conhecimento em centenas de palestras proferidas em todos os Estados, em aulas, congressos, simpósios, tornando-se um dos maiores expoentes da Didática. Sempre cativou as plateias, que permanecem extasiadas com sua retórica e capacidade de difundir suas ideias e conhecimentos, em franca dedicação ao direito tributário. Ademais, foi Professor (várias décadas) de curso preparatório de concursos públicos.

Sua carreira jurídica teve início com atuação significativa no *Ministério Público*. Aprovado em concurso público (1973) – contando apenas um ano de formado em Direito –, atuou em diversas Comarcas do Interior de São Paulo, Varas Criminais, Curadorias etc. na Capital, tendo sido promovido ao cargo de Procurador de Justiça (1984) com apenas 35 anos de idade, aposentando-se em 1996.

Nas suas múltiplas atividades, tem participado ativamente na formação de juristas, advogados, professores e discípulos, o que se desvela na sólida e precisa orientação de mais de 80 mestres e 20 doutores, além de integrar mais de 200 bancas examinadoras de Mestrado, Doutorado, Livre-Docência e Titularidade e concursos públicos, em renomadas universidades.

Autor de diversas e substanciosas obras, é referência doutrinária da mais alta estirpe. Não há estudante ou profissional do Direito dos setores público e privado que não o conheça ou não cite seus livros em trabalhos acadêmicos ou profissionais. Os precedentes judiciais de nossos mais altos Tribunais são o melhor registro desse permanente respeito, amparados em suas sólidas lições doutrinárias, pareceres ou argutas sustentações orais versando sobre intrincadas questões jurídicas.

Na sua laboriosa *produção científica* destacam-se os seguintes livros: *Curso de Direito Constitucional Tributário*, *ICMS*, *Imposto sobre a Renda – Perfil Constitucional e Temas Específicos*, *Reflexões sobre a Obrigação Tributária*, *O Sujeito Ativo da Obrigação Tributária*, *O Regulamento no Direito Tributário Brasileiro*, *Princípios Constitucionais Tributários e Competência Tributária*, *A Imunidade Tributária das Empresas Estatais Delegatárias de Serviços Públicos*, *Imunidade Tributária das Fundações de Direito Privado, sem Fins Lucrativos*, e outros escritos. Afora estes, foram publicados artigos doutrinários diversificados, na forma de estudos e pareceres, em diversas obras coletivas e em revistas especializadas, das quais a *Revista de Direito Tributário*, publicada pela Malheiros Editores e organizada pelo IDEPE, sempre recebeu especial atenção.

As sucessivas reedições dos seus livros de maior evidência, como o *Curso de Direito Constitucional Tributário* e o *ICMS*, ambos editados pela Malheiros Editores, são reveladoras do respeito que devota aos seus leitores, pela preocupação em manter o texto atualizado, com as novidades legislativas e jurisprudenciais, afora as construções teóricas atuais.

A magnitude de sua contribuição às letras do Direito também é inferida por sua honrosa participação em diversas entidades acadêmicas, dentre outras: Membro da Academia Paulista de Direito – Titular da Cadeira 39 –, da qual foi seu Presidente (até 2009); Membro da Academia Brasileira de Direito Tributário – Titular da Cadeira 19; Membro do Conselho Superior de Direito da Federação do Comércio do Estado de São Paulo; Consultor da Comissão do Contencioso Administrativo Tributário da OAB/Seção de São Paulo; Conselheiro do Conselho de Altos Estudos de Finanças e Tributação/CAEFT da Associação Comercial de São Paulo.

As diversificadas e exponenciais atividades jurídicas e tantos méritos pessoais confirmam o homenageado como Jurista consagrado e merecedor do reconhecimento permanente de todos os seus admiradores e pela comunidade jurídica (nacional e internacional).

Enfatizamos a qualidade rara de humanismo e afetividade com os amigos, seu humor refinado e inteligente, figura humana ímpar e que tem marcado nossas vidas, com riqueza de gentilezas, amabilidade, cortesia e tantas outras qualidades. Profundos sentimentos de gratidão, admiração e estima animam, pois, nossas mentes e nossos corações ao devotarmos reconhecimento e rendermos essa justa e merecida homenagem ao notável professor ROQUE ANTONIO CARRAZZA.

FERNANDA DRUMMOND PARISI
HELENO TAVEIRA TÔRRES
JOSÉ EDUARDO SOARES DE MELO

SUMÁRIO

Parte II
ADMINISTRAÇÃO TRIBUTÁRIA E DIREITO PROCESSUAL TRIBUTÁRIO

Parte I

PLANEJAMENTO TRIBUTÁRIO E SANÇÕES TRIBUTÁRIAS

- *Apontamentos sobre Planejamento Fiscal, Interpretação Econômica do Direito Tributário e Norma Geral Antielisiva*
- *Responsabilidade dos Sócios e Administradores por Dívidas Fiscais de Empresas*
- *Da Norma Antielisiva no Ordenamento Jurídico Tributário*
- *Los Principios Aplicables a la Potestad Sancionadora*
- *O Combate ao Comportamento Abusivo no Direito Tributário Brasileiro*
- *Os Princípios Gerais da Repressão e suas Influências sobre as Potestades Punitivas da Administração Fazendária*
- *Reflexões sobre a Vontade, a Intenção e o Motivo (Objeto e Causa) no Mundo Jurídico*

APONTAMENTOS SOBRE PLANEJAMENTO FISCAL, INTERPRETAÇÃO ECONÔMICA DO DIREITO TRIBUTÁRIO E NORMA GERAL ANTIELISIVA

CAROLINA HAMAGUCHI

1. Considerações iniciais. 2. Planejamento tributário. 3. Da interpretação econômica do direito tributário. 4. Do Código Tributário Nacional. 5. Da denominada norma geral antielisiva.

Para nós, é motivo de grande alegria e honra participar de homenagem ao grande professor e jurista Roque Antonio Carrazza, verdadeiro exemplo a seguir. Sua dedicação e seu respeito para conosco, seus alunos da Graduação e Pós-Graduação, revelam sua grandeza de espírito e humildade, daquele que está sempre disposto a discutir temas e pontos de vista. Aqui deixamos nossa gratidão por suas lições, que não se cingem a suas inúmeras obras, mas também ao convívio nas salas de aula. Que mais e mais alunos tenham a oportunidade de compartilhar e desfrutar de suas lições, tão valiosas para os estudiosos do Direito!

1. Considerações iniciais

A temática do planejamento fiscal não é atual. A discussão já existia à época do advento do Código Tributário Nacional, Lei 5.172/1966. Todavia, sua antiguidade – se assim podemos dizer – não tira a polêmica acerca de seus contornos, mormente em razão da interpretação que tem sido dada atualmente por tribunais administrativos, em especial pelo Conselho Administrativo de Recursos Fiscais/CARF.

Como toda análise científica, necessária a análise sistemática acerca do tema em apreço, pois, como já dizia Geraldo Ataliba, “o estudo de qualquer realidade (...) será mais proveitoso e seguro se o agente é capaz de perceber e definir o sistema formado pelo objeto e aquele maior, no qual se insere".[1]

Todavia, a despeito da necessidade de análise sistemática e de o tema envolver, intrinsecamente, os princípios da segurança jurídica e da legalidade, o foco do presente artigo volta-se para a interpretação econômica do direito tributário, sua origem e aplicabilidade.

Sem a menor pretensão de esgotar o assunto, dividimos com o leitor o objeto de nossas pesquisas e reflexões acerca do tema.

Passemos às nossas considerações.

2. Planejamento tributário

Segundo Hugo de Brito Machado,[2] não há uniformidade terminológica na doutrina: alguns se utilizam do vocábulo "evasão" para designar a forma ilícita de economizar tributo e "elisão" para designar a forma lícita.

Referido autor revela que, contrariando a mencionada utilização, prefere utilizar "evasão" para designar a conduta lícita e "elisão" para a conduta ilícita. Explica que "elidir" é "eliminar" ou "suprimir", e somente se pode eliminar o que já existe. Dessa forma, quem eliminar o tributo age ilicitamente, pois a relação tributária já existiria. Por outro lado, "evadir-se" é "fugir", e quem foge está evitando, podendo ser ato preventivo. Assim, para o autor, quem evita pode estar agindo licitamente, pelo quê "evasão" seria, em seu entendimento, a conduta lícita.

Curiosidade terminológica à parte, em ampla concepção, planejamento tributário é a forma pela qual o contribuinte planeja sua atividade econômica de forma a diminuir a carga tributária sem, contudo, resvalar em ilegalidade.

Para Heleno Taveira Tôrres planejamento tributário é a "técnica de organização preventiva de negócios, visando a uma lícita economia de tributos, independentemente de qualquer consequência dos atos praticados".[3]

1. Geraldo Ataliba, *Sistema Constitucional Tributário Brasileiro*, São Paulo, Ed. RT, 1968, p. 4.

2. Hugo de Brito Machado, *Direitos Fundamentais do Contribuinte e a Efetividade da Jurisdição*, São Paulo, Atlas, 2009, pp. 53-54.

3. Heleno Taveira Tôrres, "Limites do planejamento tributário e a norma brasileira antissimulação (Lei Complementar 104/2001)", in Valdir de Oliveira Rocha

Na prática, a economia de tributos por meio de planejamento tributário pode evitar totalmente a incidência do tributo, pode diminuir o montante ou retardar seu recolhimento.

Por vezes o próprio Estado incentiva o planejamento tributário, como bem observa Renato Lopes Becho:[4]

> Por vezes, o planejamento tributário decorre da identificação, pelo contribuinte, de uma brecha na lei, o que só é possível se o sistema jurídico for visto como lacunoso. Mas não só. Por vezes, o próprio Estado incentiva o planejamento tributário, quando cria situações que levem à redução da carga fiscal, ou pela concessão de uma isenção, dentre outras hipóteses. Esse tipo de planejamento é incentivado pelo Estado, não havendo conflito entre o sujeito ativo e o passivo.

Nesse sentido, por que não denominar de "planejamento tributário" a atitude do contribuinte que deixa de pagar tributos porque sabe que está por vir um parcelamento que o eximirá parcial ou totalmente de juros e multa?

Sabemos que no âmbito da Administração Pública Federal, nos últimos 10 anos, foram concedidos parcelamentos com redução considerável ou total de juros e multa, nos seguintes anos-calendário:

	Ano	**Parcelamento**	**Legislação**
1	2000	REFIS	Lei 9.964/2000
2	2003	PAES	Lei 10.684/2003
3	2006	PAEX	MP 303/2006
4	2009	"REFIS da crise"	MP 470/2009 e Lei 11.941/2009

(coord.), *Grandes Questões Atuais do Direito Tributário*, vol. 5, São Paulo, Dialética, 2001, p. 103.

4. Renato Lopes Becho, "Planejamento tributário. Estudo sobre a evasão e a elisão tributárias", in Paulo César Conrado e Sérgio Gonini Benício (coords.), *Direito Público: Atualizado com o Novo Código Civil*, São Paulo, Federal, 2005, pp. 214-215.

Existem severas críticas acerca da conduta da Administração Pública Federal na edição dos referidos parcelamentos, pois os percentuais de redução de multa e juros são expressivos e haveria "benevolência" com as empresas devedoras interessadas.

Temos opinião de que se trata de parcelamentos que, sob o ponto de vista do princípio da isonomia e da *res* pública, não guardam consonância com o melhor Direito, pois nos parece que o fator *discrímen* está invertido: é premiado o contribuinte devedor, que muitas vezes, por planejamento tributário, deixa de recolher tributo no aguardo de beneplácito do Estado. Acreditamos, ainda, que parcelamentos "especiais" acabam por incentivar a litigiosidade, pois o contribuinte, em certos casos, embora saiba que sairá vencido na defesa administrativa/judicial, prolonga a discussão no tempo – repita-se –, por planejamento tributário, no aguardo de parcelamento "especial".

As isenções, conforme assinalado por Renato Lopes Becho, assim como os parcelamentos a que os referimos são espécies de planejamentos tributários em relação aos quais não há resistência da Administração Pública. O que queremos pontuar, nesse sentido, é que existem planejamentos que são incentivados pela Administração.

Parece-nos que a tônica acerca do planejamento tributário emergiu com a obra de Marco Aurélio Greco,[5] *Planejamento Tributário*, que segundo o próprio autor relata, foi denominada de responsável pela abertura da "caixa de Pandora".[6]

Referido autor divide as fases do debate acerca dos limites do planejamento fiscal da seguinte forma: (a) primeira fase, em que havia liberdade absoluta do contribuinte para economizar tributo, o direito à auto-organização, salvo atos ilícitos após a ocorrência do fato gerador ou com simulação;[7] (b) segunda fase, em que são destacados, além da simulação, outros tipos de patologia do negócio jurídico: o abuso de direito e a fraude à lei;[8] e (c) a terceira fase, em que a liberdade do contribuinte não é mais absoluta, deve ser interpretada conjuntamente com o princípio da capacidade contributiva e a concepção de solidariedade social.[9]

5. Marco Aurélio Greco, *Planejamento Tributário*, 2ª ed., São Paulo, Dialética, 2008.

6. Idem, p. 7.

7. Idem, p. 126.

8. Idem, p. 186.

9. Idem, p. 307.

Segundo a última vertente, mesmo que diante de atos lícitos, ilesos de qualquer ilegalidade, não pode o contribuinte lançar mão de absoluta liberdade, pois a tributação deveria ser analisada sob a perspectiva da capacidade contributiva e da solidariedade social dela decorrente.

Marco Aurélio Greco[10] destaca que o planejamento tributário somente encontrará guarida no sistema se a operação tiver justificativa que se baseie em: (a) existência de motivo e finalidade não predominantemente tributários; (b) a congruência da manifestação de vontade em relação ao motivo e à finalidade; e (c) a função a que se destina o ato, dentro da atividade econômica exercida pelo contribuinte.

Em outras palavras: o planejamento tributário que se prestasse somente à economia de tributos não seria válido e, portanto, estaria à mercê de descaracterização pelo Fisco. Necessário que o planejamento esteja inserido dentro do contexto da atividade econômica exercida pelo contribuinte e, mais, haja outro motivo que não tributário para que o negócio jurídico tenha sido realizado daquela forma (e não da forma mais onerosa).

Com as devidas homenagens ao autor, não corroboramos com sua opinião, pois a elevação da capacidade contributiva (e da consequente solidariedade) a patamar de princípio absoluto nos levaria, em última análise, à violação, além da legalidade, dos princípios da igualdade, liberdade e propriedade, pedras fundamentais. Ao Estado seria atribuída arma para tributar, retirando-se do contribuinte a possibilidade de questionar a tributação, pois qualquer alegação de direito acerca de ilegalidade ou inconstitucionalidade do tributo se deparará com os muros da capacidade contributiva e da solidariedade.

Analisemos duas hipotéticas situações. Visualizemos o exemplo do contribuinte que vai a juízo questionar a legalidade ou a constitucionalidade de tributo. Não deixa de ser um planejamento tributário, pois visa à diminuição dos tributos suportados pelo contribuinte. Nesse exemplo, se levadas em consideração a capacidade contributiva e a solidariedade, a resposta a qualquer questionamento será no sentido da legalidade e da constitucionalidade, em razão dos mencionados princípios. Ora, o contribuinte não poderia ser desonerado do pagamento de tributo pago por outro contribuinte em igual situação, pois seria ferida

10. Idem, p. 356.

a concorrência leal. Por outro viés, caso consiga levar o processo ao cabo e ver reconhecido que a exação era indevida (o que desacreditamos, pois os princípios da capacidade contributiva e da solidariedade vedariam o reconhecimento como tal), em razão do princípio da moralidade da Administração (art. 37, *caput*, da CF) e também, novamente, da capacidade contributiva e solidariedade, o Estado teria o dever de restituir *sponte propria* o tributo indevidamente recolhido a todos os contribuintes alçados à mesma situação – note-se – independentemente de se ter ido a juízo. Dessa forma, para nós, as justificativas da capacidade contributiva e da solidariedade não podem embasar a pretensão do Estado de vedar o planejamento tributário, pois estariam instauradas a insegurança jurídica e a violação aos princípios da igualdade, da propriedade e da liberdade.

Realizada essa análise panorâmica acerca da definição e fases de interpretação do planejamento tributário, passemos a algumas reflexões acerca da interpretação econômica do direito tributário, que legitima a sobreposição da substância sobre a forma.

3. Da interpretação econômica do direito tributário

O direito tributário preocupa-se com o fenômeno econômico[11] existente por trás de atos civis, comerciais etc.

Importam ao direito tributário o conteúdo patrimonial, a circulação de riqueza revelada por atos ou fatos eleitos pelo legislador, descritos na legislação. Trata-se, a bem dizer, da determinação objetiva de índices de capacidade contributiva. Por exemplo: em uma operação de compra e venda, enquanto o direito comercial se preocupará com a transferência regular da propriedade da coisa, ao direito tributário será objeto de interesse o fenômeno econômico subjacente à operação.

A CF de 1946 previa, em seu art. 202: "Os tributos terão caráter pessoal sempre que isso for possível, e serão graduados conforme a capacidade *econômica* do contribuinte" (grifamos).

Desta forma, sob sua égide Ruy Barbosa Nogueira[12] lecionou que a Constituição Federal reconhecera que a lei jurídica tem conteúdo

11. Geraldo Ataliba, *Apontamentos de Ciências das Finanças, Direito Financeiro e Tributário*, São Paulo, Ed. RT, 1969, p. 295.

12. Ruy Barbosa Nogueira, *Da Interpretação e da Aplicação das Leis Tributárias*, 2ª ed., São Paulo, Ed. RT, 1965, p. 43.

econômico, concluindo que o direito tributário deve realizar dentro das formas do Direito os fins econômicos propostos pelas outras ciências financeiras.

Referido autor diz que no direito tributário as leis têm conteúdo incontestavelmente de natureza econômica, pois os índices de riqueza ou de capacidade contributiva é que são objeto de tributação.

Geraldo Ataliba leciona (utilizamos o verbo no presente, pois suas lições são sempre tão atuais) que "a interpretação, por definição, é atividade jurídica que deve ser desempenhada de acordo com os cânones científicos".[13] Daí por que haveria contradição em termos na expressão "interpretação econômica", tão utilizada na doutrina, pois não haveria interpretação econômica, mas tão somente interpretação jurídica.

Para Ricardo Lobo Torres[14] o método teleológico de interpretação leva em consideração a finalidade e o objetivo da norma. Na seara tributária traduz-se na interpretação econômica (ou consideração econômica – *wirtschaftliche Betrachtungsweise* para os alemães) ou na interpretação funcional dos italianos.

Referido jurista analisa o art. 109 do CTN[15] e afirma tratar-se de norma conflituosa, pois sua primeira parte preceitua que "os princípios gerais do direito privado utilizam-se para pesquisa da definição, do conteúdo e do alcance de seus institutos, conceitos e formas", e a parte final a ressalvar a "definição dos respectivos efeitos tributários". O autor proclama que referido dispositivo é conflitante, pois não se pode isolar a forma do conteúdo, nem o conceito da finalidade e da consequência.

A dificuldade, para o autor, giraria em torno da expressão "efeitos tributários". É dizer: se se entender no sentido de *efeitos econômicos* suscetíveis de tributação, conduz à proibição do abuso de forma jurídica e até à analogia. Ao cabo, informa que Baleeiro deu o significado de

13. Geraldo Ataliba, *Apontamentos de Ciências das Finanças, Direito Financeiro e Tributário*, cit., p. 294.

14. Ricardo Lobo Torres, *Normas de Interpretação e Integração do Direito Tributário*, 3ª ed., Rio de Janeiro, Renovar, 2000, p. 197.

15. CTN: "Art. 109. Os princípios gerais de direito privado utilizam-se para pesquisa da definição, do conteúdo e do alcance de seus institutos, conceitos e formas, mas não para definição dos respectivos efeitos tributários".

"efeitos técnico-jurídicos", relacionando o mencionado dispositivo com solidariedade, compensação, pagamento, mora, quitação, remissão etc., de forma a esvaziar a interpretação teleológica do referido art. 109 do CTN.

Ricardo Lobo Torres, em relato histórico sobre a interpretação econômica, diz que esta teve seu berço na Alemanha, sob a influência da jurisprudência dos interesses, e teve em Enno Becker e Albert Hensel seus mais importantes defensores. Por sua vez, na Suíça destacou-se a obra de Blumenstein.

De fato, considera-se que o critério econômico[16] teve como precursor Enno Becker, que concebeu referido critério como regra de interpretação e o introduziu no direito tributário. Passemos à sua análise.

Referido autor (17.5.1869-31.1.1940) foi alemão de formação civilista e não tributarista – até porque àquela época as grades dos cursos universitários em Direito não englobavam o direito tributário. *En passant*, as primeiras cadeiras de Direito Financeiro no mundo foram criadas na Áustria, depois de reforma de ensino ocorrida em 1886, uma em Viena e outra em Innsbruck.

A obra *Interpretação da Lei Tributária – Conteúdo e Limites do Critério Econômico*, de autoria de Wilhelm Hartz, foi traduzida e prefaciada no Brasil por Brandão Machado. E em que pese o inquestionável valor da obra de Hartz em si, o prefácio do tradutor nos proporciona verdadeira aula sobre o panorama histórico do nascedouro do critério econômico, que vale a pena ser citada.. Vejamos.[17]

Enno Becker foi juiz do Superior Tribunal Administrativo de Oldenburg, Alemanha, onde, no período de 1906 a 1918, estudou e decidiu litígios sobre a matéria tributária.

Dada sua experiência, foi convidado pelo Governo Alemão a elaborar um conjunto de normas gerais sobre tributação – pode-se denominar: um Anteprojeto de Código Tributário.

Enno Becker, então, partiu da observação pessoal da fenomenologia tributária refletida na jurisprudência para formular as regras que

16. Brandão Machado, tradutor, que também prefaciou *Interpretação da Lei Tributária – Conteúdo e Limites do Critério Econômico*, de Wilhelm Hartz, São Paulo, Resenha Tributária, 1993.

17. Idem, p. 7.

deveria ter o Estado Alemão em 1919 depois de ter saído de uma guerra devastadora.

Naquele contexto histórico, Enno Becker levou em consideração a situação econômica de seu País, pós-guerra, como fator que determinou a instituição de normas tributárias rígidas, que fossem capazes de combater a evasão dos valores destinados aos cofres públicos.

Utilizou-se, desta maneira, de instrumentos legais adequados para coibir a liberdade que enxergava nos atos dos contribuintes de arranjarem seus negócios de tal forma que evitavam a ocorrência do fato descrito na norma e obtinham o mesmo resultado econômico sem o ônus da tributação.

Brandão Machado, no prefácio da obra de Hartz, então, continua a relatar que o Tribunal do *Reich* e o Superior Tribunal Administrativo da Prússia, em geral, admitiam como válidos os negócios jurídicos que visavam à economia de tributos. As decisões eram no sentido de que o combate à evasão fiscal não era de competência do Judiciário, mas, sim, do Legislativo.

Um dos casos que mais teriam chamado a atenção de Enno Becker seria o que ficou conhecido como "caso Mitropa", que pode ser considerado como *case* para se ter ideia do que inspirou o precursor do critério econômico.

O caso consistiu em criação de uma sociedade por ações como empresa de *mineração*, em 1905. Em maio/1916 uma assembleia de acionistas decidiu mudar o objeto social para *comércio de material ferroviário*. No mesmo ano de 1916 uma nova assembleia deliberou a mudança da denominação da sociedade para *Mitropa Sociedade Anônima para Associação e Aproveitamento de Material Ferroviário*. Posteriormente, outra assembleia transferiu a sede social para Berlim e de novo alterou sua denominação, que passou para *Mitropa – Sociedade Anônima Centro-Europeia de Vagões-Dormitórios e Vagões-Restaurantes*, com o objetivo estatutário de compra e venda de vagões-dormitórios, vagões-restaurantes, vagões e trens de luxo. Em novembro/1916, após várias alterações societárias, ao final, todas as ações da companhia estavam no domínio de uma só pessoa.

As autoridades fazendárias enxergaram em todas as operações a criação de uma nova sociedade e, assim, exigiram um imposto de selo de 225.000 Marcos, calculado sobre o valor do capital da empresa, de 5.000 Marcos.

Na discussão de primeira instância a decisão foi desfavorável à empresa. Todavia, na Corte Financeira do *Reich*, instalada um ano antes, a empresa saiu vitoriosa. A decisão da Corte teve por fundamento que a legislação do imposto do selo do *Reich* não tinha nenhum preceito que impusesse a tributação dos negócios elusivos, como o negócio jurídico que visasse a diminuir a carga tributária da operação.

A partir do referido caso, e para mudar a orientação dos tribunais, Enno Becker objetivou que na aplicação da lei tributária seria necessária autorização do legislador de modo expresso para interpretação da norma e do fato segundo o objetivo da lei, e não segundo o que vem expresso no seu texto. Segundo Brandão Machado, no prefácio da obra de Hartz no Brasil, Becker sentiu necessidade de um dispositivo legal que autorizasse o aplicador da lei – Judiciário – a adotar uma interpretação teleológica da lei tributária, para combater o Positivismo jurídico até então predominante.

Eis o nascedouro do critério econômico, que considera que na interpretação da lei tributária devem ser considerados sua finalidade, seu significado econômico e a evolução das circunstâncias. Segundo esse critério, a obrigação tributária não pode ser evitada ou reduzida pelo contribuinte que se utilizar de abuso de formas e adaptações de formas do direito privado.[18]

Assim, Enno Becker pautou-se na doutrina de von Ihering, para quem o fim é o criador de todo o Direito, e criou dois dispositivos que refletiram o conteúdo da escola da jurisprudência dos interesses de von Ihering, em contraposição à jurisprudência dos conceitos.

Dois dispositivos foram introduzidos por Enno Becker em seu Anteprojeto do Código Tributário alemão, como reflexos da jurisprudência dos interesses, em contraposição à jurisprudência dos conceitos:

> § 4º. Na interpretação das leis tributárias devem ser considerados a sua finalidade, o seu significado econômico e o desenvolvimento das circunstâncias.

18. Eros Roberto Grau, *Conceito de Tributo e Fontes do Direito Tributário*, São Paulo, Instituto Brasileiro de Estudos Tributários (IBET)/Resenha Tributária, 1975, p. 75.

§ 5º. A obrigação tributária não pode ser eludida ou reduzida mediante o emprego abusivo de formas e formulações de direito civil.

Haverá abuso no sentido do inciso 1,

quando, nos casos em que a lei submete a um imposto fenômenos, fatos e relações econômicos em sua forma jurídica correspondente, as partes contratantes escolhem formas ou negócios jurídicos inusitados para eludir o imposto, e

quando, segundo as circunstâncias e a forma como é ou deve ser processado, obtêm as partes contratantes, em substância, o mesmo resultado econômico que seria obtido se escolhida fosse a forma jurídica correspondente aos fenômenos, fatos e relações econômicos.

Referidos dispositivos revolucionaram o direito tributário não só na Alemanha, mas também em outros Países. Com efeito, Enno Becker assegurou, através dos transcritos dispositivos, regras de Hermenêutica que determinaram ao operador do Direito a interpretação dos negócios jurídicos não somente pelo aspecto formal, mas com o prisma do resultado econômico. Na Alemanha o critério econômico restou conhecido como "interpretação teleológica do direito tributário".

Assim, o resultado econômico do negócio jurídico, levado a cabo, daria ao hermeneuta a resposta para o questionamento sobre se seria (ou não) devido o tributo naquela situação fática, independentemente da forma jurídica adotada pelo contribuinte.

Brandão Machado conclui que os dispositivos trazidos ao ordenamento por Enno Becker trouxeram ao Estado o arbítrio na aplicação da lei tributária, pois não havia nenhum critério que definisse o que seria o "conceito econômico", ou o que seria forma jurídica adequada ou abusiva, deixando à mercê do critério subjetivo do hermeneuta a aplicação da lei tributária – o que, nós pensamos, iria de encontro à segurança jurídica e à legalidade.

No Brasil, Rubens Gomes de Souza[19] destacou que a interpretação econômica é critério hermenêutico a ser utilizado em caráter comple-

19. Rubens Gomes de Souza, *Interpretação no Direito Tributário*, São Paulo, Editora da Universidade Católica (EDUC)/Saraiva, aulas e debates em assembleia do II Curso de Especialização em Direito Tributário, promovido pela PUC/SP no segundo semestre de 1971, sob a coordenação do professor Geraldo Ataliba, 1975, p. 373.

mentar, um recurso auxiliar, não sendo uma regra geral. Vale dizer: teria aplicação somente em casos de abuso de forma, isto é, distorção das formas jurídicas pelo contribuinte, com intenção de evadir o tributo. O jurista, autor do Código Tributário Nacional brasileiro, neste ponto, destaca a distinção entre evasão fraudulenta e elisão (evasão legítima).

Renato Lopes Becho,[20] em sua obra *Filosofia do Direito Tributário*, traz-nos o histórico daquela época, em que Adolf Hitler fundamentou o direito nazista sobre a Constituição de Weimar de 1919. No mesmo ano é editada lei de interpretação tributária que autorizou a interpretação econômica de leis e fatos tributários, autorizando o uso da analogia quando fosse constatado abuso de formas. Restou afastada a interpretação jurídica da lei em detrimento da interpretação econômica: quem tem mais dinheiro deve pagar mais tributos. Em 1934, no início do *III Reich*, surgiu a Lei de Adaptação Fiscal, determinando que as leis tributárias devessem ser interpretadas de acordo com a vontade de Hitler.

No Brasil a interpretação econômica não prevaleceu, a despeito do art. 109 do CTN. Todavia, o tema voltou à tônica com a Lei Complementar 104/2001, que acrescentou o parágrafo único ao art. 116, analisado mais adiante.

Geraldo Ataliba,[21] também ao *cuidar sobre o abuso de formas*, lecionou que na interpretação da lei tributária é preciso identificar o ato, negócio ou instituto jurídico, para definição da hipótese de incidência. Nesta esteira, o intérprete deve identificar o intuito legislativo (vontade das leis), para que não se permita ao contribuinte lançar mão de formas jurídicas para obter tão somente um pagamento menor que o resultante da correta aplicação da lei ou, ainda, para fugir ao pagamento da obrigação tributária.

Ao final, Geraldo Ataliba conclui que o contribuinte deverá pagar o tributo "sempre que ficar demonstrada a alteração propositada da vontade legal própria, mediante a utilização de forma jurídica atípica, relativamente ao fim visado (ou o chamado abuso de forma jurídica)".[22]

20. Renato Lopes Becho, *Filosofia do Direito Tributário*, São Paulo, Saraiva, 2009, pp. 303-305.

21. Geraldo Ataliba, *Apontamentos de Ciências das Finanças, Direito Financeiro e Tributário*, cit., p. 294.

22. Idem, p. 295.

Para Amílcar de Araújo Falcão[23] a interpretação econômica em casos de abuso de formas, ao invés de se contrapor ao princípio da estrita legalidade em matéria tributária, é sua consequência, pois, se o esquema legal da tributação é vinculante para a Administração, não há razões que justifiquem por que não sê-lo para o contribuinte.

Aos olhos de Eros Roberto Grau[24] o direito tributário tem seu pressuposto na realidade econômica, isto é, encontra-se estruturado sobre a existência de realidades econômicas subjacentes. Para o autor, *a lei tributária, ao designar os fatos geradores, pretende surpreender e detectar indícios de capacidade econômica*. Desta forma, por ser inerente à obrigação tributária, para o autor, não há incompatibilidade entre os princípios da interpretação econômica e da legalidade.

Para nós, na esteira de Geraldo Ataliba, o intérprete pode lançar mão do critério econômico, a ensejar a desconsideração da forma jurídica adotada pelo contribuinte, *somente quando houver abuso de formas*.

Retornando ao tema em estudo – planejamento fiscal e norma geral antielisiva –, analisemos, no próximo passo, o papel do CTN e o disposto no parágrafo único de seu art. 116.

4. Do Código Tributário Nacional

Quanto à sobrevivência do Código Tributário Nacional, Lei 5.172/1966, à Constituição Federal de 1988, Misabel Derzi, atualizadora da obra de Aliomar Baleeiro,[25] destaca que, pelo princípio geral de continuidade e recepção das normas anteriores compatíveis, sobreviveu ao advento da nova Carta Política em seus aspectos essenciais. Os dispositivos que contrariam as inovações trazidas pela vigente Constituição, obviamente, perderam sua validade, sejam regras de competências, de distribuição de receitas ou princípios gerais. A autora destaca que o *Codex* Tributário Nacional, Lei ordinária 5.172/1966, é lei complementar no sentido material e continua a ter o papel de complexo de normas gerais em matéria tributária.

23. *Apud* Geraldo Ataliba, *Apontamentos de Ciências das Finanças, Direito Financeiro e Tributário*, cit., p. 295.

24. Eros Roberto Grau, *Conceito de Tributo e Fontes do Direito Tributário*, cit., p. 75.

25. Aliomar Baleeiro, *Direito Tributário Brasileiro*, 11ª ed., atualizada por Misabel Derzi, Rio de Janeiro, Forense, 1999, pp. 19-20.

Sobre a função da lei complementar em matéria tributária, leciona Estevão Horvath[26] que as duas principais correntes doutrinárias acerca do papel da lei complementar são a tricotômica e a dicotômica, a saber:

(i) *Corrente tricotômica* – seriam três as funções da lei Complementar Em matéria tributária, referidas nos três incisos do art. 146 da CF, a saber: "I – dispor sobre conflitos de competência, em matéria tributária, entre a União, os Estados, o Distrito Federal e os Municípios; II – regular as limitações constitucionais ao poder de tributar; III – estabelecer normas gerais em matéria de legislação tributária".

(ii) *Corrente dicotômica* – seriam dois os papéis da lei complementar. Esta parte da doutrina fundamenta-se nos princípios federativo e da autonomia municipal. Para estes, a lei complementar serviria somente para estabelecer normas gerais, que podem cuidar de conflitos de competência e regulação de limitações constitucionais ao poder de tributar. A questão gira em torno da autonomia dos Estados-membros e dos Municípios, pois se se der relevância à autonomia destes entes não se poderá admitir que outro ente estabeleça normas gerais que lhe digam respeito, sob pena de vulnerar a autonomia que lhes é peculiar no sistema federativo brasileiro.

Segundo referido autor, sempre que possível deverá ser prestigiado o princípio federativo, pois a lei complementar só pode explicar, isto é, "complementar", o que já foi previsto pelo texto constitucional, dando concretude aos mandamentos maiores.

Com efeito, o ente federativo não pode ser privado da competência outorgada pela Constituição Federal em virtude de inexistir lei complementar que defina o tributo, o fato gerador, base de cálculo e contribuintes. A lei complementar não pode restringir a competência atribuída pelo Texto Maior.

5. *Da denominada norma geral antielisiva*

O art. 116 do CTN tinha sua redação original assim versada:

26. Estevão Horvath, "A decadência no lançamento 'por homologação'", *RDTributário* 71/14-157, São Paulo, Malheiros Editores, 1998.

> Art. 116. Salvo disposição de lei em contrário, considera-se ocorrido o fato gerador e existentes os seus efeitos: I – tratando-se de situação de fato, desde o momento em que se verifiquem as circunstâncias materiais necessárias a que produza os efeitos que normalmente lhe são próprios; II – tratando-se de situação jurídica, desde o momento em que esteja definitivamente constituída, nos termos de direito aplicável.

Em 2001, com o advento da Lei Complementar 104/2001, foi acrescentado o parágrafo único, que assim previu:

> Parágrafo único. A autoridade administrativa poderá desconsiderar atos ou negócios jurídicos praticados com a finalidade de dissimular a ocorrência do fato gerador do tributo ou a natureza dos elementos constitutivos da obrigação tributária, observados os procedimentos a serem estabelecidos em lei ordinária.

Esse dispositivo seria a norma geral antielisão, que permitiria ao Fisco desconsiderar atos ou negócios de contribuintes que se valham de planejamento tributário para diminuir sua carga tributária.

Sobre o dispositivo em tela, Hugo de Brito Machado observa que se trataria de "norma dirigida ao intérprete e aplicador da lei tributária, que o autoriza a fugir dos limites da norma tributária definidora da hipótese de incidência do tributo, para alcançar situações nela não previstas".[27]

Caberia ao Fisco a competência para desqualificar ato ou negócio jurídico do contribuinte sob o fundamento de assegurar a capacidade contributiva? O autor, então, explana sobre a polêmica instaurada acerca dos limites, do efetivo alcance da norma definidora da incidência tributária, que nos leva ao campo da Hermenêutica jurídica.

A análise crítica de Hugo de Brito Machado[28] é no sentido de que a norma antielisão amofina o princípio da legalidade. Referido princípio, da legalidade, é direito e garantia individual, e, portanto, não pode ser violado ou sequer extirpado do ordenamento, em razão do disposto no

27. Hugo de Brito Machado, *Direitos Fundamentais do Contribuinte e a Efetividade da Jurisdição*, cit., p. 54.

28. Idem, p. 55.

art. 60, § 4º, IV, da CF, que prevê que não será objeto de deliberação proposta de emenda constitucional tendente a abolir os direitos e garantias individuais.

Abrir mão da legalidade, para o autor, dando maior importância à realidade econômica do que à forma jurídica – isto é, trocar o jurídico pelo econômico –, teria por consequências a insegurança e o arbítrio. Ademais, não seria razoável que, sob pretexto de realizar o princípio da capacidade contributiva, se amesquinhe o princípio da legalidade, verdadeira garantia do contribuinte.

Como toda norma, é importante que o dispositivo em comento seja analisado dentro do sistema, ou seja, que seja interpretado conjuntamente com outros dispositivos do sistema tributário nacional, para compreender sua validade e seu alcance.

Nesse passo, voltemos os olhos para outro dispositivo do CTN: o art. 108, § 1º – que dispõe que "o emprego da analogia não poderá resultar na exigência de tributo não previsto em lei".

Ao considerar um ato ou negócio jurídico do contribuinte, atribuindo-lhe outra feição jurídica, a atitude do Fisco nada mais é que aplicar a analogia, prática vedada pelo art. 108, § 1º, do CTN.

Além disso, voltando os olhos para os princípios da segurança jurídica e da legalidade, entendemos que no sistema tributário brasileiro não é adequado falar em norma antielisiva. O contribuinte, dentro da legalidade, tem o direito de organizar sua atividade econômica. Não seria razoável que, dentre as opções legais possíveis, o contribuinte seja levado a optar pela forma tributariamente mais onerosa, para atender aos anseios do Fisco. Vale ressaltar que não estamos a tratar de condutas ilícitas, pois para os casos de abuso de direito há outros dispositivos no ordenamento (art. 149, VII, do CTN e art. 145 do CC) que embasam a desconsideração do ato ou negócio jurídico que infrinja a lei.

Para não ficar somente entre os muros da escola, trazemos palavras de Natanael Martins[29] em oficina do XXII Congresso Brasileiro de Di-

29. Natanael Martins, palestra proferida no XXII Congresso Brasileiro de Direito Tributário, organizado pelo Instituto IGA-IDEPE – Instituto Geraldo Ataliba, Instituto Internacional de Direito Público e Empresarial, no ano de 2008, sobre "Planejamento Tributário", *RDTributário* 107-108/199-201, São Paulo, Malheiros Editores, 2009.

reito Tributário, organizado pelo Instituto IGA-IDEPE – Instituto Geraldo Ataliba, Instituto Internacional de Direito Público e Empresarial no ano de 2008, em que relata a alteração de paradigmas jurisprudenciais no âmbito administrativo federal. Mas, além disso – e mais importante –, acentua que, em sua opinião, o planejamento fiscal, desde que lícito, é válido, pois o contribuinte não pode ser compelido, entre várias opções legais, a optar pela mais onerosa. Trazemos suas palavras:[30]

> Mas, então, o que houve na jurisprudência do Tribunal Administrativo? Houve, efetivamente, ao que parece – os julgamentos estão aí a provar –, uma mudança de postura, a de começar a analisar os atos ou fatos praticados pelo contribuinte. A de não ficar somente na leitura do negócio mostrado na documentação que gerou o planejamento, e sim investigar os atos ou fatos praticados pelo contribuinte, (...).
>
> Agora, não significa, em absoluto, que o planejamento tenha deixado de existir, não é isso que o Tribunal vem dizendo. Por outro lado, também não significa que, ao se falar em "propósito negocial", a justificar a licitude do planejamento, o propósito não possa ter sido o da simples economia de tributos. Penso que pode, sim – e aqui eu discordo do meu dileto e querido amigo Marco Aurélio Greco. Desde que o negócio tenha sido efetivamente praticado, ajustado, por que não? Ter sido ele motivado pela simples economia, também pela economia de tributo: por que eu vou escolher um modo mais oneroso de operar, se tenho um outro modo mais econômico de fazê-lo? Cito, dentre tantos, um caso. Se eu resolver – eu, uma grande construtora – empreender uma edificação qualquer na minha sociedade empresária, faturo mais de 48 milhões de Reais e vou pagar imposto de renda com base no lucro real. Agora, se eu chamo investidores e constituo para aquele negócio, aquele empreendimento, por exemplo, uma sociedade em conta de participação, posso fazer opção pelo lucro presumido. Há alguma ilicitude? Não, o ordenamento permite isso. Então, a questão está verdadeiramente na conceituação do negócio praticado pelo contribuinte. E não acredito, sinceramente, ainda que a grande motivação daquele ato praticado tenha sido a economia do tributo, que ele possa ser desfeito. Não é isso que se vê nos julgamentos que passaram pelo Conselho de Contribuintes.

30. Idem, p. 200.

Roque Antonio Carrazza, nosso homenageado, afasta a inconstitucionalidade do parágrafo único do art. 116 do CTN. Contudo, observa que haverá vício caso interpretado pelas autoridades administrativas como uma "autorização para sancionar contribuintes, desconsiderando a realização de negócios lícitos, (...)".[31]

Hugo de Brito Machado nos leva ao questionamento a respeito de a norma antielisão poder ser utilizada somente em casos de abuso de direito. Todavia, em tais casos – responde o autor – não haveria necessidade de tal norma, pois até mesmo a jurisprudência já se firmou no sentido de, nesses casos, ser possível a desconsideração.

No mesmo sentido, Marco Aurélio Greco[32] ressalta que em casos de abuso de direito, por se tratar de ilícito, independe de norma antielisiva, podendo o Fisco invocar a lei civil. Em casos de dolo, fraude ou simulação[33] reforça o autor que o lançamento deverá ter fundamento no art. 149, VII, do CTN.[34] O autor se posiciona pela constitucionalidade material do dispositivo em estudo, mas traz valorosas considerações acerca de mecanismos de controle, garantia dos contribuintes, em relação a eventual lei ordinária que venha a regulamentar norma antielisiva.

Cabe, ainda, sobre o assunto em tela, questionar se o agente fiscal seria autoridade competente para desconsiderar o ato ou negócio jurídico para os fins do parágrafo único do art. 116 do CTN.

Marco Aurélio Greco, nesse aspecto, traz grande contribuição ao opinar que o ato de desconsideração deverá ser editado "por órgão colegiado, de composição abrangente, que inclua representantes da sociedade civil".[35] Observa, além disso, que o órgão colegiado, para manter sua imparcialidade, não deverá ser componente de órgão de fiscalização, arrecadação ou cobrança. Perante esse órgão colegiado, seria assegurado ao contribuinte o direito ao contraditório.

31. Roque Antonio Carrazza, *Curso de Direito Constitucional Tributário*, 29ª ed., São Paulo, Malheiros Editores, 2013, p. 547.

32. Marco Aurélio Greco, *Planejamento Tributário*, São Paulo, Dialética, 2ª ed., 2008, p. 500.

33. Marco Aurélio Greco, *Planejamento Tributário*, cit., 2ª ed., pp. 457-478.

34. CTN: "Art. 149. O lançamento é efetuado e revisto de ofício pela autoridade administrativa nos seguintes casos: (...); VII – quando se comprove que o sujeito passivo, ou terceiro em benefício daquele, agiu com dolo, fraude ou simulação; (...)".

35. Marco Aurélio Greco, *Planejamento Tributário*, cit., 2ª ed., pp. 488-493.

Sem considerar a constitucionalidade de norma antielisiva no sistema tributário nacional, concordamos com o autor no referido aspecto, pois, caso venha a ser regulamentada por lei ordinária, a nós também parece que a desconsideração seria ato de julgamento, com consequências tamanhas que não pode passar ao largo de um procedimento administrativo de julgamento por órgão colegiado, do qual o contraditório deve ser garantia inerente.

Outro aspecto a ser analisado em relação ao parágrafo único do art. 116 do CTN é relativo à necessidade de regulamentação por lei ordinária. Sobre a questão, Marco Aurélio Greco[36] afirma se tratar de norma de eficácia limitada, que só poderá ter eficácia quando advier lei ordinária prevista no dispositivo, a regulamentá-lo. Até então não poderá ser o fundamento para desconsideração de ato ou negócio jurídico de contribuinte.

Para o autor, o parágrafo único do art. 116, em tela, cuida de norma de caráter processual, e, desta forma, quando vier a ser regulamentada por lei ordinária, poderá atingir atos e negócios realizados antes da Lei Complementar 104/2001, obviamente respeitados os prazos extintivos previstos no Código Tributário Nacional.

Data venia, ousamos discordar do autor nesse ponto, pois, s.m.j., trata-se de norma de direito material, relativa ao nascimento da obrigação tributária. Explicamos. O dispositivo em estudo prevê nova forma de nascimento da obrigação tributária, fora dos contornos da estrita legalidade. O tributo é obrigação *ex lege*,[37] nasce da lei, e não da vontade das partes. Nesse passo, a subsunção do fato ocorrido no mundo fenomênico à hipótese de incidência (prevista em lei) ensejará o nascimento da obrigação tributária. Todavia, o parágrafo único do art. 116 nos leva a outra situação: a de que a obrigação tributária nascerá de "interpretação" do Fisco atribuída ao ato ou negócio jurídico.

Além do exposto, diante da ruptura de jurisprudência administrativa e judicial e mudança de paradigmas, a norma antielisiva pode ensejar o arbítrio do Fisco e do Judiciário, trazendo insegurança jurídica.

36. Idem, pp. 477-479.

37. CTN: "Art. 3º. Tributo é toda prestação pecuniária compulsória, em moeda ou cujo valor nela se possa exprimir, que não constitua sanção de ato ilícito, instituída *em lei* e cobrada mediante atividade administrativa plenamente vinculada" (grifos nossos).

Finalizamos, assim com as palavras de Renato Lopes Becho[38] no sentido de que o Código Tributário poderia ter optado pela interpretação econômica, mas não o fez. Desta forma, o planejamento tributário, desde que não configure ilícito, deve ser respeitado, posição com a qual concordamos. Todavia, parece-nos que o autor visualiza um futuro sombrio, em que alterações legislativas podem vir sob o enfoque dos interesses do Fisco. Torçamos para que o futuro nos guarde cenário com mais segurança jurídica, certeza do direito, a fim de que os contribuintes possam melhor organizar suas atividades, dentro do contexto de um verdadeiro Estado Democrático de Direito.

Referências bibliográficas

ATALIBA, Geraldo. *Apontamentos de Ciências das Finanças, Direito Financeiro e Tributário*, São Paulo, Ed. RT, 1969.

__________. *Sistema Constitucional Tributário Brasileiro*. São Paulo, Ed. RT, 1968.

BALEEIRO, Aliomar. *Direito Tributário Brasileiro*. 11ª ed., atualizada por Misabel Derzi. Rio de Janeiro, Forense, 1999.

BECHO, Renato Lopes. *Filosofia do Direito Tributário*. São Paulo, Saraiva, 2009.

__________. "Planejamento tributário. Estudo sobre a evasão e a elisão tributárias". In: BENÍCIO, Sérgio Gonini, e CONRADO, Paulo César (coords.). *Direito Público: Atualizado com o Novo Código Civil*. São Paulo, Federal, 2005.

BENÍCIO, Sérgio Gonini, e CONRADO, Paulo César (coords.). *Direito Público: Atualizado com o Novo Código Civil*. São Paulo, Federal, 2005.

CARRAZZA, Roque Antonio. *Curso de Direito Constitucional Tributário*. 29ª ed. São Paulo, Malheiros Editores, 2013.

CONRADO, Paulo César, e BENÍCIO, Sérgio Gonini (coords.). *Direito Público: Atualizado com o Novo Código Civil*. São Paulo, Federal, 2005.

GRAU, Eros Roberto. *Conceito de Tributo e Fontes do Direito Tributário*. São Paulo, Instituto Brasileiro de Estudos Tributários (IBET)/Resenha Tributária, 1975.

38. Acreditamos que o legislador ponderou melhor na década de 1960. Como alguns juristas já alertavam, recusar os efeitos jurídicos do planejamento tributário, buscando apenas seus efeitos econômicos, traria grande insegurança jurídica, abrindo margem ao arbítrio, quer do Poder Executivo, quer do Poder Judiciário. A solução para as hipóteses identificadas como evasão fiscal é legislativa e para o futuro. Os contribuintes que a praticaram obtiveram o apoio jurídico para a economia de tributos pretendida. Porém, o Estado, através de seu Poder Legislativo, não garantirá a mesma economia para o futuro, tanto pela reiteração da prática pelo contribuinte antes beneficiário, quer por realização de outros contribuintes.

GRECO, Marco Aurélio. *Planejamento Tributário*. 2ª ed. São Paulo, Dialética, 2008.

HARTZ, Wilhelm. *Interpretação da Lei Tributária – Conteúdo e Limites do Critério Econômico*. Trad. e "Prefácio" de Brandão Machado. São Paulo, Resenha Tributária, 1993.

HORVATH, Estevão. "A decadência no lançamento 'por homologação'". *RDTributário* 71/14-157, São Paulo, Malheiros Editores, 1998.

MACHADO, Hugo de Brito. *Direitos Fundamentais do Contribuinte e a Efetividade da Jurisdição*. São Paulo, Atlas, 2009.

MARTINS, Natanael. "Palestra" proferida no XXII Congresso Brasileiro de Direito Tributário (organizado pelo Instituto IGA-IDEPE – Instituto Geraldo Ataliba, Instituto Internacional de Direito Público e Empresarial, no ano de 2008, sobre "Planejamento Tributário"). *RDTributário* 107-108/199-201. São Paulo, Malheiros Editores, 2009.

NOGUEIRA, Ruy Barbosa. *Da Interpretação e da Aplicação das Leis Tributárias*. 2ª ed. São Paulo, Ed. RT, 1965.

ROCHA, Valdir de Oliveira (coord.). *Grandes Questões Atuais do Direito Tributário*. vol. 5. São Paulo, Dialética, 2001.

SOUZA, Rubens Gomes de. *Interpretação no Direito Tributário*. São Paulo, Editora da Universidade Católica (EDUC)/Saraiva (aulas e debates em assembleia do II Curso de Especialização em Direito Tributário, promovido pela PUC/SP no segundo semestre de 1971, sob a coordenação do professor Geraldo Ataliba), 1975.

TÔRRES, Heleno Taveira. "Limites do planejamento tributário e a norma brasileira antissimulação (Lei Complementar 104/2001)". In: ROCHA, Valdir de Oliveira (coord.). *Grandes Questões Atuais do Direito Tributário*. vol. 5. São Paulo, Dialética, 2001.

TORRES, Ricardo Lobo. *Normas de Interpretação e Integração do Direito Tributário*. 3ª ed. Rio de Janeiro, Renovar, 2000.

RESPONSABILIDADE DOS SÓCIOS E ADMINISTRADORES POR DÍVIDAS FISCAIS DE EMPRESAS

EDUARDO DOMINGOS BOTTALLO

1. Breve digressão propedêutica. 2. O direito privado e o direito tributário. 3. Sócios, administradores e sociedades de pessoas – O art. 134, VIII, do CTN. 4. Responsabilidade pessoal dos administradores – O art. 135, III, do CTN. 5. Sócios, administradores e o processo de execução fiscal. 6. Conclusões: 6.1 1ª Conclusão – 6.2 2ª Conclusão – 6.3 3ª Conclusão.

Recebi como extraordinária distinção o convite para participar com um estudo do livro que será elaborado para homenagear o destacado jurista Roque Antonio Carrazza. Homenagem, aliás, por todos os modos merecida, já que o professor Carrazza figura, merecidamente, entre os mais conhecidos e destacados juristas brasileiros no campo do direito tributário.

Para mim, especificamente, o convite provocou sentimentos desencontrados, pois tenho no professor Carrazza um dos mais queridos e fraternais amigos, colocando-o no nível dos verdadeiros e mais queridos irmãos. Além disso, temos – para mim – uma honorabilíssima história de empreendimentos conjuntos que se realizaram em mais de 15 anos de trabalho, na colaboração de mais de uma centena de pareceres e outros estudos jurídicos, além de uma virtuosa e bem-sucedida colaboração profissional, que me permitiram conhecer o brilho e a profundidade de seus conhecimentos, além de ser dotado de um coração também privilegiado pela lealdade, amizade e afeição dedicada a seus amigos – a que me orgulho de pertencer.

Mas, como disse, foram sentimentos desencontrados, porque nos últimos três anos fui vítima de insidiosa e progressiva moléstia, me vi praticamente alijado de minhas atividades profissionais. Felizmente estou gradativamente voltando ao desempenho profissional e acadêmico, contando, para tanto, com a preciosa ajuda de meus filhos e amigos – entre os quais o professor Carrazza –, mas ainda não recuperei minha plena capacidade de trabalho.

Diante desse quadro, preocupou-me não poder, como seria minha vontade, me dedicar à elaboração de uma contribuição para a obra à altura das qualidades do homenageado.

De qualquer forma, em momento algum passou pela minha cabeça não me associar à homenagem que a obra representa. Assim, optei por rever e atualizar os frutos de uma pesquisa já feita, por considerar que fere tema de permanente e crescente atualidade e que, portanto, pode encontrar espaço entre aqueles trabalhos que comporão o livro.

Finalmente, e com toda a humildade, dirijo-me aos coordenadores da iniciativa, os queridos amigos, e também juristas de reconhecidos méritos, professores Heleno Torres e José Eduardo Soares de Melo, no sentido de pedir sua compreensão para meus motivos, permitindo, com a aceitação de meu trabalho, que eu participe, como ardentemente desejo, da homenagem ao querido *Roque Antonio Carrazza, meu amigo e irmão*.

1. Breve digressão propedêutica

O Estado Federal Brasileiro assenta-se na coexistência, em plano de igualdade jurídica, da União, dos Estados, do Distrito Federal e dos Municípios, pessoas de direito público interno dotadas de autonomia, da qual uma das facetas mais reveladoras é justamente a aptidão que recebem da Constituição para instituir e arrecadar tributos. Em realidade, a existência de fontes de receitas tributárias próprias é um dos pilares do próprio princípio federativo.

Tal quadro leva à constatação de que a Federação Brasileira abriga uma quantidade surpreendentemente grande de sistemas tributários: o federal, os dos Estados e do Distrito Federal e, ao lado deles, alguns milhares, municipais. Ora, a necessidade de convívio desses sistemas levou a Constituição Federal a conceber e adotar mecanismos de harmonização, de sorte a possibilitar a racional compreensão das leis que os integram.

Este é o papel reservado às *normas gerais*, cuja edição está prevista no art. 146, *caput*, da Lei Maior.[1]

Diga-se, desde logo, que as *normas gerais de direito tributário* – congregadas basicamente no Código Tributário Nacional – são de recepção obrigatória pelas legislações ordinárias federal, estaduais, distrital e municipais.

Em suma, as normas reunidas no Código Tributário Nacional operam como verdadeiras "leis das leis".

Tal é, portanto, o panorama revelado, em suas grandes linhas, pelo ordenamento tributário vigente em nosso País.

2. *O direito privado e o direito tributário*

É bem conhecida afirmação do grande tributarista Gian Antonio Micheli, Professor da Universidade de Roma, segundo a qual "o direito tributário é um direito de sobreposição" – circunstância, aliás, expressamente reconhecida, entre nós, pelos arts. 109 e 110 do CTN, *verbis*:

> Art. 109. Os princípios gerais de direito privado utilizam-se para pesquisa da definição, do conteúdo e do alcance de seus institutos, conceitos e formas, mas não para definição dos respectivos efeitos tributários.
>
> Art. 110. A lei tributária não pode alterar a definição, o conteúdo e alcance dos institutos, conceitos e formas de direito privado, utilizados, expressa ou implicitamente, pela Constituição Federal, pelas Constituições dos Estados, ou pelas Leis Orgânicas do Distrito Federal dos Municípios, para definir ou limitar competências tributárias.

1. CF: "Art. 146. Cabe à lei complementar: I – dispor sobre conflitos de competência, em matéria tributária, entre a União, os Estados, o Distrito Federal e os Municípios; II – regular as limitações constitucionais ao poder de tributar; III – estabelecer normas gerais em matéria de legislação tributária, especialmente sobre: a) definição de tributos e de suas espécies, bem como, em relação aos impostos discriminados nesta Constituição, a dos respectivos fatos geradores, bases de cálculo e contribuintes; b) obrigação, lançamento, crédito, prescrição e decadência tributários; c) adequado tratamento tributário ao ato cooperativo praticado pelas sociedades cooperativas; d) definição de tratamento diferenciado e favorecido para as microempresas e para as empresas de pequeno porte, inclusive regimes especiais ou simplificados no caso do imposto previsto no art. 155, II, das contribuições previstas no art. 195, I e §§ 12 e 13, e da contribuição a que se refere o art. 239".

Estes preceitos indicam que, quando a lei tributária se refere, *e.g.*, ao *imposto sobre a propriedade predial ou territorial*, o instituto a que ela alude (a propriedade) é o mesmo disciplinado pelo direito privado. O legislador tributário não pode chamar de "propriedade" algo que não é propriedade; ele não tem o poder, a capacidade, a aptidão, para "construir" um conceito próprio de "propriedade" apenas para fins tributários. O que pode fazer – e nisto se exaure sua capacidade criadora – é atribuir obrigações fiscais específicas ao titular da propriedade.

Em outras palavras: ele não pode "redefinir" propriedade, mas, sim, estabelecer que seu titular tem de pagar "x" por cento sobre o valor venal do imóvel a título de imposto, desde que esta determinação encontre eco em princípios especificamente tributários, como os da legalidade, da anterioridade, da capacidade contributiva, do não confisco – e assim por diante.

Em síntese, os arts. 109 e 110 do CTN confirmam quão íntima é a relação entre o direito privado e o direito tributário. Poder-se-ia, mesmo, dizer que, sob muitos aspectos, trata-se de relação do tipo gênero-espécie.

É dentro deste enfoque que passaremos, agora, a examinar questões específicas atinentes à responsabilidade dos sócios e administradores por dívidas fiscais das sociedades.

3. Sócios, administradores e sociedades de pessoas – O art. 134, VIII, do CTN

3.1 No campo do direito tributário também prevalece a regra segundo a qual as pessoas jurídicas têm existência distinta da de seus membros, consubstanciando, portanto, o princípio da autonomia da personalidade dos sócios em relação à da sociedade.

O antigo Código Civil apontava esta distinção com bastante clareza, nos termos de seu art. 20: "As pessoas jurídicas têm existência distinta da dos seus membros".

O Código atual, embora sem a mesma nitidez, mantém a diretriz, conforme decorre da interpretação conjugada de seus arts. 45 e 985.[2]

2. CC:

"Art. 45. Começa a existência legal das pessoas jurídicas de direito privado com a inscrição do ato constitutivo no respectivo registro, precedida, quando necessário,

Por igual forma, o direito tributário não pode ignorar o art. 1.052 do CC, que, tratando especificamente da sociedade limitada, declara que, uma vez integralizado o capital social, a responsabilidade dos sócios é restrita ao valor de suas quotas. Trata-se de responsabilidade idêntica à que os sócios têm por outras espécies de obrigações a cargo desta espécie de pessoa jurídica.

Ainda, o direito tributário não desconhece a regra do art. 596 do CPC, pelo qual os bens dos sócios não respondem pelas dívidas da sociedade, a não ser quando previsto expressamente em lei, e, nesse caso, o sócio tem o direito de pedir que os bens da sociedade sejam excutidos em primeiro lugar.

Em suma: essas regras de direito privado e de direito processual estendem-se ao direito tributário. Nem poderia ser de outra forma, em face da já apontada unicidade da ciência do Direito.

Disso resulta que, em princípio, não existem diferenças fundamentais entre a responsabilidade dos sócios ou administradores por dívidas fiscais das pessoas jurídicas e dívidas de outra natureza.

3.2 Cabe, agora, destacar dispositivo específico do Código Tributário Nacional, a possibilitar abordagem peculiar do tema.

Trata-se do art. 134, VII, segundo o qual, "nos casos de impossibilidade de exigência de cumprimento da obrigação principal pelo contribuinte, respondem solidariamente com este, nos atos que intervierem, ou pelas omissões de que forem responsáveis, os sócios, no caso de liquidação da sociedade de pessoas".

Este preceito institui um tipo de responsabilidade solidária dos sócios por dívidas tributárias da *sociedade de pessoas* da qual façam parte.

Portanto, o exame do dispositivo demanda resposta a duas indagações fundamentais: (1ª) Qual o alcance dessa responsabilidade solidária? (2ª) Tal responsabilidade solidária compreende os sócios das sociedades limitadas?

de autorização ou aprovação do Poder Executivo, averbando-se no registro todas as alterações por que passar o ato constitutivo".

"Art. 985. A sociedade adquire personalidade jurídica com a inscrição, no registro próprio e na forma da lei, de seus atos constitutivos."

Diga-se, desde logo, que a ênfase dada às limitadas[3] se justifica porque cerca de 90% das empresas brasileiras adotam este modelo. Trata-se, portanto, da mais importante espécie societária existente no País.

Pois bem. Para responder *à* primeira pergunta não se pode olvidar que, nos termos do art. 265 do CC, "a solidariedade não se presume; resulta da lei ou da vontade das partes". Assim, mister se faz atentar para a construção legislativa do preceito do *Código* Tributário Nacional. E nessa construção existem alguns limites bastante claros.

O *primeiro deles* diz respeito à "impossibilidade de exigência do cumprimento da obrigação principal pelo contribuinte". Esta proposição revela, desde logo, a presença do *benefício de ordem*. Vale dizer: a solidariedade prevista no art. 134, VII, está sujeita a tal benefício.[4]

O *segundo limite* refere-se ao alvo da prestação: a *obrigação principal*, que, nos termos do art. 113, § 1º, do CTN, é a que tem por objeto o pagamento do tributo, excluídas as obrigações acessórias. Ademais, esta limitação da solidariedade ao pagamento do tributo (*obrigação principal*) é reforçada também pelo parágrafo único do art. 134: "O disposto neste artigo só se aplica, em matéria de penalidades, às de caráter moratório". Não estão compreendidas, portanto, as penalidades propriamente sancionatórias, as assim chamadas *multas-castigo*.[5]

O *terceiro limite* relaciona-se com a seguinte alocução: "nos atos em que intervierem ou pelas omissões em que forem responsáveis". Como se vê, a solidariedade ora em estudo alcança apenas os sócios que tenham praticado ou, quando menos, interferido diretamente na prática dos atos que deram origem ao nascimento da obrigação principal. São os sócios gestores ou administradores. Já, os meros aportadores de capital, pelo fato de não terem poderes contratuais para praticar atos de gestão ou representação, estão fora desse tipo de solidariedade.

O *quarto limite* diz respeito à forma pela qual a liquidação da sociedade se opera. Discordando de ponto de vista que tem prevalecido em algumas decisões judiciais, a nós parece que em casos de dissolução

3. Este modelo societário está disciplinado nos arts. 1.052 a 1.087 do CC.

4. CC: "Art. 1.024. Os bens particulares dos sócios não podem ser executados por dívidas das sociedades, senão depois de executados os bens sociais".

5. Prevalece em relação a estas *multas-castigo* o princípio da pessoalidade da pena, a que alude o art. 5º, XLV, da CF.

de fato, em virtude de falência ou de mera cessação de atividades da sociedade, a responsabilidade tributária dos sócios somente se configura caso fique demonstrado que tais eventos decorreram de atos de má gestão ou fraude.

Não se trata, portanto, de hipótese de "responsabilidade objetiva" dos sócios. Nesta linha, *são, a nosso ver, procedentes as observações de Ari Timóteo dos Reis Jr.*:[6]

> (...) por vezes nos deparamos com parte da jurisprudência que construiu teoria pela qual, na hipótese de cessação da atividade do contribuinte sem arquivamento do distrato na Junta Comercial, o que caracterizaria dissolução irregular da sociedade, implicaria objetivamente tal responsabilidade. Existiria, então, uma distinção entre a sociedade que se dissolve regularmente, com a realização do ativo e o pagamento do passivo, da que se dissolve irregularmente, categoria em que se coloca a empresa que cessa suas atividades. Neste último caso, tem-se admitido que a mera dissolução irregular já acarretaria a responsabilidade dos sócios.
>
> Tal interpretação está equivocada, pois, se o *caput* do art. 134 do CTN introduziu requisitos expressos para a deflagração da responsabilidade de terceiro, não há como desprezar aqueles requisitos essenciais para aplicar apenas o inciso legal (inciso VII), que aponta os sócios como responsáveis "no caso de liquidação de sociedade de pessoas".
>
> (...).
>
> Em suma, podemos dizer que a responsabilidade dos sócios tem elemento subjetivo imprescindível (culpa ou dolo, fraude etc.), o que demanda dilação probatória, caso a caso, não comportando criação jurisprudencial de hipótese objetiva que seja aplicada indistintamente a todos os casos semelhantes.

O *quinto limite* suscita a intrincada questão de determinar o exato sentido da expressão "sociedade de pessoas", constante do inciso VII do art. 134.

6. Ari Timóteo dos Reis Jr., "Responsabilidade dos sócios e administradores pelos débitos tributários", *Revista Tributária e de Finanças Públicas* 74/29-30, São Paulo, Ed. RT, maio-junho/2007.

Tal alocução, dada sua extrema imprecisão, sempre foi alvo de críticas por parte da doutrina e da jurisprudência.

3.3 Como se sabe, as classificações são expedientes mais ou menos arbitrários cuja utilidade consiste em facilitar a compreensão de determinado objeto.

No campo do direito comercial é tradicional a classificação das sociedades em *sociedades de pessoas* e *sociedades de capital*, sendo as primeiras aquelas cuja ênfase empresarial repousa na condição pessoal de cada sócio e as segundas aquelas cujo elemento predominante está no volume de recursos que os sócios destinam, de per si, à formação do capital social.[7]

Embora, na aparência, simples, a tarefa de enquadrar os modelos societários de maior uso (as sociedades limitadas e as sociedades por ações) em uma ou em outra categoria acaba se tornando extremamente complexa.

Deveras, é muito corriqueiro encontrarmos sociedades limitadas estruturadas contratualmente para serem reconhecidas como *de capital* e, ao revés, sociedades por ações com enfoque extremamente *pessoal* em suas estruturas. Pior ainda: é comum nos depararmos com certas sociedades (limitadas ou por ações) que, com bons argumentos, tanto podem ser tidas como de *pessoas* quanto de *capitais*; ou seja: são *mistas*.

Especificamente no tocante às sociedades limitadas, discutiu-se, durante décadas, onde melhor elas poderiam caber, dentro da movediça classificação aqui evocada. Por fim, prevaleceu o entendimento de que são do tipo *misto*,[8] e, por isso, não seria aplicável a seus sócios o art. 134, VII, do CTN.

Com o advento do novo Código Civil reacenderam-se as dúvidas em torno do enquadramento sociedades limitadas.

É que algumas das novas regras instituídas por esse diploma prestigiam claramente a condição pessoal dos sócios, e não o volume de suas participações no capital social.[9]

7. Rubens Requião, *Curso de Direito Comercial*, 4ª ed., São Paulo, Saraiva, 1974, p. 253.

8. Marcelo M. Bertoldi, *Curso Avançado de Direito Comercial*, vol. 1, São Paulo, Ed. RT, 2001, p. 193; R. Limongi França, *Jurisprudência das Sociedades Comerciais*, São Paulo, Ed. RT, 1980, p. 29.

9. V., a propósito, nosso estudo "Alguns reflexos do Código Civil no direito tributário", in Betina Treiger Grupenmacher (coord.), *Direito Tributário e o Novo Código Civil*, São Paulo, Quartier Latin, 2004, pp. 189-190.

Por outro lado, o mesmo Código ensejou às limitadas a possibilidade de adotar, contratualmente, estrutura bastante próxima da das sociedades de capitais, mediante a instituição de Conselho Fiscal, a realização de assembleias, a livre cessão de quotas a terceiros, a deliberação por maioria inclusive para fins de exclusão de sócios dissidentes etc.[10]

Como se vê, não existem critérios jurídicos seguros que permitam afirmar, *a priori*, se a sociedade limitada é, ou não, *sociedade de pessoas* na acepção do art. 134, VII, do CTN.

Somente o exame particular de cada caso possibilitará resposta segura a tal questão.

4. Responsabilidade pessoal dos administradores – O art. 135, III, do CTN

4.1 O art. 135, III, do CTN tem suscitado acirrados debates. Sua redação é a seguinte:

> Art. 135. São pessoalmente responsáveis pelos créditos correspondentes a obrigações tributárias resultantes de atos praticados com excesso de poderes ou infrações de lei, contrato social ou estatutos:(...); III – os diretores, gerentes ou representantes de pessoas jurídicas de direito privado.[11]

Como se vê, trata-se de responsabilidade *pessoal* (e não solidária com a pessoa jurídica), alcançando os representantes e os administradores das empresas independentemente de estarem, ou não, revestidos da condição de sócios.

Por ser *pessoal*, esta espécie de responsabilidade não admite benefício de ordem, nem enseja o exercício de direito de regresso.

Vai daí que, sob o pálio do art. 135, III, do CTN, a Fazenda Pública pode passar ao largo da pessoa jurídica contribuinte e aparelhar sua pretensão creditícia diretamente contra os diretores, gerentes ou administradores destas.

10. Cf. CC, arts. 1.066-1.070; 1.072 e parágrafo único; 1.057; 1.085.

11. Dispõe o art. 1.016 do CC: "Art. 1.016. Os administradores respondem solidariamente perante a sociedade e os terceiros prejudicados, por culpa no desempenho de suas funções".

4.2 Não é correta a afirmação de que o art. 135, III, do CTN teria instituído hipótese de desconsideração da pessoa jurídica, voltada particularmente para o campo tributário.

Com efeito, embora revelem pontos de convergência, as figuras não se confundem.

O preceito do art. 135, III, materializa *solução normativa peculiar e expressa* a sancionar determinadas condutas de diretores, gerentes ou representantes de pessoas jurídicas (prática de "atos com infração da lei, do contrato social ou dos estatutos" dos quais resultem obrigações tributárias).

Já, na desconsideração da pessoa jurídica – instituto alocado no campo da Teoria Geral do Direito – o pressuposto para sua aplicação é exatamente a inexistência de preceito legal explícito a responsabilizar os gestores de pessoas jurídicas por ações ilegais ou fraudulentas que venham a causar danos a terceiros.

As observações de Diógenes Gasparini[12] bem esclarecem este ponto:

> Não se ignora que o ordenamento jurídico, em inúmeras vezes, institui e regula a responsabilização direta dos sócios, de sorte que não se pode confundir essas situações com a desconsideração da pessoa jurídica. Nesses casos a lei prescreve a sujeição dos sócios, sem necessidade da desconsideração da pessoa jurídica da qual são membros. *Mas quando inexiste a expressa prescrição legal dessa responsabilidade ou quando ela é insuficiente, porque o abuso ou fraude apresenta-se sob facetas inalcançáveis pela responsabilização direta dos sócios, exsurge, ainda que sem previsão legal, em qualquer ramo do Direito, a possibilidade de aplicação judicial da desconsideração da pessoa jurídica, pois seus sócios a utilizaram para ludibriar a incidência da lei ou para proteger seus atos desonestos*.

O Direito Brasileiro, entretanto, seguiu caminho diverso.

Com efeito, antes do advento do Código Civil de 2002 algumas leis específicas já contemplavam a possibilidade de ocorrer a desconsidera-

12. Diógenes Gasparini, "*Disregard* administrativa", in Luiz Guilherme da Costa Wagner Jr. (coord.), *Direito Público: Estudos em Homenagem a Adilson de Abreu Dallari*, Belo Horizonte, Del Rey, 2004, p. 188.

ção da pessoa jurídica em razão de atos lesivos levados a cabo por seus sócios ou administradores.

É o caso do Código de Defesa do Consumidor (Lei 8.078/1990), da Lei de Repressão aos Abusos do Poder Econômico (Lei 8.884/1994) e da Lei 9.605/1998, que instituiu sanções penais e administrativas a condutas e atividades que atentem conta o meio ambiente.

O CC, a seu turno, tratou da matéria, de modo bem analítico, em seu art. 50, *verbis*:

> Art. 50. Em casos de abuso da personalidade jurídica, caracterizado pelo desvio de finalidade, ou pela confusão patrimonial, pode o juiz decidir, a requerimento da parte, ou do Ministério Público quando lhe couber intervir no processo, que os efeitos de certas e determinadas obrigações sejam estendidos aos bens particulares dos administradores ou sócios da pessoa jurídica.

Como se vê, o Código Civil incorporou o instituto da desconsideração da pessoa jurídica, dentro dos seguintes parâmetros: (a) as hipóteses de abuso da personalidade jurídica que autorizam sua invocação são taxativas, a saber: *desvio de finalidade* ou *confusão patrimonial*; (b) cabe ao juiz decidir sobre a aplicação da norma, diante das peculiaridades de cada caso concreto, com o quê ficam assegurados às partes envolvidas o contraditório e a ampla defesa;[13] e (c) a desconsideração não compromete a existência de pessoa jurídica, na medida em que atinge tão somente "os efeitos de certas e determinadas relações de obrigação".

Em relação ao que consta da alínea "a", supra, importa consignar que o *desvio de finalidade*, conforme decorre do próprio significado semântico desta locução, caracteriza-se quando os *gestores/administradores induzem a pessoa jurídica a praticar atos ou realizar negócios estranhos ao seu objeto social*, conforme previsto no art. 1.015, parágrafo único, III, do CC.[14]

13. CF, art. 5º, LV.

14. CC:

"Art. 1.015. No silêncio do contrato, os administradores podem praticar todos os atos pertinentes à gestão da sociedade; não constituindo objeto social, a oneração ou venda de bens imóveis depende do que a maioria dos sócios decidir.

Já, *confusão patrimonial* é a conduta consistente na *utilização de bens ou recursos da empresa para a satisfação e/ou o atendimento não de interesses desta, mas, sim, particulares dos sócios ou administradores*.

Tais são, em apertada síntese, as observações que nos parece cabível trazer a lume sobre a desconsideração da pessoa jurídica.

Cabe-nos, agora, fazer a aproximação entre este instituto e a responsabilidade pessoal dos administradores, gestores e representantes de pessoas jurídicas, de que trata o art. 135, III, do CTN.

4.3 Como já tivemos oportunidade de antecipar, embora cuidem de figuras distintas, tanto a norma civil (o art. 50, retrotranscrito) como a tributária (o art. 135, III, do CTN) apresentam pontos de afinidade, na medida em que estão voltadas à consecução de idênticas finalidades:

> Malgrado a igualdade finalística, os institutos da desconsideração da pessoa jurídica e da responsabilidade pessoal dos administradores não se confundem e devem ser amplamente diferenciados.[15]

Assim, em função desta reconhecida "igualdade finalística", temos para nós que o art. 50 do CC pode ser erigido em adequado vetor a orientar a interpretação do art. 135, III, do CTN.

Vejamos.

4.4 Há quem sustente que o art. 135, III, do CTN criou um tipo de responsabilidade a cargo dos administradores e gestores das pessoas jurídicas cuja caracterização estaria adstrita unicamente ao dado objetivo do descumprimento da obrigação tributária.

Bastaria, pois, o contribuinte/pessoa jurídica deixar de pagar o tributo no vencimento para que seus administradores ou representantes se tornassem automaticamente responsáveis pela satisfação dos encargos inadimplidos.

Tal entendimento deve ser afastado.

"Parágrafo único. O excesso por parte dos administradores somente pode ser oposto a terceiros se ocorrer pelo menos uma das seguintes hipóteses: (...); III – tratando-se de operação evidentemente estranha aos negócios da sociedade."

15. Ana Carolina Santos Ceolin, *Abusos na Aplicação da Teoria da Desconsideração da Pessoa Jurídica*, Belo Horizonte, Del Rey, 2002, p. 12.

Não se questiona que deixar de pagar o tributo devido em seu vencimento constitui "infração à lei".

Todavia, se a omissão resultou da mera falta de recursos da pessoa jurídica, e não de má gestão, fraude ou conduta semelhante de seus administradores, então – estamos convencidos –, não há espaço para aplicação do art. 135, III, do CTN.

Mesmo sob o risco de soar redundante, vale insistir: a não satisfação de obrigações tributárias pela pessoa jurídica, embora possa configurar infração, somente gera responsabilidade pessoal dos seus diretores, gerentes ou representantes caso tenha resultado de atos contrários à lei ou praticados com excesso de poderes.[16]

Tal responsabilidade não se configura no momento em que a prestação tributária deixa de ser satisfeita, mas, sim, naquele em que ocorre a prática dos atos ou condutas que levaram ao seu nascimento.

Em consequência, se o inadimplemento resultou de circunstâncias inerentes aos riscos que toda e qualquer atividade empresarial apresenta, não ocorre incidência do art. 135, III, do CTN.[17]

O que pode levar à responsabilidade pessoal do sócio-gerente, administrador ou representante é a *causa* da obrigação, e não seu descumprimento, tomado isoladamente.

Em outro giro: é preciso que se levem em conta as razões geradoras da inadimplência para verificar se elas correspondem a fatos imputáveis aos gestores da pessoa jurídica, caracterizando "excesso de poderes, infração à lei, ao contrato social, ou ao estatuto".

E quais seriam os eventos aptos a desencadear tal responsabilidade?

Não é possível catalogá-los aprioristicamente. Tudo dependerá da análise particular de cada caso concreto.

16. Este ponto de vista tem sido acolhido pela jurisprudência do STJ: "O simples inadimplemento não caracteriza infração legal. Inexistindo prova de que se tenha agido com excesso de poderes ou infração de contrato social ou estatutos, não há falar-se em responsabilidade de ex-sócio a este título ou a título de infração legal" (1ª Turma, REsp/AgR 276.779-SP, rel. Min. José Delgado, j. 20.2.2001. No mesmo sentido: 2ª Turma, REsp 195.597, rel. Min. Peçanha Martins, j. 1.3.2001; 2ª Turma, REsp 121.021-PR, rela. Min. Nancy Andrighi, j. 15.8.2000).

17. A *álea*, fator indissociável da atividade empresarial, conduz, com a mesma facilidade, tanto ao paraíso da fortuna como ao inferno da bancarrota.

Nada obstante, vale observar que o já examinado art. 50 do CC oferece indicadores muito adequados a ensejar sua integração com a norma tributária, dentro da visão unitária do sistema jurídico, da qual já nos ocupamos.[18]

Com efeito, a lei civil precisou as hipóteses que autorizam o alcance dos bens particulares dos administradores ou sócios da pessoa jurídica: *abuso de personalidade jurídica* caracterizado por *desvio de finalidade* ou *confusão patrimonial*.

Sendo assim, a nós parece válido sustentar que, em princípio, estas também serão as causas determinantes da responsabilidade pessoal dos diretores, gerentes ou representantes por créditos correspondentes a obrigações tributárias das pessoas jurídicas, nos termos do art. 135, III, do CTN.

4.5 Vejamos, agora, a questão do ônus da prova.

A responsabilidade pessoal a que alude o art. 135, III, do CTN é de natureza subjetiva.[19]

De outra parte, já não mais prevalece o entendimento de que no campo tributário, em razão da *legitimidade presumida* dos procedimentos fiscais, o ônus da prova deveria ser suportado pelo contribuinte em toda e qualquer circunstância.

Em realidade, seja na etapa precedente ao lançamento, seja em face de eventual impugnação deste, o Fisco tem o dever de demonstrar os fatos que fundamentam sua pretensão creditícia. Em outras palavras, e valendo-nos de expressão própria do processo civil, incumbe ao Fisco o ônus da prova "quanto aos fatos constitutivos de seu direito".[20]

Este entendimento adquire maior consistência quando se está diante – como é o caso – de hipótese de responsabilidade subjetiva na acepção do art. 137 do CTN.[21]

18. V. item 2, supra.

19. "Dá-se que a infração a que se refere o art. 135 evidentemente não é objetiva e sim subjetiva, ou seja, dolosa (...). No art. 135 o dolo é elementar. Nem se olvide que a responsabilidade aqui é pessoal (não há solidariedade); o dolo e a má-fé hão de ser cumpridamente provados" (Sacha Calmon Navarro Coêlho, *Curso de Direito Tributário*, 4ª ed., Rio de Janeiro, Forense, 1999, p. 628).

20. CPC, art. 333, I.

21. CTN: "Art. 137. A responsabilidade é pessoal do agente: I – quanto às infrações conceituadas por lei como crimes ou contravenções, salvo quando praticadas no

Vêm a propósito as observações de Paulo de Barros Carvalho:[22]

> No setor das infrações subjetivas em que penetra o dolo ou a culpa na compostura do enunciado descritivo do fato ilícito, a coisa se inverte, competindo ao Fisco, com toda a gama instrumental dos seus expedientes administrativos, exibir os fundamentos concretos que revelem a presença do dolo ou da culpa com nexo entre a participação do agente e o resultado material que dessa forma produziu.

Em suma: podemos afirmar que as condutas contempladas no art. 135, III, do CTN, cujos requisitos para caracterização foram apontados, por corresponderem a infrações subjetivas, devem ser comprovadas pelo Fisco.

5. *Sócios, administradores e o processo de execução fiscal*

5.1 A Certidão de Dívida Ativa é o título executivo extrajudicial que aparelha o processo de execução.[23]

Como tal, aludida Certidão deve atender aos requisitos de liquidez, certeza e exigibilidade, sob pena de acarretar a nulidade da execução.[24]

Para que a Certidão de Dívida Ativa possa cumprir, a preceito, sua finalidade, mister se faz que no processo administrativo resultante do lançamento tenha sido assegurado aos sujeitos passivos o pleno exercício do contraditório e da ampla defesa, como previsto no art. 5º, LV, da CF, ao qual, anteriormente e em outro contexto, já fizemos referência.

exercício regular de administração, mandato, função, cargo ou emprego ou no cumprimento de ordem expressa emitida por quem de direito; II – quanto às infrações em cuja definição o dolo específico do agente seja elementar; III – quanto às infrações que decorram direta e exclusivamente: a) das pessoas referidas no art. 134, contra aquelas por quem respondem; b) dos mandatários, prepostos ou empregados, contra seus mandantes, preponentes ou empregadores".

22. Paulo de Barros Carvalho, *Curso de Direito Tributário*, 16ª ed., São Paulo, Saraiva, 2004, p. 510.

23. Cf. art. 585, VII, do CPC.

24. Cf. art. 618, I, do CPC.

Pois bem. É justamente no âmbito do processo administrativo que deve ser verificada a eventual responsabilidade tributária dos sócios ou administradores das pessoas jurídicas por débitos fiscais destas.[25]

São oportunas, a propósito, as seguintes observações de Carlos César Sousa Cintra:[26]

> No processo de execução fiscal não há que se falar em acertamento da dívida tributária, inclusive no que pertine à definição de possíveis corresponsáveis pelo crédito tributário. Na verdade, é por ocasião da prática do lançamento (art. 142 do CTN) que deve ficar comprovada cabalmente a presença dos requisitos necessários à ocasional atribuição de responsabilidade tributária a sujeitos distintos dos que ocupariam o polo passivo da relação jurídica tributária na condição de contribuintes.
>
> (...) é de toda a ordem repugnável a tentativa de migração do executivo fiscal para um suposto responsável tributário (sócio-gerente, *v.g.*) sem a preexistência de uma regular investigação procedida pela autoridade administrativa competente (*due process of law*) acerca da ocorrência das situações que autorizam que se dê a referida substituição (art. 135, III, do CTN).

Com efeito, a nós nos parece não ser dado ao magistrado, no âmbito do processo de execução, praticar atos de emenda ou aditamento do título, mediante inclusão de um *novo* sujeito passivo, pois que isso, em última análise, equivale a alterar o conteúdo do lançamento tributário, do qual a Certidão de Dívida Ativa é mera expressão documental.

Esta *alteração*, a seu turno, implica invasão de competência típica e exclusiva da autoridade administrativa, que não comporta delegação ou transferência a outro Poder. Neste sentido a taxatividade do art. 142 do CTN:

25. Cf. item 4, supra. V. também, a propósito, nosso *Curso de Processo Administrativo Tributário*, 2ª ed., São Paulo, Malheiros Editores, 2009, pp. 147 e ss.

26. Carlos César Sousa Cintra, "Apontamentos acerca da cobrança da Dívida Ativa", in Eurico Marcos Diniz de Santi (coord.), *Curso de Especialização em Direito Tributário (Estudos Analíticos em Homenagem a Paulo de Barros Carvalho)*, Rio de Janeiro, Forense, 2005, pp. 704-705.

> Art. 142. *Compete privativamente à autoridade administrativa* constituir o crédito tributário pelo lançamento, assim entendido o procedimento administrativo tendente a verificar a ocorrência do fato gerador da obrigação correspondente, determinar a matéria tributável, calcular o montante do tributo devido, identificar o sujeito passivo e, sendo o caso, propor a aplicação da penalidade cabível. *[Grifamos]*

Esta definição legal põe em destaque que o lançamento é ato administrativo típico. Repita-se: é ato *indelegável* e *intransferível*, a cargo da autoridade administrativa.

Por isso mesmo, com base na lei, produz uma norma individual e concreta que explicita, para o contribuinte, o montante a pagar a título de tributo (*quantum debeatur*).

Caso ocorra o exercício inadequado desta função, não é dado à Administração Fazendária esperar que seus equívocos ou omissões sejam remidos ou supridos pelo Judiciário. A aceitação desta possibilidade implicaria atribuir aos representantes desse Poder competência que a lei tem por "privativa da autoridade administrativa".

Na verdade, a Certidão de Dívida Ativa (especificamente, o lançamento que lhe dá substância) é manifestação de um juízo valorativo, em todos os aspectos, próprio e inafastável da Administração Pública. Não pode, portanto, ficar a cargo do magistrado: a este não cabe expressá-lo, mas, sim, aferir sua adequação e sua compatibilidade com os ditames de ordem jurídica.

5.2 As razões até aqui desenvolvidas nos levam a afirmar, com o devido respeito, que contrariam o bom Direito decisões judiciais admitindo que por simples decisão interlocutória ocorra o redirecionamento de execuções fiscais, para alcançar pessoas (os sócios ou administradores das pessoas jurídicas) que não foram alvo do lançamento fiscal e, consequentemente, não tiveram a oportunidade de questioná-lo a devido tempo e pela forma adequada.[27]

Observe-se que a correta identificação do devedor e, sendo o caso, dos corresponsáveis é *requisito essencial* do termo de inscrição da Dívida Ativa (art. 202, I, do CTN).

27. Sirvam como exemplo dessas decisões as seguintes, originárias do STJ: REsp 63.257-9-SP, rel. Min. Milton Luiz Pereira; REsp 812.753-RS, rel. Min. Castro Meira; REsp 823.920-PR, rel. Min. Teori Albino Zavascki.

Vai daí que, se o sócio ou o administrador não figurarem no título executivo, esta omissão não poderá ser suprida ou remediada por simples aditamento judicial levado a cabo em pleno curso do processo de execução ou de embargos.

Nestes casos, o reconhecimento da nulidade do título mostra-se inafastável, nos termos do art. 203 do diploma complementar.

Heleno Taveira Tôrres,[28] sem prejuízo de sustentar que dados meramente formais da Certidão de Dívida Ativa comportam emendas, até mesmo de ofício, obtempera:

> Coisa diversa, entretanto, ocorre com os elementos principais, que são inerentes à determinação da existência, certeza, liquidez e exigibilidade da dívida tributária, ou seja, o sujeito passivo, a quantia devida, a origem e natureza do crédito. Sobre estes, o art. 203 é implacável, pois sua função está a serviço dos efeitos que são próprios à inscrição da dívida fiscal, contemplados no art. 204, na medida em que a dívida regularmente inscrita goza de presunção de certeza e liquidez e tem o efeito de prova pré-constituída. E a tal propósito, como instrumento de garantia a uma execução de dívida "certa", "líquida", "provada" e "exigível", qualquer afetação aos elementos acima referidos eivaria de nulidade necessária o seu curso legítimo, transmutando-se em ato de arbítrio e incerteza.

Este entendimento – a nosso ver, irretocável – bem demonstra que a inclusão do sócio ou administrador no polo passivo de execução aparelhada contra a pessoa jurídica não pode ser banalizada ao ponto de comportar soluções como a aqui fustigada.

Tal inclusão, longe de afetar apenas a forma, diz respeito à própria substância do título executivo. E tudo quanto se conecta a esta dimensão demanda rigorosa observância das normas legais pertinentes, em particular os já mencionados arts. 202 e 203 do CTN.

Aliás, o próprio STJ não é insensível a esta necessidade, conforme bem ilustra a seguinte passagem de ementa de acórdão citado por Heleno

28. Heleno Taveira Tôrres, "Dívida Ativa e nulidade da Certidão: entre segurança jurídica e eficiência administrativa", in Valdir de Oliveira Rocha (coord.), *Grandes Questões de Direito Tributário*, vol. 11, São Paulo, Dialética, 2007, pp. 109-110.

Taveira Tôrres no trabalho retrocolacionado: "A legislação tributária *obriga a correta indicação do devedor na CDA*, sob pena de nulidade, o que viabiliza a refutação da sua presunção de liquidez e certeza"[29] (grifamos).

5.3 Sintetizado, pois, as razões desenvolvidas, permitimo-nos afirmar que não cabe ao Judiciário *autorizar* a inclusão, no polo passivo do processo de execução fiscal, de pessoas estranhas àquelas indicadas no lançamento tributário que tenha dado base à Certidão de Dívida Ativa.

5.4 As proposições desenvolvidas nos levam, ainda, a afirmar que, caso os sócios ou administradores de pessoas jurídicas sejam chamados (em acepção processual) a responder por débitos fiscais destas sem que seus nomes figurem expressamente nas Certidões de Dívida Ativa, poderão invocar, em seu benefício o instituto da decadência a que alude o art. 173 do CTN.[30]

Como previsto anteriormente, a constituição do crédito tributário se dá pelo lançamento, ou pelo auto de infração, que é modalidade daquele.[31]

A seu turno, as condições para que a decadência não ocorra são: (a) a formalização de lançamento (ou do auto de infração) dentro do prazo previsto em lei; e (b) o aparelhamento deste lançamento contra sujeitos passivos identificados pelo Fisco.

Assim, não ocorrendo temporaneamente o lançamento (ou o auto de infração que o substitua) ou não sendo ele direcionado a sujeito passivo determinado, opera-se fatalmente a decadência quanto à pessoa deste.

Tal é o caso ora em consideração: inexistindo lançamento (auto de infração) aparelhado contra sócios e/ou administradores de pessoas jurídicas e vencido o prazo de cinco anos a que alude o art. 173 do CTN, consuma-se a decadência em relação aos mesmos.

29. STJ, REsp 264.873-RS, rel. Min. Francisco Falcão, j. 21.9.2004 (*apud* Heleno Taveira Tôrres, "Dívida Ativa e nulidade da Certidão: entre segurança jurídica e eficiência administrativa", cit., in Valdir de Oliveira Rocha (coord.), *Grandes Questões de Direito Tributário*, vol. 11, p. 113).

30. CTN: "Art. 173. O direito de a Fazenda Pública constituir o crédito tributário extingue-se após 5 (cinco) anos, contados: I – do primeiro dia do exercício seguinte àquele em que o lançamento poderia ter sido efetuado; II – da data em que se tornar definitiva a decisão que houver anulado, por vício formal, o lançamento anteriormente efetuado".

31. V. nosso *Curso de Processo Administrativo Tributário*, cit., 2ª ed., pp. 26 e ss.

Observe-se, por outro lado, que não procede a afirmação de que o lançamento (ou o auto de infração) lavrado apenas contra a pessoa jurídica teria o efeito de se estender automaticamente a seus sócios ou administradores.

Nenhum argumento jurídico dá substrato a tão absurda tese. Muito pelo contrário: é condição essencial do lançamento (ou do auto de infração) a expressa indicação do sujeito passivo (*quem é o contribuinte*), de sorte que este não pode ser *presumido* ou assentado por mero processo de ilação. A tanto se opõe o princípio da legalidade estrita da tributação, que veda seja esta atividade exercida por mera inferência fiscal, de sorte a alcançar terceiros não cogitados no ato de constituição do crédito tributário.

6. Conclusões

As principais ideias expostas neste estudo passam a ser sintetizadas nas conclusões que seguem, com os respectivos desdobramentos.

6.1 1ª Conclusão

I – No caso de liquidação das sociedades de pessoas, a responsabilidade solidária de seus sócios (art. 134, VII, do CTN) está sujeita aos seguintes limites: (a) submete-se ao benefício de ordem, pelo quê os bens particulares dos sócios somente poderão ser executados depois dos bens sociais; (b) está limitada ao pagamento de tributos e de penalidades de caráter moratório, excluídas as denominadas *multas-castigo*; (c) alcança apenas os sócios responsáveis pela gestão e administração das sociedades; (d) está condicionada à comprovação – cujo ônus cabe ao Fisco – de que a liquidação decorreu de atos de má gestão (culpa, dolo ou fraude).

II – Para fins de aplicação deste mesmo art. 134, VII, do CTN, o enquadramento das sociedades por cotas de responsabilidade limitada como *sociedades de pessoas* não pode ser feito aprioristicamente, dependendo, ao revés, do exame da estrutura contratual adotada em cada caso concreto.

6.2 2ª Conclusão

I – O art. 135, III, do CTN é solução normativa peculiar e expressa a sancionar determinadas condutas de diretores, gerentes ou representantes das pessoas jurídicas (prática de atos com infração da lei, do contrato social ou dos estatutos dos quais resultem obrigações tributárias).

II – O art. 135, III, do CTN e o art. 50 do CC, que disciplinou o instituto da desconsideração da pessoa jurídica, embora não se confundam, apresentam pontos de afinidade, na medida em que estão voltados à consecução de idênticas finalidades.

Assim, em função desta igualdade finalística, o art. 50 do CC pode ser erigido em adequado vetor a orientar a interpretação do art. 135, III, do CTN.

III – A não satisfação de obrigações tributárias pela pessoa jurídica, embora possa configurar infração, somente gera a responsabilidade pessoal dos seus diretores, gerentes ou representantes caso tenha resultado de atos contrários à lei ou praticados com excesso de poderes.

Em consequência, se o inadimplemento resultou de circunstâncias inerentes aos riscos que toda e qualquer atividade empresarial apresenta, não ocorre a incidência do art. 135, III, do CTN.

IV – As condutas contempladas no art. 135, III, do CTN, por corresponderem a infrações subjetivas, devem ser comprovadas pelo Fisco.

6.3 3ª Conclusão

I – A correta identificação do devedor e, sendo o caso, dos corresponsáveis é requisito essencial do termo de inscrição da Dívida Ativa (art. 202, I, do CTN).

Em consequência, se o sócio ou o administrador não figurarem no título executivo, esta omissão não poderá ser suprida ou remediada por simples aditamento judicial levado a cabo em pleno curso do processo de execução ou de embargos. Nestes casos, o reconhecimento da nulidade do título mostra-se inafastável (art. 203 do CTN).

II – Caso os sócios ou administradores das pessoas jurídicas sejam chamados (em acepção processual) a responder por débitos fiscais destas sem que seus nomes figurem expressamente nas Certidões de Dívida

Ativa, poderão, se for o caso, invocar em seu benefício o instituto da decadência (art. 173 do CTN).

Lançamento fiscal (ou auto de infração) lavrado apenas contra a pessoa jurídica não tem o efeito de se estender automaticamente a seus sócios ou administradores. Nenhum argumento jurídico dá substrato a esta tese. É condição essencial do lançamento (ou do auto de infração) a expressa indicação do sujeito passivo, de sorte que este não pode ser *presumido* ou assentado por mero processo de ilação.

Bibliografia

BERTOLDI, Marcelo M. *Curso Avançado de Direito Comercial*. vol. 1. São Paulo, Ed. RT, 2001.

BOTTALLO, Eduardo Domingos. "Alguns reflexos do Código Civil no direito tributário". In: GRUPENMACHER, Betina Treiger (coord.). *Direito Tributário e o Novo Código Civil*. São Paulo, Quartier Latin, 2004.

————. *Curso de Processo Administrativo Tributário*. 2ª ed. São Paulo, Malheiros Editores, 2009.

BRIGAGÃO, Gustavo. "Responsabilidade dos sócios de sociedades limitadas por dívidas previdenciárias". In: COÊLHO, Sacha Calmon Navarro (coord.). *Contribuições para Seguridade Social*. São Paulo, Quartier Latin, 2007.

CARVALHO, Paulo de Barros. *Curso de Direito Tributário*. 16ª ed. São Paulo, Saraiva, 2004.

CEOLIN, Ana Carolina Santos. *Abusos na Aplicação da Teoria da Desconsideração da Pessoa Jurídica*. Belo Horizonte, Del Rey, 2002.

CINTRA, Carlos César Sousa. "Apontamentos acerca da cobrança da Dívida Ativa". In: SANTI, Eurico Marcos Diniz de (coord.). *Curso de Especialização em Direito Tributário (Estudos Analíticos em Homenagem a Paulo de Barros Carvalho)*. Rio de Janeiro, Forense, 2005.

COÊLHO, Sacha Calmon Navarro. *Curso de Direito Tributário*. 4ª ed. Rio de Janeiro, Forense, 1999.

———— (coord.). *Contribuições para Seguridade Social*. São Paulo, Quartier Latin, 2007.

GASPARINI, Diógenes. "*Disregard* administrativa". In: WAGNER JR., Luiz Guilherme da Costa (coord.). *Direito Público: Estudos em Homenagem a Adilson de Abreu Dallari*. Belo Horizonte, Del Rey, 2004.

GRUPENMACHER, Betina Treiger (coord.). *Direito Tributário e o Novo Código Civil*. São Paulo, Quartier Latin, 2004.

LESSA, Donavan Massa, e SANTIAGO, Igor Mauler. "Inconstitucionalidade de responsabilização do sócio de empresa limitada e do controlador de sociedade anônima pelo pagamento de contribuições para a Seguridade Social (Lei 8.620/1993, art. 13)". In: COÊLHO, Sacha Calmon Navarro (coord.). *Contribuições para a Seguridade Social*. São Paulo, Quartier Latin, 2007.

LIMONGI FRANÇA, Rubens. *Jurisprudência das Sociedades Comerciais*. São Paulo, Ed. RT, 1980.

MARTINS, Gilberto Baptista. "Supersimples e responsabilidade dos sócios". *Valor Econômico* 26.6.2007. São Paulo, p. E2.

REIS JR., Ari Timóteo dos. "Responsabilidade dos sócios e administradores pelos débitos tributários". *Revista Tributária e de Finanças Públicas* 74/15-35. São Paulo, Ed. RT, maio-junho/2007.

REQUIÃO, Rubens. *Curso de Direito Comercial*. 4ª ed. São Paulo, Saraiva, 1974.

ROCHA, Valdir de Oliveira (coord.). *Grandes Questões de Direito Tributário*. vol. 11. São Paulo, Dialética, 2007.

SANTI, Eurico Marcos Diniz de (coord.). *Curso de Especialização em Direito Tributário (Estudos Analíticos em Homenagem a Paulo de Barros Carvalho)*. Rio de Janeiro, Forense, 2005.

SANTIAGO, Igor Mauler, e LESSA, Donavan Massa. "Inconstitucionalidade de responsabilização do sócio de empresa limitada e do controlador de sociedade anônima pelo pagamento de contribuições para a Seguridade Social (Lei 8.620/1993, art. 13)". In: COÊLHO, Sacha Calmon Navarro (coord.). *Contribuições para a Seguridade Social*. São Paulo, Quartier Latin, 2007.

SARAIVA FILHO, Oswaldo Othon de Pontes. "Responsabilidades de sócio de limitada e de acionistas controladores de S/A por débitos relativos às contribuições para a Seguridade Social". In: COÊLHO, Sacha Calmon Navarro (coord.). *Contribuições para a Seguridade Social*. São Paulo, Quartier Latin, 2007.

SOTTO, Débora. *Tributação da Microempresa (ME) e da Empresa de Pequeno Porte (EPP)*. São Paulo, Quartier Latin, 2007.

TÔRRES, Heleno Taveira. "Dívida Ativa e nulidade da Certidão: entre segurança jurídica e eficiência administrativa". In: ROCHA, Valdir de Oliveira (coord.). *Grandes Questões de Direito Tributário*. vol. 11. São Paulo, Dialética, 2007.

WAGNER JR., Luiz Guilherme da Costa (coord.). *Direito Público: Estudos em Homenagem a Adilson de Abreu Dallari*. Belo Horizonte, Del Rey, 2004.

DA NORMA ANTIELISIVA NO ORDENAMENTO JURÍDICO TRIBUTÁRIO

FERNANDO BONFÁ DE JESUS

1. Introdução. 2. Da autonomia privada. 3. Da norma antielisiva: 3.1 Simulação e negócio jurídico indireto – 3.2 Simulação e teoria do abuso de direito. 4. Princípio da legalidade: 4.1 Distinção entre o princípio da legalidade e o da reserva legal – 4.2 Princípio da tipicidade cerrada e a norma antielisiva. 5. Considerações finais.

1. Introdução

De um lado temos a realidade que assombra o País: aumento da carga e da responsabilidade tributárias para os contribuintes brasileiros – o que faz com que os empresários procurem lacunas e brechas na legislação para diminuição do custo tributário.

Por outro lado, fundamentado na necessidade de aumentar a arrecadação, temos o Poder Público, que, ao publicar a Lei Complementar 104/2001, que introduziu o parágrafo único ao art. 116 do CTN (norma antielisiva), tem gerado calorosas discussões de conceitos de complexidade inegável como "simulação", "dissimulação", "abuso de direito", "negócio jurídico indireto", "negócio elisivo", "interpretação da norma jurídica" e "princípios da legalidade e da tipicidade cerrada".

Entretanto, cabe aqui nosso destaque para o fato de que o assunto em questão é extremamente vasto e apto a servir de fundamento para as mais diversas interpretações.

As figuras da simulação e da chamada elisão são na maioria das vezes confundidas, por faltar clareza na delimitação dos conceitos e por não ser rara a importação de terminologias baseadas em experiências estrangeiras, sem qualquer vínculo com nosso ordenamento jurídico, para definições do que acontece no País.

O objetivo deste estudo está em analisar os pressupostos e fundamentos das chamadas normas antielisivas bem como da figura da simulação, a fim de concluir pela inevitável incompatibilidade de tais normas com a ordem constitucional brasileira, por manifesta ofensa aos princípios da legalidade e da tipicidade cerrada.

2. *Da autonomia privada*

Nas relações privadas tudo será permitido, desde que não cause dano a terceiro, configurando, assim, abuso de direito. Como exemplo, pode-se falar do direito de propriedade que, como todo direito, não é pleno, tendo em vista encontrar limites nas necessidades coletivas.

Isso não quer dizer, porém, que não existam direitos singulares. Ao contrário, a CF, inclusive, dedica seu art. 5º aos direitos e garantias fundamentais dos cidadãos, mas que não são plenos, em função dos direitos coletivos.

A autonomia privada, portanto, consiste justamente na capacidade que o particular tem de praticar seus atos jurídicos da forma que lhe é mais conveniente e financeiramente vantajosa, desde que não cause dano a outrem e não seja um ato ilícito.

Com efeito, para a análise da autonomia privada faz-se necessário identificar quais são seus limites, pois a autonomia não é ilimitada.

De partida, cumpre-nos fixar dois importantes vetores: o primeiro deles diz com o princípio da autonomia privada e suas liberdades negociais, segundo o qual as partes têm, em linhas gerais, liberdade de escolha (i) da melhor "causa" (fim negocial), (ii) da melhor "forma" e (iii) do melhor "tipo" contratual ou societário, desde que estes não estejam definidos em lei.

Vale anotar que o respeito a este específico princípio do direito privado produz efeitos também sobre a relação jurídica de natureza tributária, a ponto, portanto, de não se permitir, como regra, que as autoridades fiscais, no exercício de suas atividades vinculadas, desconsiderem negócio jurídico legitimamente formalizado entre particulares.

Ou seja: não cabe à Fiscalização julgar a forma pela qual o contribuinte deve administrar seus recursos financeiros. O Fisco não pode, em razão da opção adotada pelo contribuinte – que, vale ressaltar mais uma vez, é plenamente livre –, interferir na gestão dos negócios.

Com efeito, há que se ter plena consciência de que, se a lei faculta aos contribuintes adotar determinado tipo de procedimento, não pode o Fisco pretender se colocar na posição do próprio contribuinte, para julgar se aquela foi, ou não, a melhor opção empresarial.

Outro não é o entendimento do antigo 1º Conselho de Contribuintes, atual Conselho Administrativo de Recursos Fiscais/CARF, consoante se depreende da decisão abaixo transcrita:

> Glosa indevida de despesas financeiras. A Fiscalização não pode se investir no papel de empresário para julgar a forma pela qual os contribuintes devem gerir seus próprios recursos.[1]

Este, inclusive, e a título ilustrativo, também é o posicionamento do STJ, que, quando chamado a decidir sobre a incidência, ou não, do IPI nas importações de aeronaves que se realizam sob um contrato de arrendamento mercantil internacional, o *leasing*, reconheceu a liberdade de contratar do contribuinte. Confira-se:

> Tributário – Imposto de renda – *Leasing*: descaracterização do contrato pelo Fisco.
>
> 1. A jurisprudência tem entendido que o contrato de *leasing* deve ser respeitado como tal, em nome do princípio da liberdade de contratar.
>
> 2. Somente quando o *leasing* estiver contemplado em uma das situações de repúdio, pela Lei n. 6.099/1974 (arts. 2º, 9º, 11, § 1º, 14 e 23), é que se tem autorização legal para a descaracterização e imputação das consequências.
>
> 3. Recurso especial improvido.[2]

O segundo vetor a ser destacado, neste ponto, refere-se diretamente ao dever que todos têm de contribuir para o sustento dos gastos públicos, em favor da coletividade, o qual, no Estado capitalista, é cum-

1. 1º Conselho de Contribuintes, 8ª Câmara, Acórdão 108-04.820, 14.11.1998, rel. Cons. Jorge Eduardo Gouvêa.

2. STJ, 2ª Turma, REsp 229.986-SC, rela. Min. Eliana Calmon, j. 14.8.2001, *DJU* 1.10.2001.

prido quase que exclusivamente em razão do pagamento de tributos, nas suas mais diversas espécies.

Em matéria tributária essa análise deve ser realizada em conjunto com o estudo dos limites ao poder de tributar, para que, então, seja dado um conceito do que realmente é a norma antielisiva – conceito, esse, que será apresentado nos próximos pontos.

3. *Da norma antielisiva*

Os questionamentos fiscais calcados no instituto da simulação/dissimulação costumam ser balizados, na verdade, pela teoria do abuso de direito e pela interpretação econômica, sabidamente repudiadas pela doutrina e jurisprudência brasileiras.

A implantação de planejamentos fiscais sempre foi (e, muito provavelmente, sempre será) passível de diversos questionamentos pelo Fisco.

Mesmo antes da edição da Lei Complementar 104, de 10.1.2001,[3] o Fisco já atacava as estratégias de lícitos planejamentos fiscais com base na teoria da interpretação econômica do direito ou do abuso de direito.

Teorias, estas, que, diga-se, não prevaleceram. Por vezes o Conselho de Contribuintes (atual CARF) e a Câmara Superior de Recursos Fiscais (instância máxima administrativa), em suas decisões, sempre apoiadas na doutrina unânime, frustraram essas autuações.

A teoria da interpretação econômica não encontrou guarida quando confrontada com a tradição positivista do Direito Brasileiro, e em especial do direito tributário nacional. Ao contribuinte é lícito estruturar suas operações da maneira menos onerosa. É a elisão fiscal. O ilícito é a fraude, a evasão fiscal.

Igual sorte obteve a teoria do abuso de direito. O Fisco costumava invocar esta figura para, ainda que subliminarmente, macular operações praticadas licitamente, como se fossem simuladas.

3. A Lei Complementar 104/2001 introduziu o parágrafo único ao art. 116 do CTN, dispositivo que ficou conhecido como "norma antielisiva". Adiante faremos referência expressa a esse dispositivo.

Esclareça-se, desde já, que a simulação é operação maquiada, falseada, e que, portanto, não se confunde com o negócio jurídico que, não sendo nulo ou anulável, produz, indiretamente, efeitos tributários esperados.

O que torna a questão mais intrincada, como já se adiantou, é a edição da Lei Complementar 104/2001.

De fato, dentre as diversas alterações ao Código Tributário Nacional, a Lei Complementar 104/2001 introduziu o parágrafo único ao seu art. 116, qual seja:

> Art. 116. (...).
>
> Parágrafo único. A autoridade administrativa poderá desconsiderar atos ou negócios jurídicos praticados com a *finalidade de dissimular* a ocorrência do fato gerador do tributo ou a natureza dos elementos constitutivos da obrigação tributária, *observados os procedimentos a serem estabelecidos em lei ordinária. [Grifamos]*

O que importa saber, em primeira análise, é qual a extensão desse normativo.

A intenção da norma, quer nos parecer, é atribuir ao agente fiscal, conforme disciplina processual a ser editada pelos entes tributantes, poderes para cercar hipóteses de elisão fiscal. Dentre outros, e sob esta ótica, seriam descaracterizados os negócios praticados *exclusivamente* com a finalidade de economizar tributos através do *abuso de direito*.

Tudo gira em torno da verdadeira acepção do vocábulo "dissimular", parte determinante do núcleo da chamada norma *antielisiva*.

"Dissimular" tanto pode significar a utilização de subterfúgios astuciosos para obtenção de determinado efeito (acepção que, aí, assemelhar-se-ia ao próprio negócio jurídico indireto) ou a simulação de um ato, para, disfarçadamente, praticar outro. Esses são dois dos seus possíveis significados.

Tarefa mais complexa é atribuir significação ao vocábulo – para o quê se deve, necessariamente, contextualizá-lo.

Vamos, então, novamente, ao parágrafo único do art. 116 do CTN: "Parágrafo único. A autoridade administrativa poderá desconsiderar atos ou negócios jurídicos praticados com a *finalidade de dissimular* a ocorrência do fato gerador (...)" (grifamos).

Seria possível, naturalmente, substituir "dissimular" por "simular". O efeito, no entanto, seria uma frase inócua, pois o art. 149, VII, do mesmo CTN já contém norma que atribui à autoridade administrativa o poder de lançar o tributo diante de uma *simulação*. Não faria sentido incluir um parágrafo único ao art. 116 do CTN para cobrir situação já nele contida. Portanto, "dissimulação" não pode ser sinônimo de "simulação", neste caso.

Passemos, então, a diferenciação entre o negócio jurídico indireto e a simulação, ou seja, a divergência subjetiva entre a forma e a intenção.

3.1 Simulação e negócio jurídico indireto

Negócio jurídico indireto é meio pelo qual os contribuintes se servem de um negócio jurídico simples. Haverá negócio jurídico indireto quando for celebrado negócio para obter um efeito prático equivalente à realização de outro negócio, mas que as partes não têm interesse em praticar.

Em direito tributário o negócio equivalente seria o instrumento para obter uma elisão fiscal lícita, onde negócio jurídico atípico não significa negócio jurídico indireto.

Para tanto nos valemos dos conceitos trazidos na lição de Tullio Ascarelli:[4]

> Na simulação as partes, para alcançar o fim visado, *declaram o que não corresponde à vontade delas, regulando, no entanto, clandestinamente, as próprias relações jurídicas de modo conforme à vontade real;* ***no negócio indireto, ao contrário, o fim prático visado pelas partes é alcançado justamente por meio do negócio adotado e declarado****.* *[Grifos nossos]*

O negócio jurídico indireto, portanto, ao contrário da simulação, é correntemente empregado nas relações negociais habituais e admitidas.

4. Tullio Ascarelli, *Problemas das Sociedades Anônimas e Direito Comparado*, São Paulo, Saraiva, 1969, p. 111.

Não se pode considerar haver abuso de direito quando o contribuinte segue o rito legal previsto para aquela situação objetivada. Interpretação em sentido contrário levaria à antítese do Direito, através da qual uma norma jurídica atribui um direito e outra o cerceia ou inibe, contrariando a lógica e o bom-senso.

Admitir-se a tese de que a norma antielisiva pudesse se voltar contra estruturas de planejamento admitidas pelo legislador implicaria negar o próprio Direito – o que é inconcebível.

Outro aspecto que também se presta à especulação é a possível pretensão do Fisco de exigir a comprovação do *business purpose*, teoria oriunda do Direito Norte-Americano segundo a qual as reorganizações societárias devem ser motivadas por alguma utilidade negocial, e não somente a motivação da economia tributária.

Embora o efeito prático da edição da norma antielisiva seja o de alçar o que antes era mero entendimento da Receita Federal do Brasil à categoria de lei complementar, seu alcance permanece restrito aos casos em que reste caracterizada uma dissimulação na estruturação dos atos jurídicos válidos (abuso de formas), praticada com o *único intuito de economizar de tributos, para a qual não exista business purpose*.

Por oportuno, é válido mencionar parte do voto da Cons. Mariam Seif, representante da Receita Federal do Brasil no 1º Conselho de Contribuintes, em julgamento de que foi Relatora na Câmara Superior de Recursos Fiscais:

> Em conclusão: (a) *se, para alcançar o objetivo ulterior, o contribuinte recorre a ato ou negócio jurídico nulo ou anulável* (v.g., *a simulação, a fraude à lei ou abuso de formas jurídicas), infringe a lei e a evasão fiscal é ilícita; (b) se, ao contrário, para alcançar o fim visado, recorre a ato ou negócio jurídico real, verdadeiro, sem vício no suporte fático nem na manifestação da vontade, tem-se elisão fiscal, que é lícita e admitida pelo ordenamento jurídico brasileiro.*[5] *[Grifos nossos]*

Assim, se o contribuinte possui duas ou mais opções para celebrar determinado negócio (dentro da lei), pode optar por aquela que tiver a

5. 1º Conselho de Contribuintes, Câmara Superior de Recursos Fiscais, Acórdão CSRF-01-01.874, de 15.5.1995.

menor carga tributária. No negócio jurídico indireto existe somente uma intenção ou uma operação sendo contratada, e as partes desejam efetivamente aquilo que foi pactuado, aceitando todos os efeitos aplicáveis ao negócio jurídico celebrado.

3.2 Simulação e teoria do abuso de direito

Simular um negócio jurídico significa exteriorizar (em sua formalidade) algo que não seja verdadeiro ou que seja diferente da realidade subjacente a essa forma, tendo em vista lesar terceiros. No ato simulado existe uma verdade de fato (real, efetiva) encoberta por uma forma jurídica não correspondente à referida realidade.

Há na simulação um descompasso (divergência) entre a essência do ato e sua forma extrínseca, fazendo aparecer (e parecer) algo que, em verdade, não existe (ou, se existe, não confere a exteriorização do negócio jurídico).

Em sentido bastante distinto da simulação, abusar do direito significa recorrer a um conjunto de negócios jurídicos cuidadosamente escolhidos e postos em sequência para reduzir ou eliminar a carga fiscal de certa operação.

Nesses casos não se questiona a existência ou veracidade dos atos em si, que são tomados como válidos (não simulados). O todo é o alvo da investigação, e, pela referida teoria, é ele que invalida os negócios jurídicos, sem cogitar de quaisquer irregularidades (ou simulação) dos atos isolados.

Em outras palavras: ao contrário do que ocorre na simulação, o ataque da teoria do abuso de direito não recai sobre cada ato, isoladamente, mas sobre o conjunto desses atos. O que caracteriza o "abuso", aí, é a engenhosa sequência de negócios jurídicos montados para levar à economia de tributos.

Segundo essa teoria, a conduta repreensível do contribuinte está na sua deliberada intenção de economizar tributos através da costura de determinados negócios jurídicos em uma certa ordem, aproveitando-se das lacunas abertas pela própria lei.

Os atos que compõem a operação não são necessariamente artificiais, insólitos ou anormais, e, portanto, em si mesmos, não representam qualquer ofensa à ordem jurídica (não são, nem podem ser, simulados). O abuso de direito prescinde deste exame.

Todavia, quando vistos de um panorama mais amplo, que os reúne numa análise conjunta, aparece a finalidade de economizar ou eliminar tributo considerada abusiva (apesar de ser projetada dentro da legalidade), ensejando a repulsa dos respectivos efeitos fiscais desses atos, ainda segundo a teoria do abuso de direito.

Comparando a simulação com o abuso de direito percebemos que, quanto à primeira, o vício está na intenção de realizar o ato (que seria divergente de uma outra intenção, não exteriorizada – esta, sim, verdadeira, mas encoberta pela forma), enquanto na segunda o vício atinge a intenção de *economizar tributo*.

Em outras palavras: há simulação quando o contribuinte não quer, em verdade, realizar o ato da forma como o exterioriza; e há abuso de direito quando ele quer realizar o ato mas o faz com a finalidade única de reduzir ou evitar a incidência tributária.

São institutos bastante distintos, como se vê.

Simulação e abuso de direito não são apenas diferentes entre si, mas mais que isto: são figuras mutuamente exclusivas. Vale dizer: a alegação de que houve abuso de direito automaticamente exclui a possibilidade de postular a simulação dos mesmos atos. Onde há abuso de direito não pode haver simulação, e vice-versa.

A razão disso é muito simples. A teoria do abuso de direito parte sempre do pressuposto de que os atos concatenados são perfeitamente válidos e eficazes se tomados um a um. Caso contrário, se os atos pudessem ser atacados em sua forma isolada, não seria preciso verificar se houve economia fiscal, porque ela seria ilícita, acompanhando a ilicitude dos atos isolados.

Não fosse a economia fiscal resultante do *conjunto* (de todos eles), nada haveria para ser oposto à conduta do contribuinte. Então, se as considerações sobre determinados negócios jurídicos são levadas a efeito sob orientação da teoria do abuso, indubitavelmente, o foco de ataque é a deliberada intenção dos contribuintes de tirar proveito das lacunas legais, *e não atos isolados*. A validade é, portanto, pressuposto na teoria do abuso de direito.

Assim, simulação e abuso de direito são figuras distintas, incompatíveis entre si, de sorte que não podem servir, a um só tempo, de fundamento para a invalidação dos mesmos negócios jurídicos: ou os negócios são simulados, não produzindo seus efeitos regulares, ou, se há alegação de abuso de direito, não se pode cogitar da validade dos mesmos atos (mas tão somente da intenção de economizar tributo).

4. Princípio da legalidade

Apenas para retomar: o abuso do direito estaria caracterizado quando o contribuinte se utilizasse de determinados dispositivos legais (lacunas na lei fiscal), bem como da forma apropriada, para economizar tributos. Noutros termos, fazendo o raciocínio oposto, para não incorrer nesse "abuso" o contribuinte deveria se abster de procurar essa redução da carga tributária aberta pela legislação, numa espécie de "ignorância forçada" das brechas normativas através da quais a redução pode ser planejada.

Mas para que o contribuinte estivesse efetivamente impedido de se aproveitar dessas lacunas na legislação fiscal deveria haver uma previsão legal específica neste sentido, vedando o recurso às formas jurídicas que a própria lei estabelece e às quais confere validade.

Isto porque, a despeito da introdução da norma geral antielisiva no plano do Código Tributário Nacional (diga-se: não aplicável de imediato e nem tampouco capaz de alcançar operações pretéritas, conforme será analisado posteriormente), vigora entre nós, em toda sua plenitude, o princípio constitucional da legalidade, segundo o qual "ninguém será obrigado a fazer ou a deixar de fazer alguma coisa senão em virtude de lei".

Desta forma, se algo é permitido ou proibido, assim o é em virtude do que dispõe a lei; se posso ou se não posso, depende da lei.

Com efeito, se o recurso a determinadas formas jurídicas não é vedado pela lei, está contida no princípio da legalidade a garantia de que essas formas poderão ser livremente utilizadas pelo contribuinte. Onde não há vedação há permissão para que elas sejam usadas, sem restrição.

Em outros termos: se sob a luz da legalidade um ato não é vedado (é, portanto, permitido), somente poderíamos admitir que a ele não se pode recorrer se houver outro princípio que impeça a realização desse ato; e este princípio necessariamente deveria sobrepujar o da legalidade.

Porém, nosso ordenamento jurídico – repetimos – é calcado no princípio constitucional da legalidade (Positivismo jurídico), que é para nós inderrogável, sob pena de falência do próprio Estado de Direito.

Nesse contexto, citamos as palavras de Roque Antonio Carrazza,[6] a saber:

> O *Estado de Direito* limita os Poderes Públicos, isto é, concretiza-se numa proibição de agir em desfavor das pessoas. Por isso, nele, para a melhor defesa dos direitos individuais, sociais, coletivos e difusos, a Constituição vincula não só o administrador e o juiz, mas o próprio legislador. De fato, tais direitos são protegidos também diante da lei, que deve se ajustar aos preceitos constitucionais. (...).

A questão que se põe, como explicitado acima, é simples. Se cabe à lei delimitar o nível de liberdade do contribuinte, enquanto dentro desses limites não se poderá dizer que ele "abusou" ilicitamente (reprovavelmente) do próprio direito do qual se serve. Admitir que se pode "abusar do direito" é reconhecer que o contribuinte abusou do que lhe era permitido, o que causaria, por conseguinte, a total perda da noção do que é permitido e proibido (modais fundamentais para a sobrevivência todo e qualquer ordenamento jurídico).

É – dissemos – de certo modo evidente que não se pode falar "abuso" de direito onde, na falta de vedação legal (norma antielisão), for lícito ao contribuinte recorrer aos negócios que lhe sejam fiscalmente menos onerosos, ressalvada apenas a hipótese de simulação (falseamento da verdade).

4.1 Distinção entre o princípio da legalidade e o da reserva legal

O princípio da legalidade existe frente à defesa dos cidadãos contra o poder do Estado.

Ocorre que até a existência do Estado Liberal o conceito de legalidade era vigente e absoluto para todas as relações de que o Estado fizes-

6. Roque Antonio Carrazza, *Curso de Direito Constitucional Tributário*, 29ª ed., São Paulo, Malheiros Editores, 2013, p. 271.

se parte. Os cidadãos, portanto, só poderiam fazer ou deixar de fazer algo, senão em virtude de lei formal aprovada e votada nos órgãos do Poder Legislativo, em conformidade com os trâmites do processo constitucional legislativo de cada País.

Todavia, com o advento do Estado Intervencionista observou-se que esta formulação não era mais satisfatória para o crescimento da sociedade, e o princípio da legalidade passou a ter uma ramificação mais limitada, que é o princípio da reserva legal.

O princípio da legalidade passou, então, a admitir a delegação de competência normativa para outros órgãos que não o Poder Legislativo. Em outras palavras, significa dizer que a lei admite que outras normas infralegais disponham sobre determinada matéria, regulamentando-a.

Assim, a lei delega competência normativa a outros órgãos para que estes melhor implementem ou delimitem suas determinações por intermédio de instrumentos infralegais, tais como instruções normativas, portarias, ordens de serviço, decretos.

Já, o princípio da reserva legal resguardou certas matérias para serem veiculadas apenas por lei, não possibilitando que outros instrumentos infralegais dispusessem sobre o assunto.

A diferença no campo do direito tributário é patente, onde o art. 150, I, da CF estabelece que: "É vedado (...) exigir ou aumentar tributo sem lei que o estabeleça".

Isto significa que existem áreas do direito tributário que estão vinculadas expressamente ao princípio da reserva legal; dentre elas aparecem a criação ou o aumento de tributos.

Para estes casos específicos e restritos é necessário lei em sentido formal; para os demais, basta um instrumento infralegal.

4.2 Princípio da tipicidade cerrada e a norma antielisiva

Em corolário ao princípio da legalidade, nosso sistema consagra o princípio da tipicidade cerrada da tributação, segundo o qual o fato gerador deve ser integral e detalhadamente expresso em lei (art. 97 do CTN).

Conjugando esses princípios com o da livre iniciativa, aposto no art. 170 da CF e pressuposto básico nas relações jurídicas comerciais privadas, pode-se concluir que o planejamento tributário é legítimo quando se vale de meios não vedados expressamente em lei para produzir o efeito da economia fiscal.

Ademais, em respeito ao princípio da estrita legalidade, querendo eliminar as hipóteses de planejamento fiscal, o legislador pátrio foi "fechando as portas" através de modificações pontuais na legislação, de modo a desestimular a prática dos atos elisivos (nunca ilícitos).

O caminho natural, seguido até aqui pelo legislador, é fechar os planejamentos fiscais em cada caso específico, tendo em vista o princípio da tipicidade cerrada em matéria tributária.

As leis, para construir fatos geradores, devem descrever minuciosamente todos os elementos do mundo físico que, se e quando ocorridos, fazem surgir a obrigação de pagar tributos.

Na lei tributária não há qualquer espaço para generalidades. Ela deve detalhar em sua completude todos os eventos que podem dar ensejo à tributação. Faltando qualquer elemento, a obrigação tributária não se perfaz.

Assim, entende-se que enquanto a tipicidade cerrada estiver contida expressamente na Constituição Federal, no sentido de que o tributo tem que ser instituído por lei que preveja a descrição do fato econômico que se pretende atingir, não haverá espaço à norma antielisiva.

Dessa forma, a norma antielisiva que permita ao Fisco desconsiderar forma legal adotada pelo contribuinte sob simples alegação de abuso de direito acabaria por esvaziar o conteúdo da reserva legal e da tipicidade cerrada, gerando, por conseguinte, arbitrariedades e inseguranças aos contribuintes, incompatíveis com nosso ordenamento jurídico.

5. Considerações finais

De fato, simular um negócio jurídico significa exteriorizar (em sua formalidade) algo que não seja verdadeiro ou que seja diferente da realidade subjacente a essa forma, tendo em vista lesar terceiros. Há de haver, essencialmente, uma verdade de fato (real, efetiva, jurídica) encoberta por uma forma (também jurídica) não correspondente à referida realidade.

Tal análise é imprescindível ao deslinde do presente trabalho, na medida em que a ocorrência de simulação, entendida como o ato que visa a aparentar algo que não existe, pressupõe necessária e essencialmente divergência entre o que se quis (vontade negocial) e o que se declarou (vontade exteriorizada).

Não basta haver motivo psíquico ou íntimo diverso do ato exteriorizado. A vontade real a ser considerada deve ser apta a produzir efeitos no mundo jurídico.

Até porque – convenhamos – a vontade íntima é juridicamente irrelevante, por jamais produzir efeitos no mundo regulado pelo Direito.

A simulação não se verifica em relação a um conjunto de atos, mas, sim, em relação a atos jurídicos isoladamente considerados. Aplicar raciocínio diverso implica subverter a própria natureza do instituto.

Em decorrência, nos casos em que o legislador identifica uma brecha na legislação utilizada pelos contribuintes, o caminho natural até aqui seguido é fechar pontualmente os planejamentos fiscais, exatamente em consideração ao princípio da estrita legalidade em matéria tributária.

Na lei tributária não há qualquer espaço para generalidades e subjetivismos. Ela deve detalhar em sua completude todos os eventos que podem dar ensejo à tributação. Faltando qualquer um deles, a obrigação tributária não se perfaz. Não há subsunção do fato concreto à norma.

Em outros traços: se sob a luz da legalidade um ato não é vedado, somente poderíamos admitir que a ele não se pode recorrer se houver um outro princípio que impeça sua utilização.

Porém, nosso ordenamento jurídico – repetimos – é calcado no princípio constitucional da legalidade (Positivismo jurídico), que é para nós inderrogável, e no princípio da tipicidade cerrada da tributação.

Noutros termos: foi também esclarecido neste trabalho que para não incorrer em abuso de direito o contribuinte deveria se abster de procurar redução da carga tributária *aberta pela legislação*, numa espécie de "ignorância forçada" das brechas normativas através da quais a redução pode ser planejada.

Agindo, pois, o contribuinte nos termos da lei, nada lhe pode opor a Fazenda Pública sob a alegação de que, fosse outro o procedimento adotado, haveria mais imposto a pagar, pois, nesse caso, teríamos a Fazenda pleiteando um recolhimento com base no que deixou de ganhar, e não no que efetivamente perdeu!

Em face de tais considerações acerca do princípio da estrita legalidade em matéria tributária e da possibilidade de implementação de planejamento tributário, concluímos que somente poderão sofrer algumas mutações – se é que sofrerão – a partir da regulamentação da norma geral antielisiva introduzida pela Lei Complementar 104/2001, o que, diga-se de passagem, até o presente momento não ocorreu.

Referências bibliográficas

ASCARELLI, Tullio. *Problemas das Sociedades Anônimas e Direito Comparado*. São Paulo, Saraiva, 1969.

ATALIBA, Geraldo. *Hipótese de Incidência Tributária*. 6ª ed., 14ª tir. São Paulo, Malheiros Editores, 2013.

BECKER, Alfredo Augusto. *Teoria Geral do Direito Tributário*. 2ª e 3ª eds. São Paulo, Lejus, 1972 e 2002.

CARRAZZA, Roque Antonio. *Curso de Direito Constitucional Tributário*. 29ª ed. São Paulo, Malheiros Editores, 2013.

__________. *Imposto Sobre a Renda (Perfil Constitucional e Temas Específicos)*. 3ª ed. São Paulo, Malheiros Editores, 2009.

CARVALHO, Paulo de Barros. *Direito Tributário: Fundamentos Jurídicos da Incidência*. 9ª ed. São Paulo, Saraiva, 2012.

MELO, José Eduardo Soares de. *Curso de Direito Tributário*. 10ª ed. São Paulo, Dialética, 2012.

NOGUEIRA, Ruy Barbosa. *Curso de Direito Tributário*. São Paulo, Saraiva, 1994.

__________. *Da Interpretação e da Aplicação das Leis Tributárias*. 2ª ed. São Paulo, José Bushatsky Editor, 1974.

TÔRRES, Heleno Taveira. *Direito Tributário e Direito Privado*. São Paulo, Ed. RT, 2003.

LOS PRINCIPIOS APLICABLES A LA POTESTAD SANCIONADORA

JORGE BRAVO CUCCI

1. La potestad sancionadora del Estado. 2. Los principios aplicables a la potestad sancionadora en materia tributaria. 3. Los límites a la potestad sancionadora: 3.1 ¿Potestad discrecional o potestad arbitraria? – 3.2 Los principios jurídicos como límites de la potestad sancionadora: 3.2.1 El principio del debido procedimiento en sede administrativa – 3.2.2 El principio de culpabilidad: las infracciones objetivas – 3.2.3 La aplicación de la Ley de Procedimiento Administrativo General/LPAG en el ámbito tributario. 4. Conclusiones.

1. La potestad sancionadora del Estado

Participamos de la tesis según la cual la potestad sancionadora en materia administrativa es una manifestación del *ius puniendi* del Estado. Por lo tanto, en un grado de abstracción, podría decirse que dicha potestad se encuentra constreñida a los principios jurídicos generales que limitan su ejercicio, tal cual lo ha reconocido nuestro Tribunal Constitucional del Perú en la sentencia recaída sobre el Expediente 274-99-AA/TC, los que no sólo se aplican en el ámbito del derecho penal, sino también en el del derecho administrativo sancionador. Se indica en dicha sentencia que:

> (...) la potestad punitiva del Estado es única (...) no resultan admisibles aquellas posturas que tratan de encontrar diferencias cualitativas, sustanciales o fórmulas eclécticas entre las sanciones administrativas y las de naturaleza penal.

Con ello no se pretende sostener que los ilícitos administrativos son asimilables a los ilícitos penales, sino que ambos son especies de un mismo género, que comparten elementos característicos, pero contienen peculiaridades y rasgos que los distinguen.

Así, en concordancia con lo que afirma García Gómez, puede afirmarse que la distinción entre ilícitos penales e ilícitos administrativos no puede apreciarse desde su perspectiva ontológica, sino desde un plano formal o cuantitativo.[1] Ello está en línea con lo resuelto por el Tribunal Constitucional de España, el que en la STC 18/1981 indica que:

> (...) el orden penal y el administrativo sancionador constituyen manifestaciones del ordenamiento punitivo del Estado, tal y como refleja la propia Constitución, hasta el punto de que un mismo bien jurídico puede ser protegido con técnicas administrativas o penales.

2. *Los principios aplicables a la potestad sancionadora en materia tributaria*

Existiendo una identidad ontológica entre delitos e infracciones, corresponde analizar si ambos ilícitos se encuentran constreñidos a los mismos principios constitucionales. Como ya lo hemos adelantado precedentemente, la respuesta es afirmativa, aunque con ciertos matices.

Ello ha sido recogido por el propio Tribunal Constitucional del Perú (en adelante, TC), el cual, en su sentencia recaída en el Expediente 2050-2002 AA/TC establece que:

> (...) es necesario precisar que los principios de culpabilidad, legalidad, tipicidad, entre otros, constituyen principios básicos del derecho sancionador, que no sólo se aplican en el ámbito del derecho penal, sino también en el del derecho administrativo sancionador.

Asimismo, ante la duda respecto a las limitaciones de la potestad sancionadora en materia tributaria, Villegas afirma que la respuesta no puede ser otra que aplicar al proceso sancionatorio tributario las mismas garantías que las aplicables en el proceso penal, por cuanto la Corte

1. Antonio García Gómez, *La Simple Negligencia en la Comisión de Infracciones Tributarias*, Madrid, Marcial Pons, 2002, p. 19.

Suprema de su País tiene dicho que las sanciones tributarias presentan naturaleza penal y les son aplicables, por ende, los mismos principios o garantías que al proceso penal (personalidad de la pena, *non bis in idem*, retroactividad de la ley penal más benigna, bagatela etc.).[2]

Asimismo, y con mayor precisión, este criterio ha sido desarrollado por el Tribunal Constitucional Español, el cual en su Sentencia 18/1981 señala que:

> (...) los principios inspiradores del orden penal son de aplicación, con ciertos matices, al derecho administrativo sancionador, dado que ambos son manifestaciones del ordenamiento punitivo del Estado tal y como refleja la propia Constitución (...).

Lo antes indicado resulta del todo relevante, pues si bien el Tribunal Constitucional español señala que los principios que ordenan las sanciones en el ámbito penal resultan aplicables al ámbito administrativo, dicha aplicación no resulta irrestricta. Y es que, a pesar de la proclamada identidad ontológica entre el ilícito penal y el administrativo, no debe pensarse que dicha concepción implica el traslado indiscriminado de la integridad de los principios penales al ámbito del derecho administrativo sancionador. La jurisprudencia de este Tribunal señala que no se trata de una aplicación literal, sino que debe realizarse con ciertos matices.[3]

Ahora bien, la posición asumida hasta el momento, si bien resulta ser mayoritaria en doctrina y en Derecho Comparado, también ha encontrado reparos y objeciones. Así, hay quienes afirman que no es consistente afirmar que la responsabilidad penal y la responsabilidad administrativa son idénticas, lo cual se probaría observando que los principios de ambas se aplican de manera distinta, habiéndose ajustado los principios generales de la potestad punitiva del Estado para ser coherentes con las particularidades de la función administrativa, que es eminentemente distinta a la función jurisdiccional.[4]

2. Héctor B. Villegas, *Curso de Finanzas, Derecho Financiero y Tributario*, 9ª ed., Buenos Aires, Astrea, 2005, p. 142.

3. Jorge Danos Ordoñez, "Notas acerca de la potestad sancionadora de la Administración Pública", *Ius et Veritas* 10/152, Año V, Lima.

4. Christian Guzmán Napurí, "Las reformas al procedimiento administrativo sancionador provenientes del Decreto Legislativo 1.029", *Revista Jurídica del Perú* 109/107, Lima, Normas Legales, marzo/2010.

Sin embargo, nos reiteramos en nuestra posición de considerar que los principios de la potestad sancionadora son plenamente aplicables tanto en el ámbito penal como en el ámbito administrativo, aun cuando, como señaláramos en su momento, no se trata de una aplicación irrestricta, sino que admite ciertos matices, sobre los cuales nos detendremos más adelante.

3. *Los límites a la potestad sancionadora*

Siendo el ejercicio de la potestad sancionadora una manifestación del *ius puniendi* del Estado, ha quedado esclarecido que su aplicación se limita a los principios que limitan la potestad sancionadora en materia penal. No obstante, consideramos importante detenernos en el análisis de las disposiciones normativas y los pronunciamientos de nuestros tribunales respecto al tema, a efectos de evaluar si efectivamente esta premisa se cumple en nuestro ordenamiento jurídico.

3.1 ¿Potestad discrecional o potestad arbitraria?

Como se ha señalado anteriormente, el art. 165º del Código Tributario vigente en el Perú establece que la potestad de determinar y aplicar sanciones es discrecional. En razón de ello, pareciera que en determinadas situaciones las autoridades administrativas entendieran que el ejercicio de una potestad discrecional supone su habilitación para el ejercicio ilimitado e infundamentado de la misma – lo cual es indudablemente erróneo.

Al respecto, es preciso afirmar que el establecimiento de potestades discrecionales a favor de la Administración no supone la posibilidad que las mismas puedan ser ejercidas sin limitación o justificación alguna, sino que tal ejercicio se sujeta a la Constitución, a los principios generales del Derecho y sobre todo a aquellos que emanan del reconocimiento del Estado como uno "Social y Democrático de Derecho".

En consecuencia, este control de la actuación administrativa se presta bajo la forma de un control de *juridicidad*, es decir, mediante el contraste entre la actuación administrativa no sólo con la ley, sino también con el Derecho. El control, pues, se efectúa única y exclusivamente con parámetros jurídicos.[5]

Se debe recordar que la Administración no es un poder soberano, sino una organización subalterna al servicio de la comunidad, y por esta simplicísima e incontestable razón no puede pretender apartar en un caso concreto, utilizando una potestad discrecional, la exigencia particular y determinada que dimana de un principio general del Derecho en la materia de que se trate.[6]

Esto último encuentra sustento en el propio Código Tributario del Perú, el cual en el art. IV de su Título Preliminar señala que: "En los casos en que la Administración Tributaria se encuentra facultada para actuar discrecionalmente optará por la decisión administrativa que considere más conveniente para el interés público, dentro del marco que establece la ley". Ello no hace más que reafirmar la posición sobre la cual nos hemos adherido, el ejercicio de las potestades estatales no puede apartarse de las finalidades sobre las cuales han sido previstas.

La mensurabilidad y previsibilidad de las manifestaciones del Poder Público constituyen elementos caracterizadores del Estado de Derecho y, en cierta medida reflejo de ellos, el principio de proporcionalidad exige el equilibrio y ponderación entre potestades y fines; requiriendo que los fines perseguidos se consigan en las condiciones más favorables y con las menores cargas y sacrificios posibles para los administrados.[7]

3.2 Los principios jurídicos como límites de la potestad sancionadora

Si, tal como afirmáramos, el ejercicio de una potestad discrecional se encuentra sujeto a la Constitución y a los principios generales del

5. César Gamba Valega, "Acerca del ejercicio y control de las potestades administrativas. Especial referencia al procedimiento de fiscalización", en *VIII Jornadas Nacionales de Tributación Dedicadas a "Las Facultades de Fiscalización y Determinación de la Administración Tributaria"*, Lima, IFA, p. 7.

6. Eduardo García de Enterría y Tomás-Ramón Fernández, *Curso de Derecho Administrativo*, t. I, Lima, Palestra, 2006, p. 514.

7. Gabriel Casado Ollero, "Tutela jurídica y garantías del contribuyente en el procedimiento tributario", en *Principios Constitucionales Tributarios*, México, Universidad Autónoma de Sinaloa, 1993, p. 101.

Derecho, conviene precisar cuáles son aquéllos principios que se encuentran directamente vinculados a su aplicación en el caso en concreto. De este modo, el art. 171º del Código Tributario del Perú dispone que la Administración ejercerá su facultad de imponer sanciones de acuerdo a los principios de legalidad, tipicidad, *non bis in idem*, proporcionalidad, no concurrencia de infracciones y otros principios aplicables.

Existiendo tal disposición legal, cabría cuestionarnos cuáles son los principios que, a pesar de no haber sido establecidos expresamente por el Código Tributario, resultan aplicables a la potestad sancionadora en materia tributaria; en especial aquellos que emanan de la Constitución, del *ius puniendi* estatal y de la propia Ley de Procedimiento Administrativo General 27.444 (en adelante, LPAG), norma-marco de los procedimientos administrativos en el Perú.

Sobre la aplicación de los principios constitucionales y aquellos que emanan del *ius puniendi*, en razón de lo expuesto en acápites anteriores, no cabe duda que poseen plena vigencia en materia tributaria. Por otro lado, se debe considerar que la LPAG también establece un listado enunciativo de aquellos principios que regulan el ejercicio de la potestad sancionadora en el ámbito administrativo, listado mucho más amplio que el previsto en el art. 171º del Código Tributario.

En ese sentido, consideramos que el ejercicio de la potestad sancionadora puede dividirse en dos momentos; el primero de ellos vinculado a la actividad del legislador destinada a determinar aquellas conductas susceptibles de generar infracciones; y el segundo relacionado a la actividad administrativa de identificar la comisión de una infracción e imponer la sanción correspondiente.

Como es sabido, el establecimiento de sanciones tributarias se encuentra reservado al legislador y sometido a diversos principios, dado el carácter punible y el componente aflictivo de las mismas. En ese sentido, al establecer una sanción, el legislador debe: (a) utilizar el dispositivo legal pertinente para establecerla (principio de legalidad); (b) tipificar la sanción aplicable a la respectiva infracción (principio de tipicidad); (c) ponderar adecuadamente la relación entre la sanción y la infracción cometida, a fin de que la sanción responda a lo estrictamente necesario para la satisfacción de su cometido (principio de razonabilidad o proporcionalidad).

Por su parte, quien ejerza la potestad sancionadora deberá: (a) aplicar las sanciones sujetándose al debido procedimiento (principio del debido procedimiento); (b) en caso de concurso de infracciones, aplicar al infractor únicamente la sanción prevista para la infracción que revista la mayor gravedad (principio de concurso de infracciones); (c) no imponer sucesiva y simultáneamente una pena y una sanción administrativa por el mismo hecho (principio de *non bis in idem*); (d) presumir que los administrados han actuado apegados a sus deberes mientras no cuenten con evidencia de lo contrario (principio de presunción de licitud); (e) no imponer una nueva sanción por la comisión de una infracción, salvo que hayan transcurrido por lo menos 30 días desde la imposición de la última sanción y se acredite haber solicitado al administrado que demuestre haber cesado la infracción dentro de dicho plazo (principio de continuación de infracciones).

No obstante lo expuesto, es lamentable constatar que la actuación de la Administración Tributaria no siempre se ajusta a los principios mencionados, ello a pesar que el propio Tribunal Constitucional ha generado jurisprudencia que desarrolla el contenido de los mismos en casos concretos. A continuación, expondremos algunas de las vulneraciones que se producen sobre estos principios, y la contraposición de lo dispuesto por el TC y el Tribunal Fiscal.

3.2.1 *El principio del debido procedimiento en sede administrativa*

Las garantías inherentes al debido proceso han sido reconocidas tanto en sede jurisdiccional como administrativa. A pesar de ello, la Administración Tributaria continúa vulnerando los derechos de los contribuyentes que emanan de tal garantía de forma irreflexiva.

En específico, el TC ha señalado en la sentencia recaída en el Expediente 2052-2002-AA/TC lo siguiente:

> Desde luego, no sólo los principios materiales del derecho sancionador del Estado son aplicables al ámbito del derecho administrativo sancionador y disciplinario. También lo son las garantías adjetivas que en aquél se deben de respetar. En efecto, es doctrina consolidada de este Colegiado que el derecho reconocido en el inciso 3) del art. 139º de la

Constitución no sólo tiene una dimensión, por así decirlo, "judicial", sino que se extiende también a sede "administrativa" y, en general, como la Corte Interamericana de Derechos Humanos lo ha sostenido, a "cualquier órgano del Estado que ejerza funciones de carácter materialmente jurisdiccional, (la que) tiene la obligación de adoptar resoluciones apegadas a las garantías del debido proceso legal, en los términos del art. 8º de la Convención Americana.[8]

No cabe duda pues que las garantías del debido procedimiento se encuentran presentes en el procedimiento tributario, aunque ello no parece ser comprendido de forma plena. De este modo, el Tribunal Fiscal en su Resolución 0735-1-2005 ha señalado:

> Que más aún en los resultados del requerimiento, la Administración no está obligada a poner en conocimiento de la recurrente las infracciones que se le imputan, en virtud que no existe norma expresa en nuestro ordenamiento que le atribuya tal obligación: (...).

Lo dispuesto por esta resolución vulnera de forma clara el derecho de defensa del contribuyente, dado que, si no se le permite tener conocimiento de los hechos sobre los cuales se le pretende sancionar, no es posible que el mismo pueda expresar sus argumentos, así como presentar los medios probatorios que permitan acreditar de forma fehaciente su posición y eventualmente eximirse de responsabilidad.

De igual modo, de forma reiterada se vulnera el derecho a la intimidad del contribuyente solicitando información que carece de relevancia tributaria alguna en el procedimiento de fiscalización. En la Resolución del Tribunal Fiscal 397-2-2009, que resuelve el recurso de queja presentado por una sociedad conyugal a la cual se le había exigido que presente una relación de sus gastos realizados sin tarjeta de crédito, se desestima la misma afirmando:

> Que en tal sentido, estando a que los datos relacionados con el mismo quejoso y su cónyuge, la relación con personas jurídicas y los consu-

8. Caso Tribunal Constitucional del Perú, párrafo 71.

mos no realizados con tarjetas de crédito tienen intrínseca una finalidad de relevancia tributaria al haberse señalado en el citado requerimiento que se encuentra sometido a una fiscalización respecto de todos los tributos correspondiente a la persona natural (...).

Lo resuelto por el Tribunal Fiscal resulta por demás desconcertante, además de desconocerse las razones por las cuales considera que los gastos efectuados sin tarjeta de crédito tienen relevancia tributaria. Este requerimiento resulta del todo irrazonable y desproporcionado, dado que no existe obligación por parte de este tipo de contribuyentes de llevar un registro detallado de los gastos que realiza.

El ejercicio de la potestad sancionadora debe realizarse en función de los principios de razonabilidad y proporcionalidad. Como lo menciona Pedreschi Garcés, ambos principios constituyen un postulado que, en cierta medida, racionaliza la actividad sancionadora de la Administración, evitando que la autoridad administrativa desborde su actuación represiva, encauzando ésta dentro de un criterio de ponderación, mesura y equilibrio, como la alternativa última de entre las que menos gravosas resulten para el administrado.[9]

3.2.2 *El principio de culpabilidad: las infracciones objetivas*

Un caso relevante del ejercicio desproporcionado y arbitrario de la potestad sancionadora en materia tributaria resulta ser el de la imposición de infracciones objetivas, también denominadas "sanciones de plano". Por este tipo de infracciones se entienden aquellas en las cuales la comisión de las mismas se evalúa únicamente en función de la verificación del acaecimiento en la realidad del supuesto de hecho previsto en la norma. Es decir: únicamente se constata que haya ocurrido el hecho sancionado, sin tener en cuenta circunstancias como la intencionalidad del agente, el daño o perjuicio a bien jurídico alguno, reiteración, entre otros criterios.

9. Willy Pedreschi Garcés, "Análisis sobre la potestad sancionadora de la Administración Pública y el procedimiento administrativo sancionador en el marco de la Ley 2.744, Ley del Procedimiento Administrativo General", en *Comentarios a la Ley del Procedimiento Administrativo General*, Ara Editores, 2003, p. 531.

En un precedente de gran relevancia, nuestro Tribunal Constitucional ha reconocido que la aplicación de la potestad sancionadora tanto en el ámbito penal como en el administrativo se rige por criterio de imputación subjetiva, es decir, evaluando la intencionalidad del agente (dolo o culpa) en la comisión de la infracción.

En estricto, en la sentencia del TC recaída en el Expediente 2868-2004-AA/TC se establece de forma expresa que:

> En un proceso sancionatorio (penal o administrativo) la sanción sólo puede sostenerse en la responsabilidad subjetiva del infractor que transgredió una regla de conducta prohibida por ley.

Sin embargo, el Tribunal Fiscal, en una posición absolutamente contraria, ha señalado en el Acta de Reunión de Sala Plena 17-2005 que:

> De lo expuesto se desprende que las infracciones tributarias, si bien se encuentran vinculadas al cumplimiento de la obligación sustancial, no obstante poseen una naturaleza independiente de la del cumplimiento de la obligación sustancial, puesto que basta la mera realización de la conducta tipificada en la norma para que éstas se configuren, dada su naturaleza objetiva, la que se encuentra reconocida expresamente en art. 165º del Texto Único Ordenado del Código Tributario, que dispone que la infracción será determinada en forma objetiva y sancionada administrativamente.

Como se puede advertir, la posición del Tribunal Fiscal, si bien puede estar al margen de lo señalado por el TC, no deja de tener un sustento legal aparente, ya que, como se puede apreciar, la misma se ampara en el art. 165º del Código Tributario, el cual dispone que las infracciones tributarias deben ser determinadas de forma objetiva.

Ahora bien, aun cuando de una interpretación literal de la mencionada norma puede desprenderse la conclusión seguida por el Tribunal Fiscal, consideramos que dicha interpretación no resulta constitucional a la luz de los principios que rigen la potestad sancionadora en materia tributaria, ni acorde a la propia posición del TC, por lo cual se debe recurrir a otros métodos de interpretación que permitan salvaguardar la constitucionalidad de la norma en cuestión. En específico, deberíamos realizar una interpretación sistemática de la norma, acorde con los principios de la potestad sancionadora.

En la misma línea de lo expuesto, Gamba Valega afirma que un sistema de responsabilidad objetiva en materia sancionadora tributaria – como el que pretendería establecer el Código Tributario – vulnera garantías y derechos fundamentales, pues ya sabemos que nuestra Constitución exige que la responsabilidad sancionadora administrativa (tributaria) debe analizarse teniendo en cuenta los principios del derecho sancionador, en los que la culpabilidad cumple un papel importantísimo en la determinación del ilícito.[10]

3.2.3 *La aplicación de la Ley de Procedimiento Administrativo General/LPAG en el ámbito tributario*

El art. 230 de la LPAG establece de forma enunciativa los principios que rigen la potestad sancionadora en materia administrativa, entre los que se encuentran los principios de legalidad, debido procedimiento, razonabilidad, tipicidad, irretroactividad, concurso de infracciones, continuación de infracciones, causalidad, presunción de licitud y *non bis in idem*. Además de ello, el art. IV de su Título Preliminar establece un listado también enunciativo de aquellos principios que rigen el procedimiento administrativo general.

En ese sentido, resulta prudente cuestionarse cuál es la viabilidad de la aplicación de los principios contenidos en la LPAG, así como el resto de sus normas, en materia tributaria. Sobre ello, si bien es obvio que dicha ley se aplica de forma supletoria a aquellos supuestos no regulados de forma expresa en los procedimientos tributarios, cabe la duda si resulta posible aplicar aquellos principios no reconocidos de forma expresa por el Código Tributario, e incluso aquellos que contravienen sus propias disposiciones.

Con este fin, se debe considerar que la vigencia de los principios del procedimiento administrativo y demás garantías previstas en la

10. César Gamba Valega, "Principios del derecho penal y potestad sancionadores de la Administración Tributaria", *Análisis Tributario* XVI/24, n. 189, Lima, octubre/2003.

LPAG en el ámbito tributario se encuentra establecida de forma expresa en el nuevo texto del art. 229.2[11] de dicha ley, modificado por el Decreto Legislativo 1.029, según el cual los principios que regulan el ejercicio de la potestad sancionadora administrativa previstos en el art. 230º deben ser obligatoriamente cumplidos por los procedimientos administrativos sancionadores establecidos por las leyes especiales, entre ellos, obviamente, el previsto en el Libro Cuarto del Código Tributario.

El art. 229.2 de la Ley 27.444 agrega que los procedimientos especiales no pueden establecer condiciones menos favorables a los administrados que las señaladas en el referido art. 230º.

Y es que no se niega la lógica presencia de normas de procedimientos especiales. Como son especiales las actividades a las cuales se le aplica, esta distinta clase de actividad impone tramitaciones diferentes para la especificad del contenido de la técnica de sus normas jurídicas. Sin embargo, el carácter del procedimiento distinto que impone la diferente materia puede justificar la creación de normas procesales especiales, aunque sin olvidar que deben aplicarse los principios generales que rigen sobre toda clase de procedimiento.[12]

Se debe advertir que incluso antes de la vigencia de la modificación de la Ley 27.444 el TC, en la Sentencia 5719-2005-PA/TC, había señalado que:

> A partir de la entrada en vigencia de la Ley del Procedimiento Administrativo General, n. 27.444 (11.10.2001), toda autoridad administrativa cuenta con un instrumento legal adicional a la jurisprudencia emitida por este Tribunal– que la obliga a observar, y respetar, el contenido del derecho a la tutela procesal efectiva en cada una de las decisiones que debe adoptar dentro de todo procedimiento administrativo.

11. "229.2 Las disposiciones contenidas en el presente Capítulo se aplican con carácter supletorio a los procedimientos establecidos en leyes especiales, las que deberán observar necesariamente los principios de la potestad sancionadora administrativa a que se refiere el art. 230º, así como la estructura y garantías previstas para el procedimiento administrativo sancionador.

"Los procedimientos especiales no podrán imponer condiciones menos favorables a los administrados, que las previstas en este Capítulo."

12. Bartolomé Fiorini, *Procedimiento Administrativo y Recurso Jerárquico*, Buenos Aires, Abeledo-Perrot, 1971, p. 17.

Asimismo, es preciso señalar que la Quinta Disposición Complementaria y Final de la Ley 27.444 derogó expresamente "todas las disposiciones legales o administrativas, de igual o inferior rango, que se le opongan o contradigan, regulando procedimientos administrativos (...) cuya especialidad no resulta justificada por la materia que rijan (...)."

En razón de lo expuesto, queda claro que el ejercicio de la potestad sancionadora del Estado en el ámbito administrativo, así como en el ámbito tributario, se encuentra limitado de forma obligatoria por los principios y garantías previstos en la LPAG y aquellos que emanan de la Constitución, tales como la proporcionalidad, razonabilidad y culpabilidad.

No se debe perder de vista que, aun cuando los principios recogidos en la LPAG se encuentran contenidos en una norma de rango de ley, muchos de ellos emanan de la propia Constitución. Tal es el caso del debido procedimiento, el cual se desprende del inciso 3) del art. 139º de la Norma Suprema del Estado, conforme ha sido señalado por el propio TC.

4. Conclusiones

4.1 La potestad sancionadora en materia administrativa es una manifestación del *ius puniendi* del Estado, y por lo tanto, se encuentra constreñida a los principios jurídicos generales que limitan su ejercicio.

4.2 El Tribunal Constitucional peruano ha reconocido que la aplicación de la potestad sancionadora tanto en el ámbito penal como en el administrativo se rige por criterio de imputación subjetiva, es decir, evaluando la intencionalidad del agente (dolo o culpa) en la comisión de la infracción.

4.3 Son aplicables a la potestad sancionadora en materia tributaria aquellos principios que emanan de la Constitución, del *ius puniendi* y de la propia LPAG. En tal sentido, el control del ejercicio de esta potestad es uno de juridicidad, en base al Derecho vigente, y no a normas específicas.

Referencias bibliográficas

CASADO OLLERO, Gabriel. "Tutela jurídica y garantías del contribuyente en el procedimiento tributario". En: *Principios Constitucionales Tributarios*. México, Universidad Autónoma de Sinaloa, 1993.

DANOS ORDOÑEZ, Jorge. "Notas acerca de la potestad sancionadora de la Administración Pública". *Ius et Veritas* 10. Año V. Lima.

FERNÁNDEZ, Tomás-Ramón, y GARCÍA DE ENTERRÍA, Eduardo. *Curso de Derecho Administrativo*. t. I. Lima, Palestra, 2006.

FIORINI, Bartolomé. *Procedimiento Administrativo y Recurso Jerárquico*. Buenos Aires, Abeledo-Perrot, 1971.

GAMBA VALEGA, César. "Acerca del ejercicio y control de las potestades administrativas. Especial referencia al procedimiento de fiscalización". *VIII Jornadas Nacionales de Tributación Dedicadas a "Las Facultades de Fiscalización y Determinación de la Administración Tributaria"*. Lima, IFA.

__________. "Principios del derecho penal y potestad sancionadores de la Administración Tributaria". *Análisis Tributario* XVI. N. 189. Lima, octubre/2003.

GARCÍA DE ENTERRÍA, Eduardo, y FERNÁNDEZ, Tomás-Ramón. *Curso de Derecho Administrativo*. t. I. Lima, Palestra, 2006.

GARCÍA GÓMEZ, Antonio. *La Simple Negligencia en la Comisión de Infracciones Tributarias*. Madrid, Marcial Pons, 2002.

GUZMÁN NAPURÍ, Christian. "Las reformas al procedimiento administrativo sancionador provenientes del Decreto Legislativo 1.029". *Revista Jurídica del Perú* 109. Lima, Normas Legales, marzo/2010.

PEDRESCHI GARCÉS, Willy. "Análisis sobre la potestad sancionadora de la Administración Pública y el procedimiento administrativo sancionador en el marco de la Ley 2.744, Ley del Procedimiento Administrativo General". En: *Comentarios a la Ley del Procedimiento Administrativo General*. Ara Editores, 2003.

VILLEGAS, Héctor B. *Curso de Finanzas, Derecho Financiero y Tributario*. 9ª ed. Buenos Aires, Astrea, 2005.

O COMBATE AO COMPORTAMENTO ABUSIVO NO DIREITO TRIBUTÁRIO BRASILEIRO[1]

MARY ELBE QUEIROZ

1. A mudança de paradigmas. 2. O combate ao planejamento tributário na legislação brasileira: 2.1 As presunções legais – 2.2 As normas específicas antiabuso – 2.3 A Lei Complementar 104/2001 e o art. 116, parágrafo único, do CTN. 3. A ideia de uma Norma Geral Antiabuso/NGAA para o Brasil.

Foi com muita alegria que aceitamos o honroso convite para prestar uma homenagem ao nosso querido professor Roque Carrazza. Impossível descrever e conseguir expressar em palavras a grandeza deste Mestre, da simpatia e gentileza pessoal à profunda sabedoria que possui e o conhecimento que sabe transmitir. Muito justa e oportuna a homenagem!

1. A mudança de paradigmas

Vive-se nos tempos atuais uma mudança de paradigmas no campo da fiscalidade, em que foi alterada a forma de se visualizar a legalidade. Um verdadeiro "tsunami tributário"! Da certeza definida de que "o que não é obrigado ou proibido é permitido" adentra-se a era da tentativa de "flexibilização" dos limites da legalidade.

A legalidade é o marco que define a relação Fisco/contribuinte. É ela que legitima a cobrança e o pagamento de tributos. É a certeza da

1. Este trabalho é uma pequena parte da tese de pós-doutoramento defendida na Universidade de Lisboa no ano de 2012 e que foi publicada pela Livraria Almedina de Coimbra no livro: *Novos Horizontes da Tributação. Um Diálogo Luso-Brasileiro*, sob o título "O planejamento tributário: procedimentos lícitos, o abuso, a fraude e a simulação. Uma proposta de Norma Geral Antiabuso/NGAA para o Brasil".

legalidade que gera a confiança legítima e protege a boa-fé dos que pagam tributos, e é esta mesma legalidade que legitima o dever-poder da Administração Tributária para cobrar os tributos.

Conforme ensina o mestre Roque Carrazza: "O princípio da legalidade garante, decisivamente, a segurança das pessoas, diante da tributação. De fato, de pouco valeria a Constituição haver protegido a propriedade privada (arts. 5º, XXII, e 170, II) se inexistisse a garantia cabal e solene de que os tributos não seriam fixados ou alterados pelo Poder Executivo, mas só pela lei".[2]

A relação entre Fisco e contribuintes, bem se sabe, nem sempre acontece de forma tranquila e equilibrada. Diante da necessidade, cada vez maior, de arrecadar, e colocados frente às dificuldades de aumentar a carga tributária, em todos os Países, os Fiscos buscam nova leitura das mesmas leis para identificar hipóteses que possam fundamentar a cobrança de mais tributos. Do outro lado, os contribuintes, na busca de reduzir seus custos como um todo, procuram mecanismos para reduzir também a carga tributária.

Surge, assim, o planejamento tributário, palavra hoje cercada de preconceito, por ser identificada como uma conduta supostamente ilícita pelo Fisco.

Quando se fala em planejamento tributário – tanto o Fisco como os contribuintes – busca-se firmar posição para justificar sua visão de legalidade. Os contribuintes, na defesa do legítimo interesse de economizar tributos em decorrência dos direitos e garantias fundamentais da autonomia privada, liberdade negocial e patrimonial e segurança jurídica. Do lado do Fisco, o direito de buscar os recursos necessários para o Estado atingir seus objetivos e atender ao interesse público de realizar a igualdade, a solidariedade, aferir a verdadeira capacidade contributiva e fazer a justiça fiscal.[3]

2. Roque Antonio Carrazza, *Curso de Direito Constitucional Tributário*, 29ª ed., São Paulo, Malheiros Editores, 2013, p. 277.

3. Para Klaus Tipke a carga impositiva global deve repartir-se com justiça entre os cidadãos, especialmente em um Estado de Direito, devendo haver uma ética tributária do Estado e do contribuinte, entre outros motivos em consideração aos direitos fundamentais, que fixam um critério mínimo indisponível pela sociedade (*Moral Tributaria del Estado y de los Contribuyentes (Besteuerungsmoral und Steuermoral)*, Madri, Marcial Pons, 2002, p. 28).

De logo é importante firmar a posição assumida com base na premissa de que não há ilicitude ou violação de lei na adoção de medidas de planejamento tributário. Todo planejamento tributário é lícito, legítimo e um direito do cidadão! Este, inclusive, é um ato de boa gestão empresarial. Se há violação de lei ou fraude adentra-se a seara da ilicitude, e não se poderá mais falar em planejamento tributário.

Reconhece-se, todavia, que no manejo dos planejamentos tributários pode haver descuidos e excessos na busca de redução do ônus tributário que poderão resultar em abusos, mesmo sem que haja violação de lei. Deve-se distinguir, porém, os atos e negócios lícitos daqueles praticados com abuso ou que configuram ilícitos como a infração à lei, a simulação e a fraude, que poderão se enquadrar também como crimes tributários. Tendo em vista o tênue limiar que separa tais figuras, torna-se difícil para o intérprete identificar quando se ultrapassa do lícito para o abuso e deste para o ilícito, especialmente quando inexiste no Brasil uma norma que alcance o abuso para enquadrá-lo como infração ou conduta passível de rejeição.

A posição assumida é na defesa da necessidade de que haja previsão legal estabelecendo qual o critério para configurar uma conduta como abusiva. É que não pode o combate do abuso dar-se apenas no âmbito discricionário quer do Fisco, quer da jurisprudência. Se a opção política do momento, trilhando o caminho do restante do mundo, é combater o abuso, deverá ser aprovada uma lei que disponha sobre tal possibilidade.

Uma conduta abusiva é aquela que ultrapassa e se situa na fronteira cinzenta entre o lícito e o ilícito, porém difere da infração, da fraude ou da simulação, que são ilícitos e condutas violadoras de disposições expressas de lei. Daí por que o abuso deverá ser colocado como o resultado de uma conduta em que não há qualquer violação que represente infração às hipóteses de incidência legais que tipificam as situações que resultam em obrigações tributárias, hoje existentes, cuja transgressão implica a aplicação de sanção.

Na seara da simulação e da fraude estão as condutas tipificadas como crimes, cujo combate exige previsão legal e prova, onde não se pode fugir da estrita legalidade e da tipicidade cerrada, em que necessária e infalivelmente terá que haver uma previsão de lei específica que capture a conduta e a enquadre como criminosa – *nullum crimen sine legem, nulla poena sine praevia lege poenali* (art. 5º, XXXIX, da CF). Os crimes não podem ser combatidos por meio de cláusulas gerais ou abertas.

Diante da total falta de uniformidade, da incerteza, da incoerência e da insegurança com que têm sido tratados os planejamentos tributários, em que atos e negócios lícitos estão sendo desconsiderados e que, por falta de previsão legal, estão sendo equivocadamente enquadrados como simulação e crimes tributários, defende-se que, considerado este um caminho sem volta, urge que sejam estabelecidos critérios, regras, limites e procedimentos para garantir maior segurança tanto para as autoridades fiscais como para os contribuintes.

Não se pode deixar de reconhecer a impossibilidade de que as leis prevejam e se antecipem à dinâmica veloz das relações em um mundo globalizado, em plena era virtual, para capturar todas as condutas. Daí por que se passa a admitir a possibilidade de que uma cláusula geral regule o combate ao abuso. O que configura o abuso, os critérios para seu enquadramento, os limites e os procedimentos que levam à rejeição de atos ou negócios abusivos, porém, deverão inexoravelmente estar expressamente previstos nessa cláusula geral da lei, sob pena de restarem abalados os alicerces da ordem jurídica, abrindo-se espaço ao Ativismo administrativo e jurisprudencial, que poderá levar ao abuso na cobrança de tributos. Com essa lei estará respeitada a legalidade nessa nova forma de ser visualizada.

É inegável que há uma total mudança de paradigmas, um verdadeiro "tsunami tributário". As legislações da maioria dos Países caminham na tendência de capturar essas condutas abusivas em uma "queda de braço" entre Fisco e contribuintes com relação aos valores fundamentais como a legalidade, liberdade e segurança jurídica e a igualdade, capacidade contributiva, solidariedade e concorrência fiscal.

Admitir o combate ao abuso é uma opção de política fiscal já aceita na maioria dos Países. Porém, para ser aplicada é preciso autorização legislativa, não podendo simplesmente resultar de um Ativismo administrativo ou jurisprudencial. Como afirma Antônio Carlos dos Santos, "os fundamentos do combate contra o planeamento fiscal internacional são de natureza mais política que jurídica".[4] Do contrário poderá haver

4. Antônio Carlos dos Santos, "Planeamento fiscal, evasão fiscal, elisão fiscal: o fiscalista no seu labirinto", *Fiscalidade* 38/66, Lisboa, Instituto Superior de Gestão, 2010.

indesejável abuso exatamente por parte daqueles a quem compete realizar o equilíbrio entre a aplicação e o julgamento das leis na relação Fisco *versus* contribuinte. É preciso ter cuidado na importação de conceitos alienígenas pinçados de outros sistemas jurídicos, com diversas raízes e separados do contexto em que se situam, pois eles podem levar a desacertos e aplicações equivocadas.

A partir do ano 2000 começou no Brasil, inicialmente desenvolvido pelas autoridades fiscais e por volta do ano de 2005[5] admitido pela jurisprudência, um combate acirrado ao planejamento tributário considerado abusivo, sob a louvável justificativa de realizar a igualdade, a capacidade contributiva e fazer justiça fiscal. A falta de lei, porém, que discipline critérios e procedimentos para este combate criou um espaço aberto para que surgissem as mais diversas hipóteses e teorias e fosse construída, na verdade, o que se pode chamar de uma jurisprudência baseada em sentimentos pessoais de justiça fiscal, criando-se uma verdadeira "jurisprudência sentimental".

É o que hoje está acontecendo nos lançamentos e na constituição de créditos tributários pelo Fisco, com o beneplácito da jurisprudência. São lavrados autos de infração, de bilhões de Reais, sob a suposição da prática de infrações com base em abuso de forma, abuso de direito, fraude à lei, falta de propósito negocial, prevalência de substância sobre a forma, ato anormal de gestão, negócio indireto, simulação, fraude ou crime tributário.

A falta de rigor científico e um maior aprofundamento no manejo de figuras tipificadas em outras legislações ou em precedentes estrangeiros tem levado ao perigoso e inseguro caminho em que cada autoridade quer desenvolver um critério ou precedente próprio, aplicando-se indiscriminadamente no Brasil a diversidade de critérios adotados pelos ordenamentos jurídicos dos demais Países, sejam de tradição *Common Law* ou *Civil Law*.

Para condutas idênticas têm sido aplicados interpretações e enquadramentos diferentes. Com base na experiência pessoal e em pesquisa de casos concretos, muitas das vezes para uma mesma conduta e em um

5. A indicação dos períodos de 2000 e 2005 resulta de experiência empírica com base na vivência profissional, nas discussões com outros tributaristas, julgadores administrativos e exame da jurisprudência.

mesmo processo de constituição de critério tributário cada autoridade, fiscal ou julgadora, em diferentes instâncias, ao longo do curso do mesmo processo administrativo, interpreta ter havido uma infração diferente e vai alterando os motivos e fundamentos da autuação, em flagrante violação ao contraditório, à ampla defesa e ao devido processo legal.

Por conseguinte, frente ao caos e insegurança que pairam sobre o trato do planejamento tributário, admite-se o combate ao abuso, todavia exclusivamente nos limites traçados por uma lei, pois não há como fugir à estrita legalidade para cobrar tributos. Foi esta legalidade que justificou, desde os primórdios, a relação Fisco e contribuinte, transpondo a era da expropriação do patrimônio do súdito pelo rei.[6]

A legalidade não pode ser superada! É ela o porto seguro em que está ancorada a segurança jurídica. A maior prova disso, inclusive, que deve levar à reflexão aqueles que de forma açodada querem introduzir no sistema brasileiro a força dos precedentes, típicos do *Common Law* no Reino Unido e nos Estados Unidos. Porém, até mesmo nesses Países a divergência da jurisprudência tem levado à aprovação de leis para regular os limites e procedimentos de combate ao abuso. Parece, assim, que realmente a legalidade ainda é a forma menos insegura de regular a relação Fisco e contribuinte.

Veja-se o exemplo dos Estados Unidos da América, onde no ano de 2010 se aprovou uma lei para disciplinar a falta de propósito negocial (*business purpose*) como critério para considerar um comportamento

6. Neste sentido é a lição de Roque Carrazza:

"... no passado, a tributação era realizada de modo tirânico: o monarca 'criava' os tributos e os súditos deviam suportá-los. Mesmo mais tarde, com o fim do feudalismo, quando ela passou a depender da aprovação dos 'Conselhos do Reino' ou das 'Assembleias Populares', os súditos não ficaram totalmente amparados contra o arbítrio.

"Foi só com o surgimento dos modernos *Estados de Direito* (...) que começaram a ser garantidos, de modo mais efetivo, os direitos dos contribuintes. A partir daí, o 'poder de tributar' passou a sofrer uma série de limitações, dentre as quais destacamos a que exige seu exercício por meio de lei.

"O Estado de Direito assegura o *império da lei*, como expressão da vontade popular.

"Também no Brasil, a instituição e a cobrança dos tributos estão limitadas pelo *princípio da legalidade*, uma das traves mestras de nosso direito tributário, (...)" (*Curso de Direito Constitucional Tributário*, cit., 29ª ed., p. 270).

como abusivo e justificar a desconsideração de negócios. A regra antiabuso foi aprovada juntamente com a reforma sanitária no momento de uma das grandes crises dos Estados Unidos (2010) – *US Health Care and Education Reconciliaton Act of 2010*, que, entre outras coisas, reformou o *Internal Revenue Code, art. 7.701*,[7] para criar uma norma antiabuso que elegeu a substância sobre a forma (*substance over form*) e a substância econômica (*economic substance*) para serem as categorias tipificadas como norma antiabuso.

É imprescindível, também, distinguir que o abuso é diferente da evasão, uma vez que esta se configura por meio da prática de infração à legislação, ou da simulação, ou da fraude. Portanto, diante da diversidade de categorias, igualmente deverá haver distinção na interpretação e na imposição de sanção. Exsurgem o devido processo legal, a ampla defesa, a proporcionalidade, a razoabilidade e a boa-fé como os parâmetros norteadores tanto para o legislador como para o aplicador e para o julgador da lei. A dosimetria das sanções deverá levar em conta a boa-fé, a irretroatividade e a proporcionalidade, para uma maior aproximação a resultado menos inseguro.

Este é o grande desafio que se coloca para a Administração Tributária, para o contribuinte e para os órgãos julgadores: como identificar, dentro da complexidade dinâmica das relações que acontecem num piscar de olhos, em um mundo globalizado, quando um ato, operação ou negócio é um verdadeiro planejamento, que deve ser acolhido, ou quando este ultrapassa o tênue limiar do lícito e se transforma em abuso, mesmo que não haja violação de lei nem seja praticada infração expressamente prevista em lei.

Brota, assim, a grande indagação que é um desafio a perseguir os legisladores e operadores do Direito: é possível a Administração Tributária desconsiderar atos, operações, contratos e negócios nos quais tenham sido obedecidas todas as leis societárias, civis e fiscais, regras contábeis, regras formais, hajam sido registrados nos órgãos públicos, informados e declarados aos Fiscos, Federal, Estadual e Municipal, mas que tenham sido realizados unicamente para economizar tributos? A resposta é *não*!

7. Disponível em *http://www.jct.gov/publications.html?func=startdown&id=3673* (acesso em 4.3.2012, 10h).

Para que um ato ou negócio seja considerado como um verdadeiro planejamento tributário, todavia, é preciso que tudo aconteça de fato e exista no mundo real. Eis a grande dificuldade no exame da questão que atormenta aplicadores e julgadores dos casos concretos, bem assim enseja insegurança aos investidores e contribuintes que agem de boa-fé, na confiança legítima de que não estão infringindo nenhum comando legal.

Discute-se sobre: Quais os limites da aceitação e licitude do planejamento tributário, quando se ultrapassa a fronteira do lícito e se pratica o abuso ou um ilícito? Há distinção entre planejamento, abuso, simulação e fraude? Quando se identifica que houve abuso na conduta fiscal do contribuinte? O abuso é um ilícito passível de ser sancionado pelo Estado com cobrança de tributos e imposição de penalidade?

Não se trata de uma novidade descoberta no Brasil. Nada de novo aqui que já não tenha acontecido em outros Países. Ao contrário, o Brasil está em um estágio até mais atrasado no combate ao abuso no planejamento tributário em relação aos demais Países do mundo, nos quais já foram aprovadas leis com cláusulas gerais que estabeleceram as hipóteses em que o ordenamento expressamente enquadraria um procedimento lícito como abusivo e, portanto, passível de ser alcançado pela tributação.

Este é o ponto fulcral: somente poderá ser considerada como planejamento tributário a conduta que for lícita e estiver de acordo com a lei. Dúvidas surgem quando não há ilicitude ou violação de lei porém se identifica que o sujeito passivo realizou atos ou negócios apenas para obter uma redução de tributo.

Poderá, neste caso, o Fisco cobrar tributo e impor penalidade? Como identificar o exato momento em que esse limite é ultrapassado? É possível fixar em lei critérios objetivos que possam imprimir maior segurança aos agentes do Fisco e aos contribuintes?

A vida é um eterno planejar, o planejamento é um ato natural à condição humana e imprescindível no mundo dos negócios. Contudo, deve-se refletir sobre outros fatos que exercem influência nesta discussão.

Já que este é um caminho sem volta, mas que ainda não se sabe aonde vai levar, é preciso trilhar a estrada com um novo olhar, desvestido de preconceitos, para que esta viagem seja o menos insegura possível.

2. O combate ao planejamento tributário na legislação brasileira

Não é de hoje a preocupação da Administração Tributária brasileira com atos e negócios dos contribuintes que tivessem a única finalidade de reduzir tributos. Até o ano de 2001, contudo, a forma adotada para combater tais condutas acontecia a *posteriori* dos fatos, isto é, após ser detectada a ocorrência frequente de determinada prática do contribuinte aprovava-se uma lei para fechar a brecha e capturar a conduta em uma hipótese de incidência. Ou seja: as condutas lícitas até então, à luz da legislação vigente, passavam a ser consideradas como infrações ou tributadas de modo diverso porque a lei expressamente assim determinava. Foram, assim, tipificadas como presunções legais e normas antiabuso específicas.

2.1 As presunções legais

As presunções legais decorrem da lógica segundo a qual se parte de um fato conhecido (indício) para se chegar a um fato desconhecido (infração), mas de ocorrência provável. A presunção é colocada na lei a partir da construção de que a ocorrência frequente de um fato (indício) quase sempre resultará na mesma consequência (a infração).

> A "presunção é o resultado do processo lógico mediante o qual do fato conhecido cuja existência é certa se infere o fato desconhecido cuja existência é provável."[8]

A relevância das presunções em matéria tributária é apenas a de inverter o ônus da prova para o contribuinte. O ônus da prova de que o contribuinte cometeu uma infração é sempre da autoridade fiscal, salvo quando a lei expressamente o inverte, como no caso das presunções legais. Isto significa que caberá ao contribuinte provar que não praticou a infração da qual está sendo acusado. Alerte-se, contudo, que a lei inverte apenas o ônus da prova da infração; a autoridade não está dispensada de produzir provas, pois ela sempre terá que demonstrar e provar a ocorrência do indício eleito pela lei como suficiente para caracterizar a

8. Alfredo Augusto Becker, *Teoria Geral do Direito Tributário*.

infração tipificada na presunção legal. Nosso ordenamento jurídico somente acolhe as presunções legais relativas, ou seja, as presunções têm que estar previstas expressamente na lei e sempre admitir a produção de prova em contrário do contribuinte.

Embora alvo de acirradas críticas, a legislação brasileira contém várias presunções legais construídas com vistas à praticidade e à agilidade da arrecadação, para suprir a deficiência probatória da autoridade fiscal, que nem sempre consegue provas da prática da infração pelo contribuinte. Elas são estabelecidas na lei com o objetivo de facilitar e agilizar o trabalho da Fiscalização, permitindo um maior controle dos atos e negócios dos contribuintes. O CC brasileiro, arts. 212, IV, e 230, e o CPC, art. 334, IV, expressamente reconhecem a presunção legal como meio de prova.

Na legislação do imposto sobre a renda existem as seguintes presunções legais, consoante o Regulamento do Imposto sobre a Renda/ RIR,[9] que foram criadas em sua maioria pelo Decreto-lei 1.598/1977, pela Lei 8.846/1994 ou pela Lei 9.430/1996: saldo credor de caixa (art. 281, I); falta de escrituração de pagamento (art. 281, II); passivo fictício – manutenção no passivo de obrigações já pagas ou cuja exigibilidade não esteja comprovada (art. 281, III); suprimento de caixa ou de numerário (art. 282); falta de emissão de nota fiscal (art. 283); arbitramento da receita por indícios de omissão (art. 284); levantamento quantitativo por espécie (art. 286); depósitos bancários (art. 287); sinais exteriores de riqueza (art. 846); posse ou propriedade de bens como sinal exterior de riqueza (art. 847). No art. 464 do RIR ainda encontramos a presunção de distribuição disfarçada de lucros (Decreto-lei 2.063/1983), que hoje pode se dar por superada e sem objetivo, tendo em vista a isenção legal para a distribuição de lucros, já que ninguém iria praticar uma infração para disfarçar a distribuição de lucros se pode fazê-lo diretamente, sem qualquer tributação.

Hoje não é mais frequente a prática de infrações grosseiras e de fácil constatação. Excepcionalmente ainda se encontram indícios dos tipos: sinais exteriores de riqueza, posse ou propriedade de bens que revelam sinais exteriores de riqueza e depósitos bancários sem comprovação da respectiva origem. Cada vez mais se sofisticam as formas e

9. O vigente RIR foi aprovado pelo Decreto 3.000/1999.

fórmulas das "espertezas" fiscais dos contribuintes, por meio das quais se praticam infrações. Daí a dificuldade de se criar presunções legais.

2.2 *As normas específicas antiabuso*

Até hoje no Brasil o instrumento utilizado para combater planejamentos tributários é a lei, por meio da criação de hipóteses de incidência que capturem atos ou negócios que, embora legais, passam a não mais serem aceitos como lícitos pela Administração Tributária. Para isso muito tem contribuído a facilidade de introdução legislativa da edição de medidas provisórias editadas pelo Presidente da República, com força imediata de lei e só posteriormente votadas pelo Congresso, que quase nunca rejeita essas medidas. Muitas das hipóteses, inclusive, inteiramente importadas das legislações estrangeiras, recortadas do seu sistema e do contexto em que estão colocadas e transportadas para o Brasil sem que haja a correspondente adequação ao nosso sistema tributário – veja-se, por exemplo, a pretensa norma "antielisiva" do art. 116, parágrafo único. do CTN.

É importante alertar que todos os atos e negócios colocados nas leis antiabuso até então eram normais, lícitos e regulares no mundo dos negócios até quando foi editada a lei que passou a lhes dar tratamento tributário diferente, de acordo com a expressa previsão legal. Tudo se repete. Primeiramente as autoridades fiscais começam a identificar situações com base em um "sentir subjetivo", decorrente da constatação frequente de casos que resultam em grande economia de tributos, posteriormente passam a lavrar autos de infração, a cobrar tributos e impor penalidades, às vezes com a acusação da prática de crime tributário. Em um primeiro momento os julgadores administrativos rejeitam tal aplicação da lei, em um segundo momento esses passam a construir interpretações, muitas vezes incoerentes e desuniformes, e a partir de então são mantidos os lançamentos tributários sob os mais diversos argumentos. Como última etapa coloca-se a hipótese em uma medida provisória e se tem uma lei específica em que uma conduta lícita se transmuda em ilícita.

Podem ser identificadas algumas dessas normas: desconsideração de despesas – exigência de usualidade, normalidade e necessidade (Lei 4.506/1964, art. 47; art. 299 do RIR); vedação à sucessora superavitária da compensação de prejuízos fiscais da sucedida deficitária (art. 13 do Decreto-lei 2.341/1987; art. 514 do RIR); tributação universal da renda (Lei 9.249/1995, art. 25); preços de transferência (Lei 9.430/1996, art. 19; art. 240 do RIR); "paraísos fiscais", Países com tributação favorecida ou privilegiada (Lei 9.430/1996, Lei 11.727/2008 e Lei 12.249/2012); disponibilização dos lucros do Exterior em cada balanço (Medida Provisória 2.158-35/2001);[10] subcapitalização – *thin capitalization* (Lei 12.249/2010, art. 26).

2.3 A Lei Complementar 104/2001 e o art. 116, parágrafo único, do CTN

Diante da impossibilidade de que a lei preveja expressamente e capture todas as condutas, a opção legislativa tem sido criar cláusulas gerais que possam tipificar uma figura ou estabelecer critério que dê poderes à autoridade tributária para desconsiderar operações quando configuradas as hipóteses constantes na lei. A cláusula geral, apesar de abrir um espaço maior à interpretação do aplicador e julgador, não deve deixar em aberto a criação ou a extensão dos critérios tipificados, bem assim ela deve colocar limites ao âmbito de sua aplicação e também disciplinar os respectivos procedimentos e sanções, tudo em nome da certeza, previsibilidade e segurança jurídica.

10. A constitucionalidade deste dispositivo foi discutida no STF (ADI 2.588), julgada em 10.4.2013, mas cujo acórdão ainda não foi publicado. O *DJe* 73, de 18.4.2013, transcreve a decisão: "*Decisão*: Prosseguindo no julgamento, o Tribunal, por maioria, julgou parcialmente procedente a ação para, com eficácia *erga omnes* e efeito vinculante, conferir interpretação conforme, no sentido de que o art. 74 da MP n. 2.158-35/2001 não se aplica às empresas "coligadas" localizadas em países sem tributação favorecida (não "paraísos fiscais"), e que o referido dispositivo se aplica as empresas "controladas" localizadas em países de tributação favorecida ou desprovidos de controles societários e fiscais adequados ("paraísos fiscais", assim definidos em lei), vencidos os Ministros Marco Aurélio, Sepúlveda Pertence, Ricardo Lewandowski e Celso de Mello. O Tribunal deliberou pela não aplicabilidade retroativa do paragrafo único do art. 74 da MP n. 2.158-35/2001. Votou o Presidente, Ministro Joaquim Barbosa, que lavrara o acordão. Não participaram da votação os Ministros Teori Zavascki, Rosa Weber, Luiz Fux, Dias Toffoli e Carmen Lucia, por sucederem a ministros que votaram em assentadas anteriores. Impedido o Ministro Gilmar Mendes. Plenário, 10.04.2013".

De pronto se coloca que o ordenamento jurídico brasileiro rejeita qualquer possibilidade de criação de uma norma "antielisiva" – já que "elisão" é termo que se distingue de "evasão" precisamente pela sua implícita licitude –, isto é, uma norma que capture atos de verdadeiro planejamento tributário. Daí por que a terminologia que deve ser considerada como a mais correta é a de norma "antiabuso", que para o professor Heleno Tôrres seria uma norma antielusiva.

Com o objetivo de criar uma cláusula geral antiabuso, chamada equivocadamente de "antielisiva", que pudesse alcançar atos e negócios relativos a planejamento tributário que, de acordo com a lei, fossem considerados inoponíveis ao Fisco e, portanto, passíveis de rejeição, no ano de 2001 foi editada a Lei Complementar 104, que alterou o Código Tributário Nacional. Por meio dessa lei se introduziu no ordenamento jurídico o parágrafo único do art. 116, o qual pretendeu criar uma norma geral "antielisiva". O instrumento legislativo utilizado foi a lei complementar, com o fim de atender ao art. 146 da CF, tanto por ser esta uma norma tributária de caráter geral que trata de nova hipótese de incidência (fato gerador), como para que as regras tivessem um caráter nacional e ela fosse aplicada por todos os entes federativos: União, Estados e Municípios.

A constitucionalidade desse dispositivo está sendo objeto de discussão que ainda está pendente de decisão na ADI 2.446/2001 no STF, a Corte Suprema do Brasil.

De acordo com a "Exposição de Motivos" da Lei Complementar 104/2001:[11]

> A inclusão do parágrafo único ao art. 116 faz-se necessária para estabelecer, no âmbito da legislação brasileira, norma que permita à autoridade tributária desconsiderar atos ou negócios jurídicos praticados com a finalidade de elisão, constituindo-se, dessa forma, em instrumento eficaz para o combate aos procedimentos de planejamento tributários praticados com abuso de forma ou de direito.

11. A "Exposição de Motivos" da Lei Complementar 104/2001 foi enviada ao Congresso Nacional por meio da Mensagem 1.459 de 7.10.1999 (*Diário da Câmara dos Deputados* 16.10.1999).

A aprovação da norma, entretanto, não alcançou o objetivo pretendido, uma vez que a lei complementar expressamente condicionou a aplicação da nova regra à observância de procedimentos a serem estabelecidos em outra lei. A lei que regulamentaria tal norma seria uma lei ordinária, que deveria ser aprovada por cada ente federativo, União, Estados e Municípios, cada um no âmbito da sua competência constitucional tributária. Na área federal essa lei nunca foi aprovada; e, em consequência, a pretensa norma "antielisiva" brasileira também nunca foi utilizada. Registre-se que alguns Estados já aprovaram tal norma.

Repita-se: até hoje, na área dos tributos federais não há lei específica que regulamente a matéria. Embora alguns poucos doutrinadores defendam que não seria necessária uma lei para regulamentar e disciplinar os procedimentos para desconsideração de atos e negócios nos termos da Lei Complementar 104/2001, pois para eles o Decreto 70.235/1972, que regulamenta o processo administrativo federal, já seria um instrumento adequado para se utilizar com este fim.[12]

Discorda-se inteiramente desta posição, tendo em vista que o dispositivo legal, por introduzir uma regra geral com hipótese de incidência nova, com características especiais e estranhas ao ordenamento jurídico brasileiro vigente até então, necessita, sim, de que seja editada também uma nova lei que contenha regras procedimentais específicas, a fim de que se tenha maior certeza e segurança tanto para as autoridades fiscais como para os contribuintes.

É importante observar que a desconsideração de atos e negócios legítimos e lícitos já configura um excesso de poder e uma invasão à liberdade negocial e à autonomia privada dos particulares. Assim, terá que haver uma lei que dê as amarras necessárias a delimitar esse poder, para que se evite o efeito contrário de ser aberto espaço para atos abusivos por parte da Administração Tributária.

Assim, além de se defender a aprovação de uma norma procedimental, pretende-se, mais, propor uma Norma Geral Antiabuso/NGAA, uma vez que, como já dito, hoje, no Brasil, não há uma verdadeira norma que possa servir como instrumento de combate ao uso excessivo da autonomia ou das liberdades individuais.

12. V., por exemplo, Anderson Furlan Freire da Silva, *Planejamento Fiscal no Direito Brasileiro – Limites e Possibilidades*, Rio de Janeiro, Forense, 2011, p. 227.

Apesar de reconhecer que o Estado Democrático de Direito deve ser regido pela legalidade e assegurar a liberdade negocial e a autonomia privada, ele também deve garantir a igualdade, a realização da capacidade contributiva e a solidariedade, porém a busca do equilíbrio entre esses interesses deve levar em consideração a certeza e a previsibilidade que laborem a favor da segurança jurídica.

Na verdade, as figuras da dissimulação, do abuso de forma ou do abuso de direito são diferentes institutos, que encerram ambiguidade e termos vagos, que requerem critérios distintos para enquadramento de condutas, cada um com características próprias. Da leitura dos textos legais e dos fundamentos adotados pelos vários Países verifica-se que cada um fez opção por um critério diferente, levando em conta as peculiaridades e o contexto do respectivo ordenamento jurídico.

A partir de tal premissa, e tendo em vista o atual estágio, em que é clara a pretensão da Administração Tributária, corroborada pela jurisprudência, de combater os planejamentos tributários, inclusive muitas vezes, deixando de reconhecer condutas lícitas e não abusivas, é imprescindível que seja aprovada uma verdadeira Norma Geral Antiabuso/NGAA no Brasil. Uma lei que tenha condições de promover um mínimo de segurança nas relações empresariais e negociais e também que dê um norte para a atuação das autoridades fiscais. Do contrário a situação atual ficará caótica, pois um ato, contrato ou negócio firmado hoje, quando não existe qualquer norma, inclusive realizado com base em entendimento pacificado na jurisprudência durante longo tempo, poderá ser desconsiderado posteriormente.

É importante apontar que as primeiras autuações realizadas com base no parágrafo único do art. 116 do CTN foram rejeitadas pelos tribunais administrativos, que entenderam, acertadamente, que o dispositivo carecia de regulamentação. Daí para frente, as autoridades fiscais deixaram de usar o vocábulo "desconsideração" e adotar o citado artigo como fundamento legal das autuações e passaram a fazer, na prática, e com as mesmas consequências, a desconsideração de atos, negócios, contratos e personalidade jurídica, só que utilizando outras figuras importadas de diversos ordenamentos jurídicos, que no Brasil nem mesmo se encontram em diplomas legais.

Com isso, dá-se um verdadeiro *by pass* no legislador – isto é: sob a justificativa louvável de se estar combatendo atos abusivos por meio da suposta construção de precedentes utiliza-se um "artifício" para combater outro "artifício". Por vias transversas, assim, substitui-se o legislador. Inclusive, não raro, a importação de conceitos estrangeiros é feita sem o necessário aprofundamento e cuidado no manejo de figuras limítrofes, que permeiam a zona cinzenta entre o lícito, o abuso e o ilícito, cujo conhecimento demanda rigor científico na sua aplicação. E mais: diante da ausência de norma que dê respaldo a essas interpretações, a saída encontrada é enquadrar todas as condutas como simulação, com todas as penalidades e consequências criminais dela decorrentes.

Resta indagar, portanto: se um ato ou negócio que está formal e regularmente de acordo com as regras civis, societárias, comerciais e contábeis e é submetido à incidência tributária, se, além disso, a seu respeito é dada publicidade, inclusive para outros órgãos controladores e fiscalizadores (por exemplo, no caso brasileiro, ao BACEN, CADE, CVM[13]), pois bem, poderá ser ele desconsiderado pela autoridade fiscal, com convalidação da autoridade administrativo-julgadora mantendo o lançamento, sem que exista lei vigente e eficaz que permita essa atuação da autoridade? Especialmente quando essa desconsideração acontece de forma disfarçada, mediante a utilização de termos como "qualificação ou requalificação, ou glosa de despesa" (todos são usados em autos de infração ou em decisões administrativas). E mais: tudo isso acontecendo 5 ou 10 anos após o tempo da realização do ato ou negócio em questão e com base em novas interpretações surgidas posteriormente.

Por tudo que até aqui foi exposto, pode-se concluir que as disposições contidas no parágrafo único do art. 116 do CTN não caracterizam uma norma geral "antielisiva" que dê poderes para que as autoridades administrativas simplesmente desconsiderem atos, negócios ou personalidade jurídica diante de condutas lícitas relacionadas a planejamentos tributários. A regra é específica no sentido de que ela somente poderá ser aplicada na hipótese de dissimulação, sendo que esta tem por substrato a ilicitude da conduta. Importa repetir que o poder para proceder a lançamentos quando constatada a simulação já se encontra previsto no art. 149, VII, do CTN.

13. BACEN – Banco Central do Brasil. CADE – Conselho Administrativo de Defesa Econômica. CVM – Comissão de Valores Mobiliários.

Vale lembrar que o vocábulo "dissimular" significa "ocultar", "disfarçar" ou "esconder" os próprios desejos ou intenções.[14] A dissimulação pressupõe a manipulação, o artifício ou o subterfúgio, em que o fato revelado não guarda correspondência ou está divorciado da efetiva realidade. Das legislações dos demais Países, apenas a França usou tal vocábulo na sua Cláusula Geral Antiabuso/CGAA; entretanto, a partir do ano de 2009, diante das grandes divergências de interpretação que ele provoca, o mesmo foi retirado do texto da referida CGAA francesa.

A falta de disposição expressa de lei vigente que regule o procedimento dos agentes fiscais no tocante à desconsideração não retira deles o dever-poder, que lhes é ínsito, de investigar e provar a prática de ilícitos tributários, de simulações e fraudes etc. É mister, porém, que esteja caracterizada e provada a conduta do contribuinte como tal, em decorrência das prescrições contidas nos arts. 142, 149 e 194 do CTN. Vale ressaltar que essa competência do Fisco sempre existiu, antes mesmo de ser editada a norma em comento. O lançamento do crédito tributário, todavia, decorrerá do ato ou negócio maculado por fraude, dolo, conluio ou simulação, e não por simples desconsideração. Caso se acolha entendimento em contrário, para admitir a simples desconsideração mediante o procedimento de ofício, sem a prova da simulação, aí, sim, o ato administrativo padecerá de vício que ensejará a respectiva nulidade.

O manejo abusivo do planejamento tributário fez brotar o Ativismo administrativo, tal qual já aconteceu nos demais Países. No Brasil a reação da Administração Tributária aconteceu primeiramente com a Fiscalização e depois com os órgãos administrativo-julgadores, acompanhando o caminhar do mundo. Só que, enquanto nos demais Países se buscou um critério próprio, que guardasse conexão com o respectivo sistema jurídico, inclusive estabelecendo procedimentos específicos, tudo dentro de um contexto e depois tipificado em lei, a opção brasileira foi importar, de forma acrítica, todos os critérios utilizados em vários Países e passar a aplicar indiscriminadamente todas as figuras existentes, como a seguir será mostrado. Essa cópia, tantas vezes cometendo os mesmos equívocos já corrigidos alhures, deu-se por meio do pinçamento das figuras apartadas do contexto do sistema em que estavam situadas.

A partir daí chegou-se ao momento atual, de falta de coerência e uniformidade de critério com que estão sendo cobrados tributos e julga-

14. *Dicionário Houaiss da Língua Portuguesa*, p. 1.059.

dos os respectivos processos pelos tribunais administrativos relativamente ao planejamento tributário. Tudo sob o argumento da construção de precedentes com a intenção de flexibilizar a tradição do *Civil Law* e buscar uma aproximação do *Common Law*. Nada de novo com relação a isto, também.

A partir da análise qualitativa de alguns precedentes do Conselho Administrativo de Recursos Fiscais/CARF, órgão colegiado que julga os processos administrativos federais em segunda instância, pode-se lançar um olhar sobre a falta de uniformidade na *ratio decindendi* das decisões utilizadas para definir a invalidade, "desconsideração", de cada operação perante o sistema tributário brasileiro, bem como o uso indistinto dos modelos paradigmáticos tratados neste trabalho.

O citado exame revela alguns exemplos de acórdãos do CARF que utilizaram indiscriminadamente e sem uniformidade, contra e a favor do contribuinte, várias figuras jurídicas e critérios adotados por outros Países para rejeição de atos e negócios considerados abusivos, sem que exista previsão correspondente na lei tributária brasileira.

Foi a constatação de tal fato que instigou a investigação desenvolvida sobre o tema "planejamento tributário", com o objetivo de contribuir para o aprofundamento do debate acerca da necessidade de uma NGAA, que estabeleça parâmetros que laborem para uma maior previsibilidade e segurança dos contribuintes e das autoridades fiscais.

Vejam-se os exemplos a seguir dos critérios adotados em alguns julgados:

Critério Adotado	**Acórdãos**[15]
Abuso de direito	108-05.748/1999
Abuso de forma	101-95.552/2006 – 204-02.895/2007 – 9101-00.359/2009 – 9101-00.528/2010
Ato anormal de gestão	103-21.847/2005
Capacidade contributiva	101-96.029/2007

15. Todos os acórdãos estão disponíveis em *www.carf.fazenda.gov.br*.

Critério Adotado	**Acórdãos**[15]
Dissimulação	107-09.470/2008
Fraude à lei e abuso de direito	107-09.423/2008 – 107-09.587/2008 – 9101-00.528/2012
Negócio jurídico indireto	103-21.046/2007 – 101-94.340/2003 – 107-08.837/2006 – 1401-00.155/2010
Operações estruturadas em sequência (*step transactions*) e ausência de motivação extratributária	104-20.749/2005 – 104-21.497/2006 – 1401-00.155/2010
Planejamento tributário	101-95.442/2006 – 104-21.675/2006 – 1102-00.408/2011 – 1401-00.155/2010
Propósito negocial	103-23.290/2007 – 107-09.423/2008 – 01-05911/2008
Substância sob a forma	101-94.340/2003 – 101-95.409/2006

Diante das divergências na interpretação das leis tanto pelos agentes do Fisco como pela jurisprudência administrativa, com vistas a reduzir a incerteza e cercar de maior segurança foi que se passou a defender que sejam fixados critérios, os mais objetivos possíveis, que possam limitar e nortear tanto os procedimentos das autoridades fiscais e julgadoras como dos contribuintes. O atual clima de insegurança em que os atos ou negócios são realizados resulta em que "até o passado é incerto", pois uma operação ocorrida em determinado ano fica sob o risco de uma verdadeira espada de Dâmocles pelo prazo mínimo de cinco anos, sujeita a "chuvas e trovoadas" e às mudanças posteriores de interpretação sobre a mesma lei, inclusive de modo contrário àquele pacificado quando da sua ocorrência.

Desse modo, não se pode aceitar como abrigadas pelo ordenamento as acusações, com base em simples indícios, da prática de infração e crime cuja hipótese não está na lei e decorre de juízos de valor subjetivos, sob o argumento de que a autoridade administrativo-julgadora poderá interpretar e buscar a realização da capacidade contributiva, da igualdade e da justiça fiscal.

3. A ideia de uma Norma Geral Antiabuso/NGAA para o Brasil

É a partir de tudo que foi colocado que se conclui que deve haver uma lei que fixe qual o critério para que um planejamento tributário possa ser considerado abusivo, uma Norma Geral Antiabuso/ NGAA, e que esta lei também estabeleça meios probatórios que, se apresentados pelo contribuinte, somente poderão ser desprezados com base em provas da autoridade fiscal de igual magnitude, e não com base em meros indícios ou suspeitas. Com esse objetivo, a NGAA, igualmente, impõe o dever de provar à autoridade fiscal.

Esta ideia tem como foco a praticidade e a objetividade, na busca de um critério legal que dê maior certeza e seja o menos inseguro possível com vistas à caracterização de uma conduta abusiva, passível de ser combatida e rejeitada pelo ordenamento jurídico. Procura-se estabelecer parâmetros legais para aferir a regularidade ou irregularidade de um comportamento, de acordo com os novos paradigmas, que permitam a respectiva demonstração por meio de provas documentais, restringindo-se o âmbito da interpretação e do Ativismo administrativo.

Como ensina Becker, "os juízes e tribunais não têm o poder de condenar determinada utilização do Direito sob o fundamento de que ela é imoral; somente poderão condenar se dito uso moral ou imoral for ilegal (ilícito)".[16]

Aqui vale observar que as escolhas são arbitrárias e têm que ser vistas a partir das premissas em que se fundamentam e sobre as quais se fez a opção inicial. O critério escolhido, considerado como o mais objetivo e passível de ser demonstrado, e que pode caracterizar o abuso é o negócio realizado sem propósito negocial. Este propósito visto no seu conceito amplo de objetivo econômico, empresarial, familiar.

Importa lembrar que a segurança jurídica na relação tributária tem por base o estabelecimento prévio de regras que fixem direitos, deveres

16. Alfredo Augusto Becker, *Teoria Geral do Direito Tributário*, São Paulo, Saraiva, 1972, p. 135.

e limites. É assim que o Direito opera, por meio de tipificação e qualificação de atos, situações, ou negócios.[17]

Será abusivo, portanto, o ato ou negócio realizado sem propósito negocial como previsto na lei.

Então, para que no Brasil se possa rejeitar e combater planejamentos tributários lícitos e passar a considerá-los como abusivos, para submetê-los a outra forma de tributação, é imprescindível que seja aprovada uma verdadeira Norma Geral Antiabuso/NGAA. Para que esta NGAA não padeça de vício de inconstitucionalidade, ela não poderá avançar de forma ilimitada sobre os direitos e liberdades dos particulares, ainda que sob justificativas louváveis. Daí por que se admite a restrição da liberdade e da autonomia privada apenas quando utilizadas abusivamente. O que é esse abuso, e quando ele se configura, deverá estar expresso em lei, sob pena de afronta a valores tão ou mais caros do que aqueles que se quer prestigiar.

Assim, propõe-se que seja criada uma NGAA no Brasil para introduzir uma hipótese expressa em lei que determine exatamente a figura tipificada e o critério jurídico eleito que permitirão a desconsideração, por parte das autoridades fazendárias, de atos, negócios, contratos e operações dos particulares que se enquadrem no critério legal como abusivos. A regra deverá estabelecer sanções, procedimentos, deveres, poderes e limites do Fisco e do contribuinte, tudo cercado das garantias do devido processo legal, contraditório e ampla defesa.

Tendo em vista que o planejamento tributário ou elisão fiscal é um direito e garantia fundamental do cidadão na administração dos seus negócios, seria inconstitucional qualquer norma "antielisiva". Portanto, não se pode vedar o planejamento tributário, este sempre é um procedimento lícito. No máximo, por questão de opção de política fiscal, poderá ser criada a hipótese legal do ato ou negócio abusivo, isto é, aquele realizado exclusivamente para obter vantagem fiscal e desprovido de qualquer outro propósito negocial.

Para haver rejeição e se considerar um planejamento tributário (lícito) como abusivo é preciso que a lei eleja um parâmetro legal, previamente conhecido, que possa imprimir maior certeza tanto para a reali-

17. Neste sentido é também, Heleno Tôrres, *Direito Tributário e Direito Privado: Autonomia Privada, Simulação e Elusão Tributária*, São Paulo, Ed. RT, 2003, p. 268.

zação de atos e negócios pelos particulares como para o controle e a fiscalização das autoridades administrativas.

No tocante às sanções, em prestígio à proporcionalidade, caberá ao legislador fixar penas razoáveis, que levem em consideração a boa-fé e a confiança legítima do contribuinte. Já, a Administração Tributária deverá também adotar a transparência na sua atuação, dando publicidade prévia aos atos e negócios que poderá considerar abusivos e que serão passíveis de desconsideração, dando prazo razoável para ajustes de condutas antes da lavratura de auto de infração. Já, os contribuintes que desejarem arguir a boa-fé, pleitear a espontaneidade e evitar a aplicação de sanções mais gravosas deverão informar previamente à autoridade fiscal as operações e negócios que irão realizar. Ônus e bônus para ambos.

Além disso, deverá ser aberta e garantida a todos os contribuintes a possibilidade de apresentar defesa administrativa para demonstrar as peculiaridades do seu caso e os elementos que o distinguem daqueles listados como passíveis de serem desconsiderados. Dispensável dizer que o contribuinte sempre tem à sua disposição a via do socorro judicial para garantir ou prevenir seu direito à realização do negócio nos moldes pretendidos e evitar a desconsideração.

Não existe um modelo ou um critério perfeito, nem a melhor técnica para se combater a habilidade e a criatividade fiscal, como também é difícil conter a vontade arrecadatória. São dois extremos que precisam ser ajustados.

É melhor, portanto, que seja adotado um critério em lei que possibilite o conhecimento prévio do que será aceito como planejamento tributário (portanto, conduta lícita) o ato ou negócio que tiver um propósito negocial (patrimonial, empresarial, familiar, econômico etc.) diferente da simples vantagem fiscal (a redução ou supressão do tributo). A redução ou supressão do tributo poderá ser também um dos resultados obtidos, mas como uma das consequências naturais, não a única e exclusiva.

Ao contrário, será considerado ato ou negócio abusivo aquele que for realizado com o único objetivo de reduzir ou suprimir tributo. É imprescindível que se faça a distinção legal entre o lícito, o abuso, a infração, a simulação e a fraude, a fim de evitar os grandes equívocos que estão acontecendo em decorrência do Ativismo administrativo e jurisprudencial e para que se possa ter maior segurança jurídica para o Fisco e para os contribuintes.

Referências bibliográficas

BECKER, Alfredo Augusto. *Teoria Geral do Direito Tributário*. São Paulo, Saraiva, 1972; 4ª ed. São Paulo, Noeses, 2007.

CARRAZZA, Roque Antonio. *Curso de Direito Constitucional Tributário*. 29ª ed. São Paulo, Malheiros Editores, 2013.

SANTOS, Antônio Carlos dos. "Planeamento fiscal, evasão fiscal, elisão fiscal: o fiscalista no seu labirinto". *Fiscalidade* 38. Lisboa, Instituto Superior de Gestão, 2010.

SILVA, Anderson Furlan Freire da. *Planejamento Fiscal no Direito Brasileiro – Limites e Possibilidades*. Rio de Janeiro, Forense, 2011.

TIPKE, Klaus. *Moral Tributaria del Estado y de los Contribuyentes (Besteuerungsmoral und Steuermoral)*. Madri, Marcial Pons, 2002.

TÔRRES, Heleno Taveira. *Direito Tributário e Direito Privado: Autonomia Privada, Simulação e Elusão Tributária*. São Paulo, Ed. RT, 2003.

OS PRINCÍPIOS GERAIS DA REPRESSÃO E SUAS INFLUÊNCIAS SOBRE AS POTESTADES PUNITIVAS DA ADMINISTRAÇÃO FAZENDÁRIA

PAULO ROBERTO COIMBRA SILVA

1. Introdução. 2. A ordem e a unidade do ordenamento jurídico. A teoria sistêmica como fundamento à comunicabilidade de princípios e regras gerais da repressão: 2.1 A teoria dos sistemas de Niklas Luhmann e a permeabilidade do direito tributário sancionador a princípios e regras gerais da repressão oriundos do direito penal – 2.2 A proximidade entre a sanção punitiva penal e a sanção punitiva tributária. Identidade funcional e sua submissão (explícita ou implícita) aos princípios gerais da repressão – 2.3 Breve alusão à experiência do Direito Europeu. 3. Limites da comunicabilidade de princípios. A permeabilidade como regra sujeita a exceções parciais e absolutas: 3.1 Exceções absolutas – 3.2 Exceções parciais ou relativas.

1. Introdução

O direito tributário sancionador tem merecido crescente atenção na luta contra a evasão fiscal, seja pela constatação da generalizada ineficiência do direito penal na tutela dos interesses arrecadatórios do Estado, seja pela alta onerosidade dos sistemas fiscais.

Com ênfase nos princípios gerais da repressão, o presente ensaio, condensando os principais fundamentos já arrostados por seu autor,[1] propõe uma reflexão a respeito dos efeitos das tradicionais distinções entre as infrações tributárias delituosas e as não delituosas. Sem negar a distinção entre a natureza do ilícito estritamente tributário e a do deli-

1. Os principais argumentos ora condensados foram expendidos, de forma mais minudente, na tese de Doutorado do autor. Para aqueles que desejarem se aprofundar no tema, v. Paulo Roberto Coimbra Silva, *Direito Tributário Sancionador*, São Paulo, Quartier Latin, 2007.

to de fundo fiscal, reconhece-se a cogente aplicação – no mais das vezes implícita –, no âmbito do direito tributário sancionador, dos princípios e regras gerais da repressão, em sua grande maioria oriundos do direito penal e do processo penal, como vetores diretivos e limitativos das potestades sancionadoras da Administração Fazendária.

A permeabilidade do direito tributário sancionador aos princípios e normas gerais da repressão é reconhecida como uma regra que comporta exceções, mais parciais que absolutas, devendo a doutrina não mais se debater em torno da comunicabilidade principiológica, mas concentrar sua atenção e seu esforço nos limites desse intercâmbio, que, não raro, com as devidas conformações, se revela útil na supressão das muitas insuficiências legislativas, na busca de soluções repressivas mais justas e equânimes.

2. A ordem e a unidade do ordenamento jurídico. A teoria sistêmica como fundamento à comunicabilidade de princípios e regras gerais da repressão

A realização de uma conduta antijurídica pode receber várias respostas oriundas de diferentes setores do ordenamento jurídico. A pluralidade de reações é derivativa de uma série de razões, podendo ser atribuída, em concreto, à falta de coerência na criação e aplicação das normas sancionadoras de diferentes naturezas que confluem para a proteção de um mesmo bem ou interesse jurídico.

Importante ressaltar que o Direito não consiste em uma coletânea de normas jurídicas desprovidas de qualquer conexão, criadas à margem da racionalidade, como resultado do mero acaso ou de decisão arbitrária, descrito por Karl Engisch como "caos informe". Muito ao contrário, o Direito contempla um conjunto de normas organizadas e articuladas, cuja conexão lógica lhes confere sentido unitário. Duas de suas características emergentes – a saber, a ordenação e a unidade – impedem que suas normas se dissipem "numa multitude de singularidades desconexas";[2] antes, reconduzem essa "multiplicidade do singular a alguns poucos princípios constitutivos".[3]

2. Claus-Wilhelm Canaris, *Pensamento Sistemático e Conceito de Sistema na Ciência do Direito*, 2ª ed., trad. e int. de A. Menezes Cordeiro, Lisboa, Fundação Calouste Gulbenkian, 1996, pp. 12-13.

3. Idem, p. 76.

Afirma-se, assim, o Direito como um sistema abrangente resultante de "um complexo homogêneo e harmonicamente solidário de pensamentos jurídicos".[4] A par da ordem e da unidade – características comuns a todos os sistemas –, o Direito, enquanto sistema, fundamenta-se em dois postulados interdependentes, quais sejam: a *adequação valorativa* e a *unidade interna do sistema*.[5]

A *adequação valorativa* promove uma coerência sistêmica, na qual legisladores e aplicadores se encontram vinculados a decidir em conformidade com os postulados resultantes de uma ordem teleológica decorrente dos princípios gerais de Direito, princípios fundantes, dotados de alta carga axiológica, que desempenham as funções constitutiva e estruturante do próprio sistema jurídico.[6]

A *unidade interna* do sistema é indissociável da adequação valorativa em dois sentidos: *primus*, a exigência de coerência somente grassa dentro do sistema envolto em sua unidade; *secundus*, a verificação da existência de normas atentatórias à coerência do sistema deflagra o funcionamento de mecanismos voltados à sua marginalização, acabando por excluí-las, mediante a pecha de invalidade. Na feliz síntese de Paulo Otero, "a adequação valorativa constitui o principal instrumento revelador da unidade do Direito, funcionando ambos como bases do conceito de sistema".[7]

O conceito de sistema aplicado ao Direito induz o desenvolvimento de duas posturas funcionais:

(a) Primeiramente, uma função positiva, que vincula todos os operadores do Direito, sejam decisores ou aplicadores, gerando-lhes a obrigatoriedade de realização da adequação valorativa e do respeito à unidade interna da ordem jurídica, culminando na imposição de um sentido específico e coerente a cada ato jurídico integrante do próprio Direito. E:

(b) Posteriormente, uma função negativa, centrada na verificação de que em cada ato jurídico devem revelar-se a adequação e integração

4. Karl Engisch, *Introdução ao Pensamento Jurídico*, 6ª ed., Lisboa, Fundação Calouste Gulbenkian, 1988, p. 118.

5. Claus-Wilhelm Canaris, *Pensamento Sistemático e Conceito de Sistema na Ciência do Direito*, cit., 2ª ed., pp. 14 e ss. e 66 e ss.

6. Idem, p. 76.

7. Paulo Otero, *Lições de Introdução ao Estudo do Direito*, vol. I, 2º t., Lisboa, Pedro Ferreira, 1998, p. 310.

axiológica ou teológica na unidade interna do sistema jurídico, acarretando a eliminação das incoerências, contradições e incompatibilidades eventualmente identificadas.

2.1 A teoria dos sistemas de Niklas Luhmann e a permeabilidade do direito tributário sancionador a princípios e regras gerais da repressão oriundos do direito penal

É notável a evolução da teoria dos sistemas proporcionada pelo trabalho de Niklas Luhmann, que, ao construir instigante teoria sistêmico-funcional, viabilizou a superação dos preconceitos: (i) humanista; (ii) da diversidade de sociedades territorial ou politicamente situadas; e (iii) da objetividade social, culminando na lapidar concepção de sistemas sociais *autopoiéticos*, *autorreferenciais* e *operacionalmente fechados*.[8]

Para Luhmann algo só pode ser designado quando pode ser diferenciado, e tal diferença exsurge do contraste entre sistema e ambiente. Daí a importância extrema do fechamento operacional do sistema, sob pena de sua dissolução no ambiente e, assim, restar inviabilizado o conhecimento.[9]

Sendo os sistemas operacionalmente fechados, o ambiente não pode contribuir para nenhuma operação de produção ou reprodução no sistema, assim como o sistema também não pode operar no ambiente. A rigor, toda a produção de elementos ocorre de forma intrassistêmica, autopoiética. O fechamento operacional do sistema, contudo, não significa "isolamento causal, autarquia ou solipsismo cognitivo". São admitidas e, por vezes, consideradas convenientes ou necessárias certas comunicações com o ambiente ou outros sistemas; relações, estas, intituladas *acoplamento estrutural*, as quais provocam *irritação* ou *perturbação*. Cada tipo de interdependência em relação ao ambiente é compatível com a autopoiésis e com o fechamento operacional, viabilizando introjeções (*input*) relevantes ao desenvolvimento do próprio sistema. Formas altamente seletivas de *acoplamento estrutural* conduzem

8. *Apud* Luciano Fedozzi, "A nova teoria de sistemas de Niklas Luhmann: uma leitura introdutória", in Clarissa Baeta Neves e Eva Machado Barbosa Samios (coords.), *A Nova Teoria dos Sistemas*, Porto Alegre, UFRS/Goethe Institut, 1977, p. 21.

9. Idem, pp. 109-110.

a situações de *irritação* e influenciam o processo de autoestruturação dos sistemas autopoiéticos. Os sistemas são, pois, operacionalmente fechados, mas devem ser arejados e permeáveis a certas influências ambientais, na eterna busca de suprimir sua incompletude e sua provisoriedade.

O sistema é sempre inacabado e inacabável,[10] sendo inexoráveis os constantes movimentos almejando sua evolução. Neste processo, o Direito não somente admite sua relativa permeabilidade ao ambiente mas, principalmente, permite em seu interior modificações no equilíbrio e no posicionamento dos diversos princípios que o integram, além de viabilizar tanto a redefinição de seu alcance e de suas limitações mútuas quanto o reconhecimento da autonomia de novos princípios.[11]

Na revisão do alcance e da abrangência dos princípios que integram o sistema jurídico não deve surpreender o traspasse de princípios e normas gerais entre seus subsistemas. Se ao próprio sistema – sem prejuízo de seu fechamento operacional – são admitidos acoplamentos estruturais, inevitavelmente o mesmo há de ocorrer entre seus subsistemas, cujos lindes tendem a ser operacionalmente fechados mas permeáveis à vigorosa influência dos princípios gerais fundantes e estruturantes.

Apesar da presença de subsistemas no sistema do Direito, assim compreendidos os seus ramos dotados de relativa autonomia didática – dentre os quais se focam o tributário e o penal –, não se pode esquecer de que a unidade sistêmica interna é característica essencial do sistema jurídico.

A par disso, a crescente riqueza da complexidade fática tem demandado frequente intercâmbio entre os diversos subsistemas do Direito na elaboração de soluções satisfatórias. Por tal motivo, destaca Menezes Cordeiro que, "perante um problema a resolver, não se aplica, apenas, a norma primacialmente vocacionada para a solução: todo o Direito é chamado a depor. Por isso, há que lidar com os diversos ramos do Direito, em termos articulados (...)".[12]

10. Karl Larenz, *Metodologia da Ciência do Direito*, 2ª ed., trad. de José Lamego, Lisboa, Fundação Calouste Gulbenkian, 1989, p. 696.

11. Idem, p. 693.

12. Menezes Cordeiro, "Introdução à edição portuguesa", in Claus-Wilhelm Canaris, *Pensamento Sistemático e Conceito de Sistema na Ciência do Direito*, cit., 2ª ed., p. CXI.

Deve-se, mesmo, primar pela compreensão do sistema do Direito pautado em uma ordem de valores, consubstanciáveis em princípios gerais, que podem transcender e ultrapassar o limitado espectro do direito positivado, exsurgindo, nesses casos, os intitulados "princípios implícitos", que, apesar de não expressos, se encontram velados nas entranhas do ordenamento, e cuja importância não pode ser desprezada. Por certo, os princípios gerais podem ser implícitos ou explícitos, "formulados de forma vaga e altamente abstrata, ou podem estar densificados em regras concretas".[13]

Os princípios gerais são fórmulas condensadoras dos valores fundamentais do sistema, que lhe emprestam uma unidade constitutiva e estrutural coerente e flexível, servindo de diretriz que ilumina a compreensão do sistema normativo. Cada ordem jurídica baseia-se em alguns valores superiores, a cuja proteção e concreção ela se destina. Tais valores são consubstanciados, de forma um tanto fluida,[14] em princípios gerais.

Na conceituação de Misabel Derzi,[15] quando pontifica, impecável, acerca dos princípios gerais:

> Portanto, os princípios gerais são manifestações de valores fundantes gerais, que se concretizam em *direitos humanos*, em acepção ampla, ou seja, em direitos individuais, direitos da liberdade ou direitos fundamentais, inclusive sociais e de liberdades públicas, tão extensos que neles certamente se incluem as garantias institucionais e processuais da liberdade e ainda a tutela jurisdicional dos direitos e a autotutela da legalidade pela Administração.

Dentre os diversos princípios que consignam os valores fundantes e estruturais do sistema do Direito encontram-se os princípios gerais da

13. Misabel Abreu Machado Derzi, "Dos princípios gerais do direito tributário", in *Tratado del Derecho Tributario*, Lima, s/ed., 2003, p. 115.

14. Os valores jurídicos se deixam facilmente reformular nos correspondentes princípios, em delimitações fluidas, em diversos graus de um processo de concretização em si contínuo, que na fase seguinte prosseguirá dos princípios para as normas (Claus-Wilhelm Canaris, *Pensamento Sistemático e Conceito de Sistema na Ciência do Direito*, cit., 2ª ed., pp. 86-87).

15. Misabel Abreu Machado Derzi, "Dos princípios gerais do direito tributário", cit., in *Tratado del Derecho Tributario*, p. 92.

repressão, os quais, pairando sobre todo o orbe jurídico, são omnicompreensivos sobre todo o ordenamento punitivo ou sancionador, cuja prevalente eficácia há de se fazer presente sempre quando haja qualquer manifestação concreta da potestade sancionadora do Estado.

Conforme já frisado, na incansável busca de suprimir sua inexorável incompletude e sua provisoriedade, o sistema jurídico sofre constantes modificações internas, em virtude de seus recorrentes avanços e recuos, nas quais se promovem as revisões dos diversos princípios que o integram, mediante, inclusive, a redefinição de seu alcance e sua abrangência. Como destacado por Misabel Derzi, os princípios são "continuamente revistos, recompreendidos e reexpressos pelos intérpretes e aplicadores"[16] do Direito, porquanto nele impera, nos dizeres de Canotilho, um "sistema aberto de princípios".[17] Portanto, aqueles princípios destinados a controlar as potestades punitivas do Estado, forjados, em sua grande maioria, no âmbito do direito penal e do processo penal, são não somente aptos mas predispostos a se imiscuírem por todos os subsistemas do Direito nos quais possam ser verificadas manifestações repressivas. Por esse motivo, conclui Dellis que "le droit administratif répressif connaît les plus importants des 'principes communs de la répression'".[18]

2.2 *A proximidade entre a sanção punitiva penal e a sanção punitiva tributária. Identidade funcional e sua submissão (explícita ou implícita) aos princípios gerais da repressão*

Até bem pouco tempo a distinção entre o direito penal e as demais manifestações repressivas do Estado era, em princípio, simples e bastante nítida. Tais ramos jurídicos residiam entrincheirados em ordens jurídicas diferentes e autônomas, que se viam afastadas por longo abismo, que não era considerado transponível senão por poucos visionários. Ainda hoje essa lógica binária prevalece arraigada em alguns ordenamentos, como consectário da dualidade de jurisdições repressivas.

16. Idem, p. 110.

17. J. J. Gomes Canotilho, *Direito Constitucional*, Coimbra, Livraria Almedina, 1991, p. 196.

18. Georges Dellis, *Droit Pénal et Droit Administratif Répréssif – L'Influence de Principes du Droit Pénal sur le Droit Administratif Répressif*, Paris, LGDJ, 1997, p. 412.

Por certo, a compreensão da unicidade do fenômeno repressivo como um todo indivisível, abrangente das diversas manifestações punitivas do Estado, requer uma coordenação lógica e inteligente de suas instâncias sancionadoras, determinando o abandono de sua autonomia e independência, tradicionalmente reconhecidas.[19]

Ademais, também resta superada a lógica tradicional que distingue a partir de um sistema binário as duas áreas de coerção, a saber, a penal e a administrativa.[20]

Com efeito, recorde-se, a punição não é exclusividade do direito penal. É inegável que esse subsistema ocupa-se da tutela de bens e interesses jurídicos, mediante a repressão, que é seu objeto por excelência. Contudo, existem diferentes técnicas de repressão do ilícito, devendo as normas penais se restringir àqueles atos ilícitos mais ofensivos e atentatórios à convivência pacífica do homem na coletividade. O direito penal, portanto, até mesmo por força do princípio da mínima intervenção, que limita sua dilatação incontida, somente é pertinente quando outras formas de sanção ou meios de controle sociais se revelarem insuficientes para a proteção almejada pelo sistema. Em todos os demais casos – maioria avassaladora – a potestade repressiva do Estado se faz presente em outros subsistemas, como no âmbito do direito administrativo, do direito tributário, do direito ambiental, do direito do consumidor etc., criando e aplicando sanções inibitórias e punitivas. Contudo, a extensão da potestade sancionadora estatal não se faz desacompanhada dos inarredáveis princípios gerais da repressão, que a limitam e orientam.

Especificamente em relação à punição das infrações exclusivamente tributárias, há diversos fatores de aproximação destas aos delitos fiscais que justificam e atraem, com maior força, a prevalência de princípios e garantias urdidos pelo direito penal, dentre os quais se destaca a identidade ontológica entre ambos. Nessa consistente lógica, assevera Dellis:[21]

> (...) à supposer qu'il se révèle finalement impossible de constater une différence matérielle ou organique importante entre l'acte administratif

19. Georges Dellis, *Droit Pénal et Droit Administratif Répréssif – L'Influence de Principes du Droit Pénal sur le Droit Administratif Répressif*, cit., pp. 27-28.
20. Idem, p. 116.
21. Idem, p. 28.

> répressif et la peine pénale, pourquoi alors le regime applicable à ces deux catégories d'actes ne serait pas le même? En d'autres termes, la ressemblance de la matière administrative et de la matière pénale serait le fondement idéal pour justifier la transposition des principes d'origine pénale en matière administratif.

Interessante observar que as diferentes manifestações das potestades repressoras do Estado "regem-se pelos mesmos princípios gerais, seja quando se cogita das infrações penais em sentido estrito (os crimes e as contravenções), seja quando se está diante daquelas que expressam, preponderantemente, cunho administrativo".[22]

Tais princípios gerais da repressão, que se prestam de vetor centrípeto de agregação das diversas sanções punitivas, podem ter sua previsão ou alcance explicitamente positivados, mediante clara enunciação do legislador,[23] ou implicitamente, como resultante de um esforço indutivo para percebê-los velados nas entrelinhas da tessitura sistêmica do Direito, na constante busca da identificação de valores suprapositivos, que transcende e ultrapassa as limitadas molduras da lei escrita. A existência de valores não condensados em princípios explícitos pode ser atribuída à falibilidade do legislador na captação e compreensão dos diversos e cambiantes valores fundantes dos sistema jurídico, que, por isso, deixa de consigná-los em fórmulas principiológicas densificadoras.

O fato de serem determinados princípios implícitos, de per si, em nada lhes deve comprometer a eficácia e a prevalência, que somente deverão ser limitadas pela força de outros princípios coexistentes no sistema, também albergados pelo Direito, consubstanciadores de valores que lhes sejam eventualmente contrapostos. Ou seja: o fato de ser explícito ou implícito um determinado princípio em nada haverá de afe-

22. Eduardo Bottallo, "Algumas observações sobre a aplicação do princípio da proporcionalidade em matéria penal tributária", in Valdir de Oliveira Rocha (coord.), *Grandes Questões Atuais do Direito Tributário*, vol. 8, São Paulo, Dialética, 2004, p. 62.

23. Assim deu-se na Itália, onde a Lei 689, de 24.11.1991, que promoveu significativa despenalização de uma série de infrações, dedica seu capítulo inaugural aos princípios gerais, de forma expressa. Iniciando pelos princípios da legalidade e da irretroatividade, cuida também do elemento subjetivo das infrações (art. 3º), das causas eximentes (art. 4º), do concurso de pessoas e da responsabilidade (arts. 5º e 6º) e do concurso aparente de normas (art. 9º), dentre outros.

tar seu balanceamento nas constantes contraposições axiológicas e teleológicas intrassistêmicas, não se podendo determinar de forma apriorística e abstrata a proeminência de uns sobre outros.

Uma vez admitida a presença de um conjunto de princípios gerais da repressão, importa concentrar a atenção em sua identificação, seu isolamento e compreensão. Vários são os que integram um rol inacabado e cambiante, do qual se destacam: princípio da legalidade; princípio da tipicidade, ou, melhor, da especificidade conceitual; princípio da vedação à analogia *in malam partem*; princípio da irretroatividade da *lex gravior* e da retroatividade benigna; princípio da presunção de inocência; princípio da verdade material; princípio da insignificância ou da bagatela; princípio da proporcionalidade; princípio da individualização da sanção; princípio da dosimetria da sanção; princípio da personalidade da sanção; princípio *non bis in idem*; princípio da interdependência das instâncias punitivas; princípio do concurso de infrações; e princípio da vedação de confisco.

Alguns desses princípios têm previsão legal expressa de sua extensão sobre o direito tributário sancionador (transposição expressa), a exemplo dos princípios da legalidade (CTN, art. 97, V), da retroatividade benigna (CTN, art. 106), da interpretação mais favorável ao acusado (CTN, art. 112) e do arrependimento posterior, equiparável à denúncia espontânea (CTN, art. 138). Outros tantos têm sua eficácia no âmbito das sanções estritamente tributárias há muito devidamente sustentada e reconhecida pela melhor doutrina, como é o caso dos princípios da tipicidade, ou da especificidade conceitual,[24] da vedação à analogia *in malam partem*, da irretroatividade da *lex gravior*,[25] da proporcionalidade[26] e da vedação de confisco.[27] Alguns outros já foram objeto de considera-

24. Por todos, v. Misabel Derzi, *Direito Tributário, Direito Penal e Tipo*, São Paulo, Ed. RT, 1988, pp. 21 e ss.

25. V. as "Notas" de Misabel Derzi a propósito in Aliomar Baleeiro, *Limitações Constitucionais ao Poder de Tributar*, 7ª ed., Rio de Janeiro, Forense, 1997, pp. 189 e ss.

26. Helenilson Cunha Pontes, *O Princípio da Proporcionalidade e o Direito Tributário*, São Paulo, Dialética, 2000, pp. 129 e ss.; Edmar Oliveira Andrade Filho, *Infrações e Sanções Tributárias*, São Paulo, Dialética, 2003, pp. 95 e ss.; Eduardo Domingos Bottallo, "Algumas observações sobre a aplicação do princípio da proporcionalidade em matéria penal tributária", cit., in Valdir de Oliveira Rocha (coord.), *Grandes Questões Atuais do Direito Tributário*, vol. 8, pp. 58-66.

27. Sacha Calmon Navarro Coêlho, *Teoria e Prática das Multas Tributárias*, 2ª ed., Rio de Janeiro, Forense, 1992, pp. 64 e ss.; Paulo César Baria de Castilho, *Con-*

ções isoladas de estudiosos mais arrojados, como o princípio da individualização[28] e o da personalidade da sanção.[29]

Nessa ordem de ideias, especificamente em relação às infrações estritamente tributárias no Brasil, há muito já reconhecia Geraldo Ataliba que, "de maneira geral, os grandes princípios que se aplicam ao direito penal e que protegem o cidadão contra o arbítrio também se aplicam às punições que têm natureza, simplesmente, administrativa".[30] É cediço que no âmbito do direito tributário, cujas normas impositivas ensejam notada rejeição social, há e devem haver manifestações da potestade punitiva do Estado imbuídas dos propósitos preventivo, punitivo e didático cuja aplicação é protagonizada pela própria Administração. Por fim, há de se ressaltar, mais uma vez, que a permeabilidade ora atestada não decorre de uma suposta submissão material ou essencial da infração estritamente fiscal – tampouco das infrações administrativas – ao delito. Lembre-se que as naturezas dos ilícitos estritamente tributários e penais são autônomas e independentes, não havendo entre eles qualquer subordinação hierárquica (não se deve confundir a independência entre os ilícitos penal e extrapenal, de índole fiscal com sua antijuridicidade, única e comum). Existe, sim, um conjunto de princípios gerais da repressão cuja observância é imperativa sempre quando se manifeste qualquer potestade punitiva do Estado, seja judicial ou administrativamente, que, contingencialmente, no mais das vezes, se encontra científica e tecnicamente mais bem desenvolvida no direito penal, devido à maior maturidade teórica deste ramo da ciência jurídica no tratamento da ilicitude. E assim ocorrerá até que às demais manifestações punitivas do Estado sejam forjados princípios, regras gerais e instrumentos mais adequados a controlar sua potestade repressiva. Enquanto isso, servirá o direito penal como fonte de referências mais seguras.

fisco Tributário, São Paulo, Ed. RT, 2002, pp. 123 e ss.; Edmar Oliveira Andrade Filho, *Infrações e Sanções Tributárias*, cit., pp. 88-90.

28. Fábio Medina Osório, *Direito Administrativo Sancionador*, São Paulo, Ed. RT, 2000, pp. 341-342; Edmar Oliveira Andrade Filho, *Infrações e Sanções Tributárias*, cit., pp. 90-95.

29. Edmar Oliveira Andrade Filho, *Infrações e Sanções Tributárias*, cit., pp. 104-106; Fábio Medina Osório, *Direito Administrativo Sancionador*, cit., pp. 338-340.

30. Geraldo Ataliba, "Infrações e sanções tributárias", in Geraldo Ataliba (coord.), *Elementos de Direito Tributário*, São Paulo, Ed. RT, 1978, p. 288.

2.3 Breve alusão à experiência do Direito Europeu

Em alguns ordenamentos jurídicos, como o da Alemanha, as regras da comunicabilidade dos princípios e das regras gerais da repressão oriundas do direito penal ao âmbito da potestade sancionadora da Administração Fiscal decorrem de previsão expressa legal.[31] Na Itália a legislação pertinente, muito embora dispersa, prevê, também expressamente, a aplicação de alguns princípios da repressão aos ilícitos exclusivamente tributários, a exemplo da legalidade, da culpabilidade, da imputabilidade e a da personalidade da sanção.[32]

No Brasil, contudo em menor número, ocorreu a transposição expressa de alguns princípios e regras gerias da repressão, que foram incorporadas pelo legislador ao *digesto* tributário (*v.g.*, CTN, arts. 106, 112 e 138). Todavia, importante perceber que esse rol não é exaustivo, mas *numerus apertus*, existindo outros tantos princípios gerais da repressão cuja observância é imperativa por parte da Administração quando do exercício de suas potestades punitivas, ainda que desprovida de expressa previsão legal nesse sentido.

Noutros países europeus, onde não houve transposição expressa, o alcance dos princípios gerais da repressão sobre as potestades punitivas da Administração é amplamente reconhecido pela doutrina e pela jurisprudência.

Na Espanha, *v.g.*, a aplicação dos princípios inspiradores do direito penal às sanções tributárias não delituosas foi há muito albergada pelo Tribunal Constitucional ao considerar, a par da identidade ontológica entre as duas espécies de ilícito, consistirem as normas penais e as tributárias sancionadoras em manifestações de um único ordenamento punitivo do Estado. Sinteticamente, relata Zornoza Pérez:[33]

> (...) dicha lectura del art. 25 de la CE viene a confirmar que, pese a todos los esfuerzos por encontrar un criterio sustancial de distinción en-

31. A título ilustrativo, v. o § 377.2 da *Abgabenordnung*.

32. Também exemplificativamente, na legislação italiana v.: Lei 689/1981; Lei de 7.8.1982; e Decreto Legislativo de 18.12.1997.

33. Juan J. Zornoza Pérez, *El Sistema de Infracciones y Sanciones Tributarias (los Principios Constitucionales del Derecho Sancionador)*, Madri, Civitas, 1992, p. 55. Outras decisões destacadas pelo citado autor revelam ser este entendimento remansoso na jurisprudência espanhola, como ilustram a STC 3/1988, de 21 de janeiro (FJ 5); o Auto 408/1988, de 18 de abril (FJ 1), e a STC 29/1989, de 6 de fevereiro (FJ 6).

tre ilícito penal e ilícito administrativo, no es posible identificar elemento alguno que permita establecer entre ellos diferencias cualitativas. En efecto, por decirlo con las palabras del TC, en el FJ 2º de la STC 18/1981, "los principios inspiradores del orden penal son de aplicación, con ciertos matices, al derecho administrativo sancionador, dado que ambos son manifestaciones del ordenamiento punitivo del Estado, tal y como refleja la propia Constitución (...), hasta el punto de que un mismo bien jurídico puede ser protegido con técnicas administrativas o penales.

3. *Limites da comunicabilidade de princípios. A permeabilidade como regra sujeita a exceções parciais e absolutas*

A maioria dos autores que arrostam, de forma refletida, a aplicabilidade dos princípios gerais da repressão às potestades sancionadoras da Administração admite que ponderações e temperamentos podem ser necessários. O transplante de princípios e regras de um subsistema a outro, se não devidamente maturado com espírito crítico, por vezes pode causar *irritações* (ou rejeições, até) mais inconvenientes do que sua ausência.

Até mesmo na Espanha, País onde a doutrina reconheceu terem as sanções tributárias não delituosas (estritamente tributárias) natureza penal, o Tribunal Constitucional, ao mesmo tempo em que admite a prevalência dos princípios de direito penal em sua aplicação, faz expressas ressalvas à sua translação, *a tout court*, ao direito administrativo (e tributário) sancionador:

> Sin embargo, a partir de esa proclamación inicial, ya en la misma STC 18/1981, el TC advierte que la identidad de naturaleza entre ambas clases de ilícitos no supone su sometimiento, en todo caso y de forma indiscriminada, a los mismos principios; en concreto, no supone que los principios penales hayan de trasladarse en integridad al ámbito del derecho administrativo sancionador, pues "no se trata de una aplicación literal", sino que su traslación debe realizarse "con ciertos matices".[34]

Ao não identificar com precisão as ressalvas firmadas à permeabilidade dos princípios de origem penal no âmbito das potestades sancio-

34. Juan J. Zornoza Pérez, *El Sistema de Infracciones y Sanciones Tributarias (los Principios Constitucionales del Derecho Sancionador)*, cit., p. 56.

nadoras da Administração, a Corte Constitucional espanhola reconheceu e estabeleceu "una reserva excesivamente inespecífica",[35] sem a desejável elaboração de critérios gerais para identificar, com a desejável segurança, quais seriam tais "ciertos matices".[36]

Nota-se que tanto a jurisprudência quanto a doutrina padecem de dificuldade para estabelecer critérios restritivos ou impedientes genéricos, conservando suas abordagens quanto à permeabilidade e a seus efeitos, notadamente específica a determinados princípios – ou conjunto de princípios –, isoladamente.

A temática é versada por Salvador Ramírez Gómez, ao destacar que a jurisprudência constitucional sobre a aplicação dos princípios próprios do direito penal "en el orden administrativo sancionador no ha sido todo lo completa que hubiera sido de desear",[37] servindo apenas para marcar a abertura do intercâmbio principiológico, abrindo-se acesa polêmica sobre quais princípios seriam aplicáveis, e com quais níveis de eficácia, porquanto alguns deles podem ser refratários aos demais subsistemas do Direito, não incidindo com o mesmo alcance ou intensidade em seus diversos ramos.

A questão também é pontuada por Zornoza Pérez ao salientar que a ausência de "indicaciones de validez general" impossibilita determinar "con exactitud los limítes que aquellos matices han de suponer para aplicación de los principios garantizadores del orden penal a las infracciones y sanciones" aplicadas administrativamente.[38]

A problemática decorre da ausência de fixação – ou inexistência, mesmo – de critérios gerais que permitam aferir com precisão quais seriam os princípios permeáveis e com quais espectros e intensidade irradiam suas influências no exercício das atividades administrativas sancionadoras.[39]

35. Eduardo García de Enterría, *La Constitución como Norma y el Tribunal Constitucional*, Madri, Civitas, 1981, p. 252.

36. Francisco Sanz Gandasegui, *La Potestad Sancionatoria de la Administración: la Constitución Española y el Tribunal Constitucional*, Madri, Edersa, 1985, p. 103; e J. Esteve Pardo, "Sanciones administrativas y potestad reglamentaria", *Revista Española de Derecho Administrativo* 49/101, Madri, Civitas, 1986.

37. Salvador Ramírez Gómez, *El Principio* ***Ne Bis in Idem*** *en el Ámbito Tributario (Aspectos Sustantivos y Procedimentales)*, Madri, Marcial Pons, 2000, p. 29.

38. Juan J. Zornoza Pérez, *El Sistema de Infracciones y Sanciones Tributarias (los Principios Constitucionales del Derecho Sancionador)*, cit., p. 68.

39. Após criticar a postura da jurisprudência constitucional espanhola, porquanto se dedicou à solução de casos concretos, omitindo-se na elaboração de critérios

Não somente na Espanha, mas em outros ordenamentos jurídicos, a *quaestio iuris* que tem absorvido a atenção da doutrina não mais reside na permeabilidade dos princípios gerais da repressão, oriundos do direito penal e do direito processual penal, aos demais subsistemas nos quais se reconheça a possibilidade de manifestação da potestade sancionadora do Estado – esta tem sido aceita como certa –, mas, sim, nos limites de sua comunicabilidade, em número e grau de intensidade, sendo um ponto em comum a ausência de limitações generalizantes.

Pertinente, pois, indagar se a permeabilidade de tais princípios constitui regra geral, que comporta exceções, ou seria, em si mesma, uma exceção. A resposta mais convincente e coerente tem considerado ser a permeabilidade uma regra suscetível a exceções justificadas, como sustenta Dellis,[40] para quem há uma presunção de comunicabilidade:

> Néanmoins, il faut retenir que le règles d'origine pénale que nous avons étudiées doivent, en principe, étre envisagées pour toute matière administrative répressive. Il existe en quelque sorte une présomption de l'application de ces principes en répression administrative. C'est au moins ce qu'exige le juge constitutionnel par une jurisprudence que nous avons eu maintes fois l'occacion de mentionner. Certaines exceptions

mais genéricos e abrangentes, o catedrático da Universidade de Huelva Salvador Ramírez Gómez destaca que o Tribunal Constitucional espanhol, casuisticamente, na STC 7/1998, considerou aplicáveis aos procedimentos administrativos sancionadores: (a) as garantias relativas aos direitos de defesa; (b) o direito à assistência letrada; (c) o direito a ser informado da acusação; (d) a presunção de inocência – implicando que os ônus da prova dos fatos constitutivos da infração recaiam sobre a Administração, com proibição absoluta à utilização de provas obtidas por meios ilícitos ou com vulneração a direitos fundamentais; (e) o direito de não declarar contra si mesmo; e (f) o direito à utilização dos meios de prova adequados à defesa (*El Principio **Ne Bis in Idem** en el Ámbito Tributario (Aspectos Sustantivos y Procedimentales)*, cit., p. 30).

Em notável estudo específico sobre o tema no Direito Espanhol, Antonio Morillo Méndez destaca, sem ressalvas, como *princípios materiais que limitam a atividade da Administração*: "legalidad, interdicción de las penas de privación de libertad, respeto de los derechos de defensa de los particulares, y subordinación a la autoridad judicial"; e como *princípios processuais*: "no indefensión, asistencia letrada, información sobre la acusación formulada, no dilación indebida, utilización de medios de prueba, no autoinculpación y presunción de inocencia" (*Las Sanciones Tributarias – De la Teoría Penal a la Práctica Administrativa*, Valencia, Tirant lo Blanch, 1996, pp. 71-18).

40. Georges Dellis, *Droit Pénal et Droit Administratif Répréssif – L'Influence de Principes du Droit Pénal sur le Droit Administratif Répressif*, cit., p. 309.

sont admises quand l'emploi d'une règle repressive se concilie mal avec les besoins pratiques et la logique de l'action administrative.

Nesse sentido, em tese, todos os princípios gerais da repressão seriam aplicáveis, com plena força e vigor, ao direito tributário sancionador, admitindo-se exceções quando determinado princípio, ou uma faceta sua, não se coaduna com a natureza ou a lógica do procedimento e do processo administrativos que hão de anteceder à punição.[41] Acredita-se, pois, ser a aplicação dos princípios gerais da repressão ao direito tributário sancionador uma regra, sujeita a exceções lógica, axiológica e teologicamente justificáveis.

Importa, pois, buscar identificar e justificar cada uma das exceções – o que não prescinde da abordagem dos vários princípios vigentes que orientam e limitam a potestade sancionadora da Administração Fiscal. Nem doutrina nem jurisprudência, aqui e alhures, lograram êxito na estipulação de limites genéricos à marcante e forte influência dos princípios gerais da repressão no âmbito da Administração, porquanto tais limites, quando existentes, são específicos a cada princípio, em atenção às suas respectivas particularidades.

Notável, portanto, a existência de um rol aberto de exceções à comunicabilidade de princípios, integrado por exceções, que podem ser absolutas ou parciais.

41· Igualmente pugnam José Suay Rincón (*Sanciones Administrativas*, Bolonha, Publicaciones del Real Colegio de España, 1989, pp. 176 e 201) e Salvador Ramírez Gómez (*El Principio **Ne Bis in Idem** en el Ámbito Tributario (Aspectos Sustantivos y Procedimentales)*, cit., p. 30), ponderando este último que "no parece justificado atenuar el rigor con que se apliquen los restantes principios cuando operen en el orden sancionador administrativo; a no ser que existan otras causas que amparen dicho proceder".

Menos convincente, sobretudo no âmbito do direito tributário sancionador, é a opinião contrária, segundo a qual a comunicabilidade em foco seria, em si, uma exceção, como defende Fábio Medina Osório, sob o esteio de Alejandro Nieto: "Se é certo que o direito administrativo sancionador possui garantias mais reduzidas que as do direito penal, isso se dá, fundamentalmente, porque seus objetivos estão intimamente vinculados à busca de interesses gerais e públicos, o que impede um contaminação penalista 'inspirada exclusivamente por la obsesión de las garantías individuales. Es obvio, desde luego, que ningún jurista auténtico se opondrá nunca a la ampliación y consolidación de tales garantías, que son irrenunciables; pero tampoco es lícito pretender agotar en ellas el contenido de derecho público, cuya vertiente fundamental es la promoción y garantía de los intereses generales y colectivos'" (*Direito Administrativo Sancionador*, cit., p. 119).

3.1 Exceções absolutas

A exceção absoluta ao intercâmbio principiológico se faz presente quando determinado princípio demonstra-se *in totum* incompatível com a potestade sancionadora da Administração, revelando-se o campo de repressão próprio da Administração resistente às suas influências.

Serve como exemplo de exceção absoluta à regra da comunicabilidade o princípio da mínima intervenção do direito penal, que restringe a atuação das normas punitivas deste ramo à defesa de bens e interesses jurídicos relevantes para os indivíduos e para a sociedade, não suscetíveis de outra forma de suficiente proteção. A propósito, não se pode olvidar que, por constituir a pena a mais radical intervenção nos direitos individuais legalmente permitida ao Estado, seus graves efeitos devem ser evitados sempre quando outros instrumentos jurídicos não penais – sanções extrapenais – forem aptos a prover uma salvaguarda adequada dos bens tutelados.[42] Nesse diapasão, o princípio em foco presta-se a limitar a abrangência do direito penal, denunciando o excesso injustificado de normas penais – fenômeno designado por Francesco Carrara como "nomorreia", por Reinhardt Franck como "hipertrofia penal" e por Carnelutti como "inflação legislativa".[43] Tende, portanto, esse princípio do direito penal a inibir a renitente prática do legislador de, sempre ao se deparar com a ineficiência da Administração no exercício da fiscalização de dado fato ou setor, criminalizar condutas muitas vezes desprovidas de nocividade social relevante.

Fácil perceber que o princípio da mínima intervenção revela-se incompatível com a natureza iminentemente interventiva do direito administrativo e demais ramos do Direito que disciplinam a prática de atos administrativos específicos, dentre os quais se destaca o direito tributário. É, pois, grande e crescente a abrangência das potestades sancionadoras da Administração (inclusive a Fazendária), muito mais ampla que as sanções penais, incidentes sobre todos os diferentes e largos aspectos atraentes de sua atuação ordenadora, fiscalizadora e repressiva. Por certo, ordenação, fiscalização e sanção revelam-se indissociáveis, tendendo a progredir de maneira pariforme, diretamente proporcional.

42. Claus Roxin, *Iniciación al Derecho Penal de Hoy*, trad. de F. Muñoz Conde e D. M. Luzón-Peña, Sevilha, Universidade de Sevilha, 1981, p. 23.

43. *Apud* José Henrique Guaracy Rebêlo, *O Princípio da Insignificância. Interpretação Jurisprudencial*, Belo Horizonte, Del Rey, 2000, p. 21.

Mercê da tendência onipresente e interveniente da Administração em todos os aspectos relevantes da vida social, revelam-se as sanções por ela impostas avessas ao princípio da mínima intervenção. De se ver que isso ocorre no caso específico das sanções fiscais, restritas ao universo das relações de cunho tributário: sempre quando houver uma obrigação tributária a cumprir, faz-se necessária a presença da fiscalização e da potestade sancionadora do Fisco. Entretanto, recorde-se, apesar de ampla, a potestade sancionadora da Administração – inclusive a Fazendária – não é ilimitada,[44] podendo estender-se somente até onde haja um interesse público relevante a ser tutelado.

3.2 Exceções parciais ou relativas

A exceção parcial à permeabilidade dos princípios gerais da repressão na seara do direito tributário sancionador verifica-se quando a potestade sancionadora da Administração Fazendária se revela refratária a certas nuanças de determinados princípios, fazendo-se necessária a adaptação destes para mitigar a irritabilidade ou a perturbação decorrentes de sua translação a um novo subsistema, tornando-os compatíveis e coerentes Provoca, pois, uma espécie de conformação intrassistêmica, que culmina na admissão da prevalência de alguns matizes convenientes e necessários de determinado princípio e no repúdio àqueloutros aspectos incompatíveis.

Tais adaptações, é bem verdade, tendem a aproximar o regime jurídico aplicável às infrações tributárias daquele próprio do direito penal sem, contudo, desvirtuar a natureza, o processo e a lógica inerentes à atividade administrativa. Portanto, a despeito da força atrativa decorrente da comunicabilidade de princípios comuns à repressão, os regimes jurídicos de ambas as modalidades de ilícito – penal e tributário – jamais serão coincidentes, porquanto remanescem diferenciações formais relevantes e insuprimíveis, *e.g.*, as competências legislativa e imputativa e as causas de extinção da punibilidade e do crédito tributário.

As exceções parciais são mais frequentes e comuns. Nos contornos do direito tributário, a conformação intrassistêmica dos princípios ge-

44. Nesse sentido: Antonio Morillo Méndez, *Las Sanciones Tributarias – De la Teoría Penal a la Práctica Administrativa*, cit., pp. 35-38.

rais da repressão, em sua maioria importados do direito penal ou do processo penal, deve ser derivativa de sua adequação valorativa e resultar do balanceamento de outros princípios estruturantes e integrantes do próprio subsistema.

Digno de nota poderem as adaptações decorrer da atuação do legislador, que adota e/ou rechaça certos matizes de determinado princípio. Nesse campo, o direito positivo tem influência limitada, na medida em que não pode negar, afastar ou inibir os valores inspiradores e fundantes condensados no enunciado de um princípio e tampouco impor a prevalência de nuanças de princípios cujos fundamentos axiológicos e teleológicos não tenham sido albergados pelo subsistema.

Exemplo bastante nítido de uma exceção relativa está presente no princípio da retroatividade benigna da norma tributária sancionadora, previsto no art. 106, II, do CTN, segundo o qual em direito tributário não se pode afetar a decisão judicial transitada em julgado. O legislador, pois, a um só tempo, acolheu expressamente um princípio geral da repressão, oriundo do direito penal, e lhe traçou uma limitação inusitada e peculiar, para preservar outros princípios e valores muito caros, consubstanciados na coisa julgada.

Outro exemplo encontra-se na denúncia espontânea, norma geral cuja indisfarçável inspiração advém do arrependimento posterior urdido pelo direito penal. Contudo, neste ramo o arrependimento posterior acarreta redução da pena (art. 16 do CP), enquanto em direito tributário a denúncia espontânea enseja a exclusão da responsabilidade por infrações (art. 138 do CTN). Por certo, decidiu o legislador tributário ampliar a extensão da "ponte de ouro" (Liszt), apta a deslocar os infratores da marginalidade à regularidade fiscal, incentivando sua travessia como um salvo-conduto para a licitude, mediante a impossibilidade jurídica de imputação de quaisquer sanções punitivas. No direito tributário sancionador a denúncia espontânea, desde que acompanhada de seus requisitos legais – espontaneidade e, se for o caso (infração material), o pagamento do tributo devido –, debalde sua similitude ao arrependimento posterior, porquanto em ambos os resultados da ilicitude chegam a se consumar, e a conduta do arrependido deve anteceder a denúncia, queixa (no direito penal) ou o início formal da fiscalização competente a apurar a infração (no direito tributário sancionador), gera os efeitos próprios da desistência voluntária ou do arrependimento eficaz (art. 15 do CP). Neste ponto, nada impede a louvável atuação do legislador. Muito pelo contrário. Erigiu-se na denúncia espontânea valioso instrumento de redenção e saneamento fiscal, que afasta a repressão como incentivo à regularização de infrações que talvez jamais viessem a ser apuradas e punidas.

Cumpre recordar que, especificamente no âmbito da repressão ao ilícito tributário, a denúncia espontânea tem o condão de estender o beneplácito de seus efeitos ao âmbito do direito penal, na medida em que o delito tributário não pode subsistir sem a antijuridicidade decorrente do ilícito estritamente fiscal.

Sem pretender aprofundar em cada uma das possíveis exceções (parciais, mais frequentes, ou absolutas), todas elas se prestam para demonstrar que a abordagem dos limites à comunicabilidade não prescinde da análise específica das várias nuanças de cada um dos princípios sob foco, em particular, com especial atenção às suas peculiaridades e reflexos, porquanto a complexidade e a contrariedade inerentes à relação entre os princípios impedem a utilização de limites apriorística e genericamente estabelecidos. Por vezes um único princípio comporta diversas exceções parciais à regra da comunicabilidade de princípios e normas gerais da repressão, com ou sem a participação ativa do legislador.

Referências bibliográficas

ANDRADE FILHO, Edmar Oliveira. *Infrações e Sanções Tributárias*. São Paulo, Dialética, 2003.

ATALIBA, Geraldo. "Infrações e sanções tributárias". In: ATALIBA, Geraldo (coord.). *Elementos de Direito Tributário*. São Paulo, Ed. RT, 1978.

BALEEIRO, Aliomar. *Limitações Constitucionais ao Poder de Tributar*. 7ª ed., com "Notas de Atualização" de Misabel Derzi. Rio de Janeiro, Forense, 1997.

BOTTALLO, Eduardo Domingos. "Algumas observações sobre a aplicação do princípio da proporcionalidade em matéria penal tributária". In: ROCHA, Valdir de Oliveira (coord.). *Grandes Questões Atuais do Direito Tributário*. vol. 8. São Paulo, Dialética, 2004.

CANARIS, Claus-Wilhelm. *Pensamento Sistemático e Conceito de Sistema na Ciência do Direito*. 2ª ed., trad. e int. de A. Menezes Cordeiro. Lisboa, Fundação Calouste Gulbenkian, 1996.

CANOTILHO, J. J. Gomes. *Direito Constitucional*. Coimbra, Livraria Almedina, 1991.

CASTILHO, Paulo César Baria de. *Confisco Tributário*. São Paulo, Ed. RT, 2002.

COÊLHO, Sacha Calmon Navarro. *Teoria e Prática das Multas Tributárias*. 2ª ed. Rio de Janeiro, Forense, 1992.

CORDEIRO, Menezes. "Introdução à edição portuguesa". In: CANARIS, Claus-Wilhelm. *Pensamento Sistemático e Conceito de Sistema na Ciência do Direito*. 2ª ed., trad. e int. de A. Menezes Cordeiro. Lisboa, Fundação Calouste Gulbenkian, 1996.

DELLIS, Georges. *Droit Pénal et Droit Administratif Répréssif – L'Influence de Principes du Droit Pénal sur le Droit Administratif Répressif*. Paris, LGDJ, 1997.

DERZI, Misabel Abreu Machado. *Direito Tributário, Direito Penal e Tipo*. São Paulo, Ed. RT, 1988.

__________. "Dos princípios gerais do direito tributário". In: *Tratado del Derecho Tributario*. Lima, s/ed., 2003.

ENGISCH, Karl. *Introdução ao Pensamento Jurídico*. 6ª ed. Lisboa, Fundação Calouste Gulbenkian, 1988.

ENTERRÍA, Eduardo García de. *La Constitución como Norma y el Tribunal Constitucional*. Madri, Civitas, 1981.

FEDOZZI, Luciano. "A nova teoria de sistemas de Niklas Luhmann: uma leitura introdutória". In: NEVES, Clarissa Baeta, e SAMIOS, Eva Machado Barbosa (coords.). *A Nova Teoria dos Sistemas*. Porto Alegre, UFRS/Goethe Institut, 1977.

LARENZ, Karl. *Metodologia da Ciência do Direito*. 2ª ed., trad. de José Lamego. Lisboa, Fundação Calouste Gulbenkian, 1989.

MÉNDEZ, Antonio Morillo. *Las Sanciones Tributarias – De la Teoría Penal a la Práctica Administrativa*. Valencia, Tirant lo Blanch, 1996.

NEVES, Clarissa Baeta, e SAMIOS, Eva Machado Barbosa (coords.). *A Nova Teoria dos Sistemas*. Porto Alegre, UFRS/Goethe Institut, 1977.

OSÓRIO, Fábio Medina. *Direito Administrativo Sancionador*. São Paulo, Ed. RT, 2000.

OTERO, Paulo. *Lições de Introdução ao Estudo do Direito*. vol. I, 2º t. Lisboa, Pedro Ferreira, 1998.

PARDO, J. Esteve. "Sanciones administrativas y potestad reglamentaria". *Revista Española de Derecho Administrativo* 49. Madri, Civitas, 1986.

PONTES, Helenilson Cunha. *O Princípio da Proporcionalidade e o Direito Tributário*. São Paulo, Dialética, 2000.

RAMÍREZ GÓMEZ, Salvador. *El Principio* ***Ne Bis in Idem*** *en el Ámbito Tributario (Aspectos Sustantivos y Procedimentales)*. Madri, Marcial Pons, 2000.

REBÊLO, José Henrique Guaracy. *O Princípio da Insignificância. Interpretação Jurisprudencial*. Belo Horizonte, Del Rey, 2000.

ROXIN, Claus. *Iniciación al Derecho Penal de Hoy*. Trad. de F. Muñoz Conde e D. M. Luzón-Peña. Sevilha, Universidade de Sevilha, 1981.

SANZ GANDASEGUI, Francisco. *La Potestad Sancionatoria de la Administración: la Constitución Española y el Tribunal Constitucional*. Madri, Edersa, 1985.

SILVA, Paulo Roberto Coimbra. *Direito Tributário Sancionador*. São Paulo, Quartier Latin, 2007.

SUAY RINCÓN, José. *Sanciones Administrativas*. Bolonha, Publicaciones del Real Colegio de España, 1989.

ZORNOZA PÉREZ, Juan J. *El Sistema de Infracciones y Sanciones Tributarias (los Principios Constitucionales del Derecho Sancionador)*. Madri, Civitas, 1992.

REFLEXÕES SOBRE A VONTADE, A INTENÇÃO E O MOTIVO (E OBJETO E CAUSA) NO MUNDO JURÍDICO

RICARDO MARIZ DE OLIVEIRA

Atravessamos uma quadra na qual, mesmo em altas esferas do mundo em que atuam os juristas, conceitos são simplesmente abandonados ou significativamente maltratados, opiniões e decisões são emitidas sem o necessário aprofundamento nos pressupostos que lhes seriam inafastáveis,[1] nenhuma jurisprudência tem a garantia de sobreviver às pressões de interesses poderosos ou de ideologias pessoais, nem às alterações de composições de tribunais, e, portanto, nenhuma é capaz de oferecer a desejada segurança jurídica que dela deveria emergir.

Tudo isto sem trazer à tona neste momento inúmeras outras constatações semelhantes, que são facilmente notadas hoje em dia, sempre em detrimento da verdade que deveria advir da ciência,[2] ainda que esta não seja capaz de chegar à verdade absoluta, não seja estática e consiga sempre se superar através de novas proposições que suplantam outras anteriormente firmadas. Apenas que a evolução científica é fundada em princípios, preceitos, pesquisas, ponderações e avaliações de resultado, e outros instrumentos e métodos que justificam novos modos de entender

1. O que, a propósito de opiniões veiculadas pela mídia, levou um crítico norte-americano a dizer, sarcasticamente, que "opinion is the lowest form of the human knowledge". Isto realmente pode ser verdade quando se leem ou se ouvem alguns "pronunciamentos" baseados no mero "achismo" – eufemismo, este, que nos leva a poder afirmar que o verbo "achar" deveria ser banido de toda e qualquer manifestação jurídica minimamente científica, porque qualquer homem pode achar uma coisa perdida, mas um jurista nada acha, pois constrói e fundamenta seu raciocínio.

2. Mesmo quando a ciência esteja reduzida a grau mínimo – o que até pode ser tolerado em determinadas atividades do cotidiano jurídico.

as coisas e pensar sobre elas; ou seja: a verdadeira ciência jamais é infundada.[3]

Pois na prática do direito tributário no Brasil acontecimentos destes jaezes têm cercado muitas discussões sobre a interpretação de determinadas normas legais, ou quando da sua aplicação a casos concretos, ou, ainda – em escala de importância muito mais elevada e perigosa –, na formulação de teorias que se dispõem a explicar determinados fenômenos jurídicos e pretendem dar a estes os contornos e os limites imaginados pelo autor de cada uma dessas teorias,[4] com a grave consequência da sua adoção e repetição acríticas toda vez que elas acomodam os interesses de defesas destas ou daquelas linhas de atuação.

A ideia de escrever algumas linhas sobre vontade, intenção e motivo surgiu neste ambiente, parecendo-me ser tema apropriado para uma obra coletiva em justíssima homenagem ao professor Roque Antonio Carrazza, embora certamente da sua cultura pudessem emergir lições mais profundas e completas que as simples meditações que serão feitas adiante.

Seja como for, e contando com a compreensão do amigo e homenageado, vale a pena meditar sobre o assunto, mormente em face das confusões que amiúde são feitas em torno de coisas distintas como são a vontade, a intenção e o motivo,[5] as quais muitas vezes são tratadas

3. Quando o é, se esvai tão logo seja "pronunciada".

4. A existência desse perigo faz lembrar o Min. Marco Aurélio, conduzindo o RE 166.772-9-RS: "Se é certo que toda interpretação traz em si carga construtiva, não menos correta exsurge a vinculação à ordem jurídico-constitucional em vigor. O fenômeno ocorre a partir das normas em vigor, variando de acordo com a formação profissional e humanística do intérprete. No exercício gratificante da arte de interpretar, descabe 'inserir na regra de Direito o próprio juízo – por mais sensato que seja – sobre a finalidade que 'conviria' fosse por ela perseguida' (Celso Antônio Bandeira de Mello, em parecer inédito)". Ao que acrescentou: "Atente-se para a advertência de Carlos Maximiliano, isto ao dosar-se a carga construtiva, cuja existência, em toda interpretação, não pode ser negada: 'Cumpre evitar não só o demasiado apego à letra dos dispositivos, como também o excesso contrário, o de forçar a exegese e deste modo encaixar na regra escrita, graças à fantasia do hermeneuta, as teses pelas quais se apaixonou, de sorte que vislumbra no texto ideias apenas existentes no próprio cérebro, ou no sentir individual, desvairado por ojerizas e pendores, entusiasmos e preconceitos' (*Hermenêutica e Aplicação do Direito*, editora Globo, Porto Alegre, 2ª ed., 1933, p. 118)".

5. Até gramaticalmente, conforme Houaiss: *Vontade* – faculdade que tem o ser humano de querer, de escolher, de livremente praticar ou deixar de praticar certos

como se fossem uma única entidade ou são trocadas de lugar, umas assumindo os lugares das outras.

Não é fora de contexto iniciarmos estas reflexões fora do mundo jurídico, ou seja, no mundo natural, para depois passarmos a refletir naquele campo do pensamento em que as relações interpessoais são regidas com o objetivo de trazer a paz social, ao lado da prosperidade individual e coletiva.

Pois bem: vontade, intenção e motivo são manifestações psíquicas do intelecto humano, embora motivos possam vir do mundo exterior ao pensamento, como, por exemplo, de uma perseguição injusta e violenta.

Neste sentido, pode-se até imaginar que sejam manifestações pertencentes exclusivamente aos seres humanos, já que se tem como verdade que apenas eles são dotados de inteligência e raciocínio.

Porém, sem contraditar esta verdade aceita universalmente, aquelas manifestações também podem surgir a partir do simples instinto ou de sentidos não racionais, e não da elaboração de ideias pelo intelecto do homem, e instinto é comum a outras espécies vivas da Natureza, assim como ocorre com outros sentidos (o paladar, o olfato, a visão[6]). Por exemplo, qualquer animal tem o instinto da sobrevivência e se defende contra agressões à sua vida, o que faz através de ações que sua "intenção" de continuar vivendo o leva a praticar: assim, a presa "resolve" correr para fugir do predador, e este persegue aquela porque "quer" comê-la, mas tudo isto sem o concurso de pensamento racional.

Também sabemos, ou supomos saber, que o instinto ou um sentido qualquer (mas não um pensamento ordenado pela mente) leva determinados animais a "querer" isto ou aquilo, ou a "gostar" ou "não gostar" de algo. Por exemplo, o cachorro "tem a vontade" de estar junto do seu dono porque "gosta" dele, e pode "gostar" mais de um pedaço de carne do que de um prato de ração.

Portanto, somente num plano mais estrito, em que as manifestações de vontade, intenção e motivo são produzidas ou elaboradas pela inteligência humana, e não apenas por outros dons acríticos da Na-

atos; *Intenção* – aquilo que se pretende fazer, propósito, plano, ideia; *Motivo* – razão de ser, a causa de qualquer coisa.

6. Cujos sentidos podem estar ligados a um cérebro mais rudimentar, não suficiente para o raciocínio.

tureza, pode-se dizer que elas não existem em outras espécies distintas da Humanidade.

Mas para os fins deste trabalho interessam-nos apenas as manifestações de vontade, intenção e motivo na mente humana, ainda que provenham de fora dela ou que estejam marcadas pela ação de instintos e sentidos, que, de qualquer modo, na Humanidade são mais sofisticados que nos animais, como o próprio instinto de sobrevivência, que não se limita à mera conservação da vida em si, mas à obtenção de outros fatores que a propiciem, e em melhores condições, como a luta por alimentos e bem-estar cada vez mais sofisticados, e também cuida da sua segurança através de esmerados recursos que apenas o progresso humano foi capaz de produzir.

Realmente, neste âmbito mais estrito, porém mais elaborado, e levado este âmbito ao mundo das condutas perante a Religião, o homem se aproxima mais de Deus do que os animais e as plantas, pois lhe foi dada a capacidade de discernir entre o bem e o mal e de decidir sobre praticar um ou outro.

Ora, quanto a este aspecto, a moral religiosa se aproxima em muito da ordem jurídica, para a qual a capacidade de pensar e de decidir, própria dos humanos, é elemento central para definição das relações jurídicas e, principalmente, das responsabilidades pelos atos de cada um perante terceiros ou a coletividade difusa.

Estas reflexões iniciais já nos permitem antever as distinções entre vontade, intenção e motivo, mesmo fora do campo do Direito.

Se for possível reduzir ao máximo cada um desses conceitos – ou o significado semântico de cada termo – na perspectiva das condutas, podemos dizer que:

– *Vontade* = querer.

– *Intenção* = decisão ou deliberação.

– *Motivo* = razão.

Podemos inverter a ordem, e acrescentar:

– *Motivo* = razão para fazer ou não fazer algo.

– *Vontade* = querer fazer algo, ou de deixar de fazer, segundo o motivo para fazê-lo ou não.

– *Intenção* = deliberação de efetivar a ação de fazer, ou de se omitir, segundo o motivo e a vontade para o sim ou o não.

Alguns exemplos, subtraídos desta reflexão, ajudam a fixar os conceitos e significados.

Assim, alguém tem vontade de comprar uma casa pelo motivo de nela querer residir, e concretiza esta ação após confirmar a sua intenção de adquirir.

Aparentemente, a intenção confunde-se com a vontade; mas, apesar de estarem intimamente ligadas, e também estarem umbilicalmente unidas ao motivo, porque compõem o processo mental que conduz ou não conduz a uma ação ou omissão, é possível separar logicamente vontade, intenção e motivo.

Por exemplo, alguém pode ter vontade de morar em determinado bairro da cidade porque (motivo) ele é seguro e arborizado, mas não ter intenção de concretizar o gosto de ir morar lá por algum outro motivo (por exemplo, por ser longe do seu local de trabalho).

Também pode ocorrer de alguém ter a intenção de fazer algo sem vontade de fazê-lo, pois algum motivo o compele a agir deste modo. Um exemplo é não ter vontade de comparecer a uma reunião social, mas ter a intenção de ir por algum motivo relevante (a boa educação, ou a amizade com o promotor do evento).

Neste caso, o motivo pressiona a vontade, que queria uma conduta mas desencadeia outra, ainda que esta seja realizada com "má vontade".

Nota-se, enfim, que o motivo é o propulsor da intenção de fazer ou não fazer, assim como, e porque antes, impulsiona a vontade.

Nada de diferente ocorre no mundo do Direito, no qual se constata com enorme clareza a presença desses três elementos.

Para o Direito a vontade é tão relevante que são chamados e considerados "declarações de vontade" todos os atos jurídicos, sejam os atos jurídicos *stricto sensu*, sejam os atos jurídicos em sentido lato de negócios jurídicos, sejam eles unilaterais, bilaterais ou multilaterais, e independentemente de outras características que os individualizem e identifiquem.

Igualmente importante é a intenção, cuja relevância se manifesta sob múltiplos modos e com consequências variáveis, como, por exemplo, no direito penal as distinções entre o crime cometido intencionalmente ou não, e no direito tributário a penalização agravada quando a infração seja cometida sob o móvel da intenção evidente de praticá-la, quer dizer, quando o agente conhece o caráter ilegal da ação e assim mesmo se decide a realizá-la.

O Código Civil brasileiro de 2002 é rico em normas sobre vontade, intenção e motivo.

Realmente, para a interpretação dos contratos e dos atos jurídicos em geral, a norma contida no art. 112 prescreve que nas declarações de vontade se deve atender mais à intenção das partes, consubstanciada nessas declarações, do que ao sentido literal da linguagem. Note-se que a intenção deve estar consubstanciada na declaração, porque é por esta que se manifesta a vontade, pressupondo o art. 112 que a intenção decorra da vontade e esteja de acordo com esta.

Mas essa vontade, para que produza efeitos, tem que ser manifestada por sujeito capaz de emiti-la, agindo livremente e no domínio completo da atitude que assume e das suas consequências. Daí um dos requisitos essenciais à validade do ato ser a capacidade da pessoa para manifestar a sua vontade (arts. 104, I, e 171), cuja capacidade é medida segundo parâmetros de idade e de outras características que estão definidos em outras normas. Daí, também, quando a vontade (de pessoa capaz) estiver viciada por erro que não permita sua manifestação precisa, ou por coação que retire a liberdade para declarar ou não declarar a vontade, a declaração ser passível de anulação (arts. 138 e 151, combinados com o art. 171).

Se essas normas protegem a vontade, outras a prestigiam, como a do já mencionado art. 112, e também a do art. 173, pertinente ao ato de confirmação do negócio meramente anulável, para o qual é requisito essencial a vontade expressa de mantê-lo, notando-se que a explícita declaração da vontade de manter o ato passível de anulação se concretiza pela intenção de obter este resultado.

A intenção aparece também no art. 184, segundo o qual, desde que respeitada a intenção das partes, é possível resguardar a parte válida de um negócio jurídico que seja apenas parcialmente inválido, sendo normal que a intenção realizadora do negócio esteja conforme à vontade das partes.

Estes são meros exemplos da importância desempenhada pela vontade e pela respectiva intenção de agir ou não agir, mas até agora o motivo ainda não apareceu em qualquer das normas referidas, e isto se deve à simples razão de que ele, embora origem (motivador) da vontade e determinante para a intenção, é de foro íntimo e, via de regra, não interfere com a qualificação ou a validade dos atos ou negócios jurídicos.[7-8]

Realmente, sabemos que o motivo pelo qual, por exemplo, se decide comprar e o motivo pelo qual se decide vender não interferem nem com a natureza do negócio jurídico de compra e venda, nem com sua validade.

Neste sentido, a compra e venda será sempre compra e venda, e produzirá validamente os efeitos que a lei atribui a este tipo contratual, independentemente de o motivo do vendedor ser sua necessidade de dinheiro em caixa ou não mais querer o bem, ou outro qualquer, e também independentemente de o motivo do comprador ser adquirir para revender por preço maior, adquirir para usar o bem ou para dá-lo a alguém, ou qualquer outro.

Isto é assim com relação a todo e qualquer tipo de ato ou negócio jurídico, e também aos atípicos, e se confirma com a observação de que geralmente os motivos de cada parte são somente seus, e são diferentes dos motivos da outra parte, ou das outras partes.

Nesta toada, alguém pode lançar mão de um ato ou negócio jurídico porque ele (com sua causa de atribuição patrimonial) acarreta determinados efeitos e pode fazê-lo por um motivo derivado da sua vontade íntima, ao passo que outra pessoa pode empregar o mesmo ato ou negó-

7. Pablo Stolze Gagliano: "Diferentemente, o motivo (móvel subjetivo) da prática do ato está relegado ao plano psíquico do agente, não sendo relevante para o Direito.

Assim, se resolvo presentear minha noiva doando-lhe um perfume, a causa do contrato é a liberalidade, enquanto o motivo é o amor que sinto por ela" (*O Contrato de Doação – Análise Crítica do Atual Sistema Jurídico e os seus Efeitos no Direito de Família e das Sucessões*, São Paulo, Saraiva, 2007, p. 10).

8. Agostinho Alvim: "O motivo, porém, que tiver levado o doador a doar, se é amor, amizade, vaidade ou temor da censura alheia, isso não importa, porque não constitui elemento da doação, que se contenta com o rótulo da liberalidade" (*Da Doação*, 3ª ed., São Paulo, Saraiva, 1980, p. 10).

cio por outra motivação, sem que a diferença de motivos acarrete qualquer influência sobre a natureza jurídica, a validade e os efeitos jurídicos do ato ou negócio praticado.

Ademais, ao contratarem determinado negócio é quase certo que os motivos das próprias respectivas partes não coincidam, mas o negócio terá os efeitos que lhe são inerentes, derivados da sua causa legal, e que não se altera porque se quis praticá-lo por este ou por aquele motivo.

Destarte, coincidência de vontades das partes somente existe quanto a quererem a prática do negócio, tal como ele é, devendo haver tal coincidência de vontades para que se possa dar o aperfeiçoamento do ato, dado que sem a aquiescência de todos os que dele participem ele não se perfaz. Variam, portanto, apenas os motivos para a realização do negócio.

Ajuda a esclarecer o raciocínio sobre o que está sendo dito pensarmos em atos ou negócios nos quais as partes não de coloquem em situações opostas (como se dá no contrato de compra e venda, em que uma se desfaz da propriedade e outra a adquire), mas, ao contrário, ambas as partes estejam em situação justaposta para a obtenção de um resultado comum.

É o caso, por exemplo, do contrato de sociedade, no qual as pessoas reciprocamente se obrigam a contribuir, com bens ou serviços, para o exercício de atividade econômica e a partilha, entre si, dos resultados (art. 981). É possível que alguém possa supor que neste contrato o motivo seja o mesmo para todas as partes que se associam – que seria ter lucro para dividir –, mas na verdade o que é comum é este objeto, e não o motivo, porque um dos sócios pode ter a intenção de se associar querendo apenas obter lucro que sozinho não conseguiria, e nada mais, ao passo que outro pode ter pouco interesse no lucro, pois para ele é mais importante ter uma ocupação ou atingir um prestígio social que possa advir da sua participação na sociedade. Assim, o objeto pode ser comum, mas os motivos distintos, sem que o contrato perca sua identidade típica e seja válido.

Com esta reflexão se introduz um dado novo, que é o objeto do ato ou negócio jurídico, inconfundível com vontade, com intenção e com motivo. Vejamos esta nova noção, ao mesmo tempo em que busquemos na lei civil alguma norma na qual o motivo seja elemento participante. Ao assim fazermos, vamos ver que o motivo somente entra em cogitação pela lei em relação aos atos inválidos, porque para os válidos já vimos que ele é írrito.

Realmente, o CC define o erro substancial no art. 139, sendo que entre as suas espécies arrola o erro de direito que não implique recusa à aplicação da lei, mas seja o único ou principal motivo do negócio jurídico (inciso III), catalogando-o como hipótese de anulação deste (art. 171, II).

Outra situação é a do falso motivo, que também se apresenta como causa de anulação, mas que somente vicia a declaração de vontade quando expresso como razão determinante para a mesma (art. 140).[9]

Por fim, para não alongar esta incursão no terreno do direito civil, encontramos a regra segundo a qual é nulo o negócio jurídico quando for ilícito o seu objeto (art. 166, II), ou quando o motivo determinante, comum a ambas as partes, for ilícito (art. 166, III), assim como quando tiver por objetivo fraudar lei imperativa (art. 166, VI).

Se, tendo em mente o tema ora abordado, olharmos criticamente para estas três hipóteses normativas contidas no art. 166, vamos perceber que a primeira não trata de vontade, nem de intenção, nem de motivo, pois alude ao objeto da ação representada por um ato ou negócio jurídico.

Neste caso, a nulidade deriva de o objeto ser ilícito, sendo absolutamente irrelevantes os motivos que levaram à conclusão do respectivo ato ou negócio. Por exemplo, é nula a contratação de um indivíduo para matar uma terceira pessoa alheia ao contrato, porque o objeto ("matar") é ilícito. E a ilicitude independe de o motivo ser o ciúme, a raiva, o

9. Esta norma não é novidade em relação ao CC de 1916, cujo art. 90 rezava: "Só vicia o ato a falsa causa, quando expressa como razão determinante ou sob forma de condição". Não obstante, o novo Código corrigiu a imperfeição terminológica do anterior quanto ao uso da expressão "falsa causa", pois se referia mais apropriadamente ao "falso motivo", que corresponde à razão das partes, e não se confunde com a causa do negócio jurídico, que corresponde aos efeitos que a lei lhe atribui. O uso indevido das duas palavras é inadmissível num texto jurídico, no qual se pode cometer o deslize de trocá-las, falando-se em causa mas querendo se referir a motivo. Já, no linguajar vulgar é possível que tal sentido seja encontrado aqui ou ali, tal como quando alguém diz que "vai fazer por causa do amor que sente", em que o "por causa" nada tem a ver com causa de atribuição patrimonial de algum ato ou negócio jurídico, apenas indica o motivo da ação (a construção poderia ser: "vai fazer em virtude do amor", ou "vai fazer motivado pelo amor").

apossamento de um bem da vítima, a obtenção de pagamento ou qualquer outro, embora no campo penal o motivo torpe ou fútil seja agravante da punição.

Já, quanto ao segundo dispositivo legal mencionado, sua norma concentra-se na ilicitude do motivo comum a ambas as partes, ainda que o objeto seja lícito. É o caso, por exemplo, da contratação de um cômico para contar piadas num ambiente social (objeto lícito) em que estará presente uma pessoa portadora de alguma característica, devendo as piadas girar em torno dessa caraterística, para humilhar essa pessoa. Neste caso, ambas as partes contratantes, através de um objeto lícito, agem segundo uma motivação ilícita, que é infligir dano moral a outrem.

E, quando se trata da terceira hipótese referida acima, o texto pelo qual se exprime a norma legal denota a existência da intenção de fraudar uma norma imperativa, ou seja, persegue-se um fim específico mas igualmente ilícito, sendo que neste caso a nulidade independe do motivo para a fraude, muito embora a intenção derive da vontade de fraudar, que, por sua vez, deve ter um motivo para existir.

Se nos transportarmos para o âmbito do direito tributário, vamos encontrar infindáveis exemplos de hipóteses de incidência e de fatos tributários diretamente influenciados por todas estas normas do direito civil, pela simples razão de que o direito privado rege as relações econômicas formadoras de patrimônios ou que provoquem mutações neles, ou seja, são as normas que disciplinam os atos e suas consequências de natureza econômica que representam os substratos das normas jurídicas tributárias, porque revelam capacidades contributivas subjacentes a eles.

Em outras palavras: sem o direito privado em geral (assim como sem normas de outros setores do Direito, porém com menor grau de presença) não existem patrimônios, nem patrimônios são alterados por vendas, compras, permutas, doações etc., e, sem estes entes do direito privado as normas tributárias ficariam inertes em previsões abstratas que jamais se concretizariam em mandamentos a serem cumpridos.

Todavia, é principalmente na prática e na aplicação do direito tributário que as noções advindas do direito privado muitas vezes esbarram em equívocos que conduzem a distorções e a resultados incorretos.

Isto ocorre desde questões mais simples, como as que digam respeito à mera qualificação jurídica de um ato ou negócio, até casos mais complexos, que requerem maior aprofundamento, e nos quais muitas vezes as questões envolvendo vontade, intenção e motivo não são devida e suficientemente apreciadas, embora sua distinção exerça papel fundamental.

Podemos, agora em pleno domínio da tributarística e a título de exemplo, trazer à consideração três questões nas quais esses conceitos estão presentes – questões, estas, que são importantes e atualíssimas: o negócio jurídico indireto, o motivo para simular e o motivo negocial ou extratributário.

O negócio jurídico indireto é riquíssimo para a abordagem dos conceitos enfocados nestas reflexões.

Sua importância se mede porque, em primeiro lugar, ele nos introduz num novo conceito, já referido porém até aqui não tratado concretamente, que é o de causa dos atos e negócios jurídicos, e porque, em segundo lugar, nos permite um passo intermediário para o trato da simulação, na qual o motivo para simular desempenha papel primordial.

Em termos simples e sintéticos, pratica negócio jurídico indireto quem realiza um ato ou negócio jurídico típico (embora também possa se tratar de negócio não tipificado por lei) para obtenção de um resultado que decorra desse negócio (por ser compatível com sua causa) mas com finalidade ulterior não correspondente à finalidade usual do mesmo.

Pode-se notar, nesta sucinta definição, a presença dos elementos vontade, intenção e motivo, conforme se pode explicitar decompondo a descrição do acontecimento.

Novamente trabalhando com um exemplo – porque os exemplos são auxílios úteis à mente –, tomemos aquele mais empregado e também já abordado pelo Supremo Tribunal Federal para distinguir negócio jurídico indireto (inclusive com características de negócio fiduciário) de simulação. É o exemplo da contratação de uma compra e venda imobiliária com pacto de retrovenda tendo por finalidade (motivo) garantir um empréstimo de dinheiro, onde o pagamento do preço pelo comprador substitui a entrega do valor que seria mutuado, a transferência da propriedade substitui a hipoteca que existiria se o contrato fosse de mútuo, a retrovenda acarreta o que seria a devolução do mútuo e a extinção da sua garantia, e o diferencial de preços corresponde ao que seriam os juros.

Há várias indagações que, no âmbito de validade perante o direito privado, podem se interpor numa situação como esta; mas aceitemos o exemplo pelo seu valor de face a partir de uma decisão da Suprema Corte brasileira que considerou o negócio válido e distinto do negócio simulado, significando, portanto, que ele é possível. E isto já nos basta para os fins destas meditações.

São nítidas as consequências tributárias da prática de um negócio como este, bastando mencionar que a ação das partes não adentra o campo de incidência dos tributos que poderiam incidir se tivesse sido praticado o negócio de mútuo com garantia hipotecária (no mínimo, IOF e imposto de renda sobre juros), mas se subsome ao campo de incidência de outros (no mínimo, ITBI e imposto de renda sobre ganhos de capital).

Independentemente de a carga fiscal sobre uma espécie de negócio e outra ser maior ou menor, não há como fugir das incidências derivadas "diretamente" do negócio "indireto" praticado (como também se dá quando da prática de qualquer negócio direto), devendo-se dizer que o motivo para fazer o indireto, quando este for adotado, não é necessariamente tributário (nos casos levados a julgamento, em que a figura exemplificada esteve presente, sequer se tratou de tributos, tendo as partes visado – sua motivação – a efeitos no âmbito estritamente negocial).

Destarte, no caso do exemplo, o Fisco Federal não pode exigir o IOF, mas as partes não podem alegar ser indevido o ITBI.

Em suma: no negócio jurídico indireto as partes se utilizam da causa de um outro ato ou negócio jurídico para obter um resultado que se amolda ao seu desejo (motivo). Portanto, a causa do negócio não é excluída ou alterada; pelo contrário, é adotada na sua feição própria, sendo peculiar a ele apenas o escopo da pessoa, ou seja, sua vontade e sua intenção.

A causa não se confunde com o motivo para a prática do ato ou negócio jurídico,[10] pois este é razão metajurídica que induz ao ato, segundo precisa definição doutrinária,[11] correspondendo à função social que a lei atribui ao contrato quando o institui, ou seja, à função prática

10. Pablo Stolze Gagliano e Agostinho Alvim, v. notas de rodapé 7 e 8, retro.

11. Flávio Tudisco, após apontar que *causa* e *motivo* são inconfundíveis: "Assim, enquanto a causa é a função típica de um dado negócio, o motivo é a razão metajurídica que induziu à sua celebração" ("A causa dos negócios jurídicos, a prevalência da substância sobre a forma e o direito tributário brasileiro", *Direito Tributário Atual* 22/210, São Paulo, Instituto Brasileiro de Direito Tributário/Dialética, 2008).

ou finalidade econômico-prática[12] para a qual ele existe, ou, ainda, em outras palavras, aos efeitos substanciais que ele produz quando válido.

Por exemplo, a causa do negócio jurídico de compra e venda é formada pela transferência da propriedade e o pagamento do preço, quaisquer que sejam os motivos das partes, sendo ela, a causa, imutável, porque deriva da norma legal que disciplina o negócio. Daí a causa também ser chamada de "causa de atribuição patrimonial", "causa substancial", "causa jurídica", "causa legal", "causa típica" – e outras expressões que visam a explicitar o sentido do termo.

Sendo assim, ao praticarem o negócio jurídico indireto, as partes empregam a respectiva causa, tal como está na lei, e obtêm o resultado correspondente aos efeitos substanciais desse negócio, ainda que sua vontade seja, no exemplo que foi dado, a de transferir a propriedade apenas para fins de garantia, e não para fins patrimoniais irreversíveis, como demonstra a aposição da cláusula de retrovenda (cuja exposição é absolutamente determinante da inexistência de simulação).

A distinção essencial entre a simulação e o negócio jurídico indireto, embora não nítida à primeira vista da questão, consiste em que neste não há a falsidade que sempre está presente naquela, pois as partes efetivamente querem (têm a vontade de praticar) o negócio indireto como meio de garantia de dívida (motivo), praticam-no sob tal intenção e se submetem irrestritamente às consequências derivadas da disciplina que a lei atribui a ele.[13]

Todavia, é essencial que o negócio jurídico indireto tenha sido real, efetivo, não artificial, isto é, não simulado; e é sobre este ponto que reside muita confusão, derivada exclusivamente da dificuldade de separar as noções de vontade, intenção e objeto, cuja confusão, apesar de que não deveria existir na mente do jurista, paradoxalmente deriva da generalizada definição que a doutrina sempre deu à simulação.[14]

12. José Carlos Moreira Alves, "As figuras correlatas da elisão fiscal", *Revista Fórum de Direito Tributário* 1/11, Belo Horizonte, Fórum, 2003. Moreira Alves tratou do assunto em diversas outras obras, assim como outros autores.

13. Tércio Sampaio Ferraz Jr. explicou com invulgar clareza a distinção in "Simulação e negócio jurídico indireto. No direito tributário e à luz do novo Código Civil", *Revista Fórum de Direito Tributário* 48/9, Belo Horizonte, Fórum, 2009.

14. Evidentemente que a validade do negócio jurídico também está condicionada a todos os requisitos de validade dos atos e negócios jurídicos em geral, mas a

Realmente, segundo a lição da doutrina civilista que remonta a tempos imemoriais, a simulação corresponde à prática exterior de um ato não correspondente à vontade interna das partes.[15] Pontes de Miranda referiu-se à "divergência entre a exteriorização e a volição".[16] Custódio da Piedade Ubaldino Miranda considerou que "a característica fundamental do negócio simulado é a divergência intencional entre a vontade e a declaração", acrescentando que "há uma oposição consciente entre o querido e o declarado".[17] Para Orlando Gomes verifica-se a existência de simulação pela "intencional divergência entre a vontade real e a vontade declarada pelas partes".[18] Moreira Alves foi peremptório: "Para que haja simulação, é preciso, primeiramente, que exista divergência entre a vontade interna e a vontade manifestada".[19]

A propósito de simulação e de vontade, não se pode deixar de entender que a hipótese relacionada no inciso II do § 1º do art. 167 – declaração, confissão, condição, ou cláusula não verdadeira – não contempla uma inveracidade em relação a qualquer referencial indeterminado, mas, sim, porque na simulação há desconformidade entre a vontade real e a vontade exteriorizada, refere-se a uma inveracidade em relação à verdadeira vontade das partes.

As palavras pelas quais se manifesta a doutrina acima invocada (como também se constata em praticamente a totalidade dos autores), incluindo vontade e intenção, nos reconduzem ao tema ora reflexionado, para dizermos que na simulação há vontade de enganar, que se concretiza pela intenção de efetivar o negócio falso, para o quê são absolutamente irrelevantes os motivos de uma e de outra das partes, os quais

doutrina também ressalva que o negócio substituído, ou, melhor, não realizado, deveria ser válido perante o Direito, pois, se não o fosse, o negócio indireto visaria a atingir fim legalmente vedado.

15. Afinal, a palavra "simulação" vem do Latim *simulatio, -onis*, significando "imitação", "semelhança", "aparência falsa".

16. F. C. Pontes de Miranda, *Tratado de Direito Privado*, 1ª ed., t. IV, Campinas/SP, Bookseller, 2000, p. 442.

17. Custódio da Piedade Ubaldino Miranda, *A Simulação no Direito Civil Brasileiro*, São Paulo, Saraiva, 1980, p. 15.

18. Orlando Gomes, *Introdução ao Direito Civil*, 10ª ed., Rio de Janeiro, 1988, p. 440.

19. José Carlos Moreira Alves, "As figuras correlatas da elisão fiscal", cit., *Revista Fórum de Direito Tributário* 1/11.

podem ser contornar alguma proibição legal, surrupiar bem à garantia de credores, evadir-se de alguma obrigação tributária ou qualquer outro, mas todos irrelevantes, porque a nulidade decorre não do motivo, mas do próprio ato falso: quer dizer, há um motivo, e ele é sempre ilícito, porque se concretiza na prática do engodo.

Isto ficou bem mais claro no Código Civil de 2002, que classificou a simulação como defeito do negócio jurídico, retirando-a da situação em que estava colocada na codificação de 1916, entre os vícios da vontade.

Na verdade, na simulação a vontade não está viciada, como se dá quando a parte labora em erro ou sob coação, pois ela é livre e dominante da intenção de perpetrar a falsidade. O que há é a vontade consciente de enganar.

Por isto mesmo, Orlando Gomes já percebera que a simulação é um vício da causa do negócio, tendo apontado e grifado que "a *simulação* distingue-se dos vícios do consentimento porque a divergência entre o que querem as partes e o que declaram é produzida deliberadamente. Trata-se de *vício da causa*. O contrato *aparente* chama-se *contrato simulado*; o outro, *contrato dissimulado*".[20]

Embora a simulação não seja a única razão de nulidade, sua compreensão como vício da causa e também a compreensão da diferença entre causa e motivo ficam facilitadas pelo art. 170 da codificação civil de 2002, que trata das nulidades em geral e que, tendo em conta que elas não são sanáveis (art. 169), estatui que, se, porém, o negócio jurídico nulo contiver os requisitos de outro (causa ou substância, forma e outros requisitos deste), subsistirá este quando o fim a que visavam as partes (seu motivo) permitir supor que o teriam querido se houvessem previsto a nulidade.

Há muita semelhança de efeito entre as nulidades tratadas pelo art. 170 e a nulidade do art. 167, quando este não induza à nulidade do ato dissimulado, se válido na substância e na forma. Realmente, em ambas as normas é possível recuperar a validade de outro negócio, aquele que as partes provavelmente praticaram (no caso do art. 167) ou aquele que

20. Orlando Gomes, *Introdução ao Direito Civil*, cit., 10ª ed., p. 440 – sendo importante anotar que a respectiva 10ª edição do livro é de 1988, ano em que o autor faleceu.

Entretanto, a afirmação de que se trata de vício da causa já constava pelo menos desde a 5ª edição, que é de 1977, onde figura na p. 515.

teriam praticado se soubessem da nulidade daquele que praticaram (no caso do art. 170); mas isto somente será possível conforme o fim a que as partes visavam.

Nesta linha da causa, a simulação não se identifica em razão da desconformidade entre a vontade interna e a exteriorizada (sempre difícil de provar, geralmente requerendo o recurso à prova indiciária), mas, sim, pela desconformidade entre a causa do ato ou negócio jurídico e a conduta das partes após praticá-lo – conduta, esta, visível e incompatível com a causa (a visibilidade da conduta facilita a prova, mas não é necessariamente fácil fazê-la).

Ou seja: a simulação pode ser mais facilmente identificada pela verificação das consequências dos atos, por seu resultado efetivo, real, objetivo. É porque nela, ao contrário do que ocorre com o negócio jurídico indireto, os fins típicos do ato ou negócio jurídico não são atingidos.

Mas é curioso observar que uma noção como esta já estava implícita numa norma do direito positivo brasileiro bem anterior ao próprio Código Civil de 1916, e que vigeu até ser expressamente revogada pelo Código de 2002.[21]

Realmente, antecipando-se à disposição do art. 85 da lei de 1916 (correspondente ao atual art. 112), do qual era correspondente no campo estritamente comercial, o velho Código Comercial brasileiro de 1850 dizia:

> Art. 131. Sendo necessário interpretar as cláusulas do contrato, a interpretação, além das regras sobreditas, será regulada sobre as seguintes bases:
>
> (...);
>
> III – o fato dos contraentes, posterior ao contrato, que tiver relação com o objeto principal será a melhor explicação da vontade que as partes tiveram no ato da celebração do mesmo contrato; (...).

Essa antiga norma tratava da antítese da simulação, pois, ao contrário desta, em que a vontade é enganosamente manifestada, ela visava a

21. A revogação não impede que a norma, por ter correspondente no novo Código Civil e por sua íntima correlação com a simulação, seja lembrada.

interpretar o contrato (o que realmente quiseram os contraentes) através do que as partes houvessem feito em seu cumprimento.[22]

Claro, pois, se houver dúvida sobre o que as partes disseram no instrumento de contrato, nada melhor que analisar, através do que elas estejam fazendo, aquilo que pretenderam contratar e efetivamente contrataram.

Portanto, embora o inciso III do art. 131 não tivesse em mente a simulação, percebe-se que, havendo esta, o comportamento posterior ao contrato pode atestar uma vontade dissonante daquela aparentemente haurida das palavras do contrato, e até mesmo uma vontade inteiramente contrária às declarações do mesmo, caso em que a simulação estará caracterizada através desse comportamento das pessoas contraentes ("o fato dos contraentes", no dizer do inciso), o qual, como dizia a norma, explica a vontade das mesmas.

Sendo assim, pode-se ver que o inciso III do art. 131 aproxima-se do art. 167 do CC, que confere validade ao ato dissimulado se válido na sua substância efetiva e na sua forma, cuja substância corresponde à causa do ato ou negócio jurídico e está confirmada pelo comportamento que as partes adotam conforme essa causa.

Em suma: se o comportamento das partes após o contrato revela a vontade delas, o comportamento não conforme ao contrato pode demonstrar que este é simulado.

Isto demonstra como estão certas a doutrina e a jurisprudência, que sempre viram no desfazimento dos efeitos do ato ou negócio simulado um forte indício da ocorrência de simulação, porque o ato de desfazer consiste no comportamento inadequado ao ato ou negócio jurídico que praticaram ostensivamente, e revela o que seus autores efetivamente queriam.

É claro que, na via inversa, quando as partes agem em plena conformidade com a causa do ato investigado, somente se pode concluir não ter havido simulação, tal como se dá no negócio jurídico indireto.

No direito tributário atualmente há muitas situações em que estas realidades ocorrem, requerendo a devida consideração dos juristas que

22. Desenvolvi esta ideia anteriormente: Ricardo Mariz de Oliveira, "A simulação no Código Tributário Nacional e na prática", *Revista de Direito Tributário Atual* 27/561 (do IBDT, coord. de Ricardo Mariz de Oliveira, Luís Eduardo Schoueri e Fernando Aurério Zilveti), São Paulo, Dialética, 2012.

se debrucem sobre elas para escrever, ensinar, aconselhar, contratar, advogar ou julgar.

Mencionei acima duas questões, além do negócio jurídico indireto: o motivo para simular e o motivo negocial ou extratributário.

Para todas as três, como já vimos ao abordar o negócio jurídico indireto, não se pode entender ou empregar equivocadamente *vontade*, *intenção* e *motivo*, mas nas duas últimas o motivo assume o papel central.

Conhecendo o que seja simulação, não é difícil concordar com que em toda e qualquer prática simulatória sempre há motivo para simular, porque ninguém pratica o ato ilícito de enganar terceiro sem um motivo para tanto, dado que a simulação é sempre consciente (quando não haja consciência a hipótese não é de simulação, embora possa haver algum outro vício da vontade).[23]

Este é um dado inseparável da simulação, tanto que muitas vezes é tomado como indício desta. Porém, mais que indício, a motivação para simular faz parte do próprio fato, eis que na simulação a vontade e a intenção são de enganar terceiros – quer dizer: o motivo que leva à vontade e à intenção de enganar é elemento intrínseco da ação, eis que as partes têm um motivo a impulsioná-las.

Melhor dizer de modo mais preciso: as partes podem ter muitos motivos para simular, mas o dado comum a todas as situações de simulação é que partes se unem com a intenção de enganar, mesmo que não visem a causar prejuízo, porque têm um ou mais motivos para tanto.[24]

A maioria dos casos em que este dado foi tratado pela jurisprudência administrativa veio à tona juntamente com a acusação de ter ocorrido planejamento tributário, não no sentido em que essa expressão deveria ser empregada corretamente – ou seja: no sentido de legítima atitude do contribuinte na livre organização ou reorganização do seu patrimônio ou dos seus negócios, para o quê ele validamente leva em conta

23. Orlando Gomes: "As partes são levadas a estipular contratos simulados por motivos concretos que não precisam ser comuns. A *causa simulandi* é o fim visado pelas partes disfarçado na simulação" (*Introdução ao Direito Civil*, cit., 10ª ed., p. 441).

24. A partir do novo Código Civil a simulação não existe apenas quando haja prejuízo a alguém, pois ela representa dano ao próprio ordenamento e à segurança jurídica que dele deve advir. Destarte, a denominada "simulação inocente" passou a ser nula, tanto quanto a nocente, que é perpetrada para causar dano a alguém.

também os efeitos dos atos que pretende ou pode praticar, com suas alternâncias e variáveis.[25] O que tem ocorrido com frequência é a utilização da expressão "planejamento tributário" de modo pejorativo, e que, por si só, seria definidora de práticas ilícitas. Assim, ouve-se e lê-se que "o contribuinte fez um planejamento tributário", ou que "tal ação é fiscalmente válida porque não é planejamento tributário".[26]

E aí quase sempre a autuação fiscal e as consequentes decisões administrativas recorrem ao argumento da existência ou inexistência de motivação (motivo) negocial ou extratributário para justificar a prática do contribuinte, e a condenam como abusiva quando não a encontram. Nem sempre o órgão judicante acerta, pois não é incomum afirmar que o motivo para simular está concentrado no motivo tributário e na economia fiscal conseguida.

Como é amplamente sabido, a teoria da necessidade de haver um motivo que não seja exclusiva ou predominantemente tributário foi introduzida no Brasil a partir do Direito Comparado, mas aqui somente importa aplicar a ela as noções que estão sendo desenvolvidas a propósito de vontade, intenção e motivo, até agora focados por prisma geral.

De qualquer modo, ainda que este não seja o espaço para aprofundar qualquer apreciação a respeito da referida teoria, não se pode deixar de recordar que a exigência de propósito negocial para a validade de qualquer elisão tributária já foi norma legal que vigorou no Brasil, mas há muito deixou de existir e produzir efeitos.

Isto se deu nos idos de 2002, quando a Medida Provisória 66, nos art. 13 a 19, pretendeu disciplinar a aplicação do parágrafo único do art.

25. Em nosso regime constitucional nenhum contribuinte do ISS pode ser impedido de se mudar para uma jurisdição municipal onde sua atividade encontrará alíquota mais favorável. Nenhum aplicador de recursos financeiros pode ser impedido de mudar suas aplicações exclusivamente em razão das maiores ou menores incidências de imposto de renda na fonte e IOF. Nenhuma empresa pode ser impedida de se capitalizar por via de empréstimos junto aos seus sócios, e não de capital social, porque aquela via jurídica propicia despesas dedutíveis perante o imposto de renda. E assim indefinidamente, porque a liberdade de não pagar ou pagar menos, conforme a inocorrência de fato gerador ou a ocorrência de fato gerador menos oneroso, é direito constitucional que se opõe à tributação confiscatória e atende a anseio natural do homem.

26. Quem pensa assim tem visceral oposição ao próprio anseio humano de pagar menos sempre que possível e, principalmente, desgosta-se com a necessária busca da economia possível, que preside qualquer deliberação empresarial.

116 do CTN e permitiu, no art. 14, que fosse desconsiderado o ato ou negócio jurídico que visasse a reduzir, evitar ou postergar a obrigação tributária, levando-se em conta, entre outras circunstâncias, a falta de propósito negocial, do que seria indicativa a opção pela "forma" mais complexa ou mais onerosa entre duas ou mais "formas" para a prática de determinado ato, assim como também permitia a desconsideração se houvesse abuso de forma, que caracterizava como sendo o negócio jurídico indireto.

Porém, a rejeição desses dispositivos significa que não foi acolhida pelo Poder Legislativo a regra, que, se tivesse sido mantida, poderia fundamentar atos da Administração Tributária que desconsiderassem como válida qualquer economia fiscal obtida através de ato ou negócio jurídico ao qual faltasse propósito negocial – isto é, em outros termos, praticados exclusivamente para a obtenção de ganho tributário.

A consequência jurídica dessa rejeição é que tal regra legal, que vigorou durante o tempo decorrido desde sua promulgação e até sua não conversão em lei, foi expulsa do ordenamento jurídico nacional (CF, art. 62, § 3º), o que induz à conclusão de que o intérprete ou o aplicador da lei não pode impor a aplicação de uma teoria explicitamente rejeitada pelo ordenamento jurídico brasileiro, cuja rejeição significa, exata e exclusivamente, a não aceitação, pelo legislador, da sua validade, com sua consequente inexistência perante nosso direito positivo.

Feito este parêntesis em torno da Medida Provisória 66, podemos voltar ao motivo do ato ou negócio jurídico à luz do ordenamento vigente no País, e considerando-o de modo consistente com as observações gerais feitas anteriormente, embora focado agora na distinção entre elisão (economia tributária lícita) e evasão fiscal (economia tributária inválida) e na sua influência, ou não, para a distinção.

Todos sabemos que, espraiada por muitos Países da Europa, a consideração da motivação extrafiscal nasceu nos Estados Unidos da América com o famoso caso "Gregory *versus* Helvering", quando a Corte norte-americana adotou o pressuposto da inexistência de *business purpose* para declarar a ilegalidade da ação do contribuinte.[27]

27. "*Business-purpose doctrine*. The principle that a transaction must serve a bona fide business purpose (*i.e.*, not just for tax avoidance) to qualify for beneficial tax treatment" (*Black's Law Dictionary*, 8ª ed., Thomson West, p. 212).

Porém, uma análise atenta desse julgado, evidentemente atrelado ao sistema legal daquele País, mostra que se o fato tivesse ocorrido no Brasil a mesma questão teria sido apreciada segundo a teoria da simulação, porque, em última análise, o que a Sra. Helvering fez não passou de simulação de uma realidade inexistente.[28]

De qualquer modo, o significado da palavra "*purpose*" é claramente relacionado a motivo para fazer algo (e à correspondente intenção de concretizá-lo),[29] o que acarretou a difusão da premissa de ser necessário haver um propósito (motivo) negocial para qualquer economia tributária ser admitida.

Já decadente no Exterior (inclusive no País do seu nascedouro), a premissa continua a se manifestar na jurisprudência administrativa nacional, por influência de doutrina que interessa ao Fisco brasileiro.[30]

O que esta ideia tem em seu favor é o fato de que ela muito se aproxima da noção de motivo para simular, e isto também é um elemento de identificação do caso "Gregory *versus* Helvering" com a definição de simulação aqui existente, razão pela qual os operadores do Direito deveriam ter sua atenção voltada para a importância da boa compreensão e da boa aplicação das diretrizes sobre este vício dos atos e negócios jurídicos.

Não obstante, é possível procurar conciliar com o sistema tributário nacional a verificação da existência, ou não, de propósito negocial não tributário com vistas à determinação da validade jurídica particularmente do tratamento tributário decorrente das ações da pessoa. E aparentemente há tão somente um meio para tanto.

Mas esta tentativa pressupõe algumas premissas, a saber:

28. Esta foi a conclusão de Flávio Tudisco, no artigo retrocitado (v. nota de rodapé 11).

29. No linguajar jurídico, *purpose* é sinônimo de "objetivo" ou "fim" – ou seja: é mais utilizado com referência ao objeto dos atos e aos objetos sociais de pessoas jurídicas. No Inglês corrente significa "propósito", "desígnio", "intento", "intenção", além de "finalidade". Nessa Língua, outro termo de uso corrente, que muita elucida o sentido daquela palavra, é *business plan*, que se define como uma proposta explanando um novo negócio ou a ideia de uma nova atividade, cobrindo seus aspectos financeiros, de mercado e operacionais.

30. Mesmo muitas vezes essa doutrina sendo mal-empregada (tendenciosamente) pelo Fisco e na jurisprudência administrativa.

– A existência de propósito negocial não pode ser exigência ou requisito de validade, porque não há norma legal expressa ou implícita neste sentido, significando que somente pode ser empregada como elemento de verificação indiciária da ocorrência, ou não, de simulação.[31]

– Quando adotada a existência de propósito negocial como elemento do raciocino jurídico não se pode pretender olvidar e suplantar a premissa de que a busca da economia tributária através de atos ou negócios jurídicos válidos é ínsita ao nosso sistema legal e tem supedâneo constitucional; portanto, não se trata de intento derivado de motivo ilícito que, por si só, poderia ser causa de nulidade das ações.[32]

– Quando adotada a existência de propósito negocial como elemento do raciocino jurídico, o motivo extratributário somente pode ser considerado na perspectiva de ter ou não ter havido alguma alteração no patrimônio da pessoa ou no seu modo de negociar, ou seja, não no sentido da inexistência de *business purpose*, mas de inexistência de *business*.[33]

Sem dúvida, o motivo não tributário ou motivo negocial existe na efetiva prática de atos da vida econômica, porque a pessoa pratica os atos ou negócios jurídicos em virtude de que sem eles sua realidade patrimonial não se estabelece ou não se altera; mas, para isto, ela observa (e se conduz de acordo com) as causas jurídicas de atribuição patrimonial (efeitos substanciais) que a lei atribui a esses atos ou negócios.

Daí – e neste sentido apenas – não se tratar de causa tributária, mas, sim, de causa não tributária, porque corresponde a praticar e observar os efeitos patrimoniais que o direito privado atribui aos atos e negócios reais e às suas consequências fiscais. Mas isto não se confunde com vontade, intenção ou motivo para fazer ou deixar de fazer, nem com a

31. Nos exemplos da nota de rodapé 25 pode haver suspeita de evasão fiscal, mas a demonstração das vantagens tributárias é mais que suficiente para demonstrar que não houve simulação por este prisma, pois houve um motivo real (tributário) para as mudanças de condutas, embora, é claro, possa haver simulação por outro prisma, como, por exemplo, por haver outro motivo para simular. Evidentemente, também poderá haver outro defeito jurídico a invalidar a prática, com possíveis reflexos no campo tributário.

32. Muito menos a investigação da inexistência de propósito negocial pode justificar a esdrúxula e despropositada afirmação de que determinada ação é lícita mas não oponível ao Fisco, ainda que associada a princípios supostamente justificadores de tributação onde tributação não esteja legalmente prevista.

33. Como, inclusive, ocorre atualmente no Direito Norte-Americano.

proibição de fazer ou não fazer por motivo exclusivamente tributário, que seria uma norma imperativa inexistente no Direito Brasileiro.

Ademais, como já observado em nota anterior, a liberdade de agir deste ou daquele modo para não pagar ou pagar menos tributo, conforme a inocorrência de fato gerador ou a ocorrência de fato gerador menos oneroso, é direito constitucional que se opõe à tributação confiscatória e atende a um anseio natural do homem, o qual se confunde com o motivo que conduz à ação, podendo, portanto, o motivo ser estritamente tributário.

Destarte, somente quando não se verificar a concretização de alteração patrimonial ou no estado de prática da atividade econômica é que a economia tributária visada será evasiva, porque dos atos ou negócios não terão decorrido os efeitos que poderiam ter havido se houvesse reais atos ou negócios jurídicos, ficando evidente que a única motivação para a ação praticada foi obter uma pretensa vantagem fiscal, e que esta foi o seu único resultado.

Não se trata, portanto, de haver ou não haver propósito negocial, mas, sim, de haver ou não haver atos reais produtores de seus efeitos, ainda que o propósito (motivo) que os impulsione seja tributário. Afinal, homens sensatos raciocinam e agem de acordo com o que seu raciocínio recomenda, não agindo por meros instintos ou à espera de acasos, e agem por motivos que lhes são necessários ou úteis.

Neste sentido, uma coisa é não haver qualquer negócio ou reorganização a fazer, e serem empregados meios fictícios para aparentar externamente um negócio ou uma reorganização patrimonial que não existe, sendo a prática destinada apenas a produzir economia tributária. Neste caso, sim, há mera aparência de um negócio ou de uma reorganização, cuja aparência encobre outra realidade tributária.

Porém, coisa diferente é haver uma efetiva reorganização a ser feita por razões empresariais mas que também permita economia tributária, ou que seja determinada apenas por esta, e a reorganização ser processada através de atos ou negócios jurídicos lícitos e praticados com observância das respectivas causas, ainda que motivos tributários também determinem a escolha dessas ações ao invés de outras.

Em termos mais simples: o que precisa haver é uma efetiva mudança no estado patrimonial ou no *modus operandi* dos fatores de produção econômica que estejam ao alcance da pessoa. Ainda que a alteração tenha sido motivada pelas incidências tributárias que pudessem haver antes ou em outras maneiras de organização patrimonial ou operacional, comparativamente com o tratamento tributário ao patrimônio e às operações pelas quais ele é manejado, e que for decorrente da alteração praticada, os efeitos fiscais desta serão consequência natural da conduta adotada.

Enfim, vontade, intenção e motivo funcionam no âmbito tributário do mesmo modo que perante outras divisões do ordenamento jurídico; ou, mais propriamente, funcionam em relação ao objeto tributário da norma do mesmo modo que em relação aos objetos das demais normas, particularmente os objetos das normas do direito privado que regem as relações intersubjetivas com conteúdo econômico, cujo conteúdo está associado ao substrato (capacidade contributiva) dos fatos tributários.

Assim, esquematizando, e tendo em mente que *objeto* e *causa jurídica* são noções distintas de *motivo*, *vontade* e *intenção*:

– *Motivo* = razão para fazer ou não fazer algo, sendo infinitas as razões motivacionais, inclusive as que levam em conta os efeitos tributários que podem emergir das múltiplas ações possíveis, ou da simples omissão da prática de determinado ato, ou mesmo de quaisquer atos.

– *Vontade* = querer fazer algo, ou deixar de fazer, segundo o motivo para fazê-lo ou não fazê-lo; não há como fugir da vontade, que conduz as deliberações humanas que derivam do exercício das capacidades e atributos intelectuais e afetivos da pessoa.

– *Intenção* = deliberação de efetivar a ação de fazer, ou decisão de se omitir, segundo o motivo, que pode situar-se nos efeitos tributários que a mente humana conhece por antecipação às suas próprias ações ou omissões, ou seja, antes mesmo que a pessoa se transforme em contribuinte.

Referências bibliográficas

ALVIM, Agostinho. *Da Doação*. 3ª ed. São Paulo, Saraiva, 1980.

FERRAZ JR., Tércio Sampaio. "Simulação e negócio jurídico indireto. No direito tributário e à luz do novo Código Civil". *Revista Fórum de Direito Tributário* 48. Belo Horizonte, Fórum, 2009.

GAGLIANO, Pablo Stolze. *O Contrato de Doação – Análise Crítica do Atual Sistema Jurídico e os seus Efeitos no Direito de Família e das Sucessões*. São Paulo, Saraiva, 2007.

GOMES, Orlando. *Introdução ao Direito Civil*. 10ª ed. Rio de Janeiro, 1988.

MARIZ DE OLIVEIRA, Ricardo. "A simulação no Código Tributário Nacional e na prática". *Revista de Direito Tributário Atual* 27 (do IBDT, coord. de Ricardo Mariz de Oliveira, Luís Eduardo Schoueri e Fernando Aurério Zilveti). São Paulo, Dialética, 2012.

MIRANDA, Custódio da Piedade Ubaldino. *A Simulação no Direito Civil Brasileiro*. São Paulo, Saraiva, 1980.

MOREIRA ALVES, José Carlos. "As figuras correlatas da elisão fiscal". *Revista Fórum de Direito Tributário* 1. Belo Horizonte, Fórum, 2003.

PONTES DE MIRANDA, F. C. *Tratado de Direito Privado*. 1ª ed., t. IV. Campinas/SP, Bookseller, 2000.

TUDISCO, Flávio. "A causa dos negócios jurídicos, a prevalência da substância sobre a forma e o direito tributário brasileiro". *Direito Tributário Atual* 22. São Paulo, Instituto Brasileiro de Direito Tributário/Dialética, 2008.

Parte II

ADMINISTRAÇÃO TRIBUTÁRIA E DIREITO PROCESSUAL TRIBUTÁRIO

- *A Posição da Autoridade Coatora no Mandado de Segurança à Luz da Lei 12.016/2009. Ciência é Citação (art. 7º, II)?*
- *Protesto Extrajudicial de Certidão de Dívida Ativa/CDA: Sanção Política ou Direito da Administração Pública?*
- *Em Defesa do CARF, "Gritando Fogo num Teatro Lotado", e as 59 "Ações Populistas"*
- *O Tempo da Produção Probatória no Processo Administrativo Tributário*
- *Função Social dos Tribunais Administrativos Tributários*
- *A Não Concomitância entre Processo Tributário Administrativo e Judicial*
- *Repercussão Geral e a Suspensão da Exigibilidade do Crédito Tributário*
- *Troca Internacional de Informações Fiscais e a Colaboração Recíproca entre as Administrações Tributárias Brasileiras*
- *A Citação como Modalidade de Interrupção da Prescrição Constitucionalmente Válida*
- *A Aplicação dos Princípios Constitucionais do Direito ao Devido Processo Legal, do Direito à Ampla Defesa e ao Contraditório nos Procedimentos Administrativos de Fiscalização Federal. Breve Análise deste por Meio de Julgados do Conselho Administrativo de Recursos Fiscais/CARF*

A POSIÇÃO DA AUTORIDADE COATORA NO MANDADO DE SEGURANÇA À LUZ DA LEI 12.016/2009. CIÊNCIA É CITAÇÃO (ART. 7º, II)?

EDUARDO ARRUDA ALVIM

1. Introdução – Autoridade coatora. 2. Autoridade coatora como órgão público. 3. O conceito de parte e sua análise para que entendamos a figura da autoridade coatora. 4. Legitimidade recursal da autoridade coatora. 5. Ciência da pessoa jurídica interessada.

1. Introdução – Autoridade coatora

O objeto do presente trabalho consiste na análise da autoridade coatora, bem como na participação do órgão ao qual aquela se encontra vinculada em sede de mandado de segurança e de alguns pontos que envolvem essas figuras no âmbito de aludida ação constitucional, notadamente após o advento da Lei 12.016/2009.

Como se sabe, após a Constituição Federal de 1946 foi editada a Lei 1.533/1951, diploma fundamental de regência do instituto até 2009, ao lado da Lei 4.348/1964 e da Lei 5.021/1966. Em 7.8.2009 foi sancionada a Lei 12.016/2009, que veio a revogar referidos diplomas legais e passou a disciplinar o mandado de segurança individual e o coletivo.

Para que possamos investigar o objeto do presente trabalho, cumpre-nos analisar o polo passivo do mandado de segurança. Cabe indagar em que posição se coloca a autoridade coatora, bem como quem é o verdadeiro sujeito passivo nessa ação – dentre outras questões importantes que serão examinadas.

A CF de 1967 com a Emenda Constitucional 1/1969 previa, no § 21 do art. 153, o cabimento do mandado de segurança seja qual fosse a "autoridade responsável pela ilegalidade ou abuso de poder". Consigne-se que a expressão "ilegalidade" deve ser entendida em sentido amplo, abrangendo a hipótese de inconstitucionalidade, até porque inexiste violação de lei mais grave que aquela que atinge a própria Constituição Federal.

A CF de 1988, em seu art. 5º, LXIX, por sua vez, foi clara quanto ao cabimento do mandado de segurança contra ato de autoridade pública ou agente de pessoa jurídica (ainda que de direito privado, entenda-se bem) no exercício de atribuições do Poder Público. Note-se, pois, que o que conta é a qualidade do ato e o regime em que este é praticado.

Vê-se, pois, que, em face da literalidade do texto da Constituição Federal de 1988, bastante ampla é a ideia de autoridade coatora em mandado de segurança.

Daí por que Celso Antônio Bandeira de Mello, com sua habitual profundidade, explica que é à noção de *agente público* que se há de recorrer quando se estuda a ideia de autoridade coatora em mandado de segurança, por ser essa locução ("agente público") "a mais ampla e compreensiva que se pode adotar para referir englobadamente as diversas categorias dos que, sob títulos jurídicos diferentes, atuam em nome do Estado". Prossegue afirmando que "é a ela *[noção de agente público]* que se deve recorrer (e não ao conceito de servidor público ou de funcionário) para determinar o alcance da expressão 'autoridade' como sujeito passivo do mandado de segurança. Com efeito, todo aquele que manifeste uma função pública, apresentando-se como titular de uma força jurídica de que se pode dispor em razão de deferimento estatal, há de submeter-se, por isso mesmo, aos eficazes e expeditos processos de contraste a que se conforma o Estado.".[1-2]

Pela letra bastante abrangente do art. 1º da Lei 1.533/1951, revogada pela Lei 12.016/2009, já cabia o mandado de segurança contra ato de qualquer autoridade, "seja de que categoria for e sejam quais forem as funções que exerça", considerando-se "autoridades" inclusive "os ad-

1. Celso Antônio Bandeira de Mello, *Regimes dos Servidores da Administração Direta e Indireta (Direitos e Deveres)*, 3ª ed., São Paulo, Malheiros Editores, 1995, pp. 12-13.

2. No sentido de que aquele que se sujeita ao mandado de segurança é o agente público: Carlos Mário da Silva Velloso, "Mandado de segurança", *RDP* 55-56/333-338, São Paulo, Ed. RT, 1980.

ministradores ou representantes (...) das entidades autárquicas e das pessoas naturais ou jurídicas com funções delegadas do Poder Público (...)" (§ 1º do art. 1º da Lei 1.533/1951, que teve sua redação alterada pela Lei 9.259/1996, excluindo-se os representantes ou órgãos dos partidos políticos). A CF de 1988, no art. 5º, LXIX, veio a dispor nesse mesmo sentido.

A redação do art. 1º da Lei 12.016/2009, que revogou a Lei 1.533/1951, também é bastante abrangente, uma vez que dispõe caber mandado de segurança contra ato de autoridade coatora "seja de que categoria for e sejam quais forem as funções que exerça". O § 1º do art. 1º da Lei 12.016/2009 equipara às autoridades coatoras "os representantes ou órgãos de partidos políticos e os administradores de entidades autárquicas, bem como os dirigentes de pessoas jurídicas ou as pessoas naturais no exercício de atribuições do Poder Público, somente no que disser respeito a essas atribuições".[3]

Notemos que a nova lei regulamentadora do mandado de segurança veio a reincluir os representantes ou órgãos de partidos políticos no rol daqueles que podem figurar na qualidade de autoridades coatoras. Conforme sustentamos em outro trabalho de nossa autoria, publicado antes do advento da Lei 12.016/2009, a Lei 9.259/1996, ao modificar o § 1º do art. 1º da Lei 1.533/1951, tinha sido coerente ao excluir a possibilidade de impetração de mandado de segurança contra ato de representantes ou órgãos de partidos políticos, pois estes são pessoas jurídicas de direito privado, de modo que os atos deles emanados, em regra, não devem ser controlados pela via do *mandamus*.[4]

Até a edição da Lei 9.259/1996 o art. 1º, § 1º, da Lei 1.533/1951 equiparava à autoridade coatora os representantes ou órgãos de partido

3. É o que anotava Lúcia Valle Figueiredo, tendo escrito à luz da Lei 1.533/1951: "Destarte, deflui do texto constitucional a possibilidade de ser impetrado mandado de segurança contra quem quer que esteja no exercício de autoridade". Explica, ainda, a autora que a ideia de autoridade coatora amolda-se com perfeição à noção de *agente público* (cf. *Autoridade Coatora e o Sujeito Passivo no Mandado de Segurança*, São Paulo, Ed. RT, 1991, pp. 9 e 22-23). Da mesma autora, com o mesmo enfoque, consultar *Perfil do Mandado de Segurança Coletivo*, São Paulo, Ed. RT, 1989, p. 11. Antes mesmo da Constituição Federal de 1988 já se admitia mandado de segurança contra empresa concessionária de serviço público (*RDA* 105/215).

4. Cf. nosso *Mandado de Segurança no Direito Tributário*, São Paulo, Ed. RT, 1998.

político. Até a entrada em vigor da Constituição Federal vigente os partidos políticos eram considerados pessoas jurídicas de direito público interno, nos moldes do art. 2º da Lei 5.682/1971, que assim dispunha: "Os partidos políticos, pessoas jurídicas de direito público interno, destinam-se a assegurar, no interesse do regime democrático, a autenticidade do sistema representativo".[5]

Com efeito, à luz da CF de 1988, em cujo art. 17, § 2º, se dispõe que "os partidos políticos, após adquirirem personalidade jurídica, na forma da lei civil, registrarão seus estatutos no Tribunal Superior Eleitoral", dúvida não pode existir de que os partidos políticos são pessoas jurídicas de direito privado e que, enquanto tais, agem como pessoas de direito privado.[6]

Conquanto continuemos com esse mesmo posicionamento, devemos ter presente que a redação do § 1º do art. 1º da Lei 12.016/2009 é clara no sentido de que cabe mandado de segurança contra ato de representantes ou órgãos de partidos políticos.[7]

5. Contudo, o STF não admitia mandado de segurança impetrado contra partido político, sob o argumento de que, "ainda que se reputem os partidos, entre nós, pessoas jurídicas de direito público, não exercem o *jus imperii*. Não são governantes seus diretores, não são autoridades públicas. Contra os atos arbitrários que pratiquem não é admissível o remédio do mandado de segurança". De acordo com o voto-condutor, "os dirigentes dos partidos políticos, pois que não receberam delegação alguma, não são autoridades. Contra seus atos, nos termos do art. 1º da Lei n. 1.533/1951, não caberá mandado de segurança" (STF, Tribunal Pleno, RMS 2.763, rel. Min. Mário Guimarães, j. 27.5.1955, *DJU* 12.5.1955). Por mais expressa que fosse a lei, o TSE se orientava no mesmo sentido do STF: v., nessa linha, o que restou decidido no RMS 538, rel. José Maria de Souza Andrade (j. 7.5.1981, *DJU* 18.8.1981).

6. Nesse sentido: José Afonso da Silva, *Curso de Direito Constitucional Positivo*, 36ª ed., São Paulo, Malheiros Editores, 2013, p. 405. A Lei 9.096/1995, em seu art. 1º, é expressa nesse sentido: "O partido político, pessoa jurídica de direito privado, destina-se a assegurar, no interesse do regime democrático, a autenticidade do sistema representativo e a defender os direitos fundamentais definidos na Constituição Federal". O CC de 2002, na mesma linha, prescreve, no art. 44, V, serem pessoas jurídicas de direito privado os partidos políticos.

7. O texto da Lei 1.533/1951, à luz da Constituição Federal de 1988, vinha merecendo críticas acesas, como se lê em Carlos Alberto Menezes Direito: "Com a nova disciplina constitucional, os partidos políticos não guardam qualquer semelhança com entes de direito público, capazes de exercer autoridade pública. Sendo assim, parece-me sem lastro o cabimento do *writ* contra ato das direções partidárias" (*Manual do Mandado de Segurança*, 2ª ed., Rio de Janeiro, Renovar, 1994, p. 34).

A autoridade coatora é, como regra, quem pratica, comissiva ou omissivamente, o ato impugnado. Deverá ter competência para desfazer o ato impugnado, acatando eventual sentença concessiva da ordem pleiteada (daí o porquê de a comunicação da sentença concessiva da ordem lhe ser dirigida, a teor do *caput* do art. 13 da Lei 12.016/2009), ou, ainda, na hipótese de ato omissivo, para realizar o ato reclamado (por exemplo, expedição de uma certidão) que tenha o dever legal de praticar.

Será autoridade coatora aquela de cujo comportamento ilegal ou praticado com abuso de poder,[8] numa relação de direito público,[9] decorra ou possa iminentemente decorrer violação à afirmação de direito líquido e certo do impetrante. Disso se segue, como dito, que a autoridade coatora deverá ter competência para corrigir a ilegalidade contra a qual o impetrante se insurge por meio do mandado de segurança[10]

8. Distingue a doutrina as hipóteses de ilegalidade e abuso de poder (Michel Temer, *Elementos de Direito Constitucional*, 24ª ed., São Paulo, Malheiros Editores, 2012, p. 187). O abuso de poder se daria na edição de ato discricionário. A ilegalidade, cuidando-se de ato vinculado. No primeiro caso a ilegalidade seria indireta e mediata. No último, direta e imediata. Parece-nos que a distinção tem sua razão de ser desde que se tenha em mente que, em última análise, diante do ato discricionário praticado com abuso de poder se está em face de uma ilegalidade.

9. Isto quer dizer que se exclui do ataque pela via do mandado de segurança, em princípio, ato praticado pelo Poder Público quando este age despojado de suas prerrogativas, como pessoa privada. O § 2º do art. 1º da Lei 12.016/2009, a respeito, estatui não caber mandado de segurança contra atos de gestão comercial praticados pelos administradores de empresas públicas, de sociedades de economia mista e de concessionárias de serviço público.

10. Lapidar a conceituação de Marco Aurélio Greco ("Jurisprudência comentada", *RePro* 5/339, São Paulo, Ed. RT, 1977): "Ao vocábulo 'autoridade' deve dar-se o sentido de ser o indicativo de qualidade da pessoa jurídica ou física de cujo comportamento decorrerá a coação voluntária de direito líquido e certo, que estará atuando uma relação de direito público, e não de direito privado".

Dejalma de Campos (*Direito Processual Tributário*, São Paulo, Atlas, 1993, p. 88), com maior simplicidade, conceitua: "A autoridade coatora é a que, no exercício do poder, agiu abusiva ou ilegalmente".

Rogério Lauria Tucci e José Rogério Cruz e Tucci (*Constituição de 1988 e Processo*, São Paulo, Saraiva, 1989, p. 140) fazem distinção interessante, anotando que a denominação "autoridade coatora" seria apropriada para designar a pessoa que age em nome do Estado, ao passo que a designação "agente coator", para qualificar aquele que age em nome de pessoa jurídica que recebe concessão, permissão ou autorização para exercer atribuição de caráter público.

ou, ainda, para "cumprir a prestação jurisdicional reclamada pelo impetrante".[11]

Curioso observar que nos primórdios do uso do instituto houve quem defendesse a ideia de que "autoridade", para fins de aplicação do mandado de segurança, só poderia abranger membros do Poder Executivo, jamais membros do Legislativo ou do Judiciário. Com a edição da Lei 191/1936, primeiro diploma que disciplinou o instituto em nível infraconstitucional, passou-se a admitir, de forma expressa, o cabimento de mandado de segurança contra "autoridades legislativas", bem como contra "juiz ou tribunal federal".[12]

O cabimento de mandado de segurança contra ato legislativo, porém, deve ser analisado com cautela, pois, se, de um lado, afigura-se como perfeitamente admissível, de outro, descabe mandado de segurança contra a lei em tese, pois o ajuizamento de qualquer ação (inclusive o mandado de segurança) – exceção feita às hipóteses que envolvam controle abstrato de constitucionalidade – pressupõe a existência de um fato concreto, sem o quê não estará presente o requisito do interesse processual, sendo caso de extinção do processo sem resolução do mérito (CPC, art. 267, VI, e art. 6º, § 5º, da Lei 12.016/2009).[13]

11. As palavras do texto são de Adilson Dallari, citado em acórdão unânime da 3ª Turma do TRF-1ª Região na REO 95.01.01446-0-BA (rel. Juiz Tourinho Neto, *Repertório IOB de Jurisprudência* 16/277, 1995).

12. Assim dispunha o art. 5º, I, "b" e "c" e III, "a" da Lei 191/1936: "Art. 5º. Compete processar e julgar originariamente o pedido de mandado de segurança: I – nos casos de competencia da Justiça Federal: (...); b) contra actos de quaesquer outras autoridades federais, inclusive legislativas; (...); c) contra acto de juiz ou tribunal federal, ou de seu presidente, (...); III – nos casos de competência da Justiça local: a) (...) Quando o acto impugnado fôr da Côrte de Apellação, de alguma de suas Camaras, ou de seu presidente, ou de outro juiz, será competente o tribunal que a lei de organização judiciaria determinar".

13. Nesse sentido são as decisões do STJ: "Processo civil – Administrativo – Mandado de segurança – Servidor público militar federal – reajuste de 28,86% – Leis federais ns. 8.622/1993 e 8.627/1993 – Segurança impetrada contra lei em tese – Descabimento – Extinção, sem apreciação do mérito. 1. Extingue-se a segurança, sem apreciação do mérito, tendo em vista tratar-se de impetração contra lei em tese, porquanto aponta como ato supostamente coator as Leis federais ns. 8.622/1993 e 8.627/1993, que não têm efeitos concretos suficientes a autorizar a utilização da via estreita do *writ of mandamus*. Isto porque referida legislação não atingiu diretamente a esfera do direito do impetrante, já que se trata de norma genérica e abstrata (Súmula n. 266/STF). 2. Ressalvadas as vias ordinárias, para que possa o impetrante obter a

Pode-se dizer, todavia, que contra os atos administrativos (vale dizer, atípicos) praticados por membros do Poder Legislativo cabe mandado de segurança. Já, contra os atos típicos do Legislativo pode-se dizer que, via de regra, tratando-se de atos normativos de efeitos concretos, também cabe mandado de segurança.

Quanto ao cabimento de mandado de segurança contra atos judiciais – temática que tem experimentado grande evolução desde os primórdios do instituto até hoje –, consigne-se desde logo que desde a criação do instituto do mandado de segurança houve grande mudança do panorama jurisprudencial a propósito do tema, evoluindo da posição que só admitia o cabimento do mandado de segurança contra atos não típicos do Poder Judiciário, isto é, contra atos administrativos praticados pelo Poder Judiciário, até uma concepção mais recente, que veio a admitir a impetração diretamente contra o ato, independentemente da interposição do recurso cabível, quando este não obstasse aos efeitos do ato judicial impugnado, isto é, quando o recurso se mostrasse inócuo para obstar ao dano ao impetrante. Com o advento da Lei 9.139/1995 houve modificações substanciais a propósito deste tema.

Consignemos, ainda, antes que prossigamos, que, havendo beneficiários do ato impugnado pelo mandado de segurança, estes recebem tratamento de litisconsortes passivos necessários da pessoa jurídica de direito público a cujos quadros pertença a autoridade coatora, devendo ser os mesmos citados, nessa qualidade (art. 24 da Lei 12.016/2009). É o que sucede, por exemplo, se determinado licitante impugna, pela via do mandado de segurança, a classificação à sua frente de outro proponente. Este outro, porque beneficiário do ato administrativo impugnado, que levou (alegadamente, de forma indevida) ao resultado que se quer impugnar, recebe tratamento de litisconsorte passivo necessário na ação de mandado de segurança.[14]

persecução de eventual direito. 3. Segurança extinta, sem apreciação do mérito, com fulcro no art. 267, VI, do CPC – Custas *ex lege* – Sem honorários advocatícios, a teor das Súmulas ns. 512/STF e 105/STJ" (STJ, 3ª Seção, MS 9.159-DF, rel. Min. Jorge Scartezzini, j. 25.2.2004, *DJU* 26.4.2004).

14. Nessa linha: "Recurso especial em mandado de segurança – Licitação – Homologação e adjudicação – Prova da contratação – Dispensa – Perda de objeto. 1. No processo de mandado de segurança é obrigatória a citação da pessoa em favor de quem foi praticado o ato impugnado, em razão de ser litisconsorte necessário, uma vez que a anulação do mencionado ato interferirá na sua esfera jurídica, violando seu

2. *Autoridade coatora como órgão público*

No regime da Lei 191/1936, estabelecia o art. 8º, § 1º: "Conhecendo do pedido, o juiz immediatamente: a) mandará citar o coactor, por official do juizo, ou por precatória, afim de lhe ser entregue a segunda via da petição inicial, com a respectiva cópia dos documentos; b) encaminhará, por officio, em mão do official do juizo pelo Correio, sob registro, ao representante judicial, ou, na falta, ao representante legal da pessoa jurídica de direito público interno, interessada no caso, a terceira via da petição inicial com a respectiva cópia dos documentos". O § 3º desse mesmo dispositivo determinava a fixação do prazo de 10 dias úteis, após a juntada aos autos da contrafé de citação e do recibo do ofício encaminhado ao representante judicial ou, na falta deste, ao representante legal da pessoa jurídica de direito público, para apresentação da defesa e das informações reclamadas.

O CPC de 1939, de outro lado, exigia a citação da pessoa jurídica de direito público interessada (art. 322, II), bem como a notificação do coator para prestar informações (art. 322, I).

Já, pela Lei 1.533/1951 não havia mais tal distinção, pois a autoridade coatora era notificada (art. 7º, I) para prestar informações em 10 dias, segundo o art. 1º, "a, da Lei 4.348/1964.[15]

Na sistemática da Lei 12.016/2009 (diploma básico de regência do mandado de segurança em nossos dias), a autoridade coatora deverá ser notificada do conteúdo da petição inicial (art. 7º, I), a fim de que, no prazo de 10 dias, preste as informações (que se constituem, como regra, em defesa do ato impugnado);[16] e, ao prestá-las, age como representante

direito. 2. A extinção do processo ante a falta da citação somente poderá ser decretada se a parte intimada para providenciar a citação, nos termos do art. 47, parágrafo único, do CPC, quedar-se inerte. 3. Recursos especiais parcialmente providos" (STJ, 2ª Turma, REsp 493.679-RS, rel. Min. João Otávio de Noronha, j. 16.11.2004, *DJU* 17.12.2004).

15. O prazo era originariamente de 5 dias na redação primitiva da Lei 1.533/1951, tendo sido posteriormente alterado para 15 dias pela Lei nº 4.166/1962. O art. 1º, "a", da Lei 4.348/1964 alterou novamente o prazo para 10 dias. A Lei 12.016/2009, conquanto tenha revogado a Lei 4.348/1964, não alterou o prazo para apresentação das informações, sendo esse, atualmente, de 10 dias, nos termos do art. 7º, I, do aludido diploma legal.

16. Como anota, com propriedade, Ary Florêncio Guimarães (*O Ministério Público e o Mandado de Segurança*, Curitiba, s/ed., 1959, pp. 189-190), tendo escrito à

(*presentante*, a rigor, segundo correta terminologia entre nós difundida por Pontes de Miranda[17]) da pessoa jurídica em juízo. À vista de tal posicionamento, exsurge evidente a impropriedade terminológica da lei ao se utilizar da expressão "notificação" da autoridade coatora, quando tal ato, em verdade, equivale materialmente ao da citação.

Além da notificação da autoridade coatora, o art. 7º, II, da Lei 12.016/2009 também exige que se dê ciência do feito ao órgão de representação judicial da pessoa jurídica interessada, enviando-lhe cópia da inicial sem documentos, para que, querendo, ingresse no feito.

As informações deverão ser prestadas pela autoridade apontada como coatora, ainda que possam também ser subscritas por advogado.[18] Como é a autoridade coatora que tem conhecimento dos motivos de fato e de direito que terão levado à prática do ato atacado, é a ela que a lei atribuiu a função de prestar as informações, como presentante da pessoa jurídica de direito público por ela integrada.

A autoridade coatora – é importante fixar essa ideia – atua em nome da pessoa jurídica, como órgão desta. Parte passiva no mandado de segurança é a pessoa jurídica (de direito público, no mais das vezes) cujos quadros a autoridade coatora integra.[19]

luz da Lei 1.533/1951: "A lei vigente, *[a Lei 1.533/1951, pois a obra ora citada data de 1959]* como já dissemos, aboliu a citação ordenada no revogado procedimento dos arts. 319 e ss. do CPC. A oportunidade para a defesa da autoridade reside, precisamente, na informação a ser prestada ao juiz. Nela é que o apontado coator dirá cumpridamente, de fato e de direito, que nenhuma ilegalidade ou abuso de poder praticou no exercício de suas funções, podendo, mesmo, revogar, desde logo, o seu ato. Já decidiu, com inegável acerto, o TJPR que, 'ao responder ao pedido de informações, o coator defende a legalidade do ato, se não entender de reformá-lo'".

17. O órgão não "representa" a pessoa jurídica. A "representação" – como ensina Carré de Malberg — "supõe essencialmente duas pessoas jurídicas distintas, uma das quais atua por conta da outra; o órgão, como tal, carece de personalidade própria", como diz Adhemar Ferreira Maciel ("Observações sobre autoridade coatora no mandado de segurança", *RT* 618/20, São Paulo, Ed. RT, 1987).

18. Cf., a esse propósito, *RTFR* 116/326, exigindo que as informações sejam subscritas pela autoridade coatora, ainda que possam ser redigidas por terceira pessoa.

19. Nesse preciso sentido o correto escólio de Sérgio Ferraz (*Mandado de Segurança*, São Paulo, Malheiros Editores, 2006, p. 89): "*Em suma, na nossa visão, sujeito passivo, no mandado de segurança, é a pessoa jurídica de direito público que vai suportar os efeitos defluentes da ação*. Ela sequer é litisconsorte necessária da autoridade coatora, eis que esta, pelos motivos já antes expostos, *não é parte* (...)".

Segundo Celso Agrícola Barbi, "o ato que a autoridade coatora pratica no exercício de suas funções vincula a pessoa jurídica de direito público a cujos quadros ela pertence; é o ato do ente público e não do funcionário (...). No direito público interno brasileiro têm personalidade jurídica a União, os Estados, o Distrito Federal, os Municípios e as entidades autárquicas; não os seus agentes, que são apenas órgãos da Administração. (...). O julgado irá regular a situação do impetrante em relação à pessoa jurídica de direito público e não em referência à autoridade coatora (...). Assim, quando se fala de Administração Pública, passa-se por cima da figura dos funcionários, para alcançar o ser jurídico, que é a Administração, ou o Estado (...). A parte passiva no mandado de segurança é a pessoa jurídica de direito público a cujos quadros pertence a autoridade apontada como coatora".[20]

Vejamos a corretíssima lição de Adhemar Ferreira Maciel: "Os órgãos são, na verdade, como diz Gierke, 'fragmentos' da pessoa jurídica. E a pessoa jurídica, quando expressa sua vontade, quando age, o faz por meio de seus órgãos".[21]

Enfáticos, nessa mesma linha, os dizeres do Min. Eduardo Ribeiro ao tratar da parte passiva no mandado de segurança:

> "A razão a nosso ver está com aqueles que entendem que parte é a pessoa jurídica. Não pode haver dúvida de que a autoridade, agindo como tal, oficia como órgão da pessoa jurídica. O ato, por conseguinte, é impugnável a esta. Os órgãos não têm personalidade jurídica".[22] Como acentua Celso Antônio Bandeira de Mello, "nada mais significam que os círculos de atribuições, os feixes individuais dos poderes funcionais repartidos no interior da personalidade estatal e expressados através dos agentes neles providos".[23]

20. Celso Agrícola Barbi, *Do Mandado de Segurança*, 11ª ed., atualizada por Bernardo Pimentel Souza, Rio de Janeiro, Forense, 2008, pp. 139-141.

21. Adhemar Ferreira Maciel, "Observações sobre autoridade coatora no mandado de segurança", cit., *RT* 618/20.

22. Eduardo Ribeiro de Oliveira, "Recursos em mandado de segurança – Algumas questões controvertidas", in Sálvio de Figueiredo Teixeira (coord.), *Mandados de Segurança e de Injunção*, São Paulo, Saraiva, 1990, p. 289.

23. Celso Antônio Bandeira de Mello, *Apontamentos sobre os Agentes e Órgãos Públicos*, São Paulo, Ed. RT, 1975, p. 69. Nesse sentido, ainda: Carlos Mário da Silva Velloso, "Mandado de Segurança", cit., *RDP* 55-56/333-340.

A redação do art. 7º, I e II, da Lei 12.016/2009 não veio a modificar o que vimos sustentando até agora. A autoridade coatora atua em nome da pessoa jurídica, como órgão desta. Parte passiva no mandado de segurança é a pessoa jurídica (de direito público, no mais das vezes) cujos quadros a autoridade coatora integra.

O art. 7º, I e II, da Lei 12.016/2009 traz novamente a necessidade de dois atos de comunicação processual, diferentemente da Lei 1.533/1951. Parece-nos, no entanto, que a ciência ao órgão de representação judicial da pessoa jurídica interessada, de que trata o art. 7º, II, da vigente Lei do Mandado de Segurança, não conduz à modificação da orientação por nós encampada, no sentido de que parte passiva no mandado de segurança continua sendo a pessoa jurídica de direito público, pois, conforme aduzia, com pertinência, Celso Agrícola Barbi, "o ato do funcionário é ato da entidade pública a que ele se subordina. Seus efeitos se operam em relação à pessoa jurídica de direito público. E, por lei, só esta tem 'capacidade de ser parte' no nosso direito processual civil".[24]

Temos que a ciência a que se refere o art. 7º, II, para que a pessoa jurídica ingresse no feito diz respeito apenas a um ato que visa a oportunizar a esta o oferecimento de argumentos técnicos e jurídicos por meio de seus representantes judiciais. Robustece o quanto dito o disposto no § 2º do art. 14 do mesmo diploma legal. Deveras, se a autoridade coatora fosse parte passiva no mandado de segurança não haveria por que o legislador se preocupar em lhe estender legitimidade recursal, como o fez nesse último dispositivo.

Por tudo isso, concluímos que a parte passiva no mandado de segurança é a pessoa jurídica da qual a autoridade coatora se constitui em órgão. Este o posicionamento de Adhemar Ferreira Maciel,[25] Celso Barbi[26] e Seabra Fagundes,[27] dentre outros.[28] Por outras palavras: não é a autoridade coatora o sujeito passivo no mandado de segurança.

24. Celso Agrícola Barbi, *Do Mandado de Segurança*, cit., 11ª ed., p. 141.

25. Adhemar Ferreira Maciel, "Observações sobre autoridade coatora no mandado de segurança", cit., *RT* 618/18.

26. Celso Agrícola Barbi, "Sujeito passivo no mandado de segurança", *RT* 589/36, São Paulo, Ed. RT, 1984.

27. Miguel Seabra Fagundes, *O Controle dos Atos Administrativos pelo Poder Judiciário*, 2ª ed., Rio de Janeiro, José Konfino Editor, 1950, pp. 309 e ss.

28. Não é mister, pois, recorrer à ideia de substituição processual, como quer Moacyr Amaral Santos, para explicar por que as informações prestadas pela autoridade

3. O conceito de parte e sua análise para que entendamos a figura da autoridade coatora

Para que entendamos corretamente a posição da autoridade coatora no mandado de segurança é preciso que nos refiramos aos conceitos de *parte material* e *parte processual*. É bem verdade – como salienta Arruda Alvim – que a visão dicotômica de parte, que admite a existência de parte em sentido material e parte em sentido formal (Chiovenda), vem sendo abandonada pela doutrina alemã contemporânea.[29] Porém, como pondera o mesmo autor, a distinção é útil para explicar as ideias de substituição processual e representação, espécies do gênero "legitimação extraordinária".

Preferimos usar a nomenclatura "presentação" em lugar de "representação", para que haja denominações diversas designando institutos diferentes. "Representação" reserva-se, pois, para aquele que diz respeito à integração de capacidade dos absolutamente incapazes (art. 8º do CPC). Por outro lado, o art. 12, VI, do CPC trata da "presentação" das pessoas jurídicas em juízo.

Pontes de Miranda observava, com pertinência: "As pessoas jurídicas são presentadas, ativa e passivamente, nos atos judiciais e extrajudiciais, por quem os respectivos estatutos designarem, ou, não o designando, pelos seus diretores. Outra coisa não diz o art. 12, VI, do CPC, que apenas particulariza o caso da função em juízo (...). No art. 12, VI, diz-se que são 'representadas' em juízo, ativa e passivamente,

coatora se constituem em verdadeira defesa da pessoa jurídica por ela integrada (citado por Ariovaldo Perrone da Silva, "A posição da pessoa jurídica de direito público na ação de mandado de segurança e a necessidade de sua citação", *RT* 682/261, São Paulo, Ed. RT, 1992). A autoridade coatora, no mais das vezes integrante de pessoa jurídica de direito público, age como órgão público, e como tal apresenta a pessoa jurídica que integra. Como diz Adhemar Ferreira Maciel ("Observações sobre autoridade coatora no mandado de segurança", cit., *RT* 618/19): "No caso das pessoas jurídicas de direito público, elas exercem suas atividades através de 'órgãos', ou seja, 'as autoridades incumbidas de tomar decisões em nome dessas Administrações'".

29. Cf. José Manoel de Arruda Alvim Netto, *Tratado de Direito Processual Civil*, 2ª ed. (refundida do *Código de Processo Civil Comentado*), vol. I, São Paulo, Ed. RT, 1990, p. 516. A mesma observação faz Waldemar Mariz de Oliveira Jr. (*Substituição Processual*, São Paulo, Ed. RT, 1971, pp. 26-27): "A doutrina atual, no entanto, orientou-se no sentido de conceituar as partes sob o *aspecto formal*, tão somente, levando em consideração, principalmente, o *caráter autônomo da relação processual*".

as pessoas jurídicas, por quem os respectivos estatutos designarem ou, não os designando, por seus diretores. Trata-se de presentação, e não de representação (...)".[30]

Arruda Alvim afirma que nas hipóteses de legitimação extraordinária, "materialmente, é um o titular, ou seja, no campo do direito substancial; no campo do processo, é outro o titular do direito de ação".[31] Thereza Alvim explica a mesma ideia de forma um pouco diferente, concluindo que a descoincidência se dá entre o titular da lide e aquele que pratica os atos processuais,[32] explicando, mais adiante, que o legitimado extraordinário exerce direito de ação alheio (do legitimado *ad causam*, ou seja, o legitimante).

Essas noções são importantes (sem que absolutamente se constitua no propósito deste estudo examiná-las mais a fundo) para que se entenda o papel da autoridade coatora ao prestar as informações no mandado de segurança.

O que sucede com a autoridade coatora no mandado de segurança é fenômeno distinto da substituição processual, apesar de demandar o recurso à visão dicotômica de parte, acima explanada, porque a autoridade coatora, na qualidade de presentante da pessoa jurídica que integra, é parte processual, mas o será, tão só e exclusivamente, até as informações. A autoridade coatora atua como órgão da pessoa jurídica de direito público. Mesmo porque a pessoa jurídica de direito público não teria outro meio de se manifestar em juízo senão através de seus órgãos. E, como vimos, por razões muito específicas, a autoridade coatora é o órgão designado pela lei para *presentar* a pessoa jurídica de direito público no início do processo de mandado de segurança; porém já não o será, como regra, no momento da interposição de eventual recurso em caso de sentença concessiva da ordem, ainda que o art. 14, § 2º, da Lei 12.016/2009 lhe tenha atribuído legitimidade recursal.

30. F. C. Pontes de Miranda, *Comentários ao Código de Processo Civil*, 5ª ed., atualizada por Sérgio Bermudes, Rio de Janeiro, Forense, 1996, pp. 303-304.

31. Cf. José Manoel de Arruda Alvim Netto, *Tratado de Direito Processual Civil*, cit., 2ª ed., vol. I, p. 516.

32. Cf. Thereza Alvim, *O Direito Processual de Estar em Juízo*, São Paulo, Ed. RT, 1996, p. 94.

Tampouco há que se falar que se trata de representação, semelhantemente ao que sucede no caso do menor absolutamente incapaz (art. 8º do CPC).

Chegamos, pois, à conclusão de que a distinção entre "representar" e "presentar", que entre nós se deve a Pontes de Miranda (e é tratada por muitos como neologismo estéril), não se prende a meras filigranas filológicas. Absolutamente. Designam-se por intermédio desses dois verbos realidades jurídicas distintas.

O instituto da representação de que trata o art. 8º do CPC está ligado à necessidade de integração de capacidade do absolutamente incapaz.

Ao revés, no caso da *presentação* da pessoa jurídica de direito público, esta se faz através da autoridade coatora (no momento processual da prestação das informações). A autoridade coatora, ao prestar as informações, o faz enquanto órgão ("fragmento", no dizer de Gierke, acima citado por Adhemar Maciel); daí por que, como visto, não há falar em substituição processual.

O que marca a substituição processual é que o substituto fala/age no processo em nome próprio, tendo em vista afirmação de direito alheio.[33] Na substituição processual a sentença atinge o substituído que "não tenha sido parte processual, ou seja, atinge alguém que, processualmente falando, restou estranho ao processo, no sentido de *neste* não ter atuado".[34]

Não é, realmente, o que sucede no caso da atuação da autoridade coatora. Esta se manifesta em juízo como órgão, presentando a pessoa jurídica por ela integrada; age em nome da pessoa jurídica, tendo em vista situação jurídica a ela atinente. Quando a pessoa jurídica (na maior parte das vezes, de direito público) se manifesta no processo, o faz – *sempre* – por intermédio de algum órgão seu; por isso que se diz que nesse caso há *presentação*, pois o órgão por intermédio do qual a pessoa

33. Thereza Alvim conceitua com precisão (*O Direito Processual de Estar em Juízo*, cit., p. 101): "Existe substituição processual quando alguém pleiteia ou defende em juízo, em nome próprio, afirmação de direito alheio, em (substituição) lugar de quem seria legitimado ordinário".

34. Cf. José Manoel de Arruda Alvim Netto, *Tratado de Direito Processual Civil*, cit., 2ª ed., vol. I, p. 517.

jurídica se manifesta é a própria pessoa jurídica (é o que sucede nas hipóteses do art. 12, I, II, VI e VIII, do CPC).[35]

Reafirmamos, pois, nossa conclusão de que parte passiva no mandado de segurança é a pessoa jurídica de direito público cujos quadros sejam integrados pela autoridade coatora. A pessoa jurídica, assim, não é substituída processualmente pela autoridade coatora, que é órgão seu. Nem tampouco há falar em representação, propriamente dita. Desse instituto já trata o art. 8º do CPC, e sua significação é algo distinta. Na hipótese tratada (posição da autoridade coatora no mandado de segurança) entendemos ser adequado, pelas razões expostas, o uso da expressão "presentação".

Assim, parte não é o órgão coator.[36] Mesmo porque, se fosse o órgão coator, nunca haveria coisa julgada que submetesse a pessoa de direito público, o que representaria verdadeiro absurdo.[37-38]

35. Nesse sentido, diz Pontes de Miranda (*Comentários ao Código de Processo Civil*, cit., 5ª ed., p. 289) que "presentação há no art. 12, I, II, VI e VIII (aqui, presentação ou mera representação, conforme o caso). Nas espécies do art. 12, III, IV e V, ainda não se sabe a quem se vão entregar os bens. Na espécie do art. 12, IX, atende-se a que aí surge a pluralidade de titulares, sem o mesmo bem. Na espécie do art. 12, VII, atende-se a que houve destinação subjetiva sem que ainda se haja chegado a criar quem seja o sujeito".

36. A propósito, v. Fredie Didier Jr., "Natureza das informações da autoridade coatora", publicado in Eduardo Arruda Alvim, Cássio Scarpinella Bueno e Teresa Arruda Alvim Wambier (coords.), *Aspectos Polêmicos e Atuais do Mandado de Segurança, 51 Anos Depois*, São Paulo, Ed. RT, 2002, n. 2, p. 369.

37. Assim Gelson Amaro de Souza, no artigo intitulado "Parte passiva no mandado de segurança", publicado na *Revista de Direito Processual Civil* 15/13, item 6.2.2, "b", editada em Curitiba pela Gênesis. Em igual sentido João Batista Lopes ("Sujeito passivo no mandado de segurança", in Eduardo Arruda Alvim, Cássio Scarpinella Bueno e Teresa Arruda Alvim Wambier (coords.), *Aspectos Polêmicos e Atuais do Mandado de Segurança, 51 Anos Depois*, São Paulo, Ed. RT, 2002, ns. 8 e 9 e pp. 419 e 420), que afirma: "O sujeito passivo no mandado de segurança é a pessoa jurídica a cujos quadros pertence a autoridade de quem emanou o ato impugnado. A autoridade pública não pratica o ato em nome próprio, mas como presentante da pessoa jurídica, e, por isso, não ostenta titularidade para funcionar no polo passivo da ação. A coisa julgada no mandado de segurança opera-se em relação à pessoa jurídica, e não à pessoa física".

38. No mesmo sentido, a Professora Livre-Docente da PUC/SP e Desembargadora Federal do TRF-3ª Região, Regina Helena Costa, no artigo "Sujeitos do mandado de segurança em matéria tributária", in Eduardo Arruda Alvim, Cássio Scarpinella Bueno e Teresa Arruda Alvim Wambier (coords.), *Aspectos Polêmicos e Atuais do*

A seguir, veremos que um rápido exame de alguns conceitos doutrinários de "parte" robustece ditas conclusões.

Segundo clássica definição de Chiovenda, *parte* é "aquele que demanda em seu próprio nome (ou em cujo nome é demandado) a atuação duma vontade da lei, e aquele em face de quem essa atuação é demandada".[39] Segundo Liebman, *parte* é "aquele que pede ao juiz um provimento sobre determinado objeto jurídico e aquela contra o qual tal provimento é pedido".[40] Para Waldemar Mariz de Oliveira Jr. "partes são as pessoas que pedem ou em face das quais se pede, em nome próprio, a tutela jurisdicional".[41]

Parte é a pessoa jurídica de direito público. É ela que suporta diretamente os ônus da demanda, é sobre ela que recaem os ônus da condenação ou da ordem. Exemplificativamente, numa hipótese de auto de infração tributário desconstituído via mandado de segurança, quem, em última análise, deixará de ver recolhido para seus cofres o valor correspondente àquela autuação será a pessoa jurídica de direito público.[42]

Celso Barbi, a propósito, dizia que "o princípio geral do processo é que um direito somente pode ser discutido em juízo pelos seus titulares, isto é, pelo sujeito ativo e pelo sujeito passivo desse direito (CPC, arts. 3º e 6º). Aplicando-se essa ideia ao mandado de segurança, ter-se-á que o direito nele reclamado deve ser discutido pelos seus sujeitos – o impetrante e a pessoa jurídica de direito público em cujo nome foi praticado o ato considerado violador desse direito".[43]

Mandado de Segurança, 51 Anos Depois, São Paulo, Ed. RT, 2002, item 3.2, pp. 734-735.

39. Ou, no original: "*[Parte è]* colui che domanda in proprio nome (o nel cui nome à domandata) l'attuazione di una volontà della legge, e colui di fronte al quale essa à domandata" (Giuseppe Chiovenda, *Istituzioni de Diritto Processuale Civile*, 2ª ed., vol. II, Nápoles, Dott. Eugenio Jovene, 1936, p. 214).

40. Ou, no original: "*[Parte è]* quella che chiede al giudice di provvedere su un determinato oggetto e quella contra cui il provvedimento è chiesto" (Enrico Tullio Liebman, *Manuale di Diritto Processuale Civile*, 2ª ed., Milão, Giuffrè, 1957, n. 65, p. 133).

41. Waldemar Mariz de Oliveira Jr., *Substituição Processual*, cit., p. 26.

42. Assim vêm decidindo o STF (2ª Turma, RE/AgR 233.319-PB, rela. Min. Ellen Gracie, j. 19.8.2003, *DJU* 12.9.2003) e o STJ (6ª Turma, REsp 279.419-MA, rel. Min. Fernando Gonçalves, j. 14.8.2001, *DJU* 10.9.2001).

43. Celso Agrícola Barbi, "Sujeito passivo no mandado de segurança", cit., *RT* 589/36.

Por isso, e *data venia* dos que assim pensam, inexiste litisconsórcio entre a autoridade coatora e a pessoa jurídica que ela integra.[44] Quando a autoridade coatora presta as informações, expondo as razões que levaram à edição do ato coator, o faz como presentante da pessoa jurídica de direito público (ou de direito privado, exercendo funções públicas) por ela integrada.[45-46-47] Justifica-se perfeitamente seja a autoridade coatora quem o faça, pois ninguém melhor do que ela para expor as razões que terão levado à edição do ato impugnado.

É o que já decidiu o STF, sendo de se transcrever o seguinte trecho: "A mesma linha de raciocínio, acrescento, serve também à refutação da ideia de litisconsórcio passivo entre a pessoa jurídica e seu agente noti-

44. Nesse sentido, correto julgado do STJ, 1ª Turma, no REsp 56.205-PE, rel. Min. César Asfor Rocha, j. 7.12.1994, *DJU* 13.2.1995. No mesmo sentido: "Processual civil – Mandado de segurança – Inexistência de litisconsórcio passivo necessário entre a autoridade coatora e a pessoa jurídica de direito público à qual pertence o órgão coator. A autoridade coatora, como tal indicada na ação de mandado de segurança, faz parte do ente público sujeito passivo no *mandamus* (...)" (STJ, 1ª Turma, REsp 50.164-PE, rel. Min. Humberto Gomes de Barros, rel. para o acórdão Min. César Asfor Rocha, j. 7.12.1994, *DJU* 6.3.1995).

45. Lúcia Valle Figueiredo (*A Autoridade Coatora e o Sujeito Passivo do Mandado de Segurança*, cit., pp. 33-34), em raciocínio muito bem fundamentado (conquanto com ele não concordássemos), escrito à luz da Lei 1.533/1951, entendia que a autoridade coatora defende o ato impugnado, porém, por não ser ela quem "vai suportar as consequências da concessão da ordem e mesmo da sucumbência", impõe-se, ao lado de sua notificação, a citação da pessoa jurídica de direito público (ou de direito privado, nas hipóteses constitucionalmente previstas). Em obra mais recente (*Mandado de Segurança*, 6ª ed., São Paulo, Malheiros Editores, 2009, p. 47), ainda à luz da Lei 1.533/1951, alterou esse posicionamento, encampando posição semelhante àquela que aqui se defende.

46. No sentido do texto, já decidiu o STJ conforme a seguinte ementa: "Mandado de segurança – Autoridade coatora – Notificação – Efeito. A autoridade coatora, tal como indicada na ação de mandado de segurança, faz parte do ente público sujeito passivo no *mandamus*. Por isso, a sua notificação acarreta a citação da pessoa jurídica de direito público à qual pertence" (1ª Turma, REsp 56.205-PE, rel. Min. César Asfor Rocha, j. 7.12.1994, *DJU* 13.2.1995).

47. No STF (MS 21.425-DF) decidiu-se: "(...) o sujeito passivo na relação processual do mandado de segurança é sempre a pessoa jurídica de direito público – ou, sendo o caso, de direito privado (CF, art. 5º, LXIX, *in fine*; Lei n. 1.533, art. 1º, § 1º, parte final) à qual seja imputável o ato ou omissão impugnados, reduzindo-se, no processo, o papel da autoridade coatora ao de representante processual da parte ré, para fins limitados: a prestação de informações e o cumprimento da decisão concessiva da ordem" (Tribunal Pleno, rel. Min. Néri da Silveira, j. 4.2.1993, *DJU* 26.11.1993).

ficado para prestar informações. Tanto quanto o substituto processual, há de agir em nome e interesse próprios. E não o faz quem age como órgão, ou seja, quem, por definição, no exercício do ofício público – segundo o neologismo expressivo de Pontes de Miranda –, mais que representar, presenta a pessoa estatal".[48]

4. Legitimidade recursal da autoridade coatora

Uma vez prestadas as informações, cessa a intervenção da autoridade coatora no processo do mandado de segurança, salvo a possibilidade de interposição, por parte desta, de recurso – não como *parte*, mas como terceira prejudicada.[49] O § 2º do art. 14 da Lei 12.016/2009 veio a permitir de forma expressa o direito de recorrer da autoridade coatora, ao estatuir que "estende-se à autoridade coatora o direito de recorrer".

Já tivemos também oportunidade de sustentar, com esteio no escólio de Sérgio Ferraz, que a autoridade coatora ainda poderia intervir, prestadas as informações como assistente (assistência simples, disciplinada pelos arts. 50 e ss. do CPC).[50]

Quando estudamos, linhas atrás, a figura da autoridade coatora em mandado de segurança, observamos que esta, ao prestar as informações, o faz na qualidade de órgão da pessoa jurídica cujos quadros integra,

48. STF, Tribunal Pleno, voto-vista do Min. Sepúlveda Pertence no MS 21.425-2, *Boletim de Jurisprudência ADCOAS – Mandado de Segurança*, p. 47, 1995.

49. Pela inadmissão da interposição de recurso por parte da autoridade coatora já decidiu, à luz da Lei 1.533/1951, o TJSC, nos termos da ementa seguinte: "Não se conhece de recurso interposto pelas próprias autoridades coatoras, por seus bastantes procuradores, que não têm legitimidade para tanto, pois, em casos que tais, a pessoa jurídica de direito público afetada pela concessão do *writ* é quem de fato tem legitimidade para recorrer da decisão deferitória do *mandamus*; nesse sentido a jurisprudência prevalecente dos tribunais" (TJSC, 2ª Câmara Cível, AMS 5.008, rel. Des. Rubem Córdovam, publ. em 10.11.1994, *COAD-ADV* 27/419, 1995).

Reconhecendo legitimidade recursal à autoridade coatora exatamente porque esta pode responder por culpa ou dolo (CF, art. 37, § 6º), consultar Lúcia Valle Figueiredo, *Mandado de Segurança*, cit., 6ª ed., p. 48).

50. É o que já tivemos oportunidade de consignar em artigo de nossa autoria intitulado "Noções sobre a ação constitucional do mandado de segurança – Sua aplicabilidade no campo do direito tributário", in *Repertório de Jurisprudência e Doutrina sobre Processo Tributário*, sob nossa coordenação e de Teresa Arruda Alvim Wambier e James Marins, São Paulo, Ed. RT, 1994, pp. 99-100.

não sendo, por isso, parte na ação de mandado de segurança. Essa premissa é fundamental para a conclusão que ora firmamos no sentido de que parte legítima para recorrer será a pessoa jurídica de direito público. Todavia, como apontado, a lei *estendeu* a legitimidade recursal à autoridade coatora, que, portanto, também pode recorrer, como verdadeira terceira prejudicada.

Destarte, prestadas as informações, cessa a intervenção da autoridade coatora no mandado de segurança, podendo esta intervir como assistente ou interpor recurso não como *parte*, mas, conforme aludimos acima, como *terceira prejudicada* (o § 2º do art. 14 da Lei 12.016/2009 veio a estender, de forma expressa, o direito de recorrer à autoridade coatora; assim já entendíamos, mesmo durante a vigência da Lei 1.533/1951, em razão da aplicação do art. 499 do CPC).[51]

Poderá, ainda, a autoridade coatora intervir no feito como assistente simples (arts. 50 e ss. do CPC), em face da inexistência de qualquer incompatibilidade entre o regime dessa modalidade de intervenção de terceiros e a Lei do Mandado de Segurança. Com efeito, sendo o Código de Processo Civil lei geral de processo, temos que o mesmo se aplica aos procedimentos disciplinados nas leis extravagantes, no que com elas não se revelar incompatível. Esse entendimento, aliás, resta, em última análise, robustecido pelo já mencionado § 2º do art. 14 da Lei 12.016/2009. Afinal, como diz Fredie Didier Jr., "o terceiro recorrente é, normalmente, aquele que poderia intervir no processo como assistente, em qualquer grau de jurisdição".[52]

5. *Ciência da pessoa jurídica interessada*

Concluímos, portanto, que a parte passiva no mandado de segurança é a pessoa jurídica (no mais das vezes, de direito público, cujos quadros sejam integrados pela autoridade coatora),[53] que se faz pre-

51. Nesse sentido: Sérgio Ferraz, *Mandado de Segurança*, cit., p. 323.

52. Fredie Didier Jr., *Recurso de Terceiro*, 2ª ed., São Paulo, Ed. RT, 2005, p. 55.

53. Nesse sentido, decidiu o STF que "nos mandados de segurança contra atos do Poder Executivo, do Poder Legislativo ou do Poder Judiciário o sujeito passivo é a pessoa jurídica de direito público a que pertence o órgão tido como coator, ou seja, a União, o Estado ou Município" (Tribunal Pleno, RE 91.947-RJ, rel. Min. Moreira Alves, j. 6.2.1980, *DJU* 17.3.1980).

sentar pela autoridade coatora na oportunidade em que as informações são prestadas.

A autoridade coatora, ao prestar as informações, não o faz enquanto pessoa física, mas enquanto órgão da pessoa jurídica cujos quadros integra, de modo que é a própria pessoa jurídica que se estará pronunciando na manifestação, e não a autoridade coatora (enquanto pessoa física), que apenas a presenta (é "órgão", na expressiva conceituação de Gierke, multirreferida neste trabalho).

No regime da Lei 1.533/1951 discutia-se sobre a necessidade de citação da pessoa jurídica de direito público, pois o art. 7º, I, daquele diploma legal tratava somente da notificação dirigida à autoridade coatora.

Diferentemente da sistemática da Lei 1.533/1951, a atual lei regulamentadora do mandado de segurança (Lei 12.016/2009) dispõe, em seu art. 7º, II, ser necessário dar "ciência do feito ao órgão de representação judicial da pessoa jurídica interessada, enviando-lhe cópia da inicial sem documentos, para que, querendo, ingresse no feito".

O art. 7º, I, da Lei 12.016/2009 não modificou a fórmula utilizada pela Lei 1.533/1951, pois também determina a notificação da autoridade coatora para que esta preste as informações. O que a lei vigente veio a acrescentar, conforme dissemos, foi a ciência a ser dada ao órgão de representação judicial da pessoa jurídica para que possa apresentar melhores argumentos, de cunho técnico-jurídico, se entender pertinente (art. 7º, II, da Lei 12.016/2009).

A Lei 12.016/2009 não alterou o quanto aqui expendido no sentido de que a parte passiva no mandado de segurança é a pessoa jurídica de direito público devidamente presentada pela autoridade coatora da qual emanou o ato. De um lado, o art. 7º, I, da Lei 12.016/2009 dispõe que a

Essa também é a orientação adotada pelo STJ: "Mandado de segurança – Partes – Posição da autoridade coatora – Recurso interposto pela autoridade coatora – Não conhecimento – Medida cautelar – Competência do relator – Desnecessidade de *referendum* – CPC, art. 800, parágrafo único – RISTJ, art. 288, § 2º. 1. No processo de mandado de segurança, a relação processual trava-se entre o impetrante e a pessoa jurídica a cujo organismo pertence a chamada 'autoridade coatora'. 2. A 'autoridade coatora' é simples órgão a que se outorga, excepcionalmente, competência para receber citação pelo Estado e, em nome dele, responder. 3. Presidente de tribunal carece de *jus postulandi* para interpor recurso em processo em de mandado de segurança requerido contra a Corte – Recurso firmado por ele não pode ser conhecido (...)" (1ª Turma, Pet 321-BA, rel. Min. Humberto Gomes de Barros, j. 16.11.1992, *DJU* 17.5.1993).

autoridade coatora será notificada para que apresente as informações no prazo de 10 dias. De outro lado, o art. 7º, II, prescreve a necessidade de dar ciência do feito ao órgão de representação judicial da pessoa jurídica. Temos que, conforme já dito alhures, a ciência de que trata referido dispositivo legal deve ser entendida como uma comunicação à pessoa jurídica para que possa oferecer defesa mais técnica, elaborada por profissionais habilitados, do que propriamente as informações prestadas pela autoridade coatora.

Referências bibliográficas

ALVIM, Thereza. *O Direito Processual de Estar em Juízo*. São Paulo, Ed.

ARRUDA ALVIM, Eduardo. *Mandado de Segurança no Direito Tributário*. São Paulo, Ed. RT, 1998.

————. "Noções sobre a ação constitucional do mandado de segurança – Sua aplicabilidade no campo do direito tributário". In: ARRUDA ALVIM, Eduardo, MARINS, James, e WAMBIER, Teresa Arruda Alvim (coords.). *Repertório de Jurisprudência e Doutrina sobre Processo Tributário*. São Paulo, Ed. RT, 1994.

————, BUENO, Cássio Scarpinella, e WAMBIER, TERESA Arruda Alvim (coords.). *Aspectos Polêmicos e Atuais do Mandado de Segurança: 51 Anos Depois*. São Paulo, Ed. RT, 2002.

————, MARINS, James, e WAMBIER, Teresa Arruda Alvim (coords.). *Repertório de Jurisprudência e Doutrina sobre Processo Tributário*. São Paulo, Ed. RT, 1994.

ARRUDA ALVIM NETTO, José Manoel de. *Tratado de Direito Processual Civil*. 2ª ed. (refundida do *Código de Processo Civil Comentado*), vol. I. São Paulo, Ed. RT, 1990.

BANDEIRA DE MELLO, Celso Antônio. *Apontamentos sobre os Agentes e Órgãos Públicos*, São Paulo, Ed. RT, 1975.

————. *Curso de Direito Administrativo*. 30ª ed. São Paulo, Malheiros Editores, 2013.

————. *Regimes dos Servidores da Administração Direta e Indireta (Direitos e Deveres)*. 3ª ed. São Paulo, Malheiros Editores, 1995.

BARBI, Celso Agrícola. *Do Mandado de Segurança*. 11ª ed., atualizada por Bernardo Pimentel Souza. Rio de Janeiro, Forense, 2008.

————. "Sujeito passivo no mandado de segurança". *RT* 589. São Paulo, Ed. RT, 1984.

BUENO, Cássio Scarpinella, ARRUDA ALVIM, Eduardo, e WAMBIER, Teresa Arruda Alvim (coords.). *Aspectos Polêmicos e Atuais do Mandado de Segurança: 51 Anos Depois*. São Paulo, Ed. RT, 2002.

BUENO, Cássio Scarpinella, e SUNDFELD, Carlos Ari. "Mandado de segurança e atos praticados por empresas estatais em licitação". *Revista da Associação de Pós-Graduandos da PUC/SP* 5. São Paulo, PUC/SP, 1993.

BUZAID, Alfredo. *Considerações sobre o Mandado de Segurança Coletivo*. São Paulo, Saraiva, 1992.

CAMPOS, Dejalma de. *Direito Processual Tributário*. São Paulo, Atlas, 1993.

CHIOVENDA, Giuseppe. *Istituzioni de Diritto Processuale Civile*. 2ª ed., vol. II. Nápoles, Dott. Eugenio Jovene, 1936.

COSTA, Regina Helena. "Sujeitos do mandado de segurança em matéria tributária". In: ARRUDA ALVIM, Eduardo, BUENO, Cássio Scarpinella, e WAMBIER, Teresa Arruda Alvim (coords.). *Aspectos Polêmicos e Atuais do Mandado de Segurança, 51 Anos Depois*. São Paulo, Ed. RT, 2002.

CRUZ E TUCCI, José Rogério, e TUCCI, Rogério Lauria. *Constituição de 1988 e Processo*. São Paulo, Saraiva, 1989.

DIDIER JR., Fredie. "Natureza das informações da autoridade coatora". In: ARRUDA ALVIM, Eduardo, BUENO, Cássio Scarpinella, e WAMBIER, Teresa Arruda Alvim (coords.). *Aspectos Polêmicos e Atuais do Mandado de Segurança, 51 Anos Depois*. São Paulo, Ed. RT, 2002.

———. *Recurso de Terceiro*. 2ª ed. São Paulo, Ed. RT, 2005.

FERRAZ, Sérgio. *Mandado de Segurança*. São Paulo, Malheiros Editores, 2006.

FIGUEIREDO, Lúcia Valle. *Autoridade Coatora e o Sujeito Passivo no Mandado de Segurança*. São Paulo, Ed. RT, 1991.

———. *Mandado de segurança*. 6ª ed. São Paulo, Malheiros Editores, 2009.

———. *Perfil do Mandado de Segurança Coletivo*. São Paulo, Ed. RT, 1989.

GRECO, Marco Aurélio. "Jurisprudência comentada". *RePro* 5. São Paulo, Ed. RT, 1977.

GUIMARÃES, Ary Florêncio. *O Ministério Público e o Mandado de Segurança*. Curitiba, s/ed., 1959.

LIEBMAN, Enrico Tullio. *Manuale di Diritto Processuale Civile*. 2ª ed. Milão, Giuffrè, 1957.

LOPES, João Batista. "Sujeito passivo no mandado de segurança". In: ARRUDA ALVIM, Eduardo, BUENO, Cássio Scarpinella, e WAMBIER, Teresa Arruda Alvim (coords.). *Aspectos Polêmicos e Atuais do Mandado de Segurança, 51 Anos Depois*. São Paulo, Ed. RT, 2002.

MACIEL, Ademar Ferreira. "Observações sobre autoridade coatora no mandado de segurança". *RT* 618. São Paulo, Ed. RT, 1987.

MARINS, James, ARRUDA ALVIM, Eduardo, e WAMBIER, Teresa Arruda Alvim (coords.). *Repertório de Jurisprudência e Doutrina sobre Processo Tributário*. São Paulo, Ed. RT, 1994.

MARIZ DE OLIVEIRA JR., Waldemar. *Substituição Processual*. São Paulo, Ed. RT, 1971.

MEIRELLES, Hely Lopes. *Direito Administrativo Brasileiro*. 39ª ed. São Paulo, Malheiros Editores, 2013.

———. *Mandado de Segurança e Ações Constitucionais*. 35ª ed. São Paulo, Malheiros Editores, 2013.

MENEZES DIREITO, Carlos Alberto. *Manual do Mandado de Segurança*. 2ª ed. Rio de Janeiro, Renovar, 1994.

NERY JR., Nelson, e NERY, Rosa Maria de Andrade. *Código de Processo Civil Comentado e Legislação Extravagante*. 10ª ed. São Paulo, Ed. RT, 2007.

———. *Constituição Federal Comentada e Legislação Constitucional*. São Paulo, Ed. RT, 2006.

OLIVEIRA, Eduardo Ribeiro de. "Recursos em mandado de segurança – Algumas questões controvertidas". In: TEIXEIRA, Sálvio de Figueiredo (coord.). *Mandados de Segurança e de Injunção*. São Paulo, Saraiva, 1990.

PONTES DE MIRANDA, Francisco Cavalcanti. *Comentários ao Código de Processo Civil*. 5ª ed., atualizada por Sérgio Bermudes. Rio de Janeiro, Forense, 1996.

———. *Comentários ao Código de Processo Civil de 1939*. 2ª ed., t. V. Rio de Janeiro, Forense, 1959.

SEABRA FAGUNDES, Miguel. *O Controle dos Atos Administrativos pelo Poder Judiciário*. 2ª ed. Rio de Janeiro, José Konfino Editor, 1950.

SILVA, Ariovaldo Perrone da. "A posição da pessoa jurídica de direito público na ação de mandado de segurança e a necessidade de sua citação". *RT* 682. São Paulo, Ed. RT, 1992.

SILVA, José Afonso da. *Curso de Direito Constitucional Positivo*. 36ª ed. São Paulo, Malheiros Editores, 2013.

SILVA, Ovídio Baptista da. *Curso de Processo Civil*. vol. II. Porto Alegre, Sérgio Antônio Fabris Editor, 1990.

SOUZA, Gelson Amaro de. "Parte passiva no mandado de segurança". *Revista de Direito Processual Civil* 15. Curitiba, Gênesis, 2000.

SUNDFELD, Carlos Ari, e BUENO, Cássio Scarpinella. "Mandado de segurança e atos praticados por empresas estatais em licitação". *Revista da Associação de Pós-Graduandos da PUC/SP* 5. São Paulo, PUC/SP, 1993.

TEIXEIRA, Sálvio de Figueiredo (coord.). *Mandados de Segurança e de Injunção*. São Paulo, Saraiva, 1990.

TEMER, Michel. *Elementos de Direito Constitucional*. 24ª ed. São Paulo, Malheiros Editores, 2012.

TUCCI, Rogério Lauria, e CRUZ E TUCCI, José Rogério. *Constituição de 1988 e Processo*. São Paulo, Saraiva, 1989.

VELLOSO, Carlos Mário da Silva. "Do mandado de segurança e institutos afins na Constituição de 1988". In: TEIXEIRA, Sálvio de Figueiredo (coord.). *Mandados de Segurança e de Injunção*. São Paulo: Saraiva, 1990.

———. "Mandado de segurança". *RDP* 55-56. São Paulo, Ed. RT, 1980.

VIRGA, Pietro. *Diritto Amministrativo*. 3ª ed., vol. II. Milão, Giuffrè, 1995.

WALD, Arnoldo. *Do Mandado de Segurança na Prática Judiciária*. 3ª ed. Rio de Janeiro, Forense, 1968.

WAMBIER, Teresa Arruda Alvim, ARRUDA ALVIM, Eduardo, e BUENO, Cássio Scarpinella (coords.). *Aspectos Polêmicos e Atuais do Mandado de Segurança, 51 Anos Depois*. São Paulo, Ed. RT, 2002.

WAMBIER, Teresa Arruda Alvim, ARRUDA ALVIM, Eduardo, e MARINS, James (coords.). *Repertório de Jurisprudência e Doutrina sobre Processo Tributário*. São Paulo, Ed. RT, 1994.

PROTESTO EXTRAJUDICIAL DE CERTIDÃO DE DÍVIDA ATIVA/CDA: SANÇÃO POLÍTICA OU DIREITO DA ADMINISTRAÇÃO PÚBLICA?

EDUARDO FORTUNATO BIM

*1. Introdução. 2. A superação do protesto para fins exclusivamente cambiários: juridicidade do protesto de títulos executivos extrajudiciais, como a CDA, com o advento da Lei 9.492/1997. 3. A previsão do protesto de CDA pela Lei 12.767/2012: lei interpretativa e observância à Lei Complementar 95/1998. 4. A efetividade dos direitos do credor, a redução das execuções e a superação do protesto como meio de somente certificar a mora: o protesto como meio de induzir o pagamento. 5. Princípio da legalidade e a regulamentação pelo Executivo: desnecessidade de lei local para efetuar o protesto de CDA. 6. Ausência de exclusividade da execução fiscal para a cobrança da Dívida Ativa: exegese do art. 38 da Lei 6.830/1980 e do RE 591.033-SP. 7. O protesto (obrigatório) para fins falimentares não se confunde com o protesto (comum e facultativo) de CDA: análise do REsp 287.824-MG e da reação em cadeia na jurisprudência do STJ. 8. Inexistência de sanção política no protesto da CDA: respeito ao princípio da proporcionalidade. 9. Analogia com a doutrina Chevron (*judicial deference*): posicionamento de alguns órgãos estatais (TCU e CNJ). 10. Conclusão.*

1. Introdução

O protesto extrajudicial de Certidão de Dívida Ativa/CDA tem se consolidado como prática da Administração Pública para recebimento de seus créditos, tenham ou não origem tributária. Embora já se tenha escrito sobre o tema,[1] inúmeras alterações jurisprudenciais (CNJ, STJ e

1. Eduardo Fortunato Bim, "A juridicidade do protesto extrajudicial de Certidão de Dívida Ativa (CDA)", *Revista Dialética de Direito Tributário* 157/45-67, São Paulo, Dialética, 2008.

TCU), legislativas (Lei 12.767/2012) e administrativas (Portaria Interministerial MF/AGU-574-A/2010) impõem sua revisitação.

A necessidade de novos esclarecimentos se renova porque a Lei 12.767/2012 inclui parágrafo único no art. 1º da Lei 9.492/1997 (Lei de Protestos) prevendo, de forma categórica, a possibilidade de a CDA ser protestada. Em seguida foram editados atos administrativos normativos sobre a questão no âmbito federal, destacando-se a Portaria PGF-17/2013, de 11.1.2013, e a Portaria Interministerial BC/AGU-1/2013, de 23.8. 2013. Antes da Lei 12.767/2012 devem ser destacadas a edição, pelo Ministro da Fazenda e pelo Advogado-Geral da União, da Portaria Interministerial 574-A/2010, também prevendo a possibilidade de protesto de CDA,[2] bem como a adoção do mesmo entendimento pelo TCU e pelo CNJ – posicionamentos que se apartaram da jurisprudência do STJ, que vinha rechaçando tal possibilidade.

Algumas das razões demonstradas no artigo de 2008 ainda persistem, mormente aquela relativa ao preconceito de que o protesto somente serve tanto para fins cambiais quanto para dar publicidade à dívida, o que já foi superado em nosso ordenamento e reconhecido por diversos órgãos administrativos. Entretanto, com a pacificação da matéria em lei, a discussão constitucional, que já existia, fica em evidência, ainda que sob o prisma da vedação das sanções políticas. O objetivo deste texto é elucidar a eventual presença de sanção política no protesto extrajudicial de CDA, contextualizando-a com os elementos jurídicos que surgiram nos últimos cinco anos.

2. *A superação do protesto para fins exclusivamente cambiários: juridicidade do protesto de títulos executivos extrajudiciais, como a CDA, com o advento da Lei 9.492/1997*

Parte da resistência em protestar a CDA repousa no argumento de que esse protesto somente seria admitido para créditos ou títulos de natureza cambial,[3] o que estaria afinado com seu passado legislativo e vedaria seu uso pelo Estado ao cobrar a sua Dívida Ativa.

2. Anteriormente era somente a Portaria PGFN-321/2006 que previa a possibilidade (faculdade) de protestar CDAs antes do ajuizamento da ação de execução fiscal.

3. Edilson Jair Casagrande, "Da impossibilidade de protesto cartorário de CDA de origem tributária", *Revista Dialética de Direito Tributário* 56/47-51, São Paulo, Dialética, 2000 (pp. 49-51).

A origem do protesto é cambial porque desde a Idade Media foi prevista em diversas leis comerciais.[4] Entretanto, o instituto evoluiu e adquiriu nova fisionomia, abandonando seu caráter exclusivamente cambiário, porque sua fisionomia jurídica foi alterada para também admitir o protesto de títulos não cambiários.

A Lei 6.690/1979, que disciplinava o cancelamento de protesto de títulos cambiais, era categórica em prever, no seu art. 1º, que "o cancelamento de protesto de títulos cambiais disciplinar-se-á por esta Lei".[5] Diante desse cenário legislativo e do histórico do protesto previsto nas leis comerciais, o entendimento que se firmou era o de que o protesto somente poderia ser de títulos cambiais – o que certamente excluía a CDA.

Esse quadro legal foi alterado com o advento da Lei 9.492/1997 (art. 1º), que não só admitiu o protesto de títulos (cambiais), mas também de "outros documentos de dívida", alargando, desse modo, o âmbito dos documentos passíveis de protesto:

> Art. 1º. Protesto é o ato formal e solene pelo qual se prova a inadimplência e o descumprimento de obrigação originada em títulos e outros documentos de dívida.

Instaurada a celeuma sobre o significado da expressão "outros documentos de dívida", doutrina e jurisprudência chegaram à conclusão de que eles correspondiam a títulos executivos (judiciais ou extrajudiciais) – com o quê resta superado o primeiro preconceito sobre o protesto, qual seja, o de que ele somente serviria a fins cambiários. Se é possível protestar títulos executivos judiciais e extrajudiciais, e entre estes certamente estão muitos documentos não cambiários, é porque o protesto vai além do mero fim cambial.

4. Código Comercial de 1850, arts. 372-373; Decreto 2.044/1908, arts. 28-33; Lei Uniforme de Genebra, de 1930; na antiga (Decreto-lei 7.661/1945) e na nova (Lei 11.101/2005) Lei de Falências; Lei 4.728/1965 (art. 75); Lei 5.474/1968 (art. 13); Decreto-lei 911/1969 (art. 2º, § 2º); Lei 7.357/1985 (art. 47, II); e Lei 8.935/1994 (art. 11, I) – dentre outras mais recentes, todas citadas por Umbelino de Souza Neto (*Protesto Extrajudicial: Questões Atuais*, Campos dos Goytacazes, Faculdade de Direito de Campos, Mestrado em Direito, 2005, 158 pp. – pp. 24-26).

5. Em toda a extensão dessa curta lei havia menção ao protesto cambial, cabendo mencionar, por exemplo, os seguintes trechos: "cancelado o protesto de títulos cambiais" (art. 2º) e "cancelamento de protesto de títulos cambiais" (art. 5º).

A Corregedoria-Geral do TJSP assim entendeu, em parecer normativo (Parecer Normativo CGJ/SP-76/2005):

> Protesto de títulos e outros documentos de dívida – Alcance desta terminologia – Inteligência da Lei n. 9.492/1997 à luz do hodierno ordenamento jurídico – Possibilidade de protesto dos títulos executivos judiciais e extrajudiciais – Atributos de liquidez, certeza e exigibilidade – Caráter normativo – Inclusão do contrato de locação de veículo desde que ajustado ao inciso II do art. 585 do Código de Processo Civil.

As transcrições do parecer dão notícia do aprimoramento do instituto e da superação do seu aspecto meramente cambial.[6] À origem histórica do instituto (cambial) – que sofreu mutações pelas necessidades dos tempos atuais de efetividade da cobrança dos créditos (por isso o protesto facultativo, ainda que cambial) – aditou-se a *possibilidade de protesto de créditos não cambiários* pela legislação nacional (art. 1º da Lei 9.492/1997). Isso decorreu da observação de que ele era um eficiente meio de compelir o devedor ao pagamento do crédito relativo ao documento protestado. Como a experiência mostrou-se acertada em re-

6. "Hodiernamente, entretanto, à luz de novos e significativos elementos, de cunho legislativo (pense-se, *v.g.*, no advento do novo Código Civil, da recente Lei de Falências e, ainda, da Lei estadual n. 11.331/2002, engendrada de forma mais madura, estudada, discutida e transparente), doutrinário e, mesmo, fático, bem como ponderada a dinâmica das relações jurídicas, impende reconhecer que esse enfoque restritivo pode ceder espaço a interpretação que consagre o alcance emanado da lógica do ordenamento presente. *Mais que plausível, na sistemática atual, admitir o apontamento dos títulos executivos contemplados pela lei processual, dotados dos atributos de liquidez, certeza e exigibilidade (CPC, art. 586). (...). Que o intérprete não se deixe obnubilar por considerações sobre as origens do protesto, que o vinculam ao direito cambiário. Não se nega a história do instituto*, que inclusive faz compreensível, por amor à tradição e para distingui-lo do protesto judicial, denominá-lo, eventualmente, protesto cambial mesmo após o advento de diploma especial de regência, que não adota tal nomenclatura, qual seja, a Lei n. 9.492/1997. *Mas falta base para pretender que dito instituto permaneça eternamente agrilhoado ao berço, sem horizonte algum.* Não será a primeira vez que uma figura jurídica originalmente concebida para viger num universo mais apertado terá seu espectro expandido com vistas ao atendimento de outras situações compatíveis com sua natureza, por força de necessidades ditadas pelo desenvolvimento das relações jurídicas e pelo próprio interesse social" (sem grifos no original).

lação aos títulos de crédito cujo protesto é facultativo, o leque dos documentos protestáveis foi ampliado.

Por tal motivo, a jurisprudência do STJ tem admitido o protesto de sentenças condenatórias[7] e de contratos de locação,[8] uma vez que se trata de títulos certos, líquidos e exigíveis, tanto quanto qualquer título de crédito. Da mesma forma, o CNJ[9] admitiu o protesto de sentença condenatória de ação de alimentos:

> Protesto extrajudicial – Sentença judicial proferida em ação de alimentos – Corregedoria-Geral da Justiça do Estado de Goiás – Legalidade do ato.
>
> Inexiste na legislação brasileira qualquer dispositivo legal ou regra proibitiva ou excepcionadora do protesto de sentença transitada em julgado em ação de alimentos. Com a edição da Lei n. 9.492/1997 ampliou-se a possibilidade do protesto de títulos judiciais e extrajudiciais.
>
> Reconhecimento da legalidade do ato normativo expedido pela Corregedoria-Geral da Justiça do Estado de Goiás.

Em decorrência da necessidade social de acabar com a cultura da inadimplência e do seu reconhecimento pela legislação de regência,

7. "Recurso especial – Protesto de sentença condenatória transitada em julgado – Possibilidade – Exigência de que represente obrigação pecuniária líquida, certa e exigível. 1. O protesto comprova o inadimplemento. Funciona, por isso, como poderoso instrumento a serviço do credor, pois alerta o devedor para cumprir sua obrigação. 2. O protesto é devido sempre que a obrigação estampada no título é líquida, certa e exigível. *3. Sentença condenatória transitada em julgado é título representativo de dívida – tanto quanto qualquer título de crédito. 4. É possível o protesto da sentença condenatória, transitada em julgado, que represente obrigação pecuniária líquida, certa e exigível.* 5. Quem não cumpre espontaneamente a decisão judicial não pode reclamar porque a respectiva sentença foi levada a protesto" (STJ, 3ª Turma, REsp 750.805-RS, rel. Min. Humberto Gomes de Barros, j. 14.2.2008, *DJe* 16.6.2009 – grifamos).

8. "Protesto de contrato de locação de imóvel – Permissão aos tabeliães de protestos de letras e títulos da Comarca de São Paulo – Cancelamento – Ato de Corregedor-Geral de Justiça do Estado de São Paulo – Direito líquido e certo – Inexistência – Exigência de que o título executivo contenha obrigação pecuniária líquida, certa e exigível – Contrato de locação – Inexistência de liquidez – Recurso em mandado de segurança denegado" (STJ, 5ª Turma, RMS 17.400-SP, rel. para o acórdão Min. Adilson Vieira Macabu (convocado), j. 21.6.2011, *DJe* 3.11.2011).

9. CNJ, PP 0004178-07.2009.2.00.0000, rela. Consa. Morgana de Almeida Richa, j. 6.4.2010, *DJe* 8.4.2010.

doutrina maciça se manifesta pela possibilidade do protesto de outros créditos que não os cambiários ou provenientes do direito comercial.[10]

Ao discorrer sobre a admissibilidade do protesto de CDA, Márcio Manoel Maidame esclarece que o regime jurídico do protesto extrajudicial no Brasil não se limita às relações cambiais, como no Direito Italiano: "A doutrina conceitua o protesto como ato notarial e formal que solenemente configura o inadimplemento de qualquer tipo de dívida, e não só a cambiária.[11] Diferente é o trato do protesto no Direito Italiano, onde a figura prende-se às relações cambiais".[12]

Não basta ser um simples documento que represente o crédito; deve haver algo mais: a *feição de título executivo*. Ressalte-se que essa leitura é restritiva, uma vez que a exegese ampliativa, nesse caso, admitiria na expressão "outros títulos e documentos" quaisquer documentos, ainda que não fossem títulos executivos. Elucidativas as palavras de Sílvio de Salvo Venosa:[13]

10. Gustavo Tepedino, Heloísa Helena Barboza e Maria Celina Bodin de Moraes, *Código Civil Interpretado Conforme a Constituição da República*, Rio de Janeiro, Renovar, 2004, p. 384; Humberto Theodoro Jr., *Comentários ao Novo Código Civil*, 2ª ed., vol. III, t. II, Rio de Janeiro, Forense, 2003, pp. 266-267; Miriam Comassetto Wolfenbüttel, *O Protesto Cambiário como Atividade Notarial: Aspectos Inovadores da Lei 9.492, de 10 de Setembro de 1997*, São Paulo, Labor Juris, 2001, p. 75; Pedro Luiz Pozza, "Algumas linhas sobre a Lei 9.492/1997", *Caderno de Doutrina da Tribuna da Magistratura*, janeiro-fevereiro/1999; Sílvio de Salvo Venosa, *Direito Civil: Contratos em Espécie*, 3ª ed., São Paulo, Atlas, 2003, p. 468; Walter Ceneviva, *Lei dos Notários e dos Registradores Comentada*, São Paulo, Saraiva, 2000, p. 67; Hélia Márcia Pinheiro, *Aspectos Atuais do Protesto*, Rio de Janeiro, Lumen Juris, 2001, pp. 20-21; Eversio Donizete de Oliveira e Magno Luiz Barbosa, *Manual Prático do Protesto Extrajudicial: Comentários à Lei 9.492/1997*, Belo Horizonte, Del Rey, 2002, p. 9; Luiz Ricardo da Silva, *O Protesto de Documento de Dívida: um Novo Aspecto Dentro da Lei 9.492, de 10 de Setembro de 1997*, Porto Alegre, Norton, 2004, p. 48 (doutrina citada no Parecer Normativo CGJ/SP-76/2005 e no voto do Des. Passos de Freitas no TJSP, AgR 126.917-0/6-01).

11. Carlos Henrique Abrão, *Do Protesto*, São Paulo, LEUD, 1999, p. 20; Mario Battaglini, *Il Protesto*, 4ª ed., Milão, Giuffrè, 1972, p. 21; Roberto Triola, *Il Protesto per Mancato Pagamento*, Milão, Giuffrè, 1989, p. 20.

12. Márcio Manoel Maidame, *Impenhorabilidade e Direitos do Credor*, Curitiba, Juruá, 2008, p. 378.

13. Sílvio de Salvo Venosa, *Direito Civil: Contratos em Espécie*, 5ª ed., São Paulo, Atlas, 2005, p. 494.

> Considerando que o protesto de origem cambiária sempre foi utilizado para títulos representativos de dívida líquida e certa que autorizam a ação de execução, essa mesma teleologia deve ser aplicada a esses outros documentos citados pela novel lei. Desse modo, embora haja quem possa sufragar opinião mais extensiva, *o disposto no art. 1º dever ser interpretado restritivamente, no sentido de que o protesto é utilizável somente para os títulos cambiários e para os demais títulos executivos judiciais e extrajudiciais*, que estão elencados nos arts. 584 e 585 do CPC, como defende Hélia Márcia Gomes Pinheiro. *[Grifos nossos]*

Importa mencionar que mesmo no protesto obrigatório para fins falimentares se admite o apontamento de "títulos executivos judiciais e extrajudiciais sem feição estritamente cambial". Daí por que o parecer lavrado pela Corregedoria do TJSP assentou que "a generalização dessa possibilidade, corolário da equiparação decorrente da sistemática atual, não representará novidade especialmente inusitada no âmbito do serviço delegado, pois estes outros documentos de dívida, embora apenas para aquela peculiar finalidade, já vêm sendo protestados" (Parecer Normativo 76/2005).

Diferentemente do que é divulgado, não existe óbice ao protesto de CDA, porque o protesto, na sua atual fisionomia jurídica, não mais se restringe aos títulos cambiais, sendo possível para todos os títulos executivos.

Críticas no sentido de que o protesto de CDA é inútil ao Estado[14] mascaram a faculdade de o credor público tentar o recebimento de seu crédito desta forma, mormente porque a quase totalidade dos protestos efetuados por privados tem por fim a liquidação do crédito, sendo raros os que se preocupam com questões periféricas, como a prescrição, direito de regresso ou para viabilizar pedido de falência.

14. "O protesto cambial produz os seguintes efeitos: (a) interrompe a prescrição; (b) viabiliza o pedido de falência do devedor; (c) induz o devedor em mora; (d) preserva o direito de regresso contra coobrigados. Ocorre que o credor tributário não carece de nenhum desses efeitos. Não pode nem tem interesse em pedir a falência do devedor, nem precisa de qualquer outro dos efeitos do protesto. Não tem, portanto, necessidade de promover o protesto de certidão de inscrição de crédito tributário, que se mostra, assim, absolutamente incabível" (Hugo de Brito Machado, "Protesto de Certidão de Dívida Ativa", *Revista Dialética de Direito Tributário* 130/34-40, São Paulo, Dialética, 2006 – p. 36).

3. A previsão do protesto de CDA pela Lei 12.767/2012: lei interpretativa e observância à Lei Complementar 95/1998

A adição do parágrafo único ao art. 1º da Lei 9.492/1997 pela Lei 12.767/2012 (art. 25) em nada altera esse quadro, uma vez que do ponto de vista normativo foi uma lei meramente interpretativa. Sua redação visou a dar segurança jurídica aos aplicadores do Direito, mormente pela divergência jurisprudencial reinante na matéria. A redação do dispositivo é a seguinte:

> Art. 1º. Protesto é o ato formal e solene pelo qual se prova a inadimplência e o descumprimento de obrigação originada em títulos e outros documentos de dívida.
>
> Parágrafo único. Incluem-se entre os títulos sujeitos a protesto as Certidões de Dívida Ativa da União, dos Estados, do Distrito Federal, dos Municípios e das respectivas autarquias e fundações públicas.

Com a adição de parágrafo único ao dispositivo surgem diversas questões, como a suposta existência de sanção política (discutida adiante, em tópico separado), seu caráter inovativo e a obediência em face da Lei Complementar 95/1998.

É fundamental investigar se houve, ou não, alteração normativa (conteúdo) ou o legislador apenas agregou segurança jurídica, ao expressar o que já existia no ordenamento jurídico.

As leis interpretativas são instrumentos idôneos para a denominada interpretação autêntica (ADI/MC 605[15]), mas somente se aplicam quando não alteram a disciplina normativa existente. Se alterarem, a interpretação autêntica nada mais é que lei nova, como entendeu o STF ("lei supostamente interpretativa que, em verdade, inova no mundo jurídico deve ser considerada como lei nova"[16]), embora ele já tenha admitido uma retroatividade moderada na ADI/MC 605.

15. STF, Pleno, ADI/MC 605-DF, rel. Min. Celso de Mello, j. 23.10.1991, *DJU* 5.3.1993, p. 2.897.

16. STF, Pleno, RE 566.621-RS (Repercussão Geral), rela. Min. Ellen Gracie, j. 4.8.2011, *DJe* 11.10.2011.

Interpretar uma norma é revelar seu conteúdo. Viu-se que a redação do *caput* do art. 1º da Lei 9.492/1997 já admitia o protesto de títulos executivos, sejam estes judiciais ou extrajudiciais, como a CDA. Logo, o acréscimo do parágrafo único ao art. 1º da Lei 9.492/1997 nada acrescentou em termos normativos. Não houve alteração no plano dos significados, mas apenas dos símbolos – o que demonstra que a Lei 12.767/2012 (art. 25) não pode ser considerada como lei nova. Não há efeitos retroativos, apenas aclaramento daquilo que já era possível normativamente.

Outra questão que deve ser observada é o respeito à Lei Complementar 95/1998. Embora esta preceitue que "eventual inexatidão formal de norma elaborada mediante processo legislativo regular não constitui escusa válida para o seu descumprimento" (art. 18) – ou seja, seu descumprimento não é motivo para que a lei não seja válida e aplicável –, existe argumentação no sentido de que ela seria nula, por ferir esse diploma legal.

O enfoque é que a Lei 12.767/2012 tratou primordialmente sobre matéria (concessões de serviços públicos de energia elétrica) que não a alteração da Lei de Protestos. Haveria, assim, um "contrabando legislativo" na norma, o que já é vedado na Lei Orçamentária (CF, art. 165, § 8º – princípio da pureza orçamentária), mas também o seria pela norma geral do art. 7º, I e II, da Lei Complementar 95/1998, complementada pelo seu art. 11, III, "a".

Admitindo – apenas para argumentar – a não clareza do art. 18 da Lei Complementar 95/1998, destaque-se que não existe vedação absoluta para que uma lei trate de assuntos diversos, ainda mais quando ela é clara quanto a isso, ao colocar em sua ementa a frase "dá outras providências." Uma interpretação tão literal, quanto radical, da Lei Complementar 95/1998 derrubaria mais da metade do ordenamento jurídico – motivo pelo qual a própria Lei Complementar 95 se conceituou como um guia para o legislador, mas sem gerar nulidade (art. 18). Ademais, sua leitura menos draconiana vedaria apenas que uma lei tratasse de diversos assuntos, mas do ponto de vista do significado, uma vez que ela poderia ter artigos que inserissem dispositivos em outros diplomas normativos, mantendo a unidade da lei alterada.

4. A efetividade dos direitos do credor, a redução das execuções e a superação do protesto como meio de somente certificar a mora: o protesto como meio de induzir o pagamento

Outro entendimento que deve ser desfeito é o de que o protesto só serve para certificar a mora do devedor – inferência que se faz da leitura literal e descontextualizada do art. 1º da legislação de regência. Como já foi visto, um dos motivos para ele ter se ampliado para além dos títulos cambiais foi exatamente porque se reconheceu muito mais do que a mera certificação em mora.

A possibilidade de protestar títulos executivos é porque eles são certos, líquidos e exigíveis, ou seja, já estão vencidos. Se é possível protestar qualquer título executivo certo, líquido e *exigível*, seja judicial, seja extrajudicial, obviamente a certificação da mora é desnecessária. Se for necessário cientificar a mora, o protesto é obrigatório, não facultativo.

Recentemente se têm identificado meios alternativos ao processo judicial para a satisfação do crédito; e o protesto está entre esses meios. De fato, o protesto extrajudicial não serve somente para comprovar a inadimplência ou o descumprimento da obrigação; sua utilidade também é a de estimular o devedor a saldar a dívida. A doutrina especializada reconhece tal efeito do protesto. Conforme as lúcidas observações de Sílvio de Salvo Venosa:[17]

> De há muito o sentido social e jurídico do protesto, mormente aquele denominado facultativo, deixou de ter o sentido unicamente histórico para o qual foi criado. Sabemos nós, juristas ou não, que o protesto funciona como fator psicológico para que a obrigação seja cumprida. Desse modo, a estratégia do protesto se insere no *iter* do credor para receber seu crédito, independentemente do sentido original consuetudinário do instituto. Trata-se, no mais das vezes, de mais uma tentativa extrajudicial em prol do recebimento do crédito.
>
> Ora, por rebuços ou não, o fato é que os juristas tradicionais nunca se preocuparam com esse aspecto do protesto, como se isso transmitisse

17. Sílvio de Salvo Venosa, *Direito Civil*: *Contratos em Espécie*, cit., 5ª ed., p. 496.

uma *capitis deminutio* ao instituto do protesto e a sua ciência. Não podem, porém, o cultor do Direito e o magistrado ignorar a realidade social. Esse aspecto não passa despercebido na atualidade. Para o magistrado Ermínio Amarildo Darold [2001:17] o protesto "guarda, também, a relevante função de constranger legalmente o devedor ao pagamento, sob pena de ter lavrado e registrado contra si ato restritivo de crédito, evitando, assim, que todo e qualquer inadimplemento vislumbre na ação judicial a única providência formal possível".

Umbelino de Souza Neto, citando diversos doutrinadores em trabalho monográfico sobre protesto, reconhece expressamente sua função de cobrança.[18] Ademais, sendo eficiente meio extrajudicial de fazer o devedor pagar a dívida, pela publicidade que lhe é inerente,[19] diminuiria a carga de processos que potencialmente desaguariam no Judiciário.

O fato de o protesto de CDA visar ao adimplemento do título não deve gerar cisma, pois qualquer protesto facultativo o visa. Se a comprovação da impontualidade fosse tão necessária ao instituto, não haveria o protesto facultativo. Além disso, deve-se reconhecer a evolução que o instituto sofreu para combater a cultura da inadimplência, como bem captado pelo Parecer Normativo CGJ/SP-76/2005.[20]

18. Umbelino de Souza Neto, *Protesto Extrajudicial: Questões Atuais*, cit., pp. 34-36. Em suas palavras: "Dessa forma, admite-se, claramente, tanto na doutrina quanto na jurisprudência, nova conformação para o protesto extrajudicial, qualificando-o como instrumento de cobrança. Mesmo quando o legislador dispensa o protesto cambial, para assegurar a ação de regresso, não há impedimento para o protesto facultativo" (p. 36).

19. O Des. Passos de Freitas corretamente aduziu que "o protesto tem se revelado como importante ferramenta – simples, célere e eficaz – de satisfação de grande parte dos créditos não honrados no vencimento. E esse caráter profilático ou medicional do protesto é, em rigor, um bem à sociedade. Bem social, inclusive, quando não houver pagamento de título (*lato sensu*) apontado, (...) uma vez que a publicação do protesto sinaliza anormalidade (patologia jurídico-econômica) socialmente indesejada" (TJSP, Órgão Especial, voto no AgR 126.917, AR 126.917, rel. Des. Paulo Franco, j. 22.3.2006).

20. "O fenômeno pode ser aqui, incidentalmente, percebido. *Num contexto de inadimplência crescente, a nova dimensão que, segundo se conclui, o ordenamento dá ao protesto apresenta potencial de contribuir para a inibição da recalcitrância e, mesmo, de evitar, em alguma medida, a canalização de demandas ao já abarrotado Poder Judiciário*. Isto porque não se pode negar, a par das finalidades clássicas do

O Des. Paulo Franco foi preciso ao dizer que o protesto de CDA prestigia o "interesse público, e não apenas o da Fazenda Pública, na medida em que inibe a inadimplência do contribuinte ou a sonegação de tributos, reduzindo, em contrapartida, o número de execuções fiscais ajuizadas, e contribuindo, assim, para a melhor eficiência dos serviços prestados pelo Judiciário".[21] Consta em acórdão do TJSP[22] que 36% dos contribuintes protestados pagaram ou parcelaram seus débitos no âmbito do Estado de São Paulo, evitando execuções desnecessárias. No *site* da Advocacia-Geral da União/AGU, no projeto de protesto de CDA da PGF, aduz-se que em 2011 houve pagamento superior a 33%, subindo para 52% em 2012.[23] Obviamente, essa porcentagem variará de acordo com inúmeros critérios, mas é significantemente mais expressiva que a baixíssima eficiência do executivo fiscal, que mal atinge 1%.

Evidencia-se que aquela antiga finalidade do protesto – constituição em mora e/ou publicidade da insolvência do devedor – é exceção, e não a regra, sendo incorreto falar em desvirtuamento do instituto ou abuso de poder no protesto de CDA.

Não podendo negar essa evolução do instituto, o STJ categoricamente reconhece que "o protesto é também meio lícito e legítimo de compelir o devedor a satisfazer a obrigação assumida".[24]

protesto, o efeito exercido sobre o devedor no sentido de compeli-lo ao cumprimento da obrigação, quer para garantir seu prestígio na praça, quer, até, sob o prisma psicológico. (...). Campeia, infelizmente, a cultura da inadimplência, e já é tempo de abrir caminhos para que quem ostente créditos líquidos, certos e exigíveis, representados por títulos executivos reconhecidos pela legislação, tenha alguma perspectiva de receber com mais agilidade. E negar que a possibilidade de protesto gera esse efeito seria ignorar a realidade dos fatos. Note-se que esses atributos de liquidez, certeza e exigibilidade, a serem devidamente aferidos pelo tabelião em sede de qualificação, permitem presumir a boa-fé do credor, em detrimento da postura do devedor, justificando que se deixe a este último o ônus de ir a juízo buscar a sustação (ou, numa etapa seguinte, o cancelamento), caso entenda haver razão para tanto."

21. TJSP, Órgão Especial, voto no AgR 126.917 (AR 126.917, rel. Des. Paulo Franco, j. 22.3.2006).

22. TJSP, 15ª Câmara de Direito Público, AC 597.111-5/5-00, rel. Des. Eutálio Porto, j. 7.12.2006.

23. Disponível em *http://www.agu.gov.br/sistemas/site/TemplateTexto.aspx?idConteudo=167799&id_site=1106&aberto=&fechado=* (acesso em 8.6.2013).

24. STJ, 4ª Turma, REsp 1.011.040-PB, rel. Min. Luís Felipe Salomão, j. 27.3.2012, v.u., *DJe* 10.4.2012.

Reduzir o espectro do protesto aos documentos cambiários e à certificação da mora – o que ignora a existência da função de induzir o pagamento do débito – para justificar a impossibilidade de se protestar a CDA é fazer típica "interpretação retrospectiva", uma vez que "procura interpretar o texto novo de maneira a que ele não inove em nada, mas, ao revés, fique tão parecido quanto possível com o antigo".[25]

As necessidades mudaram, bem como a lei. Se alguma interpretação tem que ser considerada arrojada, deve ser a ampliativa, que admite o protesto de qualquer documento e que reconhece sua aptidão para induzir ao pagamento do débito. A leitura restritiva é aquela que entende por "qualquer documento" apenas o título executivo (judicial ou extrajudicial). Por isso, admitir o protesto somente de títulos cambiais e para fins de certificação de mora é interpretação retrospectiva, apegada a uma historicidade que não mais se reflete no direito positivo vigente, há muito tempo.

Como se viu, não subsiste a ultrapassada caracterização do protesto como mecanismo associado apenas ao direito privado, especialmente o mercantil, para vedar seu uso pelo Poder Público em relação às CDAs. No ordenamento jurídico brasileiro o protesto estende-se além do direito cambial, abrangendo todos os títulos executivos, inclusive os extrajudiciais, como a CDA (CPC, art. 585, VI, c/c o art. 1º da Lei 9.497/1997), não podendo o intérprete retirar do Estado mais esse meio para satisfazer o crédito público, colocando o particular em posição de supremacia perante o Estado em relação ao uso de meios alternativos à execução judicial.

A doutrina rechaça tal ponto de vista, porque "não se pode dar à Fazenda Pública menos do que se dá aos particulares. Se o credor privado pode utilizar o protesto, legitimamente, como acima visto, com vários proveitos, não há razão para se subtrair esta via ao Poder Públi-

25. Luís Roberto Barroso, *Interpretação e Aplicação da Constituição*, 5ª ed., São Paulo, Saraiva, 2003, p. 71. Cunhador dessa expressão, José Carlos Barbosa Moreira, estigmatizando a equivocidade desta postura hermenêutica, aduziu: "Põe-se ênfase nas semelhanças, corre-se um véu sobre as diferenças e conclui-se que, à luz daquelas, e a despeito destas, a disciplina da matéria, afinal das contas, mudou pouco, se é que na verdade mudou. É um tipo de interpretação a que não ficaria mal chamar 'retrospectiva': o olhar do intérprete dirige-se antes ao passado que ao presente, e a imagem que ele capta é menos a representação da realidade que uma sombra fantasmagórica" ("O Poder Judiciário e a efetividade da nova Constituição", *RF* 304/152, Rio de Janeiro, Forense, outubro-dezembro/1988).

co".[26] Para outros, a simples ausência de qualquer norma proibitiva ou excepcionadora possibilita o protesto da CDA.[27]

5. *Princípio da legalidade e a regulamentação pelo Executivo: desnecessidade de lei local para efetuar o protesto de CDA*

Antes mesmo de a Lei 9.492/1997 ser alterada para prever expressamente o protesto da CDA já havia questionamentos sobre a legalidade da instituição do protesto de CDA sobre base legal tão ampla e aparentemente voltada ao direito privado.

Sobre a validade do protesto de CDA, três possibilidades hermenêuticas se abrem: (i) a que admite o protesto de CDA com base na Lei 9.492/1997; (ii) a que o aceita somente se houver previsão legislativa do ente que a protestará (lei local), na falta de previsão nacional; e (iii) a que o refuta.

O objetivo é debater as duas primeiras possibilidades, principalmente porque elas são utilizadas para negar a validade do protesto de CDA, enquanto a terceira está mais ligada à existência de sanção política, o que é visto em item apartado.

A lei local é desnecessária, porque já há previsão normativa em lei nacional; ela só não era expressa em citar CDA, o que ocorreu com a Lei 12.767/2012. Aliás, muita coisa não é expressa no ordenamento, incluindo a norma, que nada mais é que o resultado da análise de textos normativos e outros elementos.

A separação vertical de Poderes distribui as competências estatais entre o ente central e seus entes territoriais.[28] Regulamentada a questão por lei nacional, fica vedado às legislações locais anular seus efeitos,

26. Emanoel Macabu Moraes, *Protesto Extrajudicial: Direito Notarial*, Rio de Janeiro, Lumen Juris, 2004, p. 39.

27. Bartolomé Borba e Maria de Lourdes M. Rosário, "Dívida Ativa – Delegação de competência – Prescrição – Parcelamento – Protesto e emissão de certidão", *Interesse Público* 2, n. 5, Belo Horizonte, janeiro/2000 (parecer disponível em *http://www.bidforum.com.br/bid/PDI0006.aspx?pdiCntd=51637*, acesso em 18.1.2013); Ermínio Amarildo Darold, *Protesto Cambial*, Curitiba, Juruá, 1998, p. 25.

28. Roberto Bin, e Giovanni Pitruzzella, *Diritto Pubblico*, 5ª ed., Turim, Giappichelli, 2007, p. 77.

ainda que a pretexto de exercer sua competência concorrente. É a preservação da homogeneidade mínima que se resguarda, sendo essa a pedra de toque do condomínio legislativo que se instaura no federalismo. A lei nacional prestigia o princípio da homogeneidade federativa, dando "liga" para que a Federação não seja uma "colcha de retalhos". Fruto da divisão entre ente nacional e ente federal, a lei nacional representa a vontade de prevenir um pluralismo caótico de normas.

É certo que os entes locais têm autonomia para tratar dos assuntos de seu interesse, mas a convivência em Federação impõe algumas regras que devem ser obedecidas por todos os condôminos da Federação: as leis nacionais. É o caso da Lei 9.492/1997. Por ser lei nacional ("define competência, regulamenta os serviços concernentes ao protesto de títulos e outros documentos de dívida e dá outras providências") sobre o protesto (CF, arts. 236 e 22, XXV[29]), ela abre a competência para o protesto de títulos cambiais e – em uma interpretação restritiva, frise-se – executivos judiciais e extrajudiciais.

Exigir lei local para justificar o protesto de CDA implica negar força normativa à Lei 9.492/1997, ferindo o princípio da separação vertical de Poderes. Exigir a lei local é o mesmo que dizer que a lei nacional sobre a matéria não tem efeito ou força normativa suficiente, sendo mera autorização para que seja editada a lei local que autorize o protesto.

Não há restrição para que a lei local discipline aspectos do protesto, desde que não anule ou substitua a faculdade do Executivo ou dos particulares de protestar as CDAs, já que a competência suplementar não pode afastar o que foi estabelecido por normais gerais da União. As normas locais devem suplementar, e não substituir, as do modelo federal.[30] Espera-se que a legislação suplementar "preencha vazios ou lacu-

29. STF, Pleno, ADI/MC 1.047-AL, rel. Min. Sepúlveda Pertence, j. 25.3.1994, v.u., *DJU* 6.6.1994, p. 10.485.

30. "(...). 2. Seja dispondo sobre consumo (CF, art. 24, V), seja sobre proteção e defesa da saúde (CF, art. 24, XII), busca o diploma estadual impugnado inaugurar regulamentação paralela e explicitamente contraposta à legislação federal vigente. 3. *Ocorrência de substituição – e não suplementação – das regras* que cuidam das exigências, procedimentos e penalidades relativos à rotulagem informativa de produtos transgênicos por norma estadual que dispôs sobre o tema de maneira igualmente abrangente – Extrapolação, pelo legislador estadual, da autorização constitucional, voltada para o preenchimento de lacunas acaso verificadas na legislação federal – Precedente: ADI n. 3.035, rel. Min. Gilmar Mendes, *DJU* 14.10.2005" (STF, Pleno, ADI 3.645-PR, rela. Min. Ellen Gracie, j. 31.5.2006, v.u., *DJU* 1.9.2006, p. 16).

nas deixados pela legislação federal, não que venha a dispor em diametral objeção a esta".[31]

Não haveria como se preencher lacuna deixada pela Lei 9.492/1997, porque ela é clara a respeito da matéria, e a exegese que admite o protesto de CDA é restritiva do art. 1º, é o mínimo semântico que se extrai dele. Se houvesse alguma complementação, talvez fosse a de que ela devesse vir para ampliar a leitura da expressão "outros documentos de dívida", não para dizer o que minimamente ela já diz: admitir o protesto de títulos executivos (judiciais e extrajudiciais) – o que engloba a CDA.

O espaço de possibilidade de regramento pela legislação estadual ou municipal nessa matéria seria possível se: (i) não houvesse legislação nacional, quando, então, mesmo sobre princípios gerais poderia a legislação estadual ou municipal dispor; ou, (ii) quando existente legislação nacional fixando os princípios gerais, coubesse alguma complementação ou suplementação para o preenchimento de lacunas, aquilo que não corresponda à generalidade ou, ainda, para a definição de peculiaridades regionais.[32]

Ocorre que existe legislação nacional (Lei 9.492/1997, art. 1º), e sua complementação, como dito, deveria ser no sentido de, no máximo, dar interpretação ampliativa à expressão "outros documentos de dívida". No caso, não existem especificidades ou peculiaridades regionais que justifiquem o regramento suplementar da matéria, pelo menos no sentido de proibir ou permitir o protesto de CDA.

Autorizar o protesto de CDA via lei local seria uma tautologia jurídica, porque tal faculdade já é garantida pela Lei nacional 9.492/1997, que confere autorização para o portador do título protestá-lo, seja ele privado ou público. Essa competência é discricionária no protesto facultativo, como é o caso do protesto da CDA.

Como reforço argumentativo, exigir autorização legislativa local é como admitir que o Executivo vive completamente a reboque do Legislativo – o que esbarraria na liberdade do administrador de arrecadar (exigir pagamento) livremente a Dívida Ativa da maneira mais eficien-

31. STF, Pleno, ADI 2.396-MS, rela. Min. Ellen Gracie, j. 8.5.2003, v.u., *DJU* 1.8.2003, p. 100.

32. STF, Pleno, ADI/MC 2.396-MS, rela. Min. Ellen Gracie, j. 26.9.2001, v.u., *DJU* 14.12.2001, p. 23.

te possível (CF, art. 37, *caput*; Lei de Responsabilidade Fiscal, arts. 11 e 58; Lei 8.429/1992, art. 10, X), nos limites conferidos pelo ordenamento (Lei 9.492/1997, art. 1º). O Executivo seria um "robô", que somente executaria comandos preestabelecidos, sem liberdade alguma para avaliar a conveniência e a oportunidade de perseguir os fins cunhados pelo legislador. Ressalte-se que a administração tributária é atividade essencial ao funcionamento do Estado (CF, art. 37, XXII).

Roque Carrazza é elucidativo nesse ponto, ao doutrinar que o poder regulamentar é inerente ao Executivo, por força da Constituição, motivo pelo qual é vedado à lei "impedir a regulamentação de seu texto. O Executivo poderá regulamentá-la sempre que existir a necessidade de concretizar a intenção do legislador. (...)".[33]

O legislador local (legislação federal em sentido estrito, estadual, distrital ou municipal) não tem poder para interferir no âmbito de discricionariedade do Executivo, garantida por lei nacional, para cobrar a dívida pública sem que esse tenha que se socorrer ao processo executivo; obviamente que, se é poder discricionário, deve o Executivo se comportar nos limites do direito positivo – no caso, o art. 1º da Lei de Protestos. A *reserva de administração* veda que os outros Poderes, ainda que seja o Legislativo, se imiscuam no juízo de discricionariedade do Executivo, em virtude da separação de Poderes.

Protestar a dívida está no âmbito da discricionariedade do administrador,[34] caso ele entenda que deve utilizar previamente esse instrumento antes de distribuir a execução fiscal.

Cobrar a Dívida Ativa é típico ato executivo e sempre pertenceu ao Executivo, inclusive do ponto de vista histórico; todo o processo de formação do crédito tributário a ele pertence. Existe até ramo específico dentro da AGU com destaque na Constituição Federal (art. 132, § 3º)

33. Roque Antonio Carrazza, *Curso de Direito Constitucional Tributário*, 29ª ed., São Paulo, Malheiros Editores, 2013, p. 403.

34. "O protesto de Certidão de Dívida Ativa é protesto facultativo, permitido pela lei para se tentar o cumprimento de uma obrigação antes da exigência judicial, que não se revela arbitrário, pois traduz a conveniência e a oportunidade da Fazenda Pública de formalizar o inadimplemento do contribuinte, por razões de mérito administrativo" (TJPR, 2ª Câmara Cível, AC 0373508-0, rela. Desa. Denise Kruger Pereira, j. 19.6.2007).

para tratar dessas questões, a Procuradoria-Geral da Fazenda Nacional/ PGFN. Arrecadar é atividade desenvolvida pela Administração.[35]

Dispor sobre o protesto de CDA – com a existência de lei nacional autorizando, ainda que antes da Lei 12.767/2012 sem especificar a CDA – cabe à Administração Tributária, em seu campo discricionário, para melhor cobrar a Dívida Ativa. Quando o Ministro da Fazenda, o Presidente do Banco Central e o Advogado-Geral da União bem como o Procurador-Geral Federal autorizaram o protesto facultativo da CDA da União e suas autarquias, mediante as Portarias Interministeriais 574-A[36] e 1/2013[37] e a Portaria PGF-17/2013,[38] nada mais fizeram do que dispor sobre área que lhes compete na condução superior de um dos órgãos estatais de arrecadação.

Os mecanismos extrajudiciais para satisfação do crédito podem ser regrados pelo legislador nacional, mas não se pode impedir que o Executivo, na sua reserva de administração, busque outros não previstos expressamente pelo legislador, desde que compatíveis com o ordena-

35. Bernardo Ribeiro de Moraes, *Dívida Ativa*, São Paulo, Quartier Latin, 2004, p. 140.

36. Portaria Interministerial 574-A:

"Art. 1º. As Certidões de Dívida Ativa da União, das autarquias e das fundações públicas federais, independentemente de valor, poderão ser levadas a protesto extrajudicial.

"Parágrafo único. A Procuradoria-Geral da Fazenda Nacional (PGFN) e a Procuradoria-Geral Federal (PGF) expedirão, no âmbito das suas respectivas atribuições, as normas e orientações concernentes ao disposto no *caput* deste artigo."

37. Portaria Interministerial 1/2013:

"Art. 1º. As Certidões de Dívida Ativa do Banco Central do Brasil, independentemente de valor, poderão ser levadas a protesto extrajudicial.

"Parágrafo único. A Procuradoria-Geral do Banco Central (PGBC) expedirá, no âmbito de suas atribuições, as normas e orientações concernentes ao disposto no *caput* deste artigo."

38. Portaria PGF-17/2013:

"Art. 1º. As Procuradorias Regionais Federais, Procuradorias Federais nos Estados, Procuradorias Seccionais Federais e Escritórios de Representação poderão encaminhar para protesto extrajudicial por falta de pagamento, no domicílio do devedor, as Certidões de Dívida Ativa das autarquias e fundações públicas federais cujo valor consolidado seja inferior ou igual a R$ 50.000,00 (cinquenta mil Reais).

"(...).

"Art. 2º. O protesto somente será realizado junto aos Tabelionatos de Protesto de Títulos nos quais não seja necessário o pagamento antecipado, ou em qualquer outro momento, de despesas pela entidade protestante."

mento jurídico. Dessa forma, considerando-se que a Lei 9.497/1997 é nacional, que o legislador local não poderia dispor de maneira diferente dela, no sentido de lhe eliminar a eficácia mínima, a regulamentação da questão pelo Executivo é perfeitamente válida.

6. Ausência de exclusividade da execução fiscal para a cobrança da Dívida Ativa: exegese do art. 38 da Lei 6.830/1980 e do RE 591.033-SP

Existe o entendimento de que o *caput* do art. 38 da Lei de Execução Fiscal/LEF (Lei 6.830/1980) e, mais recentemente, o RE 591.033-SP excluiriam a legalidade do protesto de CDA, por preverem que o único modo de cobrar a Dívida Ativa é o executivo fiscal. Dispõe o artigo da Lei de Execução Fiscal:

> Art. 38. A discussão judicial da Dívida Ativa da Fazenda Pública só é admissível em execução, na forma desta Lei, salvo as hipóteses de mandado de segurança, ação de repetição do indébito ou ação anulatória do ato declarativo da dívida, esta precedida do depósito preparatório do valor do débito, monetariamente corrigido e acrescido dos juros e multa de mora e demais encargos.

Como a discussão judicial da Dívida Ativa "só é admissível em execução" fiscal, haveria vedação de que ela fosse protestada, por causa do desvio da forma correta de se cobrar o crédito tributário. Em outras palavras: a única maneira de cobrar a Dívida Ativa regularmente inscrita seria através do executivo fiscal, excluindo-se qualquer outra forma (*v.g.*, protesto extrajudicial, falência[39] etc.).

Por isso, não é incomum aos partidários desse pensamento citar trechos em que doutrinadores afirmam que o processo de cobrança possui rito específico. O que não se ressalta é que, quando os juristas o fazem, fazem-no para realçar que o rito da execução fiscal é específico

39. O que de certa maneira foi um dos argumentos usados no REsp 164.389-MG, no qual a 2ª Seção do STJ, por maioria de votos, decidiu que não cabe à Fazenda Pública requerer o pedido de falência (STJ, 2ª Seção, REsp 164.389-MG, rel. Min. Sálvio de Figueiredo Teixeira, j. 13.8.2003, *DJU* 16.8.2004, p. 130).

em relação ao rito geral da execução por quantia certa, dentre outros do Código de Processo Civil.[40]

Em primeiro lugar, a literalidade do dispositivo resolve a questão, ao preceituar que a discussão judicial acerca da Dívida Ativa é exclusiva da execução fiscal, o que não abarca aspectos extrajudiciais.[41] Ademais, possibilitou expressamente a discussão em diversas outras ações (mandado de segurança, repetição de indébito ou anulatória), porque não poderia vedar o acesso ao Judiciário (CF, art. 5º, XXXV) – o que corrobora o fato de o art. 38 da LEF somente ter disposto sobre os aspectos judiciais. Como o protesto de CDA é extrajudicial, esse dispositivo não o regula, não servindo, consequentemente, de óbice à sua prática.

Em segundo lugar, a Lei de Execução Fiscal estabeleceu que o rito da execução fiscal somente seria admitido nos moldes dela própria. Com isso, pretendeu afastar-se de outras regulamentações sobre execução (a do devedor insolvente etc.) e não se imiscuir na forma extrajudicial de cobrança do crédito, vedando-a.

Destaque-se que o protesto de CDA não exclui a necessidade – caso o protesto não acabe gerando o pagamento – da distribuição do executivo fiscal e nem impede que o contribuinte recorra ao Judiciário para impugná-lo, assim como ocorre no protesto entre privados.

Ao confirmar a constitucionalidade do protesto de CDA, o TJRJ deixou consignado que "a cobrança dos créditos tributários e não tributários inscritos em Dívida Ativa não se restringe à modalidade judicial, mediante o ajuizamento de ação de execução fiscal, mas abarca também a cobrança extrajudicial, sendo o protesto meio idôneo e eficaz para o incremento e melhor instrumentalização da Procuradoria-Geral do Estado no cumprimento de sua atribuição constitucionalmente conferida".[42]

Em outras palavras: é equivocada a compreensão de que o art. 38 da LEF estipulou a execução fiscal como único meio de cobrança da Dívida Ativa, excluindo, consequentemente, o protesto de CDA, devido

40. Cf. Araken de Assis, *Manual do Processo de Execução*, 8ª ed., São Paulo, Ed. RT, 2002, p. 185.

41. Bernardo Ribeiro de Moraes é categórico em doutrinar que o "outro efeito da inscrição regular da Dívida Ativa da Fazenda Pública é a *restrição do campo da discussão judicial* da Dívida Ativa" (*Dívida Ativa*, cit., p. 87).

42. TJRJ, Órgão Especial, RpInconst 0034728-53.2009.8.19.0000, rela. Desa. Leila Mariano, j. 31.1.2011, *DJE* 26.3.2012, p. 85.

a três motivos: (i) ele só trata da cobrança judicial da CDA, o que não abarca seu protesto extrajudicial; (ii) somente excluiu do âmbito da execução fiscal da CDA outros ritos de processo de execução; e (iii) o protesto de CDA não exclui a propositura do executivo fiscal caso ele não surta efeitos, não fazendo letra morta do dispositivo da Lei de Execução Fiscal.

Ainda que não se admitam esses motivos, a Lei 12.767/2012 (art. 25), ao alterar o art. 1º da Lei 9.492/1997, derrogou a eventual vedação que haveria por essa leitura do art. 38 da LEF, uma vez que em relação à Lei de Execução Fiscal ela é lei posterior e especial, além de ter o mesmo nível hierárquico. Nesse contexto, o protesto de CDA teria a seu favor o critério temporal e o da especialidade.

Mais recentemente o STF julgou, com repercussão geral, o RE 591.033-SP,[43] no qual deixou registrado o rechaço ao uso das sanções políticas porque a Corte não admite a execução administrativa da dívida, devendo ser assegurado ao Fisco – no caso, era o Municipal – o acesso ao Judiciário (CF, art. 5º, XXXV) via execução fiscal.[44] O uso de lei estadual para cercear a liberdade federativa do Município de propor execuções fiscais foi julgado inconstitucional, mas em momento algum

43. "Tributário – Processo civil – Execução fiscal – Município – Valor diminuto – Interesse de agir – Sentença de extinção anulada. (...). 3. A Lei n. 4.468/1984 do Estado de São Paulo, que autoriza a não inscrição em Dívida Ativa e o não ajuizamento de débitos de pequeno valor, não pode ser aplicada a Município, não servindo de fundamento para a extinção das execuções fiscais que promova, sob pena de violação à sua competência tributária. 4. Não é dado aos entes políticos valerem-se de sanções políticas contra os contribuintes inadimplentes, cabendo-lhes, isto, sim, proceder ao lançamento, inscrição e cobrança judicial de seus créditos, de modo que o interesse processual para o ajuizamento de execução está presente. 5. Negar ao Município a possibilidade de executar seus créditos de pequeno valor sob o fundamento da falta de interesse econômico viola o direito de acesso à Justiça. 6. Sentença de extinção anulada. 7. Orientação a ser aplicada aos recursos idênticos, conforme o disposto no art. 543-B, § 3º, do CPC" (STF, Pleno, RE 591.033-SP (Repercussão Geral), rela. Min. Ellen Gracie, j. 17.11.2010, *DJe* 25.2.2011).

44. "No sistema brasileiro, em que não é dado ao Executivo proceder à chamada 'execução administrativa', a fase de cobrança extrajudicial restringe-se à notificação do contribuinte para que pague voluntariamente seu débito. Não há instrumentos de expropriação à disposição do Fisco. Os atos expropriatórios estão sob a chamada 'reserva de jurisdição'. O Fisco precisa, como qualquer pessoa, buscar perante o Judiciário a satisfação dos seus créditos, ajuizando execução fiscal" (trecho do voto-condutor do RE 591.033-SP).

se estabeleceu a vedação do protesto de CDA. Apenas se assentou o que já é pacífico no Brasil: a inexistência de execução fiscal administrativa, com seus meios expropriatórios, e a impossibilidade de sanções políticas.

7. O protesto (obrigatório) para fins falimentares não se confunde com o protesto (comum e facultativo) de CDA: análise do REsp 287.824-MG e da reação em cadeia na jurisprudência do STJ

Como visto, nosso direito positivo superou a exclusividade do protesto para fins falimentares ou cambiais. Embora exista o protesto obrigatório para fins falimentares, ele não se confunde com o protesto de CDA, principalmente porque este é facultativo e não tem nenhum fim específico (*v.g.*, falimentar, direito de regresso etc.). A verdadeira sina do protesto de CDA é conferir publicidade ao débito vencido, por isso a existência do protesto facultativo, induzindo o devedor a adimplir seu débito.

É elementar que o protesto não é obrigatório e nem sempre visa ao pedido de falência. Aliás, ainda que fosse assim, não são todos os pedidos de falência que o exigem, apenas o fundamentado no inadimplemento, sem relevante razão de direito, de obrigação líquida materializada em título ou títulos executivos cuja soma ultrapasse o equivalente a 40 salários-mínimos na data do pedido de falência (Lei 11.101/2005, art. 94, I, e § 3º).

O argumento de que a Fazenda não teria legitimidade ou interesse para pedir a falência do devedor não impede o protesto de CDA, uma vez que esse protesto não visa ao pedido de falência. Nessa linha, merece esclarecimento precedente do STJ (REsp 287.824/MG[45]) no qual, segundo a doutrina,[46] não se admitiu o protesto em matéria tributária.

Entretanto, o que foi rechaçado pela 1ª Turma do STJ no REsp 287.824-MG é o protesto tributário *para fins falimentares*. Por quê? Porque a Fazenda não tem interesse em pedir a falência do contribuinte,

45. STJ, 1ª Turma, REsp 287.824-MG, rel. Min. Francisco Falcão, j. 20.10.2005, v.u., *DJU* 20.2.2006, p. 205.

46. Hugo de Brito Machado, "Protesto de Certidão de Dívida Ativa", *Revista Dialética de Direito Tributário* 130/39; Rodrigo Alexandre Lázaro Pinto, "Aspectos controvertidos da cobrança de créditos tributários", *Revista Dialética de Direito Tributário* 144/45-55, São Paulo, Dialética, 2007 (p. 48).

uma vez que o crédito tributário não entra no procedimento concursal da falência.[47] Então, para quê *protestar para fins de falência* se o Poder Público não pode pedi-la?! Obviamente, a resposta jurisdicional não poderia ter sido outra. Mas existe um abismo entre a vedação de protestar para fins falimentares e a vedação de protestar para fins de cobrança.

Apesar de a Fazenda mineira ter recorrido, alegando violação e dissídio em relação ao art. 1º da Lei 9.492/1997, a tônica de tal afirmação era para sustentar sua legitimidade para requerer falência; ou seja: o protesto era para fins falimentares.[48]

A leitura dos votos expõe o que foi vedado pela 1ª Turma do STJ. No voto do Min. Francisco Falcão (Relator):

> A recorrente sustenta sua pretensão basicamente em dois fundamentos: o primeiro, no sentido de que possui legitimidade para requerer a falência do comerciante contribuinte em débito tributário, e o segundo com o entendimento de que, em tendo legitimidade para requerer a instauração de processo falimentar contra o contribuinte, possui igualmente o direito de levar a protesto a CDA.
>
> Tenho que a tese da recorrente não merece acolhida. (...).
>
> Conclui-se, portanto, que a simples ausência de recolhimento da exação tributária aos cofres públicos no prazo tem o condão de constituir o contribuinte em mora, o que revela a desnecessidade de protesto

47. STJ, 2ª Seção, REsp 164.389-MG, rel. Min. Sálvio de Figueiredo Teixeira, j. 13.8.2003, m.v., *DJU* 16.8.2004, p. 130. Cf., no acórdão, extensa doutrina defendendo ambas as posições em relação à possibilidade de a Fazenda Pública requerer a quebra do contribuinte-devedor.

48. Consta do Relatório do acórdão:

"*O Exmo. Sr. Min. Francisco Falcão*: Trata-se de recurso especial interposto pela Fazenda Pública do Estado de Minas Gerais, com fulcro no art. 105, inciso III, alíneas 'a' e 'c', da CF, contra acórdão do egrégio TJMG, assim ementado: 'Falência – Fazenda Pública Estadual – CDA – Protesto especial – Descabimento. Não cabendo à Fazenda Pública requerer a falência do comerciante, impróprio o protesto especial da CDA, previsto no art. 10 do Decreto-lei n. 7.661/1945' (fls. 115).

"A recorrente sustenta, em síntese, violação ao art. 1º da Lei n. 9.492/1997, além de dissídio jurisprudencial, acentuando que possui legitimidade para requerer a falência do comerciante contribuinte, razão pela qual se revela viável o protesto da CDA, uma vez que o referido protesto visa, tão somente, a comprovar a inadimplência e o descumprimento da obrigação tributária pelo devedor."

> para este fim específico. No mesmo sentido, tendo a CDA presunção relativa de certeza e liquidez, servindo inclusive como prova pré-constituída, resta caracterizado o inadimplemento como elemento probante.
>
> Na esfera privada, ao contrário, o protesto revela-se como condição *sine qua non* para o requerimento de falência, e isto se dá em virtude de uma imposição legal que inexiste no campo tributário, porquanto basta a referida CDA para que a Fazenda Pública possa manejar o processo executivo fiscal.
>
> Sobressai, assim, que falta interesse ao ente público que justifique o protesto prévio da CDA para satisfação do crédito tributário que este título representa.

Esclarece, na sequência, que a falência não pode ser desvirtuada para servir de instrumento de coação para a cobrança de dívidas, citando o REsp 136.565-RS, o que – frise-se – nem mesmo em relação aos particulares é admitido. Por isso, arremata: "Ademais, repita-se, a Fazenda Pública dispõe de instrumento específico para a cobrança de seus créditos".

Toda a problemática da jurisprudência, no REsp 287.824-MG sobre o protesto está ligada à sua admissibilidade para fins falimentares. Nada mais natural, uma vez que (i) o pedido de falência não é admitido para o Poder Público e (ii) nem pode se transformar em meio abusivo de cobrança, seja para os particulares, seja para a Fazenda Pública; motivo pelo qual a Lei 11.101/2005 somente admite o pedido de falência cujos títulos protestados ultrapassem 40 salários-mínimos na data do pedido de falência (art. 94, I).

O Min. Luiz Fux acompanhou o Relator, sendo também específico quanto aos fundamentos utilizados.[49]

Não há como usar esse precedente específico sobre o protesto tributário para fins falimentares, que é obrigatório e especial, para contestar o de CDA, que é facultativo e comum.

49. "Consectariamente, ao ângulo do interesse de agir e da possibilidade jurídica do pedido, ressoa incabível o pedido falimentar requerido pela Fazenda Pública Estadual, bem como o precedente protesto da CDA, posto que o acessório segue o principal. (...). Por esses fundamentos, nego provimento ao recurso especial, acompanhando o eminente Relator."

O que efetivamente foi refutado no REsp 287.824-MG não é o protesto puro e simples da CDA, mas aquele que visa a fins falimentares. Por isso, na ementa do acórdão do TJMG (processo de origem do REsp 287.824) estabeleceu-se que não caberia à Fazenda Pública "requerer a falência do comerciante, impróprio o protesto especial da CDA, previsto no art. 10 do Decreto-lei n. 7.661/1945".

Antes da existência do art. 1º da Lei 9.294/1997 não havia previsão para o protesto de títulos que não fossem cambiais e nem sua proibição, o que gerou um esforço exegético para que o protesto de CDA fosse admitido sob o pretexto falimentar, que era uma das exceções do protesto cambial, uma vez que poderiam ser protestados títulos não cambiais.[50]

O efeito nefasto do mau uso dos precedentes é sua repetição com a consequente reação em cadeia, por vezes acrítica. Com efeito, o STJ em diversos precedentes entendeu incabível o protesto de CDA tendo como lastro o REsp 287.824 e, obviamente, seus sucessivos, sem observar a *ratio decidendi* do caso julgado em 2005 pelo STJ e, *ipso facto*, ignorando as premissas fáticas que deram suporte à decisão do precedente (*distinguishing*). A reação em cadeia nos precedentes do STJ em relação ao protesto de CDA ocorreu segundo a seguinte cronologia: (1) REsp 287.824;[51] (2) AI/AR 936.606;[52] (3) REsp 1.093.601;[53] (4) AI/AR 1.172.684;[54] (5) REsp/AR 1.120.673;[55] (6) AI/AR 1.316.190;[56] (7) REsp/AR 1.277.348.[57]

Além da desnecessidade do protesto para fins falimentares, esses precedentes tornaram-se repetitivos, como se fossem um mantra de que

50. Sílvio de Salvo Venosa, *Direito Civil*: *Contratos em Espécie*, cit., 5ª ed., p. 490.

51. STJ, 1ª Turma, REsp 287.824-MG, rel. Min. Francisco Falcão, j. 20.10.2005, v.u., *DJU* 20.2.2006, p. 205.

52. STJ, 1ª Turma, AI/AR 936.606-PR, rel. Min. José Delgado, j. 6.5.2008, v.u., *DJe* 4.6.2008.

53. STJ, 2ª Turma, REsp 1.093.601-RJ, rela. Min. Eliana Calmon, j. 18.11.2008, v.u., *DJe* 15.12.2008.

54. STJ, 2ª Turma, AI/AR 1.172.684-PR, rel. Min. Mauro Campbell Marques, j. 5.8.2010, v.u., *DJe* 3.9.2010.

55. STJ, 1ª Turma, REsp/AR 1.120.673-PR, rel. Min. Luiz Fux, j. 16.12.2010, v.u., *DJe* 21.2.2011.

56. STJ, 1ª Turma, AI/AR 1.316.190-PR, rel. Min. Arnaldo Esteves Lima, j. 17.5.2011, v.u., *DJe* 25.5.2011.

57. STJ, 2ª Turma, REsp/AR 1.277.348-RS, rel. Min. César Asfor Rocha, j. 5.6.2012, v.u., *DJe* 13.6.2012.

o protesto em si era desnecessário para a Fazenda Pública, sem citar qualquer referência à falência, uma vez que essa não estava em jogo nos casos apreciados. Com isso, voltou-se à crença de que o efeito do protesto é certificar a mora, o que seria desnecessário, pelo fato de a CDA ser exigível. A crítica a esse entendimento foi efetuada no item 4.

8. Inexistência de sanção política no protesto da CDA: respeito ao princípio da proporcionalidade

Mesmo após a alteração sobre a Lei de Protestos pela Lei 12.767/2012[58] as contundentes contestações ao protesto extrajudicial de CDA continuaram arguindo a existência de sanção política ou indireta.[59] *A preocupação é legítima, porque meios indiretos de cobrança não podem ferir a proporcionalidade ou razoabilidade, sob pena de serem inconstitucionais*. As sanções políticas são vedadas, por serem manifestamente inconstitucionais, ao violarem todas as dimensões do princípio da proporcionalidade e, consequentemente, do Estado de Direito.[60]

58. Excepcione-se o magistério de Cláudia Vit, ressaltando, antes da inclusão do parágrafo único ao art. 1º da Lei de Protestos, que a previsão em lei do protesto de CDA fará com que essa disposição esteja "de acordo com o devido processo legal não só do ponto de vista formal como também substancial" (in Ives Gandra da Silva Martins (coord.), *Execução Fiscal – Pesquisas Tributárias – Nova Série* (vol. 14), São Paulo, Ed. RT/Centro de Estudos de Extensão Universitária, 2008, p. 561).

59. Rui Barros Leal Farias, "A inconstitucionalidade do protesto de Certidões da Dívida Ativa", *Revista Dialética de Direito Tributário* 126/54-60, São Paulo, Dialética, 2006 (pp. 57-60); Humberto Martins (p. 54), Fátima Fernandes Rodrigues de Souza (pp. 121-123), José Eduardo Soares de Melo (p. 237), Hugo de Brito Machado Segundo (p. 280), Yoshiaki Ichihara (pp. 280-282), Fernanda Guimarães Hernandez (p. 424), Douglas Yamashita (p. 481), Vinicius T. Campanile (p. 525), Heleno Taveira Tôrres e Flávio Couto Bernardes (p. 667), Maria Helena Tavares de Pinho Soares (p. 688), todos in Ives Gandra da Silva Martins (coord.), *Execução Fiscal – Pesquisas Tributárias – Nova Série* (vol. 14), São Paulo, Ed. RT/Centro de Estudos de Extensão Universitária, 2008; Milton Carmo de Assis Jr., "As sanções políticas como meio coercitivo de pagamento de tributos e o protesto da CDA: ilegalidade e inconstitucionalidade do art. 25 da Lei 12.767/2012", *Revista Tributária e de Finanças Públicas* 110/95-108, São Paulo, Ed. RT, maio-junho/2013.

60. Eduardo Fortunato Bim, "A inconstitucionalidade das sanções políticas tributárias no Estado de Direito: violação ao *substantive due process of law* (princípios da razoabilidade e da proporcionalidade)", cit., in Valdir de Oliveira Rocha (coord.), *Grandes Questões Atuais do Direito Tributário* (8º vol.), pp. 67-92.

As sanções políticas ou indiretas são meios oblíquos de que se vale o Estado para cobrar seus créditos. Entretanto, *não é o uso de qualquer meio indireto ou oblíquo que as caracteriza, mas apenas aqueles que interferem na livre iniciativa do contribuinte e que sejam desproporcionais*.[61] Por exemplo, o STF entende que não se pode interditar estabelecimento (Súmula 70), apreender mercadorias (Súmula 323), impedir a aquisição de notas fiscais (estampilhas) (Súmula 547) ou autorização para sua impressão (RE 413.782). Esses meios aniquilam a livre iniciativa dos contribuintes, além de abusarem da prerrogativa estatal, como fornecer autorização para impressão de notas fiscais, liberação do CNPJ, registro de alteração de contrato social na Junta Comercial etc. Não deixam outra escolha à empresa a não ser sucumbir, uma vez que sem nota fiscal, sem poder operar o estabelecimento, sem mercadorias, não há como subsistir.

Com o protesto isso não ocorre. Se ele fosse sanção política, também não estaria à disposição dos particulares, mormente porque estes não dispõem da supremacia do interesse público. Em outras palavras: se não ofende nenhum direito fundamental do contribuinte quando empregado por particulares, porque ofenderia quando usado pelo Estado?! Irretocáveis as palavras de Emanoel Macabu Moraes:[62]

> Sob nossa ótica, as CDAs podem ser protestadas, porque, além de configurarem documento de dívida nos moldes da Lei de Protestos, não se pode dar à Fazenda Pública menos do que se dá aos particulares. Se o credor privado pode utilizar o protesto, legitimamente, como acima visto, com vários proveitos, não há razão para se subtrair esta via ao Poder Público.

Ao confirmar a constitucionalidade do protesto extrajudicial de CDAs, o TJRJ consignou que não se trata de sanções políticas, de cobrança desproporcional, mas de meio mais diligente e menos gravoso para satisfação do crédito, mormente comparado aos custos da execu-

61. "Para ser tida como inconstitucional, a restrição ao exercício de atividade econômica deve ser desproporcional e não razoável" (STF, Pleno, ADI 173, rel. Min. Joaquim Barbosa, j. 25.9.2008, v.u., *DJe* 20.3.2009).

62. Emanoel Macabu Moraes, *Protesto Extrajudicial: Direito Notarial*, cit., p. 39.

ção fiscal;[63] ressaltando que ele, com tanto mais razão, deveria ser usado para cobrança de créditos públicos se era legítimo e desejado para o crédito privado:

> Ora, a divulgação de dados de dívidas inadimplidas às entidades de proteção ao crédito é tida como prática legítima e desejada na defesa do crédito privado, ante a eficiência e celeridade no alcance de resultados decorrentes de tal procedimento. Por idêntica razão, e tendo em vista o interesse envolvido, afigura-se igualmente válida a adoção de tal medida na defesa do crédito público.[64]

Márcio Maidame,[65] corretamente, aduziu:

> Evidentemente, há um senso comum sobre a impossibilidade de convivência de medidas coercitivas e sub-rogatórias quando a obrigação é a de pagar quantia. Preconceito que deve ser ultrapassado, pois implica ingerência inaceitável do Judiciário sobre o legítimo direito do credor (seja ele a Fazenda Pública, ou outros) de buscar por todas as maneiras previstas em Direito a tutela de seu crédito.
>
> Como bem ressalta a doutrina,[66] o Direito convive com mecanismos de coerção extrajudicial ("execução extrajudicial") na tutela do direito

63. "Em verdade, as autorizações estabelecidas no art. 3º da Lei estadual n. 5.351/2008, atinente a efetuação do protesto da CDA e divulgação dos dados dos créditos inscritos às entidades de proteção ao crédito, visa, tão somente, a proporcionar, no tocante à cobrança extrajudicial do crédito inscrito, meios mais diligentes e menos gravosos à Procuradoria-Geral do Estado na busca da satisfação dos créditos, principalmente se comparado aos custos de processamento para o Erário das execuções fiscais. (...). Mostra-se equivocada a premissa de que tais medidas importariam sanções políticas visando a constranger o contribuinte inadimplente, na medida em que seriam desproporcionais" (TJRJ, Órgão Especial, RpInconst 0034728-53.2009.8.19.0000, rela. Desa. Leila Mariano, j. 31.1.2011, *DJe* 26.3.2012, p. 85).

64. TJRJ, Órgão Especial, RpInconst 0034728-53.2009.8.19.0000, rela. Desa. Leila Mariano, j. 31.1.2011, *DJe* 26.3.2012, p. 85.

65. Márcio Manoel Maidame, *Impenhorabilidade e Direitos do Credor*, cit., pp. 379-380.

66. José Maria Rosa Tesheiner, "Jurisdição, execução e autotutela", in José Maria Rosa Tesheiner, Mariângela Guerreiro Milhoranza e Sérgio Gilberto Porto (coords.), *Instrumentos de Coerção e Outros Temas de Direito Processual Civil: Estudos em Homenagem aos 25 Anos de Docência do Professor Dr. Araken de Assis*, Rio de Janeiro, Forense, 2007, p. 384.

de crédito, que devem ser incentivados, pois evidente que somente a proteção judicial revela-se insuficiente. O vínculo que une devedor e credor é pré-processual – ou seja –, a dívida preexiste ao processo, e esta característica implica certas prerrogativas do credor.

A doutrina chega, mesmo, a aduzir que o protesto de CDA nega todas as dimensões do princípio da proporcionalidade, como faz Rui Barros Leal Farias – dentre outros. Não passa pelo teste da *adequação*, porque o meio adequado seria a execução fiscal; também não passa pelo teste da *necessidade*, porque não se apresenta como requisito para gerar a CDA ou agregar qualquer efeito semelhante aos dos títulos de crédito; e, por último, seria *desproporcional em sentido estrito*, porque o fim buscado não será atingido pelo meio (protesto) adotado.[67] Equivoca-se, porém.

Em relação à *adequação*, o protesto de CDA se mostra um modo adequado de fomentar ou promover a liquidação da dívida do devedor para com o Estado.[68] Como bem doutrinou Virgílio Afonso da Silva:[69]

> Adequado, então, não é somente o meio com cuja utilização um objetivo é alcançado, mas também o meio com cuja utilização a realização de um objetivo é fomentada, promovida, ainda que o objetivo não seja completamente realizado. (...). Dessa forma, uma medida somente pode ser considerada inadequada se sua utilização não contribuir em nada para fomentar a realização do objetivo pretendido.

Na seara privada, o protesto, quando facultativo (maioria dos casos), é utilizado como eficiente meio de cobrança do crédito representado no título executivo protestado, não havendo como se negar que ele

67. Rui Barros Leal Farias, "A inconstitucionalidade do protesto de Certidões da Dívida Ativa", cit., *Revista Dialética de Direito Tributário* 126/58.

68. O que é admitido até mesmo por alguns doutrinadores que são contra o protesto de CDA, como Hugo de Brito Machado Segundo, in Ives Gandra da Silva Martins (coord.), *Execução Fiscal – Pesquisas Tributárias – Nova Série* (vol. 14), São Paulo, Ed. RT/Centro de Estudos de Extensão Universitária, 2008, p. 282.

69. Virgílio Afonso da Silva, "O proporcional e o razoável", *RT* 798/23-50, São Paulo, Ed. RT, 2002 (pp. 36-37).

tem aptidão para promover ou fomentar o adimplemento da dívida representada na CDA. Chegar ao ponto de dizer que o protesto não contribuiria em nada para fomentar a realização do objetivo pretendido – o pagamento da dívida – é completamente equivocado.

Após aludir a que não se exige o melhor meio, mas apenas que este "forneça uma contribuição para alcançar o objetivo, mesmo que a sua realização seja parcial", José Roberto Pimenta Oliveira leciona que isso também vale para o "exercício das competências normativas da Administração";[70] enquanto Humberto Ávila doutrina que o administrador deve utilizar um meio cuja eficácia (e não o meio em si) "possa contribuir para a promoção gradual do fim"[71] – o que reforça a compatibilização do protesto de CDA com esse primeiro desdobramento do princípio da proporcionalidade, mesmo antes da Lei 12.737/2012. Como bem pontua Helenilson Cunha Pontes, uma medida é adequada "quando, com a sua ajuda, o resultado desejado torna-se mais fácil".[72] Seria esquizofrenia negar que a satisfação do crédito público não se torna mais fácil com a ajuda do protesto da CDA. Ademais, no exame da adequação, a anulação da medida somente deve ocorrer quando inequivocamente se apresentar como inidônea;[73] ou seja: "a inadequação aos fins somente pode ser constatada em casos raros e especiais".[74]

O teste da *necessidade* ou *exigibilidade* impõe que a medida estatal limitadora de um direito fundamental "não possa ser promovida, com a mesma intensidade, por meio de outro ato que limite, em menor medida, o direito fundamental atingido".[75] Suzana de Toledo Barros aduz

70. José Roberto Pimenta Oliveira, *Os Princípios da Razoabilidade e da Proporcionalidade no Direito Administrativo Brasileiro*, São Paulo, Malheiros Editores, 2006, p. 300.

71. Humberto Ávila, *Teoria dos Princípios: da Definição à Aplicação dos Princípios Jurídicos*, 14ª ed., São Paulo, Malheiros Editores, 2013, p. 187. O autor complementa que esse meio não precisa ser o mais intenso, o melhor ou o mais seguro, mas apenas que promova minimamente o fim (pp. 188-189).

72. Helenilson Cunha Pontes, *O Princípio da Proporcionalidade e o Direito Tributário*, São Paulo, Dialética, 2000, p. 66.

73. Suzana de Toledo Barros, *O Princípio da Proporcionalidade e o Controle de Constitucionalidade das Leis Restritivas de Direitos Fundamentais*, Brasília, Brasília Jurídica, 1996, p. 75.

74. Gilmar Ferreira Mendes e Paulo Gustavo Gonet Branco, *Curso de Direito Constitucional*, 7ª ed., São Paulo, Saraiva, 2012, p. 258.

75. Virgílio Afonso da Silva, "O proporcional e o razoável", cit., *RT* 798/38.

que, além de a medida escolhida ser menos gravosa, ela deve ser concomitantemente apta a lograr o mesmo ou um melhor resultado"[76] – o que se harmoniza com as lições de Canotilho,[77] Humberto Ávila,[78] Helenilson Cunha Pontes,[79] José Roberto Pimenta Oliveira[80] e Douglas Yamashita.[81]

O exame da necessidade envolveria fundamentalmente a comparação entre a execução fiscal e o protesto extrajudicial. Infelizmente, o que aparenta não alcançar seu objetivo atualmente é a execução fiscal, porque seu índice de êxito não alcança 1% (segundo dados constantes do *Estudo sobre Execuções Fiscais no Brasil*[82]). Se existe algum problema em alcançar seu fim (cobrança da dívida), esse é da execução judicial, fiscal ou comum. O protesto extrajudicial de CDA não pioraria esse índice; somente contribuiria para a eficácia da cobrança dos créditos tributários.

Consta em acórdão do TJSP[83] que 36% dos contribuintes protestados pagaram ou parcelaram seus débitos no âmbito do Estado de São

76. Suzana de Toledo Barros, *O Princípio da Proporcionalidade e o Controle de Constitucionalidade das Leis Restritivas de Direitos Fundamentais*, cit., p. 77.

77. "Outro meio igualmente eficaz e menos desvantajoso para os cidadãos" (José Joaquim Gomes Canotilho, *Direito Constitucional e Teoria da Constituição*, 7ª ed., 12ª reimpr., Coimbra, Livraria Almedina, 2013, p. 270).

78. Humberto Ávila, *Teoria dos Princípios: da Definição à Aplicação dos Princípios Jurídicos*, cit., 14ª ed., pp. 193-194.

79. O meio mais suave "dentre aqueles igualmente aptos ao alcance do resultado almejado", "igualmente efetivos" (Helenilson Cunha Pontes, *O Princípio da Proporcionalidade e o Direito Tributário*, cit., p. 68).

80. Em meio "com igual eficácia", em solução "que promove com o mesmo grau de efetividade o interesse da coletividade", meio apto a "ensejar o mesmo, ou melhor, resultado", um meio menos prejudicial "deve, no mínimo, ostentar eficácia igual à da media adotada" (José Roberto Pimenta Oliveira, *Os Princípios da Razoabilidade e da Proporcionalidade no Direito Administrativo Brasileiro*, cit., pp. 301-302).

81. O meio deve ser "pelo menos tão eficiente quanto outros meios disponíveis" (Douglas Yamashita, in Ives Gandra da Silva Martins (coord.), *Execução Fiscal – Pesquisas Tributárias – Nova Série* (vol. 14), São Paulo, Ed RT/Centro de Estudos de Extensão Universitária, 2008, p. 481).

82. *Estudo sobre Execuções Fiscais no Brasil*, Ministério da Justiça em parceria com a PGFN e o Centro Brasileiro de Estudos e Pesquisas Judiciais/CEBEPEJ, pp. 43-50.

83. TJSP, 15ª Câmara de Direito Público, AC 597.111-5/5-00, rel. Des. Eutálio Porto, j. 7.12.2006.

Paulo. No site da AGU, no projeto de protesto de CDA da PGF se aduz que em 2011 houve pagamento superior a 33%, subindo para 52% em 2012.[84] Obviamente, essa porcentagem variará de acordo com inúmeras circunstâncias, tais como o tributo, o valor, a aceitação da prática pelo Judiciário etc.; mas dificilmente ficará abaixo do 1% do executivo fiscal, sendo precipitado afirmar que o fim (arrecadação/cobrança) não será atingido pelo protesto de CDA.

Na verdade, não há como a execução fiscal ter a mesma intensidade na realização do crédito estatal que o protesto de CDA, uma vez que as estatísticas demonstram que este é bem mais eficiente.

Não há maltrato ao subprincípio da necessidade ou exigibilidade, uma vez que, das alternativas que se apresentam para a satisfação da Dívida Ativa, o protesto de CDA é meio bem mais eficiente que a execução fiscal. Não existe reprovação no teste da necessidade, porque o protesto não serve para agregar requisito ou efeito à CDA, caso no qual somente o protesto necessário seria compatível com o princípio da proporcionalidade.

Em suma: a execução fiscal não teria a mesma aptidão para alcançar o fim "satisfação da dívida" se comparada ao protesto. Logo, não se pode usar a necessidade em apenas uma de suas características, a de menor onerosidade, porque somente se aplica a menor onerosidade quando conjugada à igual eficácia da medida – o que não ocorre.

Doutrina e jurisprudência reconhecem, ademais, que não existe exclusividade da execução fiscal para tal fim, como não existe somente o processo de execução/cumprimento de sentença para buscar a satisfação do crédito – motivo pelo qual, como se viu, há a possibilidade de se protestar uma sentença condenatória[85] ou contrato,[86] bem como se reconhece de forma expressa que o protesto se volta à satisfação do crédito.[87] Tal possibilidade não exclui a posterior execução judicial desse crédito,

84. Disponível em *http://www.agu.gov.br/sistemas/site/TemplateTexto.aspx?idConteudo=167799&id_site=1106&aberto=&fechado=* (acesso em 8.6.2013).

85. CNJ, PP 0004178-07.2009.2.00.0000, rela. Consa. Morgana de Almeida Richa, j. 6.4.2010, *DJe* 8.4.2010; STJ, 3ª Turma, REsp 750.805-RS, rel. Min. Humberto Gomes de Barros, j. 14.2.2008, *DJe* 16.6.2009.

86. STJ, 5ª Turma, RMS 17.400-SP, rel. para o acórdão Min. Adilson Vieira Macabu (convocado), j. 21.6.2011, *DJe* 3.11.2011.

87. STJ, 4ª Turma, REsp 1.011.040-PB, rel. Min. Luís Felipe Salomão, j. 27.3.2012, v.u., *DJe* 10.4.2012.

sendo incorreto argumentar que não pode haver protesto porque o Estado já dispõe dos procedimentos previstos na Lei de Execução Fiscal. Por esta razão, é desnecessária a argumentação de que a regulamentação do ente protestante somente autoriza o protesto de CDA quando vedar a execução fiscal, como faz Onofre Alves Batista Jr.[88]

Ainda sob o viés da menor onerosidade, o protesto de CDA é menos oneroso que o executivo fiscal,[89] porque não há risco de penhora e nem outras mazelas do processo executivo, como o tempo para citar e as custas judiciais mais elevadas perto das cartorárias. Também não haveria pagamento de honorários advocatícios, registro da distribuição da execução fiscal etc. Comparado com a execução fiscal, o protesto de CDA seria menos oneroso para ambos os envolvidos (Fazenda e devedor).[90]

No início da década de 1980, Newton de Lucca, ao discorrer sobre o protesto como meio de pressão do credor sobre o devedor (caráter coercitivo do protesto), acoimou esse argumento de superficial e eivado de unilateralismo, por dois motivos: (i) "o protesto seria apenas uma tentativa de receber o crédito cambial antes do procedimento judicial competente, colocada a questão em seus termos mais serenos"; e (ii) "a coação exercida pelo protesto é benéfica, porquanto ela propicia, quando eficaz, que as obrigações sejam solvidas sem o ônus do procedimento judicial, este, sim, de custo bastante elevado para todos". Concluindo que considerar o protesto como "meio coercitivo para adimplemento da obrigação cambial propende mais em favor do que contra o instituto, se é que se possa reduzir a questão em termos tão maniqueístas".[91]

88. Onofre Alves Batista Jr., "O protesto de CDA como mecanismo alternativo de cobrança de créditos tributários de pequena monta no Estado de Minas Gerais", *Revista Dialética de Direito Tributário* 211/137-146, São Paulo, Dialética, 2013 (pp. 139 e 143).

89. Dario de Castro Brant Moraes e outros, "Protesto extrajudicial da Certidão da Dívida Ativa: uma alternativa louvável na resolução de conflitos para execuções fiscais de pequeno valor", *Direito Público: Revista Jurídica da Advocacia-Geral do Estado de Minas Gerais* 1-2/81-97, n. 8, Belo Horizonte, Imprensa Oficial de Minas Gerais, janeiro-dezembro/2011 (p. 86).

90. "O fato de o art. 204 do CTN considerar a CDA como título líquido e certo não impede o Fisco de levar o título a cartório, para lavrar *protesto, medida administrativa menos onerosa e mais célere*, em confronto com o executivo fiscal, para persuadir o devedor ao pagamento" (TJSP, 11ª Câmara de Direito Público, AC 659.228-5, rel. Des. Luís Ganzerla, j. 13.8.2007, v.u.).

91. Newton de Lucca, "Comentários sobre o Projeto de Lei 1.734, de 1979, do deputado federal Jorge Arbage", *RDM* 39/203-212, São Paulo, Ed. RT, 1980 (p. 211).

A *proporcionalidade em sentido estrito* "consiste em um sopesamento entre a intensidade da restrição ao direito fundamental atingido e a importância da realização do direito fundamental que com ele colide e que fundamenta a adoção da medida restritiva".[92] A intensidade da restrição se resumiria ao protesto extrajudicial, prática comum no mercado; o valor que fundamentaria a medida restritiva seria a arrecadação dos créditos estatais. Se o protesto ofende nenhum direito fundamental do contribuinte quando usado por particulares, por que ofenderia quando usado pelo Estado, que detém supremacia e busca o interesse público?!

Outros aspectos que poderiam fazer parecer que o sopesamento se direcionasse contra o protesto de CDA são as acusações de que imporia um fardo pesado ao equilíbrio da relação Estado-devedor, com ferimento à paridade de armas, à ampla defesa, ao acesso ao Judiciário e ao sigilo fiscal.

Não haveria desequilíbrio entre a relação Fisco/contribuinte, com ferimento à paridade de armas, sem que houvesse previsão legal expressa para tal desigualdade ou para essa supremacia. A supremacia existente nesses casos não é peculiar ou típica do Estado. Trata-se da supremacia que o ordenamento jurídico concede a todo e qualquer credor, que pode buscar a tutela do seu direito judicial ou extrajudicialmente, mediante a propositura da ação pertinente, a negativação do nome do devedor em cadastros de proteção ao crédito etc.

Note-se, ainda, que, se existe alguma supremacia, essa, sem dúvida, é do Estado. Não se fala daquela supremacia que justificava atos ditatoriais travestidos de interesse público, mas daquela em que se reconhece ao Estado o poder de formar o título executivo extrajudicial, pacificamente aceita por nossa legislação e nossa jurisprudência.

Por outro lado, não há desequilíbrio porque se protesta título executivo extrajudicial denominado de Certidão de Dívida Ativa/CDA, confeccionado com a *prévia participação* do contribuinte. Para a formação de CDA há a prévia participação do contribuinte em relação à inscrição da dívida, porque ou ele forneceu os dados para o lançamento (lançamento por homologação – mais de 90% dos casos) – o que autoriza sua imediata inscrição em Dívida Ativa –, ou ele foi notificado e pôde se defender através de recurso com efeito suspensivo da exigibi-

92. Virgílio Afonso da Silva, "O proporcional e o razoável", cit., *RT* 798/40.

lidade do crédito tributário. Como não se pode protestar crédito tributário que esteja com a exigibilidade suspensa, não há que se falar em atitude estatal anti-isonômica. Ademais, a posição de sujeição do devedor de títulos executivos extrajudiciais decorre do próprio inadimplemento da obrigação.

Se houvesse atentado à paridade de armas quando do protesto da CDA, também se teria que admitir tal violação no protesto efetuado por particular, uma vez que ele se veria em posição de supremacia em relação ao devedor. Se há execução para ambos, particular e Poder Público, o problema não é com o protesto, mas com a execução fiscal. Ocorre que a Lei de Execução Fiscal existe há mais de 30 anos, sem que nunca tenha sido declarada inconstitucional – o que, obviamente, poderia acontecer agora, sem nenhum problema. O que não se pode é dizer que há desigualdade no protesto de CDA por fato externo a esse, a Lei de Execução Fiscal. Se existe problema, que se discuta a Lei de Execução Fiscal, não o protesto extrajudicial de CDA.

Ainda há a agravante de a atual execução por título executivo extrajudicial ser mais agressiva ao devedor que o executivo fiscal.[93] Se o particular, que tem execução mais agressiva, além do protesto extrajudicial, não fica em posição anti-isonômica perante o devedor, por que o Poder Público ficaria?

Diferenciar a situação do particular com base em sua liberdade (autonomia de vontade), já que aceitaria de antemão sua submissão a eventual protesto do outro, não convence. A submissão a outrem não decorre somente da liberdade pura e simples, mas também da cedida para o Estado no contrato social. Por qual razão o particular aceitaria

93. Embargos sem efeito suspensivo – art. 739-A; possibilidade de o credor indicar os bens a serem penhorados – art. 656, II; dever do devedor de indicar os bens, sob pena de atentar à dignidade da Justiça – art. 600, IV, c/c o art. 601; averbação premonitória antes mesmo do juízo de admissibilidade da execução – art. 615-A; etc. O credor pode promover a averbação premonitória do art. 615-A (do CPC) antes mesmo de eventual juízo positivo sobre a admissibilidade da petição inicial executiva, realizando, *ab initio*, restrições negativas em cadastros patrimoniais. O procedimento do processo de execução de títulos extrajudiciais também foi alterado, para deixá-lo mais expedito: (i) abolição do efeito suspensivo automático dos embargos (CPC, art. 739-A); (ii) possibilidade de a execução provisória se tornar definitiva mediante caução (CPC, art. 587, c/c o § 1º do art. 475-M); (iii) o direito do credor de indicar bens penhoráveis na própria petição inicial ou, mesmo, de fazer constar em contrato qual será o bem penhorado em caso de inadimplemento (CPC, art. 656, II).

que seu contrato assinado por duas testemunhas fosse protestado, e não a CDA? Na verdade, a autorização para o protesto vem da lei (parcela da liberdade cedida ao Estado), e não da autonomia da vontade, de maneira direta.

A participação do contribuinte no processo de formação da CDA elimina qualquer alegação de violação à ampla defesa. Quando ele não participa previamente, fornecendo os dados para a Administração Tributária no lançamento por homologação, o faz posteriormente, quando da interposição de recursos administrativos com efeito suspensivo, com ampla argumentação jurídica e produção de provas. Se o contribuinte abriu mão do uso do recurso administrativo ou não forneceu as devidas informações, não pode alegar violação à ampla defesa.

O protesto de CDA também não impede o acesso ao Judiciário. O contribuinte é livre para recorrer ao Judiciário quando bem entender, seja para contestar a dívida que deu origem ao protesto, seja para contestar a juridicidade do protesto. Não há subtração de se socorrer do Judiciário, e muito menos de se obter liminar para sustar a lavratura do protesto ou, preventivamente, evitar que a CDA seja apontada. Não há que se falar em restrição de acesso ao Judiciário, que continua amplo e irrestrito.

Outro argumento para rechaçar o protesto de CDA é o de que ele acarreta quebra do sigilo fiscal, uma vez que o protesto cartorário "estabelece a publicidade dos atos e fatos submetidos a apontamento".[94]

O sigilo fiscal não é violado pelo protesto da Dívida Ativa porque ela não faz parte do âmbito de proteção desse sigilo. Inscrita a dívida no livro apropriado, não há mais que se falar em sigilo fiscal. *Como ficariam as execuções fiscais se o sigilo se estendesse a qualquer matéria fiscal? Tramitariam elas sob segredo de justiça?* Obviamente que não. Por isso, o Código Tributário Nacional (art. 198, § 3º, II) nada excepcionou quando previu que o sigilo fiscal não se aplicaria à divulgação de informações relativas a inscrições na Dívida Ativa da Fazenda Pública; apenas esclareceu norma que já existia. Não há como se dizer que esse dispositivo é inconstitucional nessa parte, a menos que também se sustente que as execuções fiscais tenham que tramitar em segredo de justiça.

94. Edilson Jair Casagrande, "Da impossibilidade de protesto cartorário de CDA de origem tributária", cit., *Revista Dialética de Direito Tributário* 56/48.

A ausência de sigilo também se justificaria por outra razão. Segundo Márcio Manoel Maidame,[95] divulgar as dívidas tributárias tem benéfica repercussão social, uma vez que reduz os custos das relações jurídicas, porque, com mais informações, mais claros ficam os riscos negociais, aumentando a margem de segurança dos contratantes:

> 10.3.2.2.1 *Protesto de dívidas (protesto tributário)*
>
> Pretende-se discutir, em tese, a possibilidade de protesto de dívida fiscal com fim coercitivo.
>
> Iniciaremos nossas cogitações com algumas ponderações sobre o sigilo e o custo de informações, na perspectiva colocada por Richard Posner, em seu *The Economics of Justice*. O autor, ao realizar a análise econômica de certos institutos do Direito, realiza uma interessantíssima digressão sobre o impacto que o custo da informação (e do sigilo) tem sobre os variados institutos jurídicos, em especial sobre os contratos. A conclusão do doutrinador é que informações públicas sobre a reputação das pessoas (jurídicas, inclusive) não deveriam ser cobertas por sigilo, na medida em que têm o efeito de tornar mais dispendiosas as relações jurídicas. (...).
>
> Um caso brasileiro é emblemático. Se o "mercado" soubesse do tamanho do passivo tributário da Construtora Encol, certamente os milhares de mutuários desta empresa estariam hoje com suas economias resguardadas. A preservação das informações tributárias desta empresa representou, para um número considerável de famílias brasileiras, uma tragédia sem precedentes, ou, na dicção de Richard Posner, "um custo desproporcional em relação ao direito resguardado".

Para melhor ilustrar as afirmações acima, aplique-se a proporcionalidade da forma defendida pelos opositores do protesto de CDA com o protesto entre particulares. Trasladando-se esse posicionamento para a esfera privada, eliminar-se-ia o protesto facultativo, porque o meio correto e menos oneroso seria sempre a execução/cumprimento de sentença. Em um cenário de aplicação horizontal dos direitos fundamentais, é paradoxal considerar a violação da proporcionalidade apenas no

95. Márcio Manoel Maidame, *Impenhorabilidade e Direitos do Credor*, cit., pp. 377-378.

protesto estatal, e não no do particular. O Estado não pode violar a livre iniciativa ao usar o protesto, mas o particular pode?!

O que as sanções políticas vedam é que o Estado faça justiça com as próprias mãos, como bem deixou consignado o Min. Marco Aurélio no RE 413.782-SC. Não que ele use de mecanismos disponíveis a todos para que o devedor cumpra sua obrigação. Mesmo a ADI 173 não tem o alcance que a doutrina lhe atribui em relação ao protesto de CDA, uma vez que não apenas não há restrição desproporcional a nenhum direito fundamental do cidadão, como naquele caso as normas condicionavam a prática de atos da vida civil e empresarial à quitação de créditos tributários.

9. Analogia com a doutrina Chevron **(judicial deference)***: posicionamento de alguns órgãos estatais (TCU e CNJ)*

A Suprema Corte estadunidense, em "Chevron *versus* NRDC" ("Chevron U.S.A., Inc. *versus* Natural Resources Defense Council, Inc." – 1983), entendeu que a Administração Pública detém primazia na interpretação dos conceitos indeterminados das leis a ela dirigidas, somente podendo intervir o Judiciário em casos teratológicos. Porque o Judiciário deveria respeitar, em regra, a exegese do Executivo, a doutrina estabelecida no "caso Chevron" ficou conhecida como *judicial deference*.

A deferência judicial remete "sempre (salvo exceções teóricas, que virtualmente nunca acontecem) ao livre juízo da Administração a interpretação que esta se digne a fazer dos conceitos ambíguos, imprecisos ou indeterminados das leis".[96] As Cortes devem deferência às interpretações promovidas pelas agências – o que também engloba o Poder Executivo –, a menos que a lei seja clara ou a interpretação dada por elas seja desarrazoada.

Segundo o *Justice* Stevens, o primeiro passo (*first step*) para a aplicação da doutrina Chevron, antes de se prestigiar a leitura do Executivo, seria a ambiguidade da lei.[97] A lei conteria vaguidade, indefinição, ha-

96. Eduardo García de Enterría, "Una nota sobre el interés general como concepto jurídico indeterminado", *Revista do TRF-4ª Região* 25/31, nota 10 (tradução livre).

97. Antonin Scalia, "Judicial deference to administrative interpretations of law", *Duke Law Journal*, 1989, n. 3, Twentieth Annual Administrative Law Issue, pp. 511 e 515.

vendo espaço para que seu sentido dúbio seja precisado. Viu-se que não é o caso da Lei 9.492/1997, porque ela é clara ao admitir o protesto de outros documentos de dívida (art. 1º) – o que, em uma *visão restritiva*, englobaria as CDAs. Não há vaguidade, ambiguidade ou incerteza na aplicação da lei. Caso houvesse opção pela visão ampliativa da expressão do art. 1º da Lei de Protestos, poder-se-ia falar em incerteza em seu conteúdo. No entanto, para o protesto da CDA não é necessária essa arrojada opção hermenêutica; basta a leitura restritiva. Como a Lei 12.737/2012 (art. 25) é interpretativa, em nada influi nessa linha argumentativa.

Ainda que não se esteja diante de vaguidade na lei, impossibilitando a aplicação da doutrina Chevron, não se pode deixar de reconhecer que diversos órgãos estatais se manifestaram pela admissibilidade do protesto das CDAs.

Nos Estados de Mato Grosso e São Paulo os órgãos judiciários destinados a supervisionar os cartórios – Corregedoria-Geral de Justiça – admitiram o protesto da CDA. No Provimento CGJ/MT-19/2007[98] e no Parecer CGJ/SP-76/2005 tal possibilidade ficou clara. Embora não caiba a estes órgãos a última palavra, seus membros são técnicos extremamente especializados em questões notariais, inclusive as sobre protestos.

98. Cujos "considerandos" são interessantes: "Considerando o que estabelece o art. 1º da Lei federal n. 9.492/1997, que possibilita o protesto não somente de títulos, mas de qualquer documento representativo de dívida; Considerando que a cobrança judicial de créditos fiscais transformou-se em instrumento burocratizante, que nas mais variadas das vezes não acha solução para nenhuma das partes, servindo, tão somente, para abarrotar as já inchadas secretarias e escrivanias judiciais; Considerando que o fato de a Lei de Execuções Fiscais não prever o protesto da Certidão de Dívida Ativa não impede o ente público credor, antes de ajuizar a execução, de levar a protesto a CDA, posto ser ela um documento que representa a dívida; Considerando que o protesto é um procedimento extrajudicial cuja finalidade é provar a inadimplência ou o descumprimento da obrigação e, ao mesmo tempo, permitir ao devedor a oportunidade de pagar a dívida e assim evitar a execução e os acréscimos da sucumbência judicial, como custas judiciais e honorários advocatícios; Considerando já existirem algumas experiências em outros Estados no sentido de possibilitar o protesto da Certidão de Dívida Ativa, com grande êxito na missão de evitar o ajuizamento desnecessário de milhares de execuções fiscais, sem que isso represente perda na arrecadação tributária, como nos casos da Lei n. 9.159/2004 – Bahia, Lei n. 13.376/2003 – Ceará, Lei n. 11.331/2002 – Estado de São Paulo, Decreto n. 4.535/2006 do Município de São João do Meriti (RJ), Portaria n. 321/2006, da Procuradoria-Geral da Fazenda Nacional, demonstrando a evolução do pensamento jurídico no sentido de encontrar novas saídas para a cobrança da Dívida Ativa (...)".

O TCU seguiu o mesmo entendimento ao expedir a seguinte recomendação:

> 9.7 Recomendar à Procuradoria-Geral da Fazenda Nacional que envide esforços no sentido de avaliar a utilização de mecanismos mais eficientes na cobrança administrativa da Dívida Ativa do FGTS, tais como cobrança administrativa via boleto bancário ou protesto do título da CDA – Certidão de Dívida Ativa, no sentido de incrementar a recuperação de valores reduzidos (até 10 mil Reais), evitando também a prescrição de créditos e aumentando a arrecadação regular pelo efeito da expectativa de cobrança; (...).[99]

Por sua vez, o CNJ manifestou-se a favor da validade do protesto extrajudicial da CDA:

> Certidão de Dívida Ativa – Protesto extrajudicial – Corregedoria-Geral da Justiça do Estado do Rio de Janeiro – Legalidade do ato expedido.
>
> Inexiste qualquer dispositivo legal ou regra que vede ou desautorize o protesto dos créditos inscritos em Dívida Ativa em momento prévio à propositura da ação judicial de execução, desde que observados os requisitos previstos na legislação correlata.
>
> Reconhecimento da legalidade do ato normativo expedido pela Corregedoria Geral da Justiça do Estado do Rio de Janeiro.[100]

Paradoxalmente, a própria OAB – que ajuizou ação anulatória (0030732-61.2012.4.01.3400) contra a Portaria Interministerial MF/AGU-574-A – reconhece a possibilidade de se protestar o contrato de honorários advocatícios. Por unanimidade, o Órgão Especial do Conselho Federal da OAB decidiu pelo cabimento de protesto de contrato de honorários advocatícios, como documento de dívida de natureza não mercantil, e sua promoção como autêntico exercício regular de um direito.[101]

99. TCU, Plenário, Acórdão 3053/2009 (Processo 022.830/2008-5), rel. Min. André Luís de Carvalho, j. 9.12.2009, *DOU* 11.12.2009.

100. CNJ, PP 0004537-54.2009.2.00.0000, rela. Consa. Morgana de Almeida Richa, j. 22.4.2010, *DJe* 8.4.2010.

101. "Consulta – Protesto de contrato de honorários advocatícios – Cabimento, como documento de dívida de natureza não mercantil – Ausência de ofensa ao art. 42

Ainda que não assinado por testemunhas, o contrato de honorários advocatícios é título executivo extrajudicial (Lei 8.906/1994, art. 24), e a OAB reconhece que protestá-lo não apenas é possível, como se constitui em exercício regular de um direito. Por que seria diferente com o crédito inscrito em Dívida Ativa, no qual o Estado tem o dever (não a faculdade, como o particular) de buscar sua satisfação?

Se a doutrina Chevron for aplicada por analogia, uma vez que não se está diante de ambiguidade ou vaguidade do art. 1º da Lei 9.492/1997, o Judiciário deveria admitir o protesto de CDA, prestigiando a leitura dos diversos órgãos administrativos que se debruçaram sobre a matéria.

Os órgãos que apoiam o protesto de CDA são familiarizados com diversas matérias que a questão envolve, como as notariais (Corregedorias), de responsabilidade fiscal (TCU), de administração da Justiça (CNJ), fiscais (AGU, PGFN e MF). Em suma, são diversos órgãos estatais especializados em diferentes áreas do direito público tendo a mesma interpretação do direito positivo: o protesto de CDA é possível, em face da autorização do art. 1º da Lei 9.492/1997, c/c o art. 585, VII, do CPC.

10. Conclusão

Tenha ou não origem tributária, o protesto de CDA é compatível com nosso ordenamento jurídico, sendo um direito da Administração Pública para alcançar a satisfação do crédito público. Os propalados óbices à sua prática não se sustentam.

Do ponto de vista normativo, desde 1997 se admite o protesto de outros documentos de dívida, como a CDA, nada impedindo na legislação que ele seja utilizado pelo Estado. A desnecessidade de se certificar a mora também não se sustenta, porque entre os particulares ela também é desnecessária, e nem por isso se acoimou o protesto de desnecessário, banindo-se o protesto facultativo do ordenamento jurídico nacional. Há previsão legal para se protestar (Lei 9.492/1997, art. 1º) muito antes da Lei 12.737/2012, não podendo o legislador local suprimir tal faculdade do Executivo, que integra sua discriciona-

do Código de Ética e Disciplina – Exercício regular de um direito" (OAB, Órgão Especial do Conselho Federal, Consulta 49.0000.2011.001955-3, rel. Cons. Luiz Saraiva Correia, j. 13.12.2011, v.u.).

riedade de melhor perseguir a satisfação do crédito público. A Lei de Execução Fiscal não almejou excluir outros meios extrajudiciais, postos à disposição dos credores, para a satisfação do crédito público, bem como não poderia vincular o legislador de mesmo nível hierárquico, sendo perfeitamente válida a previsão da Lei 9.492/1997, não havendo óbice à sua aplicação pelo Estado e, consequentemente, para sua regulamentação, como ocorreu, por exemplo, com a Portaria Interministerial MF/AGU-574-A/2010.

Antes da Lei 9.492/1997, na ausência de previsão normativa que possibilitasse o protesto da CDA, houve tentativa exegética de se protestar sob a proteção da legislação falimentar, o que foi rechaçado. Por essa razão, a jurisprudência do STJ que repetiu acriticamente o posicionamento do REsp 287.824-MG é equivocada, uma vez que estava em jogo o protesto de CDA para fins falimentares, o que é vedado para o Poder Público, porque este não pode pedir a falência do devedor.

A acusação de que haveria sanção política também improcede, uma vez que nenhuma das dimensões do princípio da proporcionalidade é ferida. O meio escolhido é adequado, uma vez que fomenta a satisfação da dívida. Há respeito à necessidade ou exigibilidade, porque o protesto, além de ser menos oneroso que a execução fiscal, é meio mais eficaz, não se podendo comparar meios com eficácia diferente para se defender que o protesto de CDA fere esse aspecto do princípio da proporcionalidade. Por fim, respeita-se a proporcionalidade em sentido estrito, porque no sopesamento dos valores envolvidos não se afigura nenhuma restrição não justificada. Se o protesto ofende nenhum direito fundamental do contribuinte quando usado por particulares, porque ofenderia quando usado pelo Estado, que detém supremacia e busca o interesse público?!

A alteração promovida pela Lei 12.737/2012 (art. 25) teve apenas caráter didático, nada interferindo em termos normativos na questão, caracterizando-se como lei interpretativa.

Portanto, diante do direito positivo atual, o protesto extrajudicial de CDA é faculdade do Executivo na sua área discricionária de reserva de administração para melhor cobrar a Dívida Ativa.

Referências bibliográficas

ABRÃO, Carlos Henrique. *Do Protesto*. São Paulo, LEUD, 1999.

ASSIS, Araken de. *Manual do Processo de Execução*. 8ª ed. São Paulo, Ed. RT, 2002.

ASSIS JR., Milton Carmo de. "As sanções políticas como meio coercitivo de pagamento de tributos e o protesto da CDA: ilegalidade e inconstitucionalidade do art. 25 da Lei 12.767/2012". *Revista Tributária e de Finanças Públicas* 110/95-108. São Paulo, Ed. RT, maio-junho/2013.

BARBOSA, Magno Luiz, e OLIVEIRA, Eversio Donizete de. *Manual Prático do Protesto Extrajudicial: Comentários à Lei 9.492/1997*. Belo Horizonte, Del Rey, 2002.

BARBOSA MOREIRA, José Carlos. "O Poder Judiciário e a efetividade da nova Constituição". *RF* 304/151-155. Rio de Janeiro, Forense, outubro-dezembro/1988.

BARBOZA, Heloísa Helena, MORAES, Maria Celina Bodin de, e TEPEDINO, Gustavo. *Código Civil Interpretado Conforme a Constituição da República*. Rio de Janeiro, Renovar, 2004.

BARROS, Suzana de Toledo. *O Princípio da Proporcionalidade e o Controle de Constitucionalidade das Leis Restritivas de Direitos Fundamentais*. Brasília, Brasília Jurídica, 1996.

BARROSO, Luís Roberto. *Interpretação e Aplicação da Constituição*. 5ª ed. São Paulo, Saraiva, 2003.

BATISTA JR., Onofre Alves. "O protesto de CDA como mecanismo alternativo de cobrança de créditos tributários de pequena monta no Estado de Minas Gerais". *Revista Dialética de Direito Tributário* 211/137-146. São Paulo, Dialética, 2013.

BATTAGLINI, Mario. *Il Protesto*. 4ª ed. Milão, Giuffrè, 1972.

BERNARDES, Flávio Couto, e TÔRRES, Heleno Taveira. In: MARTINS, Ives Gandra da Silva (coord.). *Execução Fiscal – Pesquisas Tributárias – Nova Série* (vol. 14). São Paulo, Ed. RT/Centro de Estudos de Extensão Universitária, 2008.

BIM, Eduardo Fortunato. "A inconstitucionalidade das sanções políticas tributárias no Estado de Direito: violação ao *substantive due process of law* (princípios da razoabilidade e da proporcionalidade)". In: ROCHA, Valdir de Oliveira (coord.). *Grandes Questões Atuais do Direito Tributário* (8º vol.). São Paulo, Dialética, 2004 (pp. 67-92).

__________. "A juridicidade do protesto extrajudicial de Certidão de Dívida Ativa (CDA)". *Revista Dialética de Direito Tributário* 157/45-67. São Paulo, Dialética, 2008.

BIN, Roberto, e PITRUZZELLA, Giovanni. *Diritto Pubblico*. 5ª ed. Turim, Giappichelli, 2007.

BORBA, Bartolomé, e ROSÁRIO, Maria de Lourdes M. "Dívida Ativa – Delegação de competência – Prescrição – Parcelamento – Protesto e emissão de certidão". *Interesse Público* 2. N. 5. Belo Horizonte, janeiro/2000 (parecer disponível em *http://www.bidforum.com.br/bid/PDI0006.aspx?pdiCntd=51637*, acesso em 18.1.2013).

BRANCO, Paulo Gustavo Gonet, e MENDES, Gilmar Ferreira. *Curso de Direito Constitucional*. 7ª ed. São Paulo, Saraiva, 2012.

CAMPANILE, Vinicius T. In: MARTINS, Ives Gandra da Silva (coord.). *Execução Fiscal – Pesquisas Tributárias – Nova Série* (vol. 14). São Paulo, Ed. RT/Centro de Estudos de Extensão Universitária, 2008.

CANOTILHO, José Joaquim Gomes. *Direito Constitucional e Teoria da Constituição*. 7ª ed., 12ª reimpr. Coimbra, Livraria Almedina, 2013.

CARRAZZA, Roque Antonio. *Curso de Direito Constitucional Tributário*. 29ª ed. São Paulo, Malheiros Editores, 2013.

CASAGRANDE, Edilson Jair. "Da impossibilidade de protesto cartorário de CDA de origem tributária". *Revista Dialética de Direito Tributário* 56/47-51. São Paulo, Dialética, 2000.

CENEVIVA, Walter. *Lei dos Notários e dos Registradores Comentada*. São Paulo, Saraiva, 2000.

DAROLD, Ermínio Amarildo. *Protesto Cambial*. Curitiba, Juruá, 1998.

ENTERRÍA, Eduardo García de. "Una nota sobre el interés general como concepto jurídico indeterminado". *Revista do TRF-4ª Região* 25.

FARIAS, Rui Barros Leal. "A inconstitucionalidade do protesto de Certidões da Dívida Ativa". *Revista Dialética de Direito Tributário* 126/54-60. São Paulo, Dialética, 2006.

HERNANDEZ, Fernanda Guimarães. In: MARTINS, Ives Gandra da Silva (coord.). *Execução Fiscal – Pesquisas Tributárias – Nova Série* (vol. 14). São Paulo, Ed. RT/Centro de Estudos de Extensão Universitária, 2008.

ICHIHARA, Yoshiaki. In: MARTINS, Ives Gandra da Silva (coord.). *Execução Fiscal – Pesquisas Tributárias – Nova Série* (vol. 14). São Paulo, Ed. RT/Centro de Estudos de Extensão Universitária, 2008.

LUCCA, Newton de. "Comentários sobre o Projeto de Lei 1.734, de 1979, do deputado federal Jorge Arbage". *RDM* 39/203-212. São Paulo, Ed. RT, 1980.

MACHADO, Hugo de Brito. "Protesto de Certidão de Dívida Ativa". *Revista Dialética de Direito Tributário* 130/34-40. São Paulo, Dialética, 2006.

MACHADO SEGUNDO, Hugo de Brito. In: MARTINS, Ives Gandra da Silva (coord.). *Execução Fiscal – Pesquisas Tributárias – Nova Série* (vol. 14). São Paulo, Ed. RT/Centro de Estudos de Extensão Universitária, 2008.

MAIDAME, Márcio Manoel. *Impenhorabilidade e Direitos do Credor*. Curitiba, Juruá, 2008.

MARTINS, Humberto. In: MARTINS, Ives Gandra da Silva (coord.). *Execução Fiscal – Pesquisas Tributárias – Nova Série* (vol. 14). São Paulo, Ed. RT/Centro de Estudos de Extensão Universitária, 2008.

MARTINS, Ives Gandra da Silva (coord.). *Execução Fiscal – Pesquisas Tributárias – Nova Série* (vol. 14). São Paulo, Ed. RT/Centro de Estudos de Extensão Universitária, 2008.

MELO, José Eduardo Soares de. In: MARTINS, Ives Gandra da Silva (coord.). *Execução Fiscal – Pesquisas Tributárias – Nova Série* (vol. 14). São Paulo, Ed. RT/ Centro de Estudos de Extensão Universitária, 2008.

MENDES, Gilmar Ferreira, e BRANCO, Paulo Gustavo Gonet. *Curso de Direito Constitucional*. 7ª ed. São Paulo, Saraiva, 2012.

MILHORANZA, Mariângela Guerreiro, PORTO, Sérgio Gilberto, e TESHEINER, José Maria Rosa (coords.). *Instrumentos de Coerção e Outros Temas de Direito Processual Civil: Estudos em Homenagem aos 25 Anos de Docência do Professor Dr. Araken de Assis*. Rio de Janeiro, Forense, 2007.

MORAES, Bernardo Ribeiro de. *Dívida Ativa*. São Paulo, Quartier Latin, 2004.

MORAES, Dario de Castro Brant, e outros. "Protesto extrajudicial da Certidão da Dívida Ativa: uma alternativa louvável na resolução de conflitos para execuções fiscais de pequeno valor". *Direito Público: Revista Jurídica da Advocacia-Geral do Estado de Minas Gerais* 1-2/81-97. N. 8. Belo Horizonte, Imprensa Oficial de Minas Gerais, janeiro-dezembro/2011.

MORAES, Emanoel Macabu. *Protesto Extrajudicial: Direito Notarial*. Rio de Janeiro, Lumen Juris, 2004.

MORAES, Maria Celina Bodin de, BARBOZA, Heloísa Helena, e TEPEDINO, Gustavo. *Código Civil Interpretado Conforme a Constituição da República*. Rio de Janeiro, Renovar, 2004.

OLIVEIRA, Eversio Donizete de, e BARBOSA, Magno Luiz. *Manual Prático do Protesto Extrajudicial: Comentários à Lei 9.492/1997*. Belo Horizonte, Del Rey, 2002.

OLIVEIRA, José Roberto Pimenta. *Os Princípios da Razoabilidade e da Proporcionalidade no Direito Administrativo Brasileiro*. São Paulo, Malheiros Editores, 2006.

PINHEIRO, Hélia Márcia. *Aspectos Atuais do Protesto*. Rio de Janeiro, Lumen Juris, 2001.

PINTO, Rodrigo Alexandre Lázaro. "Aspectos controvertidos da cobrança de créditos tributários". *Revista Dialética de Direito Tributário* 144/45-55. São Paulo, Dialética, 2007.

PITRUZZELLA, Giovanni, e BIN, Roberto. *Diritto Pubblico*. 5ª ed. Turim, Giappichelli, 2007.

PONTES, Helenilson Cunha. *O Princípio da Proporcionalidade e o Direito Tributário*. São Paulo, Dialética, 2000.

PORTO, Sérgio Gilberto, MILHORANZA, Mariângela Guerreiro, e TESHEINER, José Maria Rosa (coords.). *Instrumentos de Coerção e Outros Temas de Direito*

Processual Civil: Estudos em Homenagem aos 25 Anos de Docência do Professor Dr. Araken de Assis. Rio de Janeiro, Forense, 2007.

POZZA, Pedro Luiz. "Algumas linhas sobre a Lei 9.492/1997". *Caderno de Doutrina da Tribuna da Magistratura*. Janeiro-fevereiro/1999.

ROCHA, Valdir de Oliveira (coord.). *Grandes Questões Atuais do Direito Tributário* (8º vol.). São Paulo, Dialética, 2004 (pp. 67-92).

ROSÁRIO, Maria de Lourdes M., e BORBA, Bartolomé. "Dívida Ativa – Delegação de competência – Prescrição – Parcelamento – Protesto e emissão de certidão". *Interesse Público* 2. N. 5. Belo Horizonte, janeiro/2000 (parecer disponível em *http://www.bidforum.com.br/bid/PDI0006.aspx?pdiCntd=51637*, acesso em 18.1.2013).

SCALIA, Antonin. "Judicial deference to administrative interpretations of law". *Duke Law Journal* 1989. N. 3. Twentieth Annual Administrative Law Issue.

SILVA, Luiz Ricardo da. *O Protesto de Documento de Dívida: um Novo Aspecto Dentro da Lei 9.492, de 10 de Setembro de 1997*. Porto Alegre, Norton, 2004.

SILVA, Virgílio Afonso da. "O proporcional e o razoável". *RT* 798/23-50. São Paulo, Ed. RT, 2002.

SOARES, Maria Helena Tavares de Pinho. In: MARTINS, Ives Gandra da Silva (coord.). *Execução Fiscal – Pesquisas Tributárias – Nova Série* (vol. 14). São Paulo, Ed. RT/Centro de Estudos de Extensão Universitária, 2008.

SOUZA, Fátima Fernandes Rodrigues de. In: MARTINS, Ives Gandra da Silva (coord.). *Execução Fiscal – Pesquisas Tributárias – Nova Série* (vol. 14). São Paulo, Ed. RT/Centro de Estudos de Extensão Universitária, 2008.

SOUZA NETO, Umbelino de. *Protesto Extrajudicial: Questões Atuais*. Campos dos Goytacazes, Faculdade de Direito de Campos, Mestrado em Direito, 2005 (158 pp.).

TEPEDINO, Gustavo, BARBOZA, Heloísa Helena, e MORAES, Maria Celina Bodin de. *Código Civil Interpretado Conforme a Constituição da República*. Rio de Janeiro, Renovar, 2004.

TESHEINER, José Maria Rosa. "Jurisdição, execução e autotutela". In: MILHORANZA, Mariângela Guerreiro, PORTO, Sérgio Gilberto, e TESHEINER, José Maria Rosa (coords.). *Instrumentos de Coerção e Outros Temas de Direito Processual Civil: Estudos em Homenagem aos 25 Anos de Docência do Professor Dr. Araken de Assis*. Rio de Janeiro, Forense, 2007.

TESHEINER, José Maria Rosa, MILHORANZA, Mariângela Guerreiro, e PORTO, Sérgio Gilberto (coords.). *Instrumentos de Coerção e Outros Temas de Direito Processual Civil: Estudos em Homenagem aos 25 Anos de Docência do Professor Dr. Araken de Assis*. Rio de Janeiro, Forense, 2007.

THEODORO JR., Humberto. *Comentários ao Novo Código Civil*. 2ª ed., vol. III, t. II. Rio de Janeiro, Forense, 2003.

TÔRRES, Heleno Taveira, e BERNARDES, Flávio Couto. In: MARTINS, Ives Gandra da Silva (coord.). *Execução Fiscal – Pesquisas Tributárias – Nova Série* (vol. 14). São Paulo, Ed. RT/Centro de Estudos de Extensão Universitária, 2008.

TRIOLA, Roberto. *Il Protesto per Mancato Pagamento*. Milão, Giuffrè, 1989.

VENOSA, Sílvio de Salvo. *Direito Civil: Contratos em Espécie*. 3ª ed. São Paulo, Atlas, 2003; 5ª ed. São Paulo, Atlas, 2005.

VIT, Cláudia. In: MARTINS, Ives Gandra da Silva (coord.). *Execução Fiscal – Pesquisas Tributárias – Nova Série* (vol. 14). São Paulo, Ed. RT/Centro de Estudos de Extensão Universitária, 2008.

WOLFENBÜTTEL, Miriam Comassetto. *O Protesto Cambiário como Atividade Notarial: Aspectos Inovadores da Lei 9.492, de 10 de Setembro de 1997*. São Paulo, Labor Juris, 2001.

YAMASHITA, Douglas. In: MARTINS, Ives Gandra da Silva (coord.). *Execução Fiscal – Pesquisas Tributárias – Nova Série* (vol. 14). São Paulo, Ed RT/Centro de Estudos de Extensão Universitária, 2008.

EM DEFESA DO CARF: "GRITANDO 'FOGO!' NUM TEATRO LOTADO" E AS 59 AÇÕES "POPULISTAS"[1]

EURICO MARCOS DINIZ DE SANTI

DANIEL LEIB ZUGMAN

1. Homenagem ao professor Roque Antonio Carrazza e a influência de sua obra neste trabalho. 2. "Gritando 'Fogo!' num teatro lotado": transparência, democracia e importância do CARF em contraste com sua fragilidade institucional e com a falta de garantias para seus conselheiros. 3. Problema-objeto de análise: 59 ações populares questionam decisões do CARF por terem supostamente causado lesão ao patrimônio público. 4. O CARF: instituição centenária e exemplar, fundamental para a democracia brasileira. 5. A relevância da expertise *do CARF na estabilização do sentido das leis tributárias: missão institucional, equívoco do temor e relevância da "definitividade" das decisões na esfera do processo administrativo fiscal. 6. Segurança jurídica e CARF: respeito às instituições como instrumento de estabilidade e certeza do Direito. 7. Direito & Desenvolvimento e importância das instituições: por que as Nações fracassam?. 8. As ações populares e o contexto ao seu redor: a deslegitimação da atuação do CARF como órgão de julgamento: 8.1 Critérios para o controle judicial das decisões proferidas por tribunais atípicos e a aplicabilidade da teoria do controle da atividade administrativa discricionária: a impossibilidade de questionamento do mérito dos atos administrativos discricionários – 8.2 Descabimento das 59 ações populares e necessidade de extinção dos processos sem resolução de mérito: não é possível rediscutir judicialmente o mérito de decisões tomadas por órgão administrativo competente e em conformidade com o devido processo legal – 8.3 O caso específico das ações populares ajuizadas contra "decisões" que sequer "transitaram em julgado": carência de ação em razão da inexistência jurídica do objeto – 8.4 As ações populares ajuizadas contra decisões que manifestam entendimento*

1. Trabalho desenvolvido no Núcleo de Estudos Fiscais da Direito/GV.

consolidado do CARF: é impossível apontar ilegalidade na atuação de um órgão de julgamento que simplesmente aplica seus precedentes – 8.5 O julgamento do MS 8.810 no STJ e do RE 535.077 no STF: os Tribunais Superiores consagram a "definitividade" das decisões tomadas por tribunais administrativos – 8.6 Sentenças já proferidas nas ações populares e manifestações da Advocacia-Geral da União: a confirmação do papel institucional do CARF e a exaltação da separação de Poderes. 9. Entre o "mastro" da lei e o doce canto das sereias, superando forças contrainstitucionais, garantindo a separação dos Poderes, consagrando os tribunais administrativos, preservando o Judiciário e garantindo a segurança jurídica. 10. Dez conclusões institucionais sobre o CARF.

"A História importa. Importa não apenas porque nós podemos aprender com o passado, mas porque o presente e o futuro são conectados ao passado pela continuidade das instituições de uma Nação. As escolhas de hoje e de amanhã são desenhadas pelo passado. E o passado só pode se tornar inteligível como uma história da evolução institucional de uma dada sociedade." (Douglass North, Nobel de Economia)

1. Homenagem ao professor Roque Antonio Carrazza e a influência de sua obra neste trabalho

A homenagem a Roque Antonio Carrazza decorre da importância desse querido Professor. Mestre, Doutor, Livre-Docente, Chefe de Departamento e Professor Titular da Escola de Direito da PUC/SP, funcionário público exemplar (foi Procurador de Justiça do Estado de São Paulo), doutrinador instigante, autor de obras imprescindíveis, como os clássicos *Curso de Direito Constitucional Tributário*, na 29ª edição, e *ICMS*, na 16ª edição, o professor Roque influenciou gerações.

Legítimo herdeiro das lutas do professor Geraldo Ataliba, o professor Roque, em sua obra, considera o direito tributário e seus institutos com atenção aos fundamentos constitucionais que lhes dão assento. Sobrelevam os princípios constitucionais que, de algum modo, influem na criação e cobrança de tributos. Sua estrita observância é fundamental para a conformação do Estado Democrático de Direito, e "sua desobediência acarreta consequências *muito mais danosas ao sistema jurídico* que o descumprimento de uma simples *regra*, ainda que constitucional. (...)".[2]

2. Roque Antonio Carrazza, *Curso de Direito Constitucional Tributário*, 29ª ed., São Paulo, Malheiros Editores, 2013, p. 48.

Para o desenvolvimento deste estudo tiveram especial importância as lições do professor Roque acerca do princípio da segurança jurídica. Ensina que no *Estado de Poder* o governante age como lhe apetecer, desrespeitando regras jurídicas em nome de interesses públicos, que, não raro, se confundem com seus próprios interesses. E que no *Estado de Direito*, pelo contrário, governantes e governados sujeitam-se ao império da lei. O interesse, por parte do Estado, de arrecadar tributos não pode ser atalho para violação de direitos dos contribuintes. É tão somente com o respeito às regras e instituições jurídicas que se cria a *confiança* no Direito. É fundamental que possamos prever, com relativa certeza, as consequências das situações jurídicas reguladas pelo Direito.

Em nome da segurança jurídica e do Estado Democrático de Direito, decisões *definitivas* que extinguem ou reduzem crédito tributário proferidas em processos administrativos fiscais devem ser, de fato, *definitivas*. Nada justifica a provocação do Poder Judiciário para intervir nesse controle interno da Administração Pública sem a indicação de vícios que possam ter maculado o devido processo legal.

2. *"Gritando 'Fogo!' num teatro lotado": transparência, democracia e importância do CARF em contraste com sua fragilidade institucional e com a falta de garantias para seus conselheiros*

A famosa metáfora "Gritando 'Fogo!' num teatro lotado" é de autoria do Juiz Oliver Holmes no caso "Schenck *versus* United States", decidido pela Suprema Corte americana em 1919, em que se discutiu a extensão do direito de liberdade de expressão na Constituição americana: até que ponto o pânico causado pela informação do "Fogo!" no teatro pode inibir o direito à livre expressão de um fato? Pode a autoridade pública proibir que se divulgue que há fogo no teatro (leia-se: divulgar suas informações internas) em nome do pânico que isso poderia causar?

Em artigo, o Prêmio Nobel Joseph Stiglitz,[3] estudioso da Economia da Informação,[4] retoma o argumento de Holmes para defender que

3. Joseph E. Stiglitz (Senior Vice President and Chief Economist, The World Bank), "On liberty, the right to know, and public discourse: the role of transparency in public life", *Oxford Amnesty Lecture* 27.1.1999, Oxford/UK, p. 19.

4. *Economia da Informação* é um campo de estudos interdisciplinar entre Economia, Ciência da Informação e Comunicação, que trata da informação como merca-

na metáfora "Gritando 'Fogo!' num teatro lotado" a questão central não é "disponibilizar ou não" a informação; mas, sim, "como disponibilizá-la": de que modo avisar as pessoas que há fogo, para que possam evacuar o teatro ordenadamente.

Nesse sentido, importa destacar que o problema aqui analisado – das 59 ações populares propostas contra o Conselho Administrativo de Recursos Fiscais/CARF, como será detalhado no tópico seguinte – não está apenas no CARF, mas nele aparece porque é a instância mais democrática e transparente no processo de formação do crédito tributário federal. A patologia está na cultura do segredo da Secretaria da Receita Federal do Brasil/RFB,[5] que implica falta de transparência: (i) das consultas fiscais; (ii) dos autos de infração; e (iii) das decisões de primeira instância das Delegacias Regionais de Julgamento/DRJs.

Ou seja: o "fogo", na verdade, está na Secretaria da Receita Federal, mas a fumaça aparece apenas no CARF. As faíscas nascem da má qualidade dos autos de infração e da cega crença numa ideologia que confunde a presunção de validade emprestada provisoriamente aos autos de infração com a efetiva legalidade, que se constitui por meio de atos de aplicação do Direito realizados em ambientes públicos e democráticos e sujeitos a controle social, como é o caso do CARF.

Portanto, o assunto que discutiremos a seguir não é problema do autor das ações populares, nem do CARF ou de seus conselheiros. Trata-se apenas do reflexo de um problema maior: a obsessão pelo sigilo na constituição do crédito nas instâncias inferiores da Receita Federal (decisões das DRJs), combinada com a importância do CARF em contraste com sua fragilidade institucional. Órgão destinado a resolver conflitos normativos que envolvem cifras bilionárias mas que, ao mesmo tempo, é incapaz de amparar e oferecer as mínimas garantias para que seus conselheiros realizem sua missão, objetivos e visão de futuro.

doria e bem de produção necessário às atividades econômicas no modo de produção capitalista pós-industrial.

5. Outra manifestação concreta da cultura do segredo disseminada na Receita Federal é o chamado *Manual do Sigilo Fiscal*. Trata-se de *Manual* de cerca de 100 páginas que tem o único objetivo de orientar os funcionários da Receita Federal a proteger informações fiscais prestadas pelos contribuintes à Administração Tributária. Curioso é que, de acordo com a portaria que aprovou o *Manual* (art. 2º da Portaria RFB-3.541, de 7.10.2011), o material só fica disponível na Intranet dos funcionários da RFB: é o sigilo da interpretação da Receita sobre o próprio sigilo, *sigilo do sigilo*!

3. *Problema-objeto de análise: 59 ações populares questionam decisões do CARF por terem supostamente causado lesão ao patrimônio público*

Neste estudo analisaremos episódio recente da história institucional tributária brasileira. No dia 5.2.2013 o CARF, última instância administrativa para disputas entre contribuinte e Fisco Federal, suspendeu suas atividades. O órgão é alvo de 59[6] ações populares ajuizadas em face da União Federal e de empresas que foram absolvidas no Colegiado. Além disso, a autora popular requereu a inclusão dos conselheiros que participaram dos julgamentos administrativos como litisconsortes passivos, tendo em vista que as ações populares atacam as decisões proferidas nesses processos.

As ações estão fundamentadas no argumento de que a União teria sido omissa em seu papel de arrecadadora, pois empresas que supostamente deixaram de cumprir com suas obrigações tributárias foram absolvidas no CARF e, assim, deixaram de entregar quantias bilionárias aos cofres públicos. Segundo a autora popular, as interpretações adotadas pelo órgão em suas decisões estariam equivocadas, o que teria configurado *lesão direta ao patrimônio público*; e, desse modo, restaria caracterizado o interesse processual. O escopo da medida judicial seria o de *ter uma Administração proba e eficiente*.

A autora também aduz que não há coisa julgada na esfera administrativa em razão das peculiaridades do processo administrativo. Argumenta que os conselheiros do CARF não gozam das garantias inerentes à Magistratura, como inamovibilidade e vitaliciedade, o que imporia obstáculos à imparcialidade na tomada de decisões. Ademais, ressalta o fato de que o Conselho é composto paritariamente por membros do Fisco e por representantes dos contribuintes, o que também dificultaria a "plena imparcialidade".

Além dos argumentos acima explicitados, a autora da ação popular procurou rediscutir especificamente o mérito de cada um dos processos administrativos questionados. Por esse motivo, em acréscimo às razões reproduzidas em todas as peças iniciais, acima explicitadas, há capítu-

6. Cf.: Adriana Aguiar, *Justiça Mantém Decisões do CARF em 12 Ações*, 26.2.2013 (disponível em *http://www.valor.com.br/brasil/3021734/justica-mantem-decisoes-do-carf-em-12- acoes#ixzz2M2XBZLiJ*, acesso em 13.6.2013).

los tratando da interpretação de dispositivos específicos da legislação tributária, numa tentativa de fazer prevalecer seu entendimento, em (suposto) *benefício* da Fazenda Pública e da sociedade como um todo.

Após a propositura das ações populares, a Procuradoria-Geral da Fazenda Nacional/PGFN manifestou-se no bojo dos processos judiciais, representando a União Federal. Embora tenha mencionado a impossibilidade de a Fazenda Pública recorrer ao Judiciário nos casos em que o tribunal administrativo julga a favor do contribuinte, a PGFN não se opôs ao prosseguimento das ações. Isso gerou uma situação contraditória e um constrangimento institucional, porque tanto a PGFN quanto o CARF são órgãos integrantes do Ministério da Fazenda. Diante desse impasse, a Advocacia-Geral da União/AGU avocou a competência para defesa do CARF, atuando nos processos paralelamente à PGFN, que passou a rediscutir os créditos tributários.

No centro dessa crise institucional reside o antigo problema jurídico de se decidir entre o que é mais importante: (i) preservar as decisões definitivas tomadas por órgão competente ou (ii) permitir seu contínuo questionamento, em nome de um (obscuro) interesse público ou, em última instância, da própria Justiça. Em outras palavras: colocamo-nos novamente diante do paradoxo entre a legalidade e a (suposta) justiça.

Neste caso específico, a questão não abarca tão somente discussão jurídica tradicional: instalou-se grave crise político-institucional no âmbito da Administração Tributária Federal, que abala a confiabilidade de nossas instituições, compromete a segurança jurídica e torna ainda mais instável o já caótico cenário tributário brasileiro.

4. O CARF: instituição centenária e exemplar, fundamental para a democracia brasileira[7]

Para compreender a importância do CARF é preciso ter contato com o contexto histórico em que está inserido e com os avanços institucionais que vem promovendo ao longo dos anos.

7. Cf. Ana Luísa Martins, *Conselho Administrativo de Recursos Fiscais: 85 Anos de Imparcialidade na Solução dos Litígios Fiscais*, Rio de Janeiro, Capivara, 2010. Cf. também: *http://carf.fazenda.gov.br/sincon/public/pages/ConsultarInstitucional/Historico/HistoricoPopup.jsf* (acesso em 29.3.2013).

Antes de ser CARF, o órgão federal competente para julgar conflitos em matéria tributária era chamado de Conselho de Contribuintes. O primeiro Conselho foi criado em 1924, com competência para julgar apenas recursos referentes a imposto de renda/IR. Nos anos subsequentes foram criados novos Conselhos, sendo-lhes atribuída competência para julgar matérias relativas a impostos sobre consumo e outros tributos. Em 1977 foram criados os 1º, 2º e 3º Conselhos de Contribuintes, que detinham competência para julgar conflitos relativos a IR, contribuições previdenciárias e outros tributos federais.

Com a edição da Medida Provisória 449, de 3.12.2008 (convertida na Lei 11.941, de 27.5.2009), foi criado o CARF, unificando-se a atuação dos antigos Conselhos de Contribuintes. No entanto, foram mantidas as mesmas natureza e finalidade dos Conselhos, de órgão colegiado, paritário, integrante da estrutura do Ministério da Fazenda, com a finalidade de julgar recursos que versem sobre a aplicação da legislação referente a tributos administrados pela Receita Federal.

A unificação visou a proporcionar maior racionalidade administrativa, redução de custos operacionais e melhor aproveitamento e alocação dos recursos, considerando que os três Conselhos tinham a mesma natureza e finalidade, porém estruturas administrativas distintas, com sobreposição de tarefas e fluxo de trabalho. Isso permitiu melhor coordenação das atividades de planejamento, orçamento, logística, gestão de pessoas, documentação, tecnologia e segurança da informação, permitindo maior agilidade na tomada e implementação das decisões. Os esforços e recursos economizados passaram a ser direcionados para a atividade-fim de gestão dos processos administrativos fiscais, no preparo das sessões de julgamento e formalização das decisões no momento em que são prolatadas.

O CARF, com o apoio de Otacílio Cartaxo no período em que foi Secretário da Receita Federal, deu passos importantes na sua história institucional – *e.g.*: a edição do Regimento Interno do órgão, aprovado pela Portaria 256/2009 do Ministério da Fazenda, e a instituição do Comitê de Seleção de Conselheiros, aprovado pela Portaria 438/2009 do Ministério da Fazenda. O Regimento consolidou estrutura administrativa mais coerente e racional ao CARF, unificando a sobreposição da estrutura tríade anterior, demarcando a competência dos colegiados de julgamento, os deveres do presidente e dos conselheiros, as hipóteses de perda de mandato e os procedimentos de sorteio, julgamento, recursos, súmulas e resoluções.

O Comitê de Seleção recebeu a atribuição de escolher os conselheiros do CARF por meio da análise de currículo e entrevista dos indicados pela Receita Federal e pelas confederações representativas de categorias econômicas e sindicais. Esse processo de seleção permitiu que o CARF se consolidasse como instituição meritocrática, garantindo seus quadros altamente especializados e qualificando suas decisões.

Atualmente, como Presidente do CARF, o ex-Secretário da Receita Federal Otacílio D. Cartaxo também vem conduzindo importantes transformações institucionais. Uma das principais inovações foi a implantação do processo administrativo fiscal eletrônico, o *e-Processo*. O sistema possibilita acesso permanente e imediato aos autos dos processos, elimina os obstáculos de distância – registre-se que a sede do Conselho é em Brasília –, reduzindo desperdícios com tempo e recursos.[8]

Os avanços institucionais do CARF são confirmados por aqueles que lidam diretamente com o órgão. O Núcleo de Estudos Fiscais da Escola de Direito de São Paulo da Fundação Getúlio Vargas (NEF/DireitoGV) realizou pesquisa em 2009 sobre o processo administrativo fiscal federal e o CARF.[9] Naquela oportunidade foram realizadas 31 entrevistas com conselheiros, ex-conselheiros, advogados, procuradores da Fazenda, auditores-fiscais e pesquisadores. Todos os entrevistados afirmaram que as decisões do CARF são primordialmente técnicas, e não políticas. Em uma quantidade considerável de casos mencionou-se espontaneamente que as decisões do CARF são "melhores" e "mais técnicas" que as decisões do Judiciário, e que o processo administrativo fiscal/PAF geralmente tramita mais rapidamente que o processo judicial. Alguns advogados relataram que desaconselham seus clientes a recorrer ao Judiciário quando há "boas" decisões do CARF

8. O *e-Processo* foi vencedor do 16º Concurso de Inovação Pública Federal da ENAP, em 2012, e do prêmio de melhor inovação na Administração Tributária, concedido pelo Centro Interamericano de Administrações Tributárias/CIAT.

9. Cf.: Núcleo de Estudos Fiscais, *Reforma do Processo Administrativo Fiscal Federal (PAF)/CARF: Excelência, Celeridade e Eficiência*, Relatório Final de Pesquisas do NEF/DireitoGV, em 2009, realizadas sob a coordenação de Eurico Marcos Diniz de Santi (disponível em: *http://invente.com.br/nef/files/upload/2011/05/19/relatorio-final-completo-nef-2009-v-1-0.pdf*, acesso em 3.4.2013).

(no sentido de que há um aprofundamento técnico) sobre temas que lhes dizem respeito. Isso porque, segundo eles, nessas hipóteses há forte tendência de que as decisões sejam mantidas no Judiciário.

5. *A relevância da* **expertise** *do CARF na estabilização do sentido das leis tributárias: missão institucional, equívoco do temor e relevância da "definitividade" das decisões na esfera do processo administrativo fiscal*[10]

A missão do CARF é julgar conflitos em matéria tributária de competência federal, servindo como órgão de calibração do sistema – encontrando soluções jurídicas adequadas para casos concretos, outorgando racionalidade, coerência, corrigindo excessos na aplicação da legislação tributária –, e não servir de instância de autolegitimação dos interesses do Governo de plantão.

Aliás, nessa linha, verificamos no livro *Conselho Administrativo de Recursos Fiscais: 85 Anos de Imparcialidade na Solução dos Litígios Fiscais*[11] o seguinte:

> Missão do CARF: "Assegurar à sociedade imparcialidade e celeridade na solução de litígios tributários"; Objetivos do CARF: "Contribuir para a segurança jurídica na área tributária, para o aperfeiçoamento da legislação tributária e para reduzir os litígios judiciais e administrativos"; Visão de futuro do CARF: "Ser reconhecido pela excelência no julgamento dos litígios tributários".

Nessa lógica, o CARF não atua contra ou a favor da Receita Federal ou do contribuinte. É composto por *experts* justamente para encon-

10. Cf. Eurico Marcos Diniz de Santi, *Tributação dos Lucros de Controladas e Coligadas no Exterior – Legalidade Precária Proposta por Regulamentação Provisória via Medida Provisória Reeditada 35 Vezes (Há Mais de 10 Anos), Problema Sistêmico que se Confirma no Placar de 5 x 5 no STF e nas Decisões do STJ, Expondo Limites e Conflitos entre Direito e Economia, e Mobilizado pelo Contencioso Bilionário entre o Estado e as 10 Maiores Empresas Brasileiras de Capital Aberto*, disponível em *http://www.fiscosoft.com.br/a/5omh/tributacao-dos-lucros-de-controladas-e-coligadas-no-exterioreurico-marcos-diniz-de-santi* (acesso em 12.6.2013).

11. Ana Luísa Martins, *Conselho Administrativo de Recursos Fiscais: 85 Anos de Imparcialidade na Solução dos Litígios Fiscais*, cit., p. 114.

trar e corrigir os excessos de poder perpetrados nos atos individuais de aplicação do Direito – no caso, os autos de infração. Atua como órgão diretivo e de controle da ação dos auditores da Receita Federal, realizando inestimável serviço público ao cidadão-contribuinte, porque aclara imprecisões, resolve indeterminações e elimina contradições normativas, de modo a reduzir a "contenciosidade" do sistema.

É absolutamente equívoca a percepção de que quando o CARF decide desfavoravelmente aos precários autos de infração está agindo contra a Receita Federal. Quando isso acontece é sinal de que está assumindo e cumprindo sua derradeira missão institucional: colaborar com a Receita Federal, estancando problemas com critérios técnicos, reduzindo a indústria do contencioso e tornando o Fisco mais célere e eficiente.

Se a função do CARF fosse tão somente homologar e legitimar as autuações pretendidas pela Receita Federal, seria órgão com função estatal redundante e desnecessária: seria decretar sua autodestruição, abdicando da tarefa de correção dos atos que formalizam o crédito tributário.

E tudo isso sem qualquer prejuízo à arrecadação de recursos públicos. Afinal, o Estado sempre poderá incrementar a arrecadação mediante a majoração de alíquotas ou pela criação de novos tributos: basta respeitar as regras do jogo da legalidade. O que não se pode permitir é que o Estado, que possui a prerrogativa de criar a lei, se aproveite das zonas cinzentas e obscuras da lei que ele mesmo cria, em benefício próprio.

De acordo com Richard Bird,[12] o desafio fiscal brasileiro não é aumentar a arrecadação – atividade na qual já somos campeões mundiais –, mas fortalecer nossas instituições. Nesse sentido, zelar pela legitimidade e "definitividade" das decisões do CARF é interesse público inalienável e intangível, porque se trata de instituição que cumpre função pública da mais alta importância: estabilizar o sentido da legislação tributária, densificando e desenvolvendo nosso Direito por meio de atos de aplicação e interpretação do ordenamento jurídico.

12. Richard Bird, Professor Emérito da Universidade de Toronto. Foi Chefe da Divisão de Tributos do Fundo Monetário Internacional/FMI e Consultor-Sênior do Banco Mundial na mesma área. Esteve no Brasil em novembro/2009 e participou do Colóquio Internacional "Tributação, Desenvolvimento, Infraestrutura e Sustentabilidade: Cenários para o Brasil da Próxima Década", realizado pelo NEF/DireitoGV nos dias 25, 26 e 27 de novembro.

Não pode o CARF atingir sua missão – assegurar imparcialidade à sociedade –, realizar seus objetivos – contribuir para a segurança jurídica e para a redução do contencioso –, nem atingir sua visão de futuro – ser reconhecido pela sua excelência no julgamento dos litígios tributários –, se ao final de cada julgamento desfavorável à Fazenda Pública for permitido recorrer ao Judiciário para rediscutir o mérito do respectivo processo administrativo, sem a indicação de qualquer mácula que possa comprometer sua idoneidade.[13]

6. Segurança jurídica e CARF: respeito às instituições como instrumento de estabilidade e certeza do Direito

Quando o CARF julga favoravelmente ao contribuinte, trata-se do próprio Poder Público corrigindo ato administrativo praticado incorretamente, ou seja, saneando auto de infração indevidamente lavrado. Sendo o CARF órgão componente do Ministério da Fazenda, exerce controle interno da própria Administração Pública. Assim, não se pode admitir que o Poder Público recorra ao Judiciário para modificar decisão que ele próprio tomou. O Estado não pode restringir a confiança legítima do contribuinte, sob pena de ferir o princípio da proteção da boa-fé no seu aspecto de proibição de *venire contra factum proprium*, e, por consequência, violar o princípio da moralidade administrativa, gerando insegurança jurídica: "O Estado não pode dar com uma mão e retirar com a outra sem cair em proibida contradição".[14]

O Ministério da Fazenda não pode decidir pela insubsistência do auto de infração em um momento (via CARF, com ampla participação da PGFN) e na sequência questionar sua própria decisão no Judiciário (via PGFN). Trata-se de situação institucional bipolar que revela confusão entre aplicar a legalidade do sistema ou se apegar à precária presunção de legalidade do auto de infração.

13. Há posições semelhantes em relação às decisões dos Tribunais de Contas. Rodolfo de Camargo Mancuso, com base na opinião do Conselheiro do Tribunal de Contas do Estado de São Paulo, José Luís de Anhaia Mello, argumenta que "de nada adianta um corpo de auditores a fazer exames de contabilidade, a acompanhar a execução orçamentária, a visar balanços e balancetes, se esses procedimentos meramente instrutivos e interlocutórios não ensejarem por parte do Tribunal uma decisão definitiva e operante" (*Ação Popular*, 4ª ed., São Paulo, Ed. RT, 2001, p. 111).

14. Humberto Ávila, *Segurança Jurídica: entre Permanência, Mudança e Realização no Direito Tributário*, 2ª ed., São Paulo, Malheiros Editores, 2012, p. 468.

A legalidade não se constrói apenas com leis, mas também com atos de aplicação concreta do Direito, como decisões judiciais e administrativas e demais atos de interpretação da legislação. Daí a importância dos chamados órgãos atípicos de julgamento dentro da Administração Tributária. Além disso, a característica específica que justifica o CARF como órgão atípico de julgamento é sua garantia de "autorrefencialidade" no sistema do Direito, isto é, sua força na argumentação estritamente jurídica, desprovida de preocupação política.

Abandonar essa diferença específica significa ingressar no caminho típico e convencional do Poder Executivo como mero órgão arrecadador: instância de julgamento que apenas serve aos interesses do Executivo já não é mais verdadeiro órgão de julgamento, e também já não se faz mais necessária, senão como instrumento retórico de justiça ou mera instância de contenção e adiamento do ativo tributário.

Outro aspecto muito importante é o critério da especialidade. A matéria fiscal é abstrata, complexa e requer alta especialização. Por isso, é muito importante a existência de órgão que elucide tecnicamente a aplicação concreta da legislação tributária, orientando o Estado e a sociedade e, com isso, contribuindo para incrementar a segurança jurídica.

Nesse sentido, é dever do CARF aplicar o Direito e *dizer* a legalidade, gerando a necessária segurança jurídica que o sistema tributário exige. Ao aplicar a lei e resolver problemas técnicos, o CARF atua na sua esfera de competência técnica e exerce sua função institucional de preencher lacunas normativas e lacunas de reconhecimento – interpretação de conceitos técnicos indeterminados. Quando o CARF resolve e sedimenta jurisprudência sobre determinado caso de aplicação do Direito, ele, ao mesmo tempo, sinaliza para a sociedade qual é a legalidade e atrai para si a última palavra sobre os conceitos jurídicos tributários, poupando o Judiciário de ser provocado a decidir sobre detalhes excessivamente técnicos.

Uma vez decididos e sedimentados os conflitos tributários na esfera administrativa, não há sentido, no caso do Poder Público, em desestabilizar a jurisprudência administrativa em favor de aventura no Judiciário. Aliás, a tendência dos tribunais é seguir a *expertise* e a coerência construídas pelas decisões reiteradas do CARF.

Enfim, a última e mais precisa voz da lei tributária é a reiterada e contínua aplicação da legislação pelo CARF. Aqui temos a legalidade de verdade, que conhece a realidade, a prática e o Direito: nenhuma força contrainstitucional pode calar a efetiva voz da legalidade e do Direito.

7. *Direito & Desenvolvimento e importância das instituições: por que as Nações fracassam?*

Por que existem Nações ricas e outras pobres, Nações divididas entre a pobreza e a riqueza, entre a saúde e a doença, saciedade e fome? Será em razão da cultura, das condições climáticas, geográficas, dos recursos naturais? Não. Nenhum desses fatores é definitivo ou determinante. Caso contrário, como seria possível explicar que a Botsuana se tornou um dos Países com uma das evoluções mais rápidas do mundo em termos de taxa de crescimento econômico, enquanto outras Nações africanas, como Zimbábue, Congo e Serra Leoa, estão afundadas em pobreza e violência?

É para responder a esse tipo de pergunta que a perspectiva "Direito & Desenvolvimento" é extremamente útil.[15] Estudar o Direito e sua relação com o desenvolvimento implica colocar-se diante da seguinte pergunta: como pode o Direito colaborar para o desenvolvimento econômico e social do Brasil? Representa, pois, resgatar a importância do Direito, dos juristas e da dogmática jurídica na autoria do *design* e na proposição de políticas públicas. Importa, assim, mudar de atitude em relação ao Direito: não basta entendê-lo e sistematizá-lo, também é necessário pensar e propor soluções práticas que possam superar os problemas que envolvem e desgastam, invariavelmente, a relação entre Fisco e contribuinte. Agir na reflexão "Direito & Desenvolvimento" exige, pois, aprender a entender o passado e o presente para propor o futuro do Direito. Eis, talvez, nosso principal desafio: sair da postura de intérpretes dos caprichos e conjunturas do passado para nos tornarmos protagonistas das demandas da sociedade brasileira do futuro – afinal, não é para isso que serve o Direito como instrumento de mudança do comportamento social?

15. Cf.: Eurico Marcos Diniz de Santi, *Tributação & Desenvolvimento, o Direito em Rede na Era da Informação e o Resgate da Relação Fisco-Contribuinte: entre Legalidade e Democracia*, disponível em *http://www.fiscosoft.com.br/a/5jc6/tributacao-desenvolvimento-o-direito-em-rede-na-era-dainformacao-e-resgate-da-relacao-fisco-contribuinte-entre-legalidade-e-democracia-eurico-marcos-dinizde-santi* (acesso em 12.6.2013).

Douglass North,[16] Prêmio Nobel e estudioso da Economia Institucional,[17] ensina que as instituições são as regras de uma sociedade que regulam a interação humana. Seu intuito é reduzir as incertezas envolvidas nessa relação interativa, decorrentes da complexidade dos problemas que surgem em uma dada sociedade.

As instituições ditam o grau de evolução e os limites em que os atores de uma sociedade operam, tornando inteligível a interconexão entre as regras do jogo e o comportamento dos diversos atores sociais. North argumenta que em economias desenvolvidas as instituições são adequadas ao aumento de produtividade e ao crescimento econômico, pois protegem eficientemente os direitos de propriedade, o que reduz incertezas e custos de transação, permitindo lucros maiores e expansão dos mercados. Por outro lado, nos Países subdesenvolvidos a ausência de ambiente institucional fortalecido impõe uma série de custos para a realização da atividade econômica, o que desencoraja o aumento de produtividade e, consequentemente, inibe o desenvolvimento econômico e social.[18]

No instigante e recente livro *Por que as Nações Fracassam?*, Daron Acemoglu[19] e James Robinson[20] explicam que são as instituições políticas, econômicas e jurídicas que, construídas pelo homem, alicer-

16. Douglass North, *Institutions, Institutional Change and Economic Performance*, Cambridge, Cambridge University Press, 1990.

17. A *Economia Institucional* preocupa-se com o papel das instituições na formação e orientação do comportamento econômico.

18. É preciso fazer apenas um comentário elucidativo a respeito da teoria de North: para ele, órgãos como o CARF, a PGFN e o Judiciário seriam chamados de *organizações*, enquanto as regras que regulam o comportamento desses atores é que seriam chamadas de *instituições*. Isso não traz prejuízos para o raciocínio aqui construído, na medida em que as organizações estatais, como aquelas mencionadas, são criadas por lei. Ou seja: têm sua competência e regras de atuação delimitadas por atos normativos. Sendo assim, falar de respeito a *organizações*, nesse caso, seria o mesmo que falar em respeito a *instituições*, e vice-versa.

19. Daren Acemoglu, Professor de Economia Aplicada do Massachusetts Institute of Technology/MIT e vencedor do John Bates Clark Medal, prêmio dirigido a jovens economistas entre 30-40 anos e considerado o segundo mais importante prêmio mundial na área de Economia (nos últimos 20 anos, 40% dos premiados pela John Bates Clark Medal também ganharam o Nobel de Economia, entre eles Milton Friedman, Joseph Stiglitz e Paul Krugman).

20. Daron Acemoglu e James Robinson, *Why Nations Fail*, Nova York, Crown Business, 2012.

çam a democracia e alavancam o desenvolvimento econômico e social. A Coreia, por exemplo, é Nação marcadamente homogênea em termos culturais e geográficos, o que não impediu a Coreia do Norte de estar entre um dos Países mais pobres do mundo, enquanto seus vizinhos da Coreia do Sul estão entre os mais ricos. A Coreia do Sul forjou uma sociedade que cria incentivos, premia a inovação e permite que todos tenham acesso às oportunidades econômicas: o sucesso econômico alcançado foi acompanhado e sustentado por um sistema político em que o governo é transparente e responsivo às demandas sociais. Por outro lado, a Coreia do Norte vem encarando décadas de escassez, repressão política e instituições econômicas muito diferentes daquelas criadas no Sul – e sem perspectivas de mudança à vista.

No mesmo sentido que North, com base em minuciosa pesquisa histórica e identificando as causas do desenvolvimento em âmbito mundial, Acemoglu e Robinson concluem que o sucesso das Nações está estritamente vinculado à formação de uma economia institucional marcada pelo respeito à segurança jurídica: situação que cria ambiente de negócios atraente, encoraja investimentos e induz desenvolvimento. Sem segurança jurídica e sem respeito às decisões definitivas, *e.g.* do CARF, o Brasil está fadado ao fracasso.

Além da perspectiva do Direito, os estudiosos lembram que as instituições econômicas são criadas e amparadas por instituições políticas que determinam quem tem o poder em uma sociedade e com qual finalidade o poder pode ser usado. Se o poder é concentrado nas mãos de poucos e não é delimitado, as instituições políticas são absolutistas. Por outro lado, instituições políticas que garantem que o poder não seja privilégio de poucos e que delimitam sua forma de utilização dificultam a usurpação do poder por grupos de interesse e inibem a arbitrariedade no seu exercício, tornando-se instituições pluralistas. Isso cria um ambiente que induz a criação de instituições econômicas inclusivas, gerando-se um círculo virtuoso.

A Administração Tributária é *instituição* estratégica do sistema tributário nacional, responsável pela aplicação e interpretação da legislação tributária, fiscalização e cobrança do crédito tributário. Tendo em vista o papel central do fator *instituições* para o desenvolvimento de um País, reformas legislativas nem sempre conduzirão ao desenvolvimento. Alterar a lei ou a Constituição não é suficiente se quisermos melhorar nosso sistema tributário: é preciso modificar também a forma de interpretá-las e aplicá-las. E, para tanto, seja por desígnio constitucional, seja por *expertise* técnica, a Administração Tributária é o agente mais apto para promover as mudanças necessárias e garantir a segurança jurídica que a modernidade exige do atual sistema tributário.

Aplicar o Direito pressupõe interpretação de regras, de fatos e formalização do conteúdo, sentido e alcance das normas em sucessivos atos administrativos e judiciais. Trata-se de processo altamente complexo, que lida com convicções, valores, pressões políticas e ideológicas, as quais modulam a legalidade em função do tempo histórico e do espaço social. Um momento, uma legalidade; uma decisão, um Direito aplicado. Outro momento, outra legalidade; outra decisão, outro lDireito aplicado... Sobre a mesma lei e o mesmo fato concreto incontáveis "legalidades" podem ser construídas, bem como inúmeras versões de fato podem ser sustentadas sobre idêntico conjunto probatório. Contudo, a ética e o respeito à segurança jurídica demandadas da Administração Pública exigem coerência na construção de tais "legalidades". Minimizar tais mutações, construindo um ambiente de certeza e segurança sobre o terreno movediço da "legalidade", é missão da Administração Pública.[21]

8. *As ações populares e o contexto ao seu redor: a deslegitimação da atuação do CARF como órgão de julgamento*

Não obstante os avanços institucionais do CARF, descritos acima, parece haver um movimento de deslegitimação do CARF como órgão de julgamento. Alguns fatos recentes da história do Conselho nos ajudam a enquadrar essa perspectiva, e, ao que parece, as 59 ações populares atuam nesse mesmo sentido.

A primeira tentativa de enfraquecimento do CARF ocorreu em um caso do Fundo de Pensão dos Funcionários da Caixa Econômica Federal, o FUNCEF (Fundação dos Economiários Federais). Naquela ocasião, contra decisão do então Conselho de Contribuintes, favorável ao Fundo, a PGFN interpôs recurso hierárquico ao Ministro da Fazenda,

21. Cf. Paulo Modesto, *Autovinculação da Administração Pública*, disponível em *http://www.direitodoestado.com.br/artigo/paulo-modesto/autovinculacao-da-administracao-publica* (acesso em 25.3.2013).

visando à anulação da decisão, tomada em conformidade com as disposições legais que regem o processo administrativo fiscal federal. O recurso hierárquico foi admitido pelo Ministro, ato coator contra o qual o contribuinte impetrou o MS 8.810-DF perante o STJ. O STJ concedeu a segurança, por *unanimidade*, determinando a manutenção da decisão do Colegiado.

Outra tentativa de fragilização do CARF se deu por meio do Parecer 1.087/2004 e da Portaria 820/2004, ambos de autoria da PGFN. Tais atos foram expedidos após o caso do Fundo de Pensão, numa tentativa de tornar "legalmente" possível a correção de decisões do Colegiado pelo Ministro da Fazenda na hipótese em que o Conselho afastasse a aplicação de disposição legal e causasse lesão ao patrimônio público.[22]

O processo de unificação dos antigos Conselhos de Contribuintes que resultou na criação do CARF também foi marcado por aspectos negativos. A Medida Provisória 449/2008, posteriormente convertida na Lei 11.941/2009, reduziu o número de conselheiros que compõem as Câmaras Julgadoras de oito para seis. A justificativa dada à época foi a de que, com um número menor de conselheiros, os debates sobre as matérias levadas à apreciação do CARF seriam reduzidos, o que tornaria os julgamentos mais céleres, em benefício tanto do Fisco quanto do contribuinte. O que essa manobra causou, contudo, foi a diluição do peso dos votos dos conselheiros indicados pelo contribuinte. Isso porque, em caso de empate, o voto de qualidade incumbe ao Presidente da Câmara, que, de acordo com o Regimento Interno do CARF/RICARF (art. 9º da Portaria 256/2009 do Ministério da Fazenda), é sempre um representante da Fazenda Nacional.

Não bastasse o exposto, o RICARF, aprovado pela Portaria 256/2009 do Ministério da Fazenda, elenca os deveres e atribuições dos

22. Portaria 820/2004:

"Art. 2º. As decisões dos Conselhos de Contribuintes e da Câmara Superior de Recursos Fiscais podem ser submetidas à apreciação do Poder Judiciário desde que expressa ou implicitamente afastem a aplicabilidade de leis ou decretos e, cumulativa ou alternativamente: I – versem sobre valores superiores a R$ 50.000.000,00 (cinquenta milhões de Reais); II – cuidem de matéria cuja relevância temática recomende a sua apreciação na esfera judicial; e III – possam causar grave lesão ao patrimônio público.

"Parágrafo único. O disposto neste artigo aplica-se somente a decisões proferidas dentro do prazo de 5 (cinco) anos, contados da data da respectiva publicação no *Diário Oficial da União*."

conselheiros bem como as hipóteses de descumprimento que ensejam perda de mandato. Em síntese, deles se exige (art. 41):

> Art. 41. (...): I – exercer sua função pautando-se por padrões éticos, no que diz respeito a imparcialidade, integridade, moralidade e decoro, com vistas à obtenção do respeito e da confiança da sociedade; II – zelar pela dignidade da função, vedado opinar publicamente a respeito de questão que lhe está sendo submetida a julgamento, ressalvada a crítica nos autos e em obras técnicas ou no exercício do magistério; III – observar o devido processo legal, assegurando às partes igualdade de tratamento e zelando pela rápida solução do litígio; IV – cumprir e fazer cumprir, com imparcialidade e exatidão, as disposições legais a que estão submetidos; e V – apresentar, previamente ao início da reunião de julgamento, ementa, relatório e voto dos recursos em que for o relator, em meio eletrônico.

O conselheiro também é impedido de atuar no julgamento de recurso em cujo processo tenha (art. 42):

> Art. 42: (...): I – atuado como autoridade lançadora ou praticado ato decisório monocrático; II – interesse econômico ou financeiro, direto ou indireto; III – como parte, cônjuge, companheiro, parentes consanguíneos ou afins até o terceiro grau; IV – participado do julgamento em primeira instância.

Considera-se existir interesse econômico ou financeiro, direto ou indireto, nos casos em que o Conselheiro representante dos contribuintes (art. 42, parágrafo único):

> Art. 42. (...).
>
> Parágrafo único. (...): I – preste consultoria, assessoria, assistência jurídica ou contábil ao interessado, ou dele perceba remuneração sob qualquer título, no período da instauração do processo administrativo fiscal e até a data da sessão em que for concluído o julgamento do recurso; e II – atue como advogado, firmando petições, em ação judicial cujo objeto, matéria, ou pedido seja idêntico ao do recurso em julgamento.

O conselheiro também está impedido de atuar como relator em recurso especial em que tenha atuado, na decisão recorrida, como relator ou redator relativamente à matéria objeto do recurso especial (art. 42). Também incorre em suspeição (art. 43) o conselheiro que tenha amizade íntima ou inimizade notória com o sujeito passivo ou com pessoa interessada no resultado do processo administrativo, ou com seus respectivos cônjuges, companheiros, parentes e afins até o terceiro grau.

O impedimento ou a suspeição (art. 44) devem ser declarados por conselheiro ou suscitados por qualquer interessado, cabendo ao arguido, neste caso, pronunciar-se por escrito sobre a alegação antes do término do julgamento, a qual, se não for por ele reconhecida, será submetida à deliberação do Colegiado.

Perderá o mandato o conselheiro que (art. 45):

> Art. 45: (...): I – descumprir os deveres previstos neste Regimento; II – retiver, reiteradamente, processos para relatar por prazo superior a 6 (seis) meses, contado a partir da data do sorteio, permitida a prorrogação, quando requerida, justificadamente, antes do fim do prazo, e autorizada pelo presidente da Câmara ou da CSRF; III – retiver processos, reiteradamente, ou procrastinar a prática de atos processuais, além dos prazos legais ou regimentais; IV – deixar de praticar atos processuais, após ter sido notificado pelo Presidente do CARF, da Seção ou da Câmara, no prazo improrrogável de 30 (trinta) dias; V – deixar de formalizar, reiteradamente, o voto do qual foi o relator ou para o qual foi designado redator no prazo de 30 (trinta) dias contados da data da sessão de julgamento ou da qual recebeu o processo ou relatório e voto do relator originário; VI – deixar de observar, reiteradamente, enunciado de súmula ou de resolução do Pleno da CSRF expedidas, respectivamente na forma dos arts. 72 e 76, bem como o disposto no art. 62; VII – praticar atos de comprovado favorecimento no exercício da função; VIII – deixar de comparecer, sem motivo justificado, a 8 (oito) das sessões, ordinárias ou extraordinárias, no período de 1 (um) ano; IX – na condição de suplente, deixar de comparecer, sem motivo justificado, a duas convocações consecutivas ou a 3 (três) alternadas no período de 1 (um) ano; X – assumir cargo, encargo ou função que impeça o exercício regular das atribuições de conselheiro; XI – portar-se de forma incompatível com o decoro e a dignidade da função perante os demais conselheiros, partes

no processo administrativo ou público em geral; XII – atuar com comprovada insuficiência de desempenho apurada conforme critérios objetivos definidos em ato do Presidente do CARF; XIII – praticar ilícito penal ou administrativo grave; XIV – praticar atos processuais perante as Delegacias da Receita Federal do Brasil de Julgamento e o CARF, exceto em causa própria; XV – participar do julgamento de recurso, em cujo processo deveria saber estar impedido; e XVI – estar submetido a uma das penalidades disciplinares estabelecidas no art. 127, incisos II a VI, da Lei n. 8.112, de 1990, no caso de conselheiro representante da Fazenda Nacional.

Enfim, há 6 artigos e 27 incisos no RICARF tratando dos deveres dos conselheiros e respectivas penalidades em caso de descumprimento. Entretanto, *o Regimento não faz qualquer alusão a direitos e garantias dos conselheiros, que – registre-se – não são remunerados e sofrem uma série de restrições para atuar como advogados ou consultores em processos que tramitam no CARF*. Trabalhar sem remuneração e sem qualquer garantia, tendo como contrapartida dezenas de atribuições, é mais uma demonstração do processo de enfraquecimento que o CARF vem sofrendo.

Aparentemente, as 59 ações populares em questão vieram bem a calhar para esse movimento de deslegitimação do CARF como órgão de julgamento. Não à toa, a PGFN não se opôs ao prosseguimento das ações, muito embora elas questionassem decisões tomadas em processos dos quais a Procuradoria havia participado, se manifestado e lançado mão de todos os instrumentos legais disponíveis para efetivar o crédito tributário. O "ovo da serpente" das ações populares, portanto, não está em sua juridicidade, mas na violência simbólica de coagir os conselheiros do CARF, difundindo o medo e a insegurança de exercer seus legítimos deveres (sem garantias) de árbitros imparciais perante a lei. É votar sempre pela Fazenda, ou ser processado: caminho da mediocridade e do não Direito!

"Um" CARF enfraquecido não seria do interesse da Fazenda Nacional? Um órgão que não julga, mas que se limita a confirmar as pretensões fazendárias, pode ser chamado de tribunal? Na mesma linha, "uma" PGFN que paga qualquer preço para incrementar a arrecadação tributária está cumprindo sua função pública?[23] Perseguir o crédito tributário com os instrumentos ofertados pela legalidade não é o mesmo que persegui-lo a qualquer custo, manipulando a interpretação legislativa e praticando manobras que deslegitimam a atuação de outro órgão público integrante do mesmo Ministério.

8.1 Critérios para o controle judicial das decisões proferidas por tribunais atípicos e a aplicabilidade da teoria do controle da atividade administrativa discricionária: a impossibilidade de questionamento do mérito dos atos administrativos discricionários

Ainda que as decisões do CARF estivessem "equivocadas" ou tivessem cometido algum tipo de deslize interpretativo – o que se descarta –, existem regras no ordenamento jurídico que regulamentam a forma de se atuar em juízo e de se controlar a atividade de tribunais atípicos. A propositura de ações populares fundamentadas na ideia de que houve lesão ao Erário não pode pôr por terra todos os processos administrativos em questão, toda a estrutura de órgãos administrativos, atribuição de competências e regras procedimentais criadas pelo legislador para apaziguar conflitos tributários. Ou seja: ainda que a interpretação da legislação tributária perpetrada pela autora popular fosse a mais adequada, existem amarras institucionais que delimitam a forma de se controlar judicialmente a atividade *jurisdicional* administrativa.

A autora defende que não existiria "definitividade" das decisões administrativas, em razão da peculiaridade da composição do CARF, que é órgão paritário, e da ausência das garantias aos conselheiros, inerentes aos magistrados, como inamovibilidade e vitaliciedade – o que dificultaria a imparcialidade na tomada de decisões. Totalmente contrária é a posição da doutrina, conforme Celso Antônio Bandeira de Mello:[24]

23. Sobre o tema, o ex-Ministro do STJ e hoje Ministro do STF Luiz Fux, decidiu que: "(...) hoje já desmistificamos a ideia de que o interesse público é o interesse fazendário. O interesse público é o interesse de cada um de nós. O conjunto dos interesses de todos nós perfaz o interesse público. Às vezes, o interesse da Fazenda é contra o interesse público e contra o interesse de todos nós" (STJ, REsp/AgR 382.736-SC (200101667448), j. 24.9.2003).

24. Celso Antônio Bandeira de Mello, *Curso de Direito Administrativo*, 30ª ed., São Paulo, Malheiros Editores, 2013, p. 468.

> *A ocorrência deste fenômeno* [definitividade das decisões administrativas] *é particularmente óbvia em face de decisões de órgãos colegiais em que há participação dos administrados, e que a lei estruturou deste modo para a solução de litígios entre a Administração e os particulares, buscando imparcialidade na apreciação da matéria.* Também por isto, diga-se de passagem, deve-se entender que, salvo indisputável ressalva legal em contrário, a autoridade *unipessoal* alocada em patamar superior (não importa quão alto seja seu escalão) não pode rever ou determinar a revisão do decidido pelo órgão colegial, pois *a colegialidade e a participação do administrado, evidentemente, foram instituídas na pressuposição de que esta é a estrutura que confere a habilitação ideal para enfrentamento das questões que lhes hajam sido afetas. [Grifamos]*

Além disso, como será detalhado adiante, há artigos específicos no Decreto 70.235/1972, que trata do procedimento administrativo fiscal, e no Código Tributário Nacional confirmando a "definitividade" das decisões tomadas em órbita administrativa. Portanto, a tese de ausência de "definitividade" na esfera administrativa, sustentada pela autora popular, não tem fundamento. Isso não significa que as decisões administrativas não possam ser questionadas judicialmente sob hipótese alguma.

O raciocínio construído pela doutrina do direito administrativo a respeito da discricionariedade administrativa e o controle judicial aplica-se à presente controvérsia. Tradicionalmente, a discrição administrativa é definida como a margem de liberdade que a lei atribui ao administrador. Sabe-se que este geralmente não é o caso da aplicação das regras que instituem a incidência de tributos sobre as mais variadas atividades humanas. Ao contrário: a tributação segue a lógica consagrada nas palavras de Seabra Fagundes de que "administrar é aplicar a lei de ofício". Ou seja: haveria pouquíssima discricionariedade na aplicação da lei tributária. No entanto, não se pode perder de vista o cenário caótico do sistema tributário brasileiro. No exercício cotidiano da interpretação legislativa inevitavelmente surgem questionamentos, como: qual lei aplicar e de que forma interpretar as leis? Encontrar as respostas não é tarefa fácil. Prova disso é que a própria Administração Tributária se furta de oferecer critérios interpretativos homogêneos e delega ao contribuinte a incumbência de interpretar e aplicar as leis: o lançamento por homologação somado ao longo prazo de decadência dão conforto ao Fisco para realizar manobras interpretativas no transcurso temporal e, dessa maneira, maximizar a arrecadação tributária.[25]

Nesse contexto de grande incerteza, o CARF é órgão criado por lei para resolver complexas discussões tributárias e estabelecer o sentido da legislação. Não reconhecer que essa atividade guarda em si um mínimo de *discricionariedade interpretativa* é fechar os olhos para a caótica legislação tributária do País e para o altíssimo grau de dificuldade que essa atividade pressupõe. Aliás, Hans Kelsen há muito já reconhecera os limites do Direito, definindo-o como "uma moldura dentro da qual existem várias possibilidades de aplicação, pelo qu*ê* é conforme ao Direito todo ato que se mantenha dentro deste quadro ou moldura, que preencha esta moldura em qualquer sentido possível".[26]

O mérito das decisões proferidas por tribunais administrativos não pode ser rediscutido na esfera judicial. A interpretação da legislação é atividade dotada de certa liberdade; e, caso fosse possível questionar judicialmente o entendimento adotado pelos conselheiros, não faria sentido a existência de órgãos administrativos de julgamento, já que toda causa desfavorável à Fazenda Pública seria automaticamente levada ao crivo do Judiciário.

Seguindo a tradição do direito administrativo brasileiro,[27] é de se asseverar a impossibilidade de revisão judicial do mérito das decisões administrativas. De outro lado, as nulidades processuais podem ser questionadas. As ações populares só poderiam prosseguir se tivessem apontado algum vício que comprometesse a idoneidade dos processos administrativos, algum desvio de finalidade ou, ainda, a inadequação entre os meios e os fins visados – o que não se verificou na hipótese examinada.[28]

25. Cf.: Eurico Marcos Diniz de Santi, "Reforma tributária: reconstruindo os laços nacionais do federalismo brasileiro e resgatando a dignidade do contribuinte", in Maria Lúcia L. M. P. Lima, *Direito e Economia*: *30 Anos de Brasil*, t. 3, São Paulo, Saraiva, 2012 (Série GV*Law*), pp. 54-76.

26. Hans Kelsen, *Teoria Pura do Direito*, São Paulo, Martins Fontes, 2000, p. 390.

27. Cf.: Celso Antônio Bandeira de Mello, *Curso de Direito Administrativo*, cit., 30ª ed., p. 980; José Cretella Jr., *Controle Jurisdicional do Ato Administrativo*, 3ª ed., Rio de Janeiro, Forense, 1997, p. 336.

28. O TJSP já se manifestou nesse sentido: "Poder Judiciário que não pode reexaminar o mérito da decisão administrativa, exceto sob o aspecto da legalidade e da moralidade – Decisão administrativa que, além de estar devidamente fundamentada,

Em suma: o processo administrativo é autônomo, cabendo ao Judiciário o controle da legalidade procedimental, e não a revisão do mérito administrativo.

8.2 Descabimento das 59 ações populares e necessidade de extinção dos processos sem resolução de mérito: não é possível rediscutir judicialmente o mérito de decisões tomadas por órgão administrativo competente e em conformidade com o devido processo legal

Há diversas disposições legislativas que confirmam a falta de interesse processual da autora popular, consagrando as decisões tomadas na esfera administrativa e sua respectiva "definitividade".

Uma dessas disposições é a do art. 45 do Decreto 70.235/1972, que trata do processo administrativo fiscal: "Art. 45. No caso de decisão definitiva favorável ao sujeito passivo, cumpre à autoridade preparadora exonerá-lo, de ofício, dos gravames decorrentes do litígio". O legislador foi enfático: tomada a decisão definitiva no processo administrativo fiscal, não há possibilidade de questionamento pela via judicial – resta exonerar o contribuinte, em conformidade com a legalidade e com a decisão do órgão competente.

No mesmo sentido é o art. 156, IX, do CTN:

> Art. 156. Extinguem o crédito tributário: (...); IX – a decisão administrativa irreformável, assim entendida a definitiva na órbita administrativa, que não mais possa ser objeto de ação anulatória; (...).

Se o Código Tributário Nacional estabelece como regra a "definitividade" das decisões tomadas na esfera administrativa, salvo hipótese de cabimento de ação anulatória, é preciso apontar alguma nulidade nos

respeitou os princípios da legalidade, da publicidade e do devido processo legal. A Administração pode anular seus próprios atos – Aplicação da Súmula n. 473 do STF – Decisão reformada – Improcedência da ação – Verba sucumbencial – Não evidenciada má-fé – Isenção – Inteligência do art. 5º, inciso LXIII, da CF – Recursos providos" (TJSP, 8ª Câmara de Direito Público, ACi 9218926-14.2008.8.26.0000, rel. Des. Rubens Rihl, j. 16.11.2011).

processos administrativos que tramitaram no CARF para que se justifiquem a anulação ou a correção das respectivas decisões. E a atuação de um órgão no limite de sua competência não pode configurar hipótese de nulidade, não havendo qualquer fundamento para a propositura das ações populares em questão.

Não é demais recordar que tais disposições legislativas encontram guarida nas ideias de certeza do direito e de segurança jurídica. No caso em apreço, a incerteza e a insegurança decorrem da ausência de estabilidade das relações jurídicas, dada a possibilidade de alterações das "normas" (leia-se "matérias julgadas") mesmo após o encerramento dos processos administrativos fiscais.

8.3 O caso específico das ações populares ajuizadas contra "decisões" que sequer "transitaram em julgado": carência de ação em razão da inexistência jurídica do objeto

Algumas das ações populares foram ajuizadas antes do término dos processos administrativos objurgados, ou seja, antes de concluído o controle de legalidade exercido pelo CARF. É o caso, por exemplo, do Processo 47347-29.2012.401.3400, que tem uma instituição financeira como ré. Não existe decisão final que possa ser contestada quanto ao mérito no Judiciário, inclusive por meio de ação popular. Aliás, tal ajuizamento tem tão somente o condão de perturbar o isento julgamento que deve ser efetuado pela instância superior do CARF.

Esse entendimento, inclusive, já foi esgrimido em sentença que extinguiu sem resolução de mérito o Processo 60948-05.2012.4.01.3400, que tinha como ré uma grande gestora de ativos. Na decisão, o Magistrado pontuou que: "A autora popular não tem interesse em contestar o acórdão proferido pelo Conselho Administrativo de Recursos Fiscais/CARF, pelo singelo fato de que a decisão proferida naquele processo ainda não é final na esfera administrativa".

Ou seja: além de todas as razões já expendidas – que, por si sós, já esvaziam as chances de sucesso das ações populares em questão –, há casos em que a autora popular sequer aguardou o esgotamento do processo administrativo para provocar o Judiciário: há carência de ação, porque não há contra o que se insurgir; afinal, o objeto é juridicamente inexistente.

8.4 As ações populares ajuizadas contra decisões que manifestam entendimento consolidado do CARF: é impossível apontar ilegalidade na atuação de um órgão de julgamento que simplesmente aplica seus precedentes

Há ações populares que foram propostas contra decisões proferidas em processos administrativos que opinaram favoravelmente ao contribuinte, em consonância com entendimento pacificado do CARF. É o caso da discussão acerca da impossibilidade de imputação de multa isolada concomitante com multa de ofício. Como exemplo tem-se o Processo 1135-13.2013.4.01.3400, em que uma indústria petroquímica é parte. A questão já é pacificada no CARF e foi, inclusive, objeto de proposta de súmula, aceita pela própria PGFN, e que apenas não foi aprovada pelos conselheiros do Pleno, ainda, em razão da necessidade de finalização dos procedimentos de redação e formalização do texto sumular.

Isso reforça a ideia de que não houve qualquer ilegalidade nos processos administrativos fiscais questionados nas ações populares, em detrimento do que quer fazer crer a autora popular. Pelo contrário: várias das decisões estão alinhadas à jurisprudência consolidada do CARF, construída ao longo de vários julgamentos, os quais contaram com a participação da Fazenda e dos contribuintes, garantindo-se o pleno contraditório e a imparcialidade das decisões.

8.5 O julgamento do MS 8.810 no STJ e do RE 535.077 no STF: os Tribunais Superiores consagram a "definitividade" das decisões tomadas por tribunais administrativos

O STJ já se manifestou pela impossibilidade de intervenção de terceiros para correção de decisões administrativas proferidas contrariamente à Fazenda Pública e de maneira supostamente incorreta. O STJ entendeu que o Ministro da Fazenda não podia cassar decisão do Conselho de Contribuintes sob o argumento de que os conselheiros teriam decidido incorretamente.

Naquela ocasião, contra decisão do Conselho de Contribuintes, favorável ao contribuinte, foi interposto recurso hierárquico ao Ministro da Fazenda, com fundamento nos arts. 19 e 20 do Decreto-lei 200/1967,[29] visando à anulação da decisão. O recurso hierárquico foi admitido pelo Ministro, ato contra o qual o contribuinte impetrou mandado de segurança (n. 8.810-DF), com o intuito de obter o trancamento do recurso.

A decisão do STJ foi unanimemente favorável ao contribuinte, dispondo o seguinte:[30]

> I – *A competência ministerial para controlar os atos da Administração pressupõe a existência de algo descontrolado, não incide nas hipóteses em que o órgão controlado se conteve no âmbito de sua competência* e do devido processo legal.
>
> II – O controle do Ministro da Fazenda (arts. 19 e 20 do Decreto-lei n. 200/1967) sobre os acórdãos dos Conselhos de Contribuintes tem como escopo e limite o reparo de nulidades. *Não é lícito ao Ministro cassar tais decisões, sob o argumento de que o colegiado errou na interpretação da lei.*
>
> III – *As decisões do Conselho de Contribuintes, quando não recorridas, tornam-se definitivas, cumprindo à Administração, de ofício, "exonerar o sujeito passivo dos gravames decorrentes do litígio"* (Decreto n. 70.235/1972, art. 45).
>
> IV – Ao dar curso a apelo contra decisão definitiva de Conselho de Contribuintes, o Ministro da Fazenda põe em risco direito líquido e certo do beneficiário da decisão recorrida. *[Grifamos]*

29. Decreto-lei 200/1967:

"Art. 19. Todo e qualquer órgão da Administração Federal, direta ou indireta, está sujeito à supervisão do Ministro de Estado competente, excetuados unicamente os órgãos mencionados no art. 32, que estão submetidos à supervisão direta do Presidente da República.

"Art. 20. O Ministro de Estado é responsável, perante o Presidente da República, pela supervisão dos órgãos da Administração Federal enquadrados em sua área de competência.

"Parágrafo único. A supervisão ministerial exercer-se-á através da orientação, coordenação e controle das atividades dos órgãos subordinados ou vinculados ao Ministério, nos termos desta Lei."

30. STJ, 1ª Seção, MS 8.810-DF, rel. Min. Humberto Gomes de Barros, j. 13.8.2003.

Contra tal decisão a União interpôs o RE 535.077. O recurso extraordinário, pendente de julgamento no STF, também parece caminhar no mesmo sentido do mandado de segurança, já que o Min. aposentado Carlos Ayres Britto, antigo Relator do processo, votou pelo não provimento do recurso, acompanhando a interpretação adotada pelo STJ. Além disso, o Ministério Público Federal também apresentou parecer no mesmo sentido.[31]

Paralelamente à sequência de julgamentos no STJ e no STF, uma série de atos interpretativos da PGFN foram expedidos sobre o tema. Inicialmente, o Parecer PGFN-1.087, de 19.7.2004, defendia a possibilidade jurídica de que as decisões do Conselho de Contribuintes do Ministério da Fazenda que lesassem o patrimônio público fossem submetidas ao crivo do Poder Judiciário, pela Administração Pública. Na mesma senda caminhou a Portaria PGFN-820/2004, que aprovou o aludido parecer.

Ocorre que por ocasião da referida decisão do STJ, contrária à tese da PGFN, e diante da iminente decisão do STF, que deve acompanhar o entendimento do STJ, a PGFN expediu a Nota PGFN/PGA-74/2007. Ela suspende os efeitos do Parecer 1.087/2004, aguardando a decisão definitiva do Supremo.

8.6 Sentenças já proferidas nas ações populares e manifestações da Advocacia-Geral da União: a confirmação do papel institucional do CARF e a exaltação da separação de Poderes

Até o momento já somam 24 as sentenças proferidas pela Justiça Federal do Distrito Federal que extinguiram ações sem resolução de

31. Além do caso específico do CARF e de suas decisões, o STF já decidiu pela definitividade das decisões de outras Cortes administrativas em diversas oportunidades – *e.g.*: "Tribunal de Contas: julgamento das contas de responsáveis por haveres públicos – Competência exclusiva, salvo nulidade por irregularidade formal grave (MS n. 6.960/1959), ou manifesta ilegalidade aparente" (MS 280/1960, *RTJ* 43/151); "Por força do princípio da legalidade, os juízes não podem ingressar na oportunidade e conveniência do ato administrativo, não sendo, pois, lícito ao Judiciário apreciar eventual questão política" (*RT* 609/176; *RJTJSP* 107/163, 26/235) (cf. Rodolfo de Camargo Mancuso, *Ação Popular*, cit., 4ª ed., pp. 116 e 140-141).

mérito[32] – o que evidencia, uma vez mais, a falta de fundamentos para a propositura das medidas judiciais em questão. Abaixo destacam-se alguns trechos que corroboram a argumentação expendida até aqui. Nos Processos 4501-60.2013.4.01.3400 e 58381-98.2012.4.01.3400 o Magistrado ressaltou que:

> (...) *a autora popular não aponta qualquer ato lesivo ao patrimônio público que teria sido praticado pelos conselheiros* indicados que participaram do julgamento que se quer anular.
>
> (...).
>
> *A tese inicial seria a de que a posição jurídica adotada pelo Colegiado ter-se-ia afastado do melhor Direito*. Acontece que, ao se analisar os votos, percebe-se que a posição jurídica adotada e majoritária tem fundamentos relevantes e é razoável, mesmo que se admita posição contrária. Ou seja, não há minimamente interesse de favorecer quem quer que seja. *[Grifamos]*

No Processo 60948-05.2012.4.01.3400 o Magistrado recorda a importância dos órgãos administrativos de julgamento, no mesmo sentido defendido nos tópicos precedentes:

> Se a lei criou órgãos de julgamento administrativo e o Ministro da Fazenda nomeou conselheiros com essa função de fazer julgamento administrativo, esses devem julgar não com o objetivo de simplesmente chancelar o lançamento, mas julgar se o lançamento é correto, de acordo com a sua convicção, baseados no Direito e nos fatos, sendo *absurda a pretensão de torná-los réus de ação popular pelo simples fato de terem julgado como entendiam que deviam julgar. [Grifamos]*

Na sentença da Brookfield também se reconheceu a possibilidade de se questionar decisões tomadas por tribunais atípicos, mas de acordo com critérios similares àqueles defendidos nos tópicos 8.1 e 8.2:

32. Cf. Pedro Canário, *24 Ações Populares Contra CARF Foram Derrubadas* (9.4.2013), disponível em *http://www.conjur.com.br/2013-abr-09/sao-17-acoes-populares-derrubadas-decisoes-carf* (acesso em 13.6.2013).

Admite-se até a hipótese da discussão judicial do resultado do julgamento na via da ação popular, mas isso teria de ocorrer nas hipóteses de haver pelo menos indícios de que a decisão teria sido tomada não por força da livre convicção dos julgadores administrativos, mas por força de suborno ou algo semelhante. *[Grifamos]*

Ainda, não se pode deixar de destacar a atuação da Advocacia-Geral da União/AGU nas ações populares, defendendo o CARF e seu papel institucional. Em uma de suas manifestações, no Processo 57860-56.2012.4.01.3400, a AGU também requereu a extinção do processo sem resolução de mérito:

(...) a autora popular não logrou êxito em implementar todos os requisitos da ação popular, porquanto a parte autora se limitou a tecer vagas afirmações, sem demonstrar concretamente em que consiste a suposta lesão ao patrimônio público, afirmando, tão somente, que a decisão oriunda do CARF foi equivocada do ponto de vista jurídico.

Enfim, até agora o Judiciário vem se desincumbindo com serenidade da sua tarefa de preservar as instituições, a segurança jurídica e a separação de Poderes, e a AGU também conduz a defesa nesse mesmo sentido. Aguardemos as próximas sentenças de encerramento dos processos judiciais sem resolução de mérito.

9. Entre o "mastro" da lei e o doce canto das sereias,[33] *superando forças contrainstitucionais, garantindo a separação dos Poderes, consagrando os tribunais administrativos, preservando o Judiciário e garantindo a segurança jurídica*

A sedução da ideia de "justiça" pode ser um problema para o Direito. Como relatou Homero, numa das histórias mais marcantes da Mitologia Grega, *habitavam uma ilha do Mediterrâneo sedutoras sereias cujos cantos atraíam os navegantes de forma irresistível*. Ao se aproxi-

33. Cf. Eurico Marcos Diniz de Santi, *Decadência e Prescrição no Direito Tributário*, 4ª ed., São Paulo, Saraiva, 2011, pp. 205 e ss.

marem da ilha, seus barcos batiam nos recifes e naufragavam. As sereias, em seguida, devoravam suas vítimas. O herói Ulisses desenvolveu uma solução simples, porém eficaz: ordenou que sua tripulação tampasse os ouvidos com cera e o amarrasse ao mastro, sem soltá-lo de forma alguma, ainda que ele gritasse e ordenasse o contrário. Sobreviveram. A ideia de Ulisses partiu do reconhecimento de sua própria fraqueza. Ele sabia que, no impulso do momento, subjugado ao apelo das paixões d'alma, qualquer decisão sua seria inócua. Sua racionalidade foi capaz de pesar isso antes, na balança das preferências valorativas: isso salvou sua vida, sua tripulação e seu barco de um destino fatal.

A ideia de justiça nos faz sentir maiores do que somos, mais dignos e, certamente, mais próximos dos deuses. Mas nunca é demais lembrar, com Fernando Pessoa, que "os deuses só são deuses porque não se pensam!"[34]

No centro da crise institucional analisada reside o antigo problema jurídico de se decidir entre o que é mais importante: (i) preservar as decisões definitivas tomadas por órgão competente ou (ii) permitir seu contínuo questionamento, em nome de um (obscuro) interesse público ou, em última instância, da própria Justiça. Em outras palavras: colocamo-nos novamente diante do paradoxo entre a legalidade e a (suposta) justiça; entre as "amarras do barco do Direito" e o "sedutor canto das sereias".

Jon Elster[35] ensina que a sociedade escolhe determinados valores e estabelece mecanismos para sua proteção contra momentos de irracionalidade coletiva, pelos quais inevitavelmente toda sociedade passa. As maiorias – ou, neste caso, o suposto interesse público (que, na verdade, é apenas o interesse da Fazenda Pública) – não são sempre inteligentes. O Direito é uma espécie de pré-compromisso, de restrição estabelecida pela maioria contra a maioria, pelo povo contra o próprio povo.[36]

34. Na poesia *Procura o teu Destino*, de Ricardo Reis.

35. Jon Elster, *Ulysses and the Sirens: Studies in Rationality and Irrationality*, Cambridge, Cambridge University Press, 1979.

36. Não é outro o entendimento de Fábio Konder Comparato: "De qualquer modo, não se deve esquecer que a soberania popular, longe de ser poder absoluto, submete-se obrigatoriamente aos mandamentos expressos na Constituição e nas leis. Demais, o povo é um agente político superior aos outros, sem dúvida, mas membro, como os demais, de uma comunidade política em que a todos é rigorosamente proibido superpor o interesse próprio ao bem comum" (*Ética: Direito, Moral e Religião no Mundo Moderno*, São Paulo, Cia. das Letras, 2006, pp. 677-678).

Enfim, o Direito envolve e amarra a sociedade de forma a deixá-la prevenida contra as irracionalidades da vida. É amarrar-se ao barco ou jogar-se às sereias...

Há mais de 20 anos se sonha com o "nirvana" de uma reforma tributária que resolva os problemas da complexidade da legislação tributária, da insegurança jurídica do contribuinte e das externalidades negativas que o sistema tributário causa para o desenvolvimento econômico e social do Brasil.

O presente episódio envolve esses mesmos problemas, e deve nos servir de inspiração para criarmos novas soluções que sejam, sobretudo, viáveis. Aqui, tratamos das esferas comunicacionais que permeiam a democracia e a separação dos Poderes, da relação entre o poder atípico dos tribunais administrativos e as decisões do Judiciário.

Não há salvação nem redenção por emenda constitucional: Deus – não obstante citado – não está na Constituição. Nosso pecado está em rezar em um altar abstrato, sem zelar pelos pequenos atos de aplicação do Direito que fazem parte do nosso dia a dia. Aqui está nosso grande desafio: transformar nossas instituições a partir da prática do cotidiano.

Enfim, este estudo tem um propósito específico: exaltar a força das instituições, a relevância da separação dos Poderes, dos princípios federativos e do papel protagonista dos órgãos administrativos de julgamento, como o CARF. E tudo isso só se torna factível por meio da preservação institucional da linguagem do direito.

10. Dez conclusões institucionais sobre o CARF

10.1 São as instituições que ditam o grau de evolução e os limites em que os atores de uma sociedade operam, tornando inteligível a interconexão entre as regras do jogo e o comportamento dos diversos atores sociais. São as instituições políticas, econômicas e jurídicas que, construídas pelo homem, alicerçam a democracia e alavancam o desenvolvimento econômico e social. Sem segurança jurídica e sem respeito às decisões definitivas, *e.g.* do CARF, o Brasil está fadado ao fracasso. A realidade é cruel e confirma que o sucesso de uma Nação está estritamente vinculado à formação de uma economia institucional marcada pelo respeito à segurança jurídica: situação que cria ambiente de negócios atraente, encoraja investimentos e induz desenvolvimento.

10.2 A Administração Tributária é instituição estratégica do sistema tributário nacional, responsável pela aplicação e interpretação da legislação tributária, fiscalização e cobrança do crédito tributário. Modificar a lei ou a Constituição não é suficiente para melhorar nosso sistema tributário: é preciso alterar também a forma de interpretá-las ou aplicá-las. A legalidade não se constrói apenas com leis, mas com atos de aplicação do Direito, que, por sua vez, são praticados por instituições de Estado. Daí a importância do CARF, órgão de julgamento que tem a última palavra da legalidade concreta na esfera administrativa, construída pelo olhar inteligente e prático de *experts* que enxergam o Direito em íntima conexão com a realidade.

10.3 O CARF, com o apoio de Otacílio Cartaxo no período em que foi Secretário da Receita Federal e durante sua gestão como Presidente do Conselho, deu passos importantes na sua história institucional e na transparência de suas atividades – *e.g.*: (i) a edição do novo Regimento Interno do órgão; (ii) a instituição do Comitê de Seleção de Conselheiros; e (iii) a implantação do processo administrativo fiscal eletrônico, o *e-Processo* – sistema que possibilita acesso permanente e imediato aos autos dos processos, reduzindo desperdícios com tempo e recursos.

10.4 Pesquisa do NEF/DireitoGV confirma os inegáveis avanços institucionais do CARF: aponta, mediante entrevistas com *players* que lidam diretamente com o órgão, que as decisões do CARF são primordialmente técnicas, e não políticas. Trata-se de órgão respeitável, porque delibera sobre critérios jurídicos, solucionando tecnicamente conflitos tributários entre Fisco e contribuinte. Nessa lógica, o CARF não atua contra ou a favor da Receita Federal ou do contribuinte. É composto por *experts* justamente para encontrar e corrigir os excessos de poder perpetrados nos atos individuais de aplicação do Direito – no caso, os autos de infração. Atua como órgão diretivo e de controle da ação dos auditores da Receita Federal, realizando inestimável serviço público ao cidadão-contribuinte, porque aclara imprecisões, resolve indeterminações e elimina contradições normativas, de modo a reduzir a "contenciosidade" do sistema.

10.5 O Ministério da Fazenda não pode decidir pela insubsistência do auto de infração em um momento (via CARF, com ampla participação da PGFN) e, na sequência, questionar sua própria decisão no Judiciário (via PGFN). Trata-se de situação institucional bipolar que revela confusão entre aplicar a legalidade do sistema ou se apegar à precária presunção de legalidade do auto de infração. Com efeito, é absolutamente equívoca a percepção de que quando o CARF decide desfavoravelmente aos precários autos de infração está agindo contra a Receita Federal. Quando isso acontece é sinal de que está assumindo e cumprindo sua derradeira missão institucional: colaborar com a Receita Federal, estancando problemas com critérios técnicos, reduzindo a indústria do contencioso e tornando o Fisco mais célere e eficiente.

10.6 A tese de lesão ao patrimônio público por omissão arrecadatória da União Federal, após julgamento do CARF que absolveu o contribuinte, não tem fundamento. É argumento que pretende suplantar o entendimento construído legitimamente pelo CARF, nos estritos limites de sua competência, ao tentar "emplacar" duvidoso "interesse público". A autora das ações populares carece de interesse processual: o Código Tributário Nacional prescreve que o crédito tributário é extinto pela decisão administrativa irreformável. Portanto, o "ovo da serpente" das ações populares não está em sua juridicidade, mas na violência simbólica de coagir os conselheiros do CARF, difundindo o medo e a insegurança de exercer seus legítimos deveres (sem garantias) de árbitros imparciais perante a lei. É votar sempre pela Fazenda, ou ser processado: caminho da mediocridade e do não Direito!

10.7 A jurisprudência do STJ e do STF confirma o entendimento de que o controle judicial dos órgãos atípicos de julgamento pressupõe a existência de alguma nulidade, não incidindo nas hipóteses em que o órgão controlado se conteve no âmbito de sua competência e do devido processo legal. Não é lícito ao Judiciário, ou a quem quer que seja, cassar tais decisões sob o argumento de que o colegiado errou na interpretação da lei. As decisões do CARF que reduzem ou extinguem crédito tributário, quando o processo é finalizado, tornam-se definitivas. A PGFN, ao deixar de se opor ao prosseguimento das ações populares, causa uma contradição que enfraquece a segurança jurídica e o CARF e coloca em questão a própria existência da PGFN.

10.8 É inacreditável que há 33 dispositivos (6 artigos e 27 incisos) *no Regimento Interno do CARF tratando dos deveres dos conselheiros* (*e.g.*: exercer a função com dignidade, ser imparcial, julgar com celeridade, não opinar publicamente, não exercer função incompatível, observar o devido processo legal etc.) *e que, contudo, no mesmo Regimento não há qualquer alusão a direitos e garantias dos conselheiros*. Não faltam importância, estatura ou história institucional ao CARF, nem falta *expertise* aos conselheiros do CARF – o mais técnico e qualificado Tribunal em matéria fiscal do Brasil: o CARF é frágil e está sendo afetado pelas 59 ações "populistas", porque faltam maior respeito e garantias ao nobre exercício da função dos conselheiros do CARF.

10.9 Retomando a famosa metáfora que abre esse estudo, "Gritando 'Fogo!' num teatro lotado", de Oliver Holmes, aplicada por Joseph Stiglitz, pretendemos demostrar que a questão das 59 ações populares é apenas "fumaça" que aparece no CARF, porque é a única instância democrática e transparente no processo de formação do crédito tributário na esfera federal. O "fogo", na verdade, decorre da má qualidade dos autos de infração e da cega crença numa ideologia que confunde a presunção de validade (emprestada provisoriamente aos autos de infração) com a efetiva legalidade, que se constitui por meio de atos de aplicação do Direito, realizados em ambientes públicos e democráticos e sujeitos a controle social, como é o caso do CARF.

10.10 Enfim, não se trata de problema da autora das ações populares, nem do CARF ou de seus conselheiros. Trata-se, apenas, do reflexo de um problema maior: a obsessão pelo sigilo na constituição do crédito nas instâncias inferiores da Receita Federal (decisões das DRJs), combinada com a importância do CARF em contraste com sua fragilidade institucional. Órgão destinado a resolver conflitos normativos que envolvem cifras bilionárias mas que, ao mesmo tempo, é incapaz de amparar e oferecer as mínimas garantias para que seus conselheiros realizem sua missão, objetivos e visão de futuro.

Referências bibliográficas

ACEMOGLU, Daron, e ROBINSON, James. *Why Nations Fail*. Nova York, Crown Business, 2012.

AGUIAR, Adriana. *Justiça Mantém Decisões do CARF em 12 Ações*. 26.2.2013 (disponível em *http://www.valor.com.br/brasil/3021734/justica-mantem-decisoes-do-carf-em-12- acoes#ixzz2M2XBZLiJ*, acesso em 13.6.2013).

ÁVILA, Humberto. *Segurança Jurídica: entre Permanência, Mudança e Realização no Direito Tributário*. 2ª ed. São Paulo, Malheiros Editores, 2012.

BANDEIRA DE MELLO, Celso Antônio. *Curso de Direito Administrativo*. 30ª ed. São Paulo, Malheiros Editores, 2013.

CANÁRIO, Pedro. *24 Ações Populares Contra CARF Foram Derrubadas* (9.4.2013). Disponível em *http://www.conjur.com.br/2013-abr-09/sao-17-acoes-populares-derrubadas-decisoes-carf* (acesso em 13.6.2013).

CARRAZZA, Roque Antonio. *Curso de Direito Constitucional Tributário*. 29ª ed. São Paulo, Malheiros Editores, 2013.

COMPARATO, Fábio Konder. *Ética: Direito, Moral e Religião no Mundo Moderno*. São Paulo, Cia. das Letras, 2006.

CRETELLA JR., José. *Controle Jurisdicional do Ato Administrativo*. 3ª ed. Rio de Janeiro, Forense, 1997.

ELSTER, Jon. *Ulysses and the Sirens: Studies in Rationality and Irrationality*. Cambridge, Cambridge University Press, 1979.

KELSEN, Hans. *Teoria Pura do Direito*. São Paulo, Martins Fontes, 2000.

LIMA, Maria Lúcia L. M. P. *Direito e Economia: 30 Anos de Brasil*. t. 3. São Paulo, Saraiva, 2012 (Série GV*Law*).

MANCUSO, Rodolfo de Camargo. *Ação Popular*. 4ª ed. São Paulo, Ed. RT, 2001.

MARTINS, Ana Luísa. *Conselho Administrativo de Recursos Fiscais: 85 Anos de Imparcialidade na Solução dos Litígios Fiscais*. Rio de Janeiro, Capivara, 2010.

MODESTO, Paulo. *Autovinculação da Administração Pública*. Disponível em *http://www.direitodoestado.com.br/artigo/paulo-modesto/autovinculacao-da-administracao-publica* (acesso em 25.3.2013).

NORTH, Douglass *Institutions, Institutional Change and Economic Performance*. Cambridge, Cambridge University Press, 1990.

NÚCLEO DE ESTUDOS FISCAIS. *Reforma do Processo Administrativo Fiscal Federal (PAF)/CARF: Excelência, Celeridade e Eficiência*. Relatório Final de Pesquisas do NEF/DireitoGV, em 2009, realizadas sob a coordenação de Eurico Marcos Diniz de Santi (disponível em: *http://invente.com.br/nef/files/upload/2011/05/19/relatorio-final-completo-nef-2009-v-1-0.pdf*, acesso em 3.4.2013).

ROBINSON, James, e ACEMOGLU, Daron. *Why Nations Fail*. Nova York, Crown Business, 2012.

SANTI, Eurico Marcos Diniz de. *Decadência e Prescrição no Direito Tributário*. 4ª ed. São Paulo, Saraiva, 2011.

——————. "Reforma tributária: reconstruindo os laços nacionais do federalismo brasileiro e resgatando a dignidade do contribuinte". In: LIMA, Maria Lúcia L. M. P. *Direito e Economia: 30 Anos de Brasil*. t. 3. São Paulo, Saraiva, 2012 (Série GV*Law*) (pp. 54-76).

——————. *Tributação dos Lucros de Controladas e Coligadas no Exterior – Legalidade Precária Proposta por Regulamentação Provisória via Medida Provisória Reeditada 35 Vezes (Há Mais de 10 Anos), Problema Sistêmico que se Confirma no Placar de 5 x 5 no STF e nas Decisões do STJ, Expondo Limites e Conflitos entre Direito e Economia, e Mobilizado pelo Contencioso Bilionário entre o Estado e as 10 Maiores Empresas Brasileiras de Capital Aberto*. Disponível em *http://*

www.fiscosoft.com.br/a/5omh/tributacao-dos-lucros-decontroladas-e-coligadas-no-exterior-eurico-marcos-diniz-de-santi (acesso em 12.6.2013).

__________. *Tributação & Desenvolvimento, o Direito em Rede na Era da Informação e o Resgate da Relação Fisco-Contribuinte: entre Legalidade e Democracia*. Disponível em *http://www.fiscosoft.com.br/a/5jc6/tributacao-desenvolvimento-o-direito-em-rede-na-era-dainformacao-e-resgate-da-relacao-fisco-contribuinte-entre-legalidade-e-democracia-eurico-marcos-dinizde-santi* (acesso em 12.6.2013).

STIGLITZ, Joseph E. (Senior Vice President and Chief Economist, The World Bank). "On liberty, the right to know, and public discourse: the role of transparency in public life". *Oxford Amnesty Lecture* 27.1.1999. Oxford/UK.

O TEMPO DA PRODUÇÃO PROBATÓRIA NO PROCESSO ADMINISTRATIVO TRIBUTÁRIO

Fabiana Del Padre Tomé

1. Considerações introdutórias: a importâncias das provas no processo de aplicação do direito tributário. 2. Breves notas sobre o processo administrativo tributário. 3. A controvérsia acerca do momento da produção probatória no processo administrativo tributário. 4. Princípios que orientam a produção da prova no processo administrativo tributário: 4.1 Os efeitos da estipulação de "princípio dispositivo" ou de "princípio inquisitório ou da oficialidade" no processo tributário: o impulso oficial no controle de legalidade desempenhado pela Administração Pública. 5. Os sujeitos da prova no processo administrativo tributário. 6. Conclusões: a construção da verdade no âmbito do processo administrativo tributário e a participação da autoridade julgadora.

"A segurança jurídica só permite que o agente fiscal efetue o lançamento se tiver efetivo conhecimento da ocorrência do fato imponível. Também só lhe é dado lavrar o auto de infração tendo real ciência de determinados fatos que, em tese, tipificam ilícitos tributários. E, ao lançar ou lavrar o auto de infração, deve observar os procedimentos formais, previstos em lei, para provar que tais fatos ocorreram." (Roque Antonio Carrazza)

1. Considerações introdutórias: a importâncias das provas no processo de aplicação do direito tributário

Quando pensamos no fenômeno da percussão jurídico-tributária, vem-nos à mente a figura de um fato que, subsumindo-se à hipótese normativa tributária, implica o surgimento de vínculo obrigacional. É a fenomenologia da incidência. Referida operação, todavia, não se realiza sozinha: é preciso que um ser humano promova a subsunção e a implicação que o preceito da norma geral e abstrata determina. Na qualidade de operações lógicas, subsunção e implicação exigem a presença humana. Daí a visão antropocêntrica, requerendo o homem como elemento intercalar, construindo, a partir de normas gerais e abstratas, outras normas, gerais ou individuais, abstratas ou concretas.[1]

Essa movimentação das estruturas do Direito em direção à maior proximidade das condutas intersubjetivas exige a certificação da ocorrência do fato conotativamente previsto na hipótese da norma que se pretende aplicar. Mas, para que o relato ingresse no universo do Direito, constituindo fato jurídico tributário, é preciso que seja enunciado em linguagem competente, quer dizer, que seja descrito consoante as provas em Direito admitidas. Observa-se, aí, importante função da linguagem das provas no sistema do direito tributário. É por meio delas que se compõem o fato jurídico tributário, em todos os seus aspectos (conduta nuclear, tempo e espaço), bem como o sujeito que o praticou e sua medida. O mesmo se pode dizer do ilícito tributário: somente com o emprego da linguagem competente, isto é, por meio de enunciados probatórios, configura-se o descumprimento de obrigação tributária ou de dever instrumental, desencadeando a relação jurídica sancionatória. Por essas razões, consideramos a *teoria da prova* um dos pontos centrais do Direito, dentre eles do direito tributário.

Com efeito, para que a aplicação do Direito seja realizada de modo apropriado, é imprescindível o perfeito enquadramento do fato à previsão normativa. Esse fato, por sua vez, deve ser constituído segundo a linguagem das provas, com vistas a certificar a veracidade dos fatos subsumidos. Observa-se a importância capital que apresenta a *prova* no ordenamento jurídico, inclusive no âmbito da tributação: ao constituir a obrigação tributária e aplicar sanções nessa esfera do Direito, não basta a observância das regras formais que disciplinam a emissão de tais atos; a materialidade deve estar demonstrada, mediante a produção de prova da existência do fato sobre o qual se fundam as normas constituidoras das relações jurídicas tributárias.[2]

1. Paulo de Barros Carvalho, *Direito Tributário: Fundamentos Jurídicos da Incidência*, 9ª ed., São Paulo, Saraiva, 2012, p. 11.

2. Fabiana Del Padre Tomé, *A Prova no Direito Tributário*, 3ª ed., São Paulo, Noeses, 2011, *passim*.

A fundamentação das normas individuais e concretas na linguagem das provas decorre da necessária observância dos princípios da estrita legalidade e da tipicidade tributária, limites objetivos que buscam implementar o sobreprincípio da segurança jurídica, garantindo que os indivíduos estarão sujeitos à tributação somente se for praticado o fato conotativamente descrito na hipótese normativa tributária.

Os princípios constitucionais tributários da estrita legalidade e da tipicidade exigem que a obrigação de pagar tributo se instale apenas quando verificada a ocorrência do fato previsto na hipótese da norma geral e abstrata, calculando-se a exação com base na medida monetária desse fato. Tal conclusão decorre da circunstância de que, como bem identifica Roque Antonio Carrazza, "o lançamento e o auto de infração também estão sob a égide da *segurança jurídica*, com os seus consectários (estrita legalidade, tipicidade fechada, ampla defesa etc.). Enquanto edita estes atos administrativos, o Fisco não pode, sob pena de nulidade, adotar critérios próprios (subjetivos), no lugar dos legais".[3]

Desse modo, sendo os atos de lançamento tributário e de aplicação de penalidade vinculados e regidos, dentre outros, pelos princípios da estrita legalidade e da tipicidade, tais expedientes dependem, necessariamente, da cabal demonstração da ocorrência dos motivos que os ensejaram. A motivação deve ser, portanto, respaldada em provas. Seguindo semelhante linha de raciocínio, conclui Paulo de Barros Carvalho: "Na própria configuração oficial do lançamento, a lei institui a necessidade de que o ato jurídico administrativo seja devidamente fundamentado, o que significa dizer que o Fisco tem que oferecer prova concludente de que o evento ocorreu na estrita conformidade da previsão genérica da hipótese normativa".[4]

A norma individual e concreta que constitui o fato jurídico tributário e a correspondente obrigação deve trazer no antecedente o fato tipificado pela norma geral e abstrata, com as respectivas coordenadas temporais e espaciais, indicando no consequente o fato da base de cálculo, juntamente com o da alíquota, especificando o *quantum* devido bem como os sujeitos integrantes do vínculo obrigacional. E, para que

3. Roque Antonio Carrazza, *Curso de Direito Constitucional Tributário*, 29ª ed., São Paulo, Malheiros Editores, 2013, p. 530.

4. Paulo de Barros Carvalho, "A prova no procedimento administrativo tributário", *Revista Dialética de Direito Tributário* 34/107-108, São Paulo, Dialética, 1998.

a identificação desses fatos seja efetuada em conformidade com as prescrições do sistema jurídico, deve pautar-se na linguagem das provas. É por meio das provas que se certificam a ocorrência do fato e seu perfeito enquadramento nos traços tipificadores veiculados pela norma geral e abstrata, permitindo falar em subsunção do fato à norma e em implicação entre antecedente e consequente – operações lógicas que caracterizam o fenômeno da incidência normativa.

Neste texto queremos chamar a atenção para a produção probatória efetuada no âmbito dos processos administrativos, por ocasião da defesa do contribuinte. O ponto examinado diz respeito, mais especificamente, aos limites temporais para a apresentação de provas pelo contribuinte e à possibilidade (ou não) de serem tais prazos flexibilizados.

2. *Breves notas sobre o processo administrativo tributário*

Tomamos o processo administrativo contencioso como o sistema de prestação jurisdicional destinado a resolver conflitos emergentes da relação entre o contribuinte e o Fisco, dentro do próprio âmbito da Administração Pública.

Importa esclarecer que o processo administrativo tributário não se instaura com a lavratura do lançamento ou do auto de infração, pois nesse momento ainda não se tem a resistência do contribuinte, caracterizadora do conflito. Pode ocorrer que o particular permaneça inerte ou concorde com a exigência, efetuando seu pagamento, situações em que inocorre a formalização de processo.

Por isso, Fábio Fanucchi, discorrendo sobre o tema, assevera: "Na esfera federal, para a maioria de seus tributos (todos cuja receita se destine aos cofres centrais da União), o litígio administrativo se instaurará, em efetivo, com a contestação do sujeito passivo ao lançamento contra ele efetuado. (...). A impugnação é ato escrito, a exemplo da petição inicial do processo judiciário, e será instruída com todos os documentos em que estiver fundamentada (art. 15 do Decreto 70.235/1972)".[5] O processo administrativo tributário tem início tão somente com a impugnação do sujeito passivo, mediante a qual se requer a manifestação jurisdicional do Estado, exercida atipicamente pelo Poder Executivo.

5. Fábio Fanucchi, "Processo administrativo tributário", in *Novo Processo Tributário*, São Paulo, Resenha Tributária, 1975, p. 53.

Efetuada a intimação do contribuinte relativamente à exigência tributária, dispõe ele de prazo (normalmente, de 30 dias) para, desejando insurgir-se contra ela, apresentar impugnação. Nessa peça deve mencionar, dentre outros, os motivos de fato e de direito em que se fundamenta, os pontos de discordância e as razões e provas que possuir, anexando, desde logo, os documentos em que se basear. Caso pretenda ver realizada alguma diligência, o contribuinte precisa indicá-la e justificar sua necessidade, formulando os quesitos a serem respondidos, bem como o nome, endereço e qualificação profissional do perito, se a diligência requerida consistir em exame pericial.

É no instante da apresentação de impugnação, portanto, que tem início a instrução processual, podendo esta se prolongar até momento posterior à decisão de primeira instância. Tendo o contribuinte requerido a execução de diligência e sendo o pedido deferido ou, na hipótese de, omisso o particular, a autoridade julgadora *a quo* determinar sua realização de ofício, tem-se a dilação probatória além do instante previsto para impugnação, devendo encerrar-se, porém, antes de proferido ato decisório.

Em regra, todos os documentos que fundamentem as alegações do impugnante precisam ser oferecidos com a peça impugnatória, cuja admissão os faz ingressar nos autos. Deixando o contribuinte de fazê-lo, somente estará habilitado a carrear novas provas ao processo se demonstrar: (i) a impossibilidade de sua apresentação oportuna, por motivo de força maior; (ii) que o documento se refere a fato ou direito superveniente; ou (iii) que a prova tem por finalidade contrapor-se a fatos trazidos aos autos depois de efetivada a impugnação. Em tais situações autoriza-se a juntada de novos documentos até mesmo em instante posterior ao ato decisório de primeira instância, sendo apreciados pelo órgão julgador de segundo grau, caso seja interposto recurso.

O direito de se contrapor à exigência fiscal e de produzir provas dos seus argumentos é regrado pelo ordenamento, que, não admitindo a instabilidade das relações jurídicas, fixa termos dentro dos quais as atividades hão de ser realizadas. O direito à produção probatória implica observância dos limites temporais à sua realização, além, é claro, do atendimento ao requisito de sua obtenção por meio lícito.

3. A controvérsia acerca do momento da produção probatória no processo administrativo tributário

Nos termos da redação atual do art. 16, § 4º, do Decreto 70.235/1972, que disciplina o processo administrativo tributário federal, "a prova documental será apresentada na impugnação, precluindo o direito de o impugnante fazê-lo em outro momento processual, a menos que: a) fique demonstrada a impossibilidade de sua apresentação oportuna, por motivo de força maior; b) refira-se a fato ou a direito superveniente; c) destine-se a contrapor fatos ou razões posteriormente trazidos aos autos". Semelhante redação é observada em diversos outros diplomas que regulamentam o processo administrativo tributário, como é o caso da Lei 13.457/2009 do Estado de São Paulo (art. 19, *caput*), assim como da Lei 14.107/2005 do Município de São Paulo (art. 21, I a III).

Tais limitações à atividade probatória do contribuinte têm provocado debates profundos entre a doutrina e até mesmo entre os julgadores de primeira e segunda instâncias administrativas, entendendo alguns que a limitação temporal à apresentação de provas pelo administrado acarretaria violação ao princípio da estrita legalidade tributária, mitigando, em consequência, o objetivo de alcançar a *verdade material*. Essa não nos parece, entretanto, a conclusão mais apropriada.

Em estudo inovador, Tárek Moysés Moussallem[6] noticia a irrelevância dessa classificação (verdade material e formal), pois, considerando o caráter autossuficiente da linguagem, toda a verdade passaria a ser formal, quer dizer, verdade dentro de um sistema linguístico. Seguindo essa linha de raciocínio, porém quebrando as barreiras da tradição terminológica, é lícito afirmar que a verdade jurídica não é material nem formal, mas *verdade lógica*, construída a partir da relação entre as linguagens de um determinado sistema.

A denominada *verdade material* refere-se a enunciados cujos termos corresponderiam aos fenômenos experimentais. Funda-se na aceitação da teoria da *verdade por correspondência*, pressupondo a possibilidade de espelhar a realidade por meio da linguagem. O mundo da experiência, todavia, não pode ser integralmente descrito. O real é infinito e irrepetível, possuindo cada objeto um número ilimitado de deter-

6. Tárek Moysés Moussallem, *Fontes do Direito Tributário*, 2ª ed., São Paulo, Noeses, 2007, pp. 39-40.

minações. Por isso, o sujeito cognoscente tem sempre percepções parciais do mundo.

A *verdade formal*, por sua vez, diz respeito a enunciados demonstráveis e dotados de coerência lógica, *independentemente de seu conteúdo*.[7] Essa espécie de verdade é própria das proposições nomológicas, existentes na Lógica e na Matemática. Por cingir sua valoração aos dados de ordem sintática, desprezando o conteúdo (semântica), essa espécie de apreciação de veridicidade é inaplicável às proposições nomoempíricas, sejam elas descritivas ou prescritivas.[8]

Efetuados esses esclarecimentos, e considerando que no Direito (i) o exame do conteúdo é essencial à determinação da verdade ou falsidade de certo enunciado e que (ii) o mundo das coisas e a linguagem não se tocam, é impróprio falar em verdade formal ou material.

Observamos nos processos jurídicos que o advogado do autor fala em nome da verdade; o advogado do réu também argumenta em nome da verdade; o juiz, por sua vez, decide em nome da verdade; a parte vencida recorre em nome da verdade; os julgadores *ad quem* reformam a decisão monocrática em nome da verdade – e assim por diante. Nesse sentido, a verdade apresenta-se como elemento *a priori* da argumentação, pressuposto lógico do discurso comunicativo: ao realizar afirmações, o sujeito o faz com o objetivo de que o fato alegado seja reconhecido como verdadeiro. Por isso, diante das diversas verdades arguidas, o Direito estabelece formas que permitem chegar a um final, mediante decisões que fixam qual é a verdade que há de prevalecer no sistema jurídico. Em termos processuais, busca-se a *verdade lógica*, ou, se se preferir, a verdade jurídica, formada dentro do sistema do Direito.

O ser humano sente necessidade de falar em nome de algo: em nome da justiça, do sistema, da segurança jurídica e, dentre outros, em nome da *verdade*. Costuma-se confundir, porém, o *falar em nome de algo* com a *existência desse algo*, concluindo pela possibilidade de realizar a justiça, a segurança, a verdade... Ocorre que todos esses conceitos, tomados no interior do sistema jurídico, não passam de constru-

7. Gérard Durozoi e André Roussel, *Dicionário de Filosofia*, trad. de Marina Appenzeller, Campinas/SP, Papirus, 1993, p. 482.

8. Sobre *proposições nomológicas* e *nomoempíricas*, consulte-se Paulo de Barros Carvalho, *Curso de Direito Tributário*, 25ª ed., São Paulo, Saraiva, 2013, pp. 133 e ss.

ções verificadas dentro do próprio ordenamento, acompanhadas pelas limitações inerentes à enunciação linguística. Se assim não fosse a procura desses ideais não teria fim. Por isso, intervêm as regras do Direito, colocando um ponto final no procedimento de *busca da verdade*, limitando-o mediante a imposição de prazos e condições à revisão das decisões proferidas.

Assim é que o direito à prova, assegurado constitucionalmente pela previsão do devido processo legal e da ampla defesa, não se apresenta irrestrito ou infinito. Aliás, inexiste direito com tais características. A própria Constituição estabelece os contornos da liberdade de produção probatória, a principiar pelo veto às provas obtidas por meio ilícito. A figura do devido processo legal, do qual o direito à prova figura como uma decorrência, é construída com base em prazos, regida por formas específicas, fases e preclusões, constituindo legítima delimitação à enunciação probatória. Falar em direito à prova, portanto, é falar em direito à prova legítima, a ser exercido segundo os procedimentos regulamentados pela lei.[9] Trata-se, segundo Manoel de Oliveira Franco Sobrinho,[10] de consequência da organização jurídica do Estado, das relações entre Administração e administrados, naquilo que respeita à estabilidade geral do ordenamento. Justifica-se, desse modo, a possibilidade de limitação do instante para a apresentação de prova, ainda que se trate de processo administrativo. É o Direito regulando o que nele ingressa, exigindo forma e tempo apropriados (*autopoiese*).

Tanto a autoridade administrativa como o contribuinte estão sujeitos a limitações procedimentais: o lançamento e o ato de aplicação de penalidade devem ser acompanhados por todas as provas documentais correspondentes, assim como a defesa do sujeito passivo também precisa trazer os documentos comprobatórios de seus argumentos, sendo vedado fazê-lo posteriormente. É o que preceituam, por exemplo, os arts. 9º, *caput*, e 15, *caput*, do Decreto 70.235/1972, *in verbis*:

> Art. 9º. A exigência de crédito tributário, a retificação de prejuízo fiscal e a aplicação de penalidade isolada serão formalizadas em autos

9. Cândido Rangel Dinamarco, *Instituições de Direito Processual Civil*, 6ª ed., vol. III, São Paulo, Malheiros Editores, 2009, pp. 47-48.

10. Manoel de Oliveira Franco Sobrinho, *A Prova Administrativa*, São Paulo, Saraiva, 1973, p. 64.

de infração ou notificação de lançamento, distintos para cada imposto, contribuição ou penalidade, os quais deverão ser instruídos com todos os termos, depoimentos, laudos e demais elementos de prova indispensáveis à comprovação do ilícito.

> Art. 15. A impugnação, formalizada por escrito e instruída com os documentos em que se fundamentar, será apresentada ao órgão preparador no prazo de 30 (trinta) dias, contados da data em que for feita a intimação da exigência.

Semelhante é a prescrição veiculada pelo art. 19, *caput*, da Lei 13.457/2009 do Estado de São Paulo, nos termos do qual "as provas deverão ser apresentadas juntamente com o auto de infração e com a defesa, salvo por motivo de força maior ou ocorrência de fato superveniente".

Ainda no mesmo sentido, vale transcrever o art. 21 da Lei 14.107/2005 do Município de São Paulo:

> Art. 21. A prova documental deverá ser apresentada na impugnação, a menos que: I – fique demonstrada a impossibilidade de sua apresentação oportuna por motivo de força maior; II – refira-se a fato ou a direito superveniente; III – destine-se a contrapor fatos ou razões posteriormente trazidas aos autos.

Nota-se que, em relação ao contribuinte, a regra é excepcionada quando a prova documental não tenha sido juntada tempestivamente, em razão de força maior, ou seja necessária em virtude de fatos ou argumentos supervenientes. Nesse caso, a apresentação da prova deve ser acompanhada de justificativa que demonstre a ocorrência de uma das condições excepcionais, estando o deferimento da juntada intempestiva sujeito à apreciação da autoridade julgadora. Acolhido o pedido do contribuinte, as novas provas passarão a integrar os autos, devendo ser avaliadas por ocasião do julgamento. Se preenchidos os requisitos legais, as novas provas são admitidas mesmo se já houver sido proferida decisão de primeira instância, podendo ser examinadas em fase recursal.[11]

11. Cumpre esclarecer que as limitações temporais para a apresentação de provas pelo contribuinte, sobre que discorremos, dizem respeito apenas aos enunciados pro-

A questão que se coloca em face de tais delimitações decorre das circunstâncias em que o contribuinte não tenha apresentado a prova quando de sua impugnação e deseje fazê-lo em momento posterior, porém sem demonstrar a concretização de uma das causas excepcionadoras desse limite temporal. Para propor solução a dúvida dessa natureza, necessário se faz compreender a íntegra do sistema jurídico brasileiro, especialmente no que tange aos princípios que regem a produção probatória no processo administrativo tributário.

4. Princípios que orientam a produção da prova no processo administrativo tributário

O termo "princípio" padece do vício da polissemia, podendo ser empregado em distintas situações, com variados significados. Após detida reflexão semântica sobre esse vocábulo, Paulo de Barros Carvalho[12] observa a existência de quatro usos distintos: (i) norma-valor; (ii) norma-limite objetivo; (iii) valor; e (iv) limite objetivo. Optamos pelas duas primeiras alternativas (norma-valor e norma-limite), em razão da homogeneidade sintática do sistema do direito positivo, que é formado única e exclusivamente por normas jurídicas.[13]

Os princípios não existem ao lado das normas, justapondo-se ou contrapondo-se a elas. Impossível admitir a coexistência de normas e princípios, como se fossem entidades diferentes convivendo no sistema do direito positivo. Princípios nada mais são que normas jurídicas carregadas de forte conotação axiológica. O princípio jurídico é – nos dizeres de Roque Antonio Carrazza – "*um enunciado lógico, implícito ou explícito, que, por sua grande generalidade, ocupa posição de preemi-*

tocolares veiculados em documentos já constituídos e em seu poder. A produção probatória, entendida em seu sentido mais abrangente, estende-se ao longo do processo, até o pronunciamento do órgão julgador, desde que observada outra prescrição de ordem temporal, inerente ao instante do seu requerimento.

12. Paulo de Barros Carvalho, *Curso de Direito Tributário*, cit., 25ª ed., p. 104.

13. Enquanto alguns princípios são postos em termos vagos e excessivamente genéricos, fazendo-se necessário ingressar no campo da Axiologia e no mundo das subjetividades, outros princípios são enunciados de modo tão preciso, que prescindem de maiores discussões, sendo de verificação pronta e imediata, por meio da linguagem das provas admitidas em Direito. No primeiro caso temos princípio como *norma-valor*; no segundo, como *norma-limite objetivo*.

nência nos vastos quadrantes do Direito e, por isso mesmo, vincula, de modo inexorável, o entendimento e a aplicação das normas jurídicas que com ele se conectam".[14]

Há normas principiológicas gerais que se irradiam por todo o ordenamento, a exemplo dos princípios da segurança jurídica, certeza do direito, isonomia, legalidade, irretroatividade das leis etc. Outras voltam-se ao âmbito do direito processual, como os princípios do devido processo legal, do contraditório, do juiz natural, da inafastabilidade da jurisdição, da publicidade, do duplo grau de jurisdição, da motivação, da instrumentalidade das formas, da disponibilidade, do impulso oficial, da identidade física do juiz e da concentração. Alguns deles apresentam importantes desdobramentos relativamente à produção probatória no âmbito administrativo tributário, merecendo referência específica neste trabalho.

4.1 Os efeitos da estipulação de "princípio dispositivo" ou de "princípio inquisitório ou da oficialidade" no processo tributário: o impulso oficial no controle de legalidade desempenhado pela Administração Pública

O princípio *dispositivo* ou da *disponibilidade* implica a possibilidade de as partes disporem das faculdades jurídico-processuais que lhes são cometidas, deixando de postular ou tomar providências com vistas a fazer prevalecer o direito material que lhes assista. Tal preceito pode ser examinado de duas perspectivas: (i) do *princípio da demanda* e (ii) do *princípio dispositivo em sentido estrito*.

O primeiro implica a vinculação do julgador aos pedidos das partes. Paulo César Conrado, ao comentar o princípio da disponibilidade, assevera que o aplicador do Direito "não pode presumir a existência de desvalores. Sem prévia articulação, em linguagem competente (no caso do processo, a linguagem da petição inicial), da situação conflituosa, descabe ao Estado-juiz supô-lo".[15] Disso decorre a vedação de prestação de tutela jurisdicional fora dos limites estabelecidos pela lide exposta na inicial.

14. Roque Antonio Carrazza, *Curso de Direito Constitucional Tributário*, cit., 29ª ed., p. 45.

15. Paulo César Conrado, *Introdução à Teoria Geral do Processo Civil*, 2ª ed., São Paulo, Max Limonad, 2003, p. 80.

Já, o princípio dispositivo em sentido estrito diz respeito ao modo por que se presta a tutela jurisdicional, ou seja, ao seu trâmite procedimental. Decorre também da possibilidade que as partes têm de, a partir da sua própria vontade, limitar o conhecimento do aplicador do Direito. A esse preceito contrapõe-se o princípio inquisitório, em que o julgador pode conduzir o processo, tomando quaisquer providências necessárias ao conhecimento dos fatos. Enquanto nos processos regidos pelo princípio inquisitório o julgador pode determinar a produção probatória que entender apropriada, independentemente de qualquer manifestação das partes, nos processos em que vige o princípio dispositivo, como o processual civil brasileiro, compete às partes produzir provas, sendo autorizado que o juiz o faça apenas na hipótese de a prova produzida gerar perplexidade em seu intelecto. Tal autorização é desdobramento do princípio do *impulso oficial*, nos termos do qual o Estado-juiz deve conduzir o regular andamento dos processos. Como anota Arruda Alvim, "em face do que dispõe o art. 130 do CPC, a única limitação à atividade do juiz com relação à atividade instrutória é a de que a ele não é dado ir *além* do tema probatório, ou seja, da lide ou do *objeto litigioso*, nem infringir o princípio do ônus (subjetivo) da prova".[16] Essa atividade do julgador, no regime dispositivo, é subsidiária à das partes, não servindo para suprir omissões do sujeito inerte.

Por fim, convém esclarecer que tanto nos processos regidos pelo princípio dispositivo como naqueles em que impera o princípio inquisitório o direito positivo brasileiro exige apreciação das provas segundo o critério da persuasão racional, em que o julgador se limita a decidir com base no que foi alegado e provado. A distinção entre ambas as espécies processuais diz respeito à iniciativa dos sujeitos do processo em relação à realização de provas, sem que isso interfira, porém, na forma de sua apreciação.

Feitas estas considerações, vale lembrar que a Administração Pública é regida, dentre outros, pelo princípio da legalidade, sendo-lhe terminantemente vedado ultrapassar os limites da competência a ela atribuída. Para assegurar a observância dos preceitos legais vigentes, o direito positivo brasileiro veicula a possibilidade de controle dos atos administrativos, exercido por órgão interno ou externo. No primeiro

16. José Manoel de Arruda Alvim Netto, *Manual de Direito Processual Civil*, 5ª ed., vol. 2, São Paulo, Ed. RT, 1996, p. 412.

caso identificamos a fiscalização da própria Administração sobre seus atos e agentes, denominado *controle administrativo*; no segundo relacionamos a inspeção do Legislativo sobre determinados atos e agentes do Executivo (*controle legislativo ou parlamentar*) e a correção dos atos ilegais pelo Judiciário (*controle judiciário ou judicial*).

Interessa, para os fins almejados no presente trabalho, o estudo do *controle interno*, também chamado *autocontrole*. Este, segundo definição empreendida por Maria Sylvia Zanella Di Pietro, "é o poder de fiscalização e controle que a Administração Pública (em sentido amplo) exerce sobre sua própria atuação, sob os aspectos de legalidade e mérito, por iniciativa própria ou mediante provocação",[17] encontrando fundamento nos princípios erigidos na CF, incluindo seu art. 37, *caput*, que prescreve observância aos princípios da legalidade, impessoalidade, moralidade, publicidade e eficiência. Seria um sem-sentido jurídico obrigar a Administração ao cumprimento da lei porém lhe negar a autorização para revisar seus próprios atos, anulando-os ou confirmando-os, e, desse modo, assegurando o respeito aos princípios magnos. Esse poder para reexaminar seus atos é reconhecido pelo STF, que acerca do tema editou a Súmula 473: "A Administração pode anular seus próprios atos, quando eivados de vícios que os tornem ilegais, porque deles não se originam direitos; ou revogá-los, por motivo de conveniência ou oportunidade, respeitados os direitos adquiridos e ressalvada, em todos os casos, a apreciação judicial". Se atinarmos à lição de Seabra Fagundes mediante a qual "administrar é aplicar a lei de ofício",[18] poderemos reconhecer nessa atividade, de rigoroso e sistemático controle da legalidade dos atos administrativos, um signo expressivo da função administrativa, exercitada na plenitude de seu conteúdo existencial.

Na esfera tributária o controle de legalidade pode operar-se na forma de um processo administrativo, instalado a partir da formalização da resistência do contribuinte à exigência fiscal. Caracteriza-se pela conjugação de atos, organizados harmonicamente, para a obtenção de resultado que se substancia em ato expressivo e final da vontade do Estado, enquanto Poder Público, no desempenho de suas funções. Seu objetivo último é a precisa, exata e fiel aplicação da lei tributária na solução da lide.

17. Maria Sylvia Zanella Di Pietro, *Direito Administrativo*, 10ª ed., São Paulo, Atlas, 1999, p. 480.

18. Miguel Seabra Fagundes, *O Controle dos Atos Administrativos pelo Poder Judiciário*, Rio de Janeiro, Forense, 1967, *passim*.

Pairando dúvida sobre o teor de juridicidade do lançamento tributário ou da aplicação de penalidade, é assegurado ao sujeito passivo o direito de impugnar o ato, suscitando seu controle. Tal atitude desencadeia uma série de outros atos, propiciando o ensejo para a decisão de primeira instância, que nada mais é que a manifestação acerca da validade do ato praticado emanada por um órgão superior à autoridade que realizou a imposição tributária.

Diante do exposto, fica fácil compreender as razões pelas quais o princípio da disponibilidade não tem lugar no contencioso administrativo tributário. Os processos administrativos são orientados pelo princípio inquisitório ou da oficialidade, de modo que, uma vez instalados, passam – nas palavras de Celso Antônio Bandeira de Mello – a ser "encargo da própria Administração; vale dizer, cabe a ela, e não a um terceiro, a impulsão de ofício, ou seja, o empenho na *condução e desdobramento da sequência de atos* que o compõem a produção do ato final, conclusivo. (...)".[19] Logo, ainda que o contribuinte, por inércia, deixe de requisitar produção probatória, incumbe ao julgador determinar sua realização, caso a entenda necessária ao exame do caso concreto.

5. Os sujeitos da prova no processo administrativo tributário

Partindo das noções gerais acima traçadas, em que às partes compete afirmar os fatos que pretendem ver reconhecidos, produzindo as provas necessárias para tanto, e ao julgador incumbe agir imparcialmente, examinando e valorando os elementos probatórios constituídos pelas partes, para com base neles dirimir o conflito instalado, é preciso, agora, evidenciar algumas distinções observadas na disciplina jurídica do processo administrativo tributário.

O regime jurídico aplicável é diverso daquele verificado no âmbito processual civil. Os processos administrativos são orientados pelo princípio inquisitório ou da oficialidade, de modo que, conquanto o estímulo primeiro, necessário para instaurar o contencioso, caiba ao contribuinte,[20] o desenvolvimento processual não depende unicamente dos atos deste.

19. Celso Antônio Bandeira de Mello, *Curso de Direito Administrativo*, 30ª ed., São Paulo, Malheiros Editores, 2013, pp. 512-513.

20. Isso não exclui a possibilidade de os atos de lançamento tributário e de aplicação de penalidade serem revistos de ofício. Nesse caso, todavia, não se fala em processo, nem se verifica contenciosidade.

Em decorrência dos princípios constitucionais tributários, como os da legalidade e da tipicidade, bem como da autorização para que a Administração realize, ela própria, o controle de legalidade de seus atos, a produção probatória pode ser efetuada por iniciativa da autoridade julgadora. É o que dispõe, expressamente, o art. 18, *caput*, do Decreto 70.235/1972: "A autoridade julgadora de primeira instância determinará, de ofício ou a requerimento do impugnante, a realização de diligências ou perícias, quando entendê-las necessárias (...)".

No mesmo sentido, o art. 25, § 1º, da Lei 13.457/2009 do Estado de São Paulo atribui ao órgão de julgamento competência para promover "diligências necessárias à instrução do processo":

> Art. 25. Os órgãos de julgamento determinarão a realização de diligências necessárias à instrução do processo.
>
> § 1º. Encontrando-se o processo em fase de julgamento, somente por decisão do órgão julgador poderá ser determinada diligência para esclarecimento de matéria de fato.
>
> (...).

Também na esfera municipal são identificados comandos de conteúdo semelhante, a exemplo do que se verifica na Lei 14.107/2005 do Município de São Paulo:

> Art. 25. Os órgãos julgadores determinarão, de ofício ou a requerimento do impugnante, a realização de diligências que entenderem necessárias, fixando prazo para tal, indeferindo as que considerarem prescindíveis, impraticáveis ou protelatórias.

> Art. 46. O relator, sempre que julgar conveniente, poderá solicitar, dos órgãos da Administração Municipal e dos contribuintes, as providências, diligências e informações necessárias ao esclarecimento da questão, na forma estabelecida no Regimento Interno.

Isso não significa, contudo, a juridicização da busca pela *verdade material* em contraposição a uma *verdade formal* realizada nos processos judiciais. Anota Francesco Carnelutti que, "quando em determinado regulamento jurídico todos os processos conhecidos para a exposição do fato estão juridicamente regulamentados, de tal modo que seu resultado não possa ser considerado mais que determinação formal do fato, semelhante sistematização e nomenclatura carecem de base". Semelhante é o posicionamento de Manoel de Oliveira Franco Sobrinho, asseverando que tanto nos processos judiciais como nos administrativos o que se pretende obter é a verdade processual: "Todo problema deve ser equacionado dentro do escopo da proposição admitida, servindo a prova para convencimento em torno da certeza precisamente formulada, de modo que a Administração possa, no processo, reconhecer a verdade material, dando ao problema a solução adequada. No processo administrativo, quando a controvérsia se faz flagrante, não é nada fácil distinguir, através do instrumento escrito, a verdade-prova *formal* da verdade-prova *material*. A verdade probatória sempre que *formal*, em face do pressuposto da certeza, confunde-se com a verdade probatória *material*, ambas movendo-se num mesmo plano de formação do convencimento".[21]

Sem dúvida, existe diferença entre o processo judicial e o administrativo tributário. Mas tal distinção é consequência das peculiaridades da regulamentação de cada qual, e não da espécie de verdade pretendida. Tanto na esfera judicial como na administrativa o que se alcança é a verdade juridicamente construída, que denominamos *verdade lógica*. O que se diferencia no procedimento de ambos é o regime jurídico, os princípios que os orientam: o princípio dispositivo, no primeiro; o inquisitivo, no segundo.

6. Conclusões: a construção da verdade no âmbito do processo administrativo tributário e a participação da autoridade julgadora

A doutrina costuma distinguir *verdade material* e *verdade formal*, definindo a primeira como a efetiva correspondência entre proposição e acontecimento, ao passo que a segunda seria uma verdade verificada no interior de determinado jogo, mas suscetível de destoar da ocorrência concreta, ou seja, da verdade real.

21. Manoel de Oliveira Franco Sobrinho, *A Prova Administrativa*, cit., p. 64.

Com base em tais argumentos, é comum identificar o processo administrativo tributário com a busca da verdade material, e o processo judicial tributário com a realização da verdade formal. Nesse sentido, afirma Aurélio Pitangas Seixas Filho[22] que, não obstante os procedimentos litigiosos sejam regidos pelo princípio da verdade formal, aos procedimentos administrativos se aplicaria a verdade material, que ampara o direito à ampla defesa e supera o direito ao contraditório. Adotando semelhante raciocínio, Alberto Xavier,[23] Paulo Celso B. Bonilha[24] e James Marins,[25] dentre outros, consideram a busca pela verdade material um princípio de observância indeclinável da Administração Tributária, em oposição ao princípio da verdade formal, que preside o processo civil e prioriza a formalidade processual probatória.

Essa corrente doutrinária proclama o abandono da formalidade, na esfera administrativa, em prol da produção da defesa, prova e contraprova, para, com isso, alcançar a verdade material. Tal conclusão, entretanto, não procede. O que se consegue em qualquer processo, seja administrativo ou judicial, é a *verdade lógica*, obtida em conformidade com as regras de cada sistema. Conquanto nos processos administrativos sejam dispensadas certas formalidades, isso não implica a possibilidade de serem apresentadas provas ou argumentos a qualquer instante, independentemente da espécie e da forma. É imprescindível a observância do procedimento estabelecido em lei, ainda que esse rito dê certa margem de liberdade aos litigantes.

A verdade que se busca no curso de processo de positivação do direito, seja ele administrativo ou judicial, é a *verdade lógica*, quer dizer, a verdade em nome da qual se fala, alcançada mediante a constituição de fatos jurídicos, nos exatos termos prescritos pelo ordenamento: a *verdade jurídica*. Havendo construção de linguagem própria, na forma

22. Aurélio Pitanga Seixas Filho, "Invalidade de lançamento tributário por cerceamento do direito de defesa – Ausência de motivação", *Revista Dialética de Direito Tributário* 26/92, São Paulo, Dialética, 1997.

23. Alberto Xavier, *Do Lançamento: Teoria Geral do Ato, do Procedimento e do Processo Tributário*, 2ª ed., Rio de Janeiro, Forense, 1997, pp. 124 e ss.

24. Paulo Celso B. Bonilha, *Da Prova no Processo Administrativo Tributário*, 2ª ed., São Paulo, Dialética, 1997, p. 76.

25. James Marins, *Direito Processual Tributário Brasileiro (Administrativo e Judicial)*, 2ª ed., São Paulo, Dialética, 2003, pp. 177-179.

como o Direito preceitua, o fato dar-se-á por juridicamente verificado – e, portanto, verdadeiro.

A verdade buscada no processo administrativo tributário não se distingue, ontologicamente, daquela pretendida no processo judicial. Esses trâmites diferenciam-se em razão de sua forma regulatória. Assim é que ao processo judicial se aplica o princípio dispositivo, ao passo que o princípio inquisitivo ou da oficialidade rege as ações no processo administrativo tributário.

Por isso, considerados, de um lado, os limites temporais à apresentação de defesa e instrução probatória e, de outro, o princípio inquisitivo, que rege o processo administrativo, pode a Administração, exercendo sua função de autocontrole, apreciar defesa intempestiva e anular, de ofício, seu ato. Não há obrigatoriedade de apreciação de prova apresentada fora do prazo, mas, existindo dúvida quanto à legalidade do ato de lançamento ou de aplicação de penalidade, nada obsta a que a Administração efetue valoração do novo documento trazido pelo contribuinte e, considerando-o relevante para o deslinde da questão, o admita nos autos.

Referências bibliográficas

ARRUDA ALVIM NETTO, José Manoel de. *Manual de Direito Processual Civil*. 5ª ed., vol. 2. São Paulo, Ed. RT, 1996.

BANDEIRA DE MELLO, Celso Antônio. *Curso de Direito Administrativo*. 30ª ed. São Paulo, Malheiros Editores, 2013.

BONILHA, Paulo Celso B. *Da Prova no Processo Administrativo Tributário*. 2ª ed. São Paulo, Dialética, 1997.

CARRAZZA, Roque Antonio. *Curso de Direito Constitucional Tributário*. 29ª ed. São Paulo, Malheiros Editores, 2013.

CARVALHO, Paulo de Barros. "A prova no procedimento administrativo tributário". *Revista Dialética de Direito Tributário* 34/104-116. São Paulo, Dialética, 1998.

__________. *Curso de Direito Tributário*. 25ª ed. São Paulo, Saraiva, 2013.

__________. *Direito Tributário: Fundamentos Jurídicos da Incidência*. 9ª ed. São Paulo, Saraiva, 2012.

CONRADO, Paulo César. *Introdução à Teoria Geral do Processo Civil*. 2ª ed. São Paulo, Max Limonad, 2003.

DI PIETRO, Maria Sylvia Zanella. *Direito Administrativo*. 10ª ed. São Paulo, Atlas, 1999.

DINAMARCO, Cândido Rangel. *Instituições de Direito Processual Civil*. 6ª ed., vol. III. São Paulo, Malheiros Editores, 2009.

DUROZOI, Gérard, e ROUSSEL, André. *Dicionário de Filosofia*. Trad. de Marina Appenzeller. Campinas/SP, Papirus, 1993.

FANUCHI, Fábio. "Processo administrativo tributário". In: *Novo Processo Tributário*. São Paulo, Resenha Tributária, 1975.

FRANCO SOBRINHO, Manoel de Oliveira. *A Prova Administrativa*. São Paulo, Saraiva, 1973.

MARINS, James. *Direito Processual Tributário Brasileiro (Administrativo e Judicial)*. 2ª ed. São Paulo, Dialética, 2002.

MOUSSALLEM, Tárek Moysés. *Fontes do Direito Tributário*. 2ª ed. São Paulo, Noeses, 2007.

ROUSSEL, André, e DUROZOI, Gérard. *Dicionário de Filosofia*. Trad. de Marina Appenzeller. Campinas/SP, Papirus, 1993.

SEABRA FAGUNDES, Miguel. *O Controle dos Atos Administrativos pelo Poder Judiciário*. Rio de Janeiro, Forense, 1967.

SEIXAS FILHO, Aurélio Pitangas. "Invalidade de lançamento tributário por cerceamento do direito de defesa – Ausência de motivação". *Revista Dialética de Direito Tributário* 26. São Paulo, Dialética, 1997.

TOMÉ, Fabiana Del Padre Tomé. *A Prova no Direito Tributário*. 3ª ed. São Paulo, Noeses, 2011.

XAVIER. Alberto. *Do Lançamento: Teoria Geral do Ato, do Procedimento e do Processo Tributário*. 2ª ed. Rio de Janeiro, Forense, 1997.

FUNÇÃO SOCIAL DOS TRIBUNAIS ADMINISTRATIVOS TRIBUTÁRIOS

JONATHAN BARROS VITA

1. Introdução

Antes de iniciar a "Introdução" deste artigo, deve-se falar sobre o contexto de sua produção para uma coletânea que homenageia um professor tão importante quanto Carrazza.

Neste sentido, duas seriam as possibilidades de abordagem do texto a ser apresentado: a de revisitar os textos ou dar nova direção à teoria criada pelo homenageado, partindo de suas premissas e construindo novos discursos.

Foi tomada aqui a segunda destas posições, colocando termos/princípios constitucionais na posição central no sistema do Direito e demonstrando a irradiação de efeitos destes em todo o ordenamento jurídico – o que é o núcleo de especulações de Carrazza,[1] seguidor que era, também, de Ataliba.[2]

1. Roque Antonio Carrazza, *Curso de Direito Constitucional Tributário*, 29ª ed., São Paulo, Malheiros Editores, 2013.

2. Geraldo Ataliba, *Hipótese de Incidência Tributária*, 6ª ed., 14ª tir., São Paulo, Malheiros Editores, 2013.

A expressão constitucional escolhida foi a "função social", e o objetivo do estudo é determinar como os tribunais administrativos tributários[3] (re)produzem tal função, orientando sua forma e razão de decidir.

Para realizar a abordagem de tal tema, uma digressão metodológica é necessária, para elucidar o sistema de referência empregado,[4] que agrega vários desenvolvimentos de teorias já estabelecidas e, especialmente, muda constantemente de posição de observação, assim como Física Clássica, Física Quântica e Física Gravitacional operam, respectivamente, com objetos comuns, microestruturas e macroestruturas.

Simétrica e respectivamente, utiliza-se do *Law and Economics* de Posner,[5-6] que detém influência majoritária no plano da doutrina internacional, das teorias da linguagem, representadas pelo construtivismo lógico-semântico de Paulo de Barros Carvalho,[7] e da teoria dos sistemas de Niklas Luhmann.[8]

No caso concreto, as teorias da linguagem são úteis para identificar na dogmática jurídica os limites e contornos da expressão/princípio[9] "função social".

3. As expressões "tribunal", "conselho" ou "corte" serão utilizadas de maneira indistinta neste artigo, vez que no Português inexiste diferenciação aparente entre estes termos na pragmática dos órgãos administrativos de julgamento, diferentemente do Inglês, a exemplo, que possui diferenças pragmáticas claras no uso dos termos *court* e *tribunal*, sendo o primeiro judicial, e o outro não.

4. Para a visão mais atual deste sistema de referência proposto: Jonathan Barros Vita, *Teoria Geral do Direito e Direito Internacional Aplicados à Matéria Tributária*, São Paulo, Quartier Latin 2011.

5. Para um apanhado geral sobre *Law and Economics*: Andrés Roemer, *Derecho y Economía: una Revisión de la Literatura*, Cidade do México, ITAM, 2000.

6. Já, na doutrina brasileira, como autores que trabalham com este sistema de referência, mais especificamente voltado ao direito tributário, entre outros: Cristiano Rosa de Carvalho, *Teoria do Sistema Jurídico: Direito, Economia, Tributação*, São Paulo, Quartier Latin, 2005; Paulo Caliendo, *Direito Tributário e Análise Econômica do Direito: uma Visão Crítica*, Rio de Janeiro, Elsevier, 2009; e Luís Eduardo Schoueri, *Direito Tributário*, São Paulo, Saraiva, 2011.

7. Paulo de Barros Carvalho, *Direito Tributário: Linguagem e Método*, 2ª ed., São Paulo, Noeses, 2008.

8. Niklas Luhmann, *Law as a Social System*, Oxford, Oxford University Press, 2004.

9. Para a visão do autor sobre o conteúdo semântico da expressão "princípio" e as consequências de sua adoção no sistema de referência apresentado: Jonathan Barros Vita, "Classificação e cálculo de princípios", *RDTributário* 104, São Paulo, Malheiros Editores, 2009.

Já, a teoria dos sistemas opera para elucidar como os sistemas sociais se comportam (funcionalmente) uns em relação aos demais e como suas expectativas podem ser alinhadas focalizando os tribunais administrativos e suas funções exercidas no sistema jurídico e os reflexos na sociedade de suas decisões.[10-11]

Finalmente, o *Law and Economics* é utilizado para visualizar novas formas de compreensão da função social de determinados institutos através de uma chave de leitura que tem como fundamento a racionalidade do sistema jurídico utilizando-se de ferramentas da ciência econômica, algo que é contemporâneo e mais difundido que as teorias supracitadas, mas que precisa de algumas ressalvas para se adequar aos outros sistemas estudados.

Tendo sido compreendido o método de abordagem deste trabalho, cabe estabelecer a ordem e quais elementos serão estudados no decorrer deste texto.

Este estudo será iniciado por uma pequena digressão a respeito da estrutura dos tribunais administrativos e as diferenças entre estes e as cortes judiciais em seus exercícios jurisdicionais.

Secundariamente, serão estudadas tanto a Dogmática como a Teoria Geral do Direito relacionadas à função social, seguindo-se para investigar a pragmática das funções exercidas pelos tribunais administrativos.

2. *Notas a respeito da estrutura e função jurisdicional dos tribunais administrativos tributários*

2.1 *Observações sintéticas à organização das Cortes administrativas fiscais e seu procedimento*[12]

Antes de tudo, cabe delimitar que a estrutura do Judiciário é bastante conhecida, possuindo artigos e capítulos específicos na Constitui-

10. Para outras obras que tenham este sistema de referência aplicado às decisões: Celso Fernandes Campilongo, *Política, Sistema Jurídico e Decisão Judicial*, São Paulo, Max Limonad, 2002; Misabel Abreu Machado Derzi, *Modificações da Jurisprudência no Direito Tributário*, São Paulo, Noeses, 2009; Marcelo Neves, *Entre Têmis e Leviatã: uma Relação Difícil*, São Paulo, Martins Fontes, 2006; e Gustavo Sampaio Valverde, *Coisa Julgada em Matéria Tributária*, São Paulo, Quartier Latin, 2004.

11. Jonathan Barros Vita, "Repercussão geral: um novo caminho entre *Civil Law* e *Common Law* através da Semiótica e da Teoria dos Sistemas", *Revista Tributária das Américas* 2/207-239, São Paulo, Ed. RT, julho-dezembro/2010.

12. As considerações realizadas neste ponto levam mais em conta as legislações do Conselho Municipal de Tributos da Cidade de São Paulo/CMT-SP, do Tribunal de

ção brasileira, que divide competências em razão da matéria e criou uma estrutura hierarquizada das Cortes judiciais.

Diversamente, inexiste qualquer menção no plano constitucional à estrutura dos órgãos que exercem a função atípica julgadora do Poder Executivo, apesar das menções à sua existência,[13] especialmente a fiscal, no texto da Constituição Federal de 1988,[14] implicando, também, uma quase ausência de menções a esta forma jurídica na doutrina e na jurisprudência nacionais.

É dizer: de fato, existem obras a respeito do processo administrativo (especialmente o federal[15]), e nestas citam-se quais princípios constitucionais fazem parte do vocabulário/repertório destes julgamentos, como legalidade estrita e hierarquia, entre outros derivantes da característica de ato administrativo que vem ao fim de um processo administrativo fiscal.

No entanto, pouco se fala a respeito da estrutura e da função dos mesmos, incluindo suas relações com a sociedade circundante e com

Impostos e Taxas do Estado de São Paulo/TIT-SP e do Conselho Administrativo de Recursos Fiscais/CARF, mas representam a grande maioria dos tribunais administrativos fiscais.

13. CF, art. 5º, LV e LXXVIII: "LV – aos litigantes, em processo judicial ou administrativo, e aos acusados em geral são assegurados o contraditório e ampla defesa, com os meios e recursos a ela inerentes; (...); LXXVIII – a todos, no âmbito judicial e administrativo, são assegurados a razoável duração do processo e os meios que garantam a celeridade de sua tramitação; (...)" (incluído pela Emenda Constitucional 45/2004).

14. CF: "Art. 37. A Administração Pública direta e indireta de qualquer dos Poderes da União, dos Estados, do Distrito Federal e dos Municípios obedecerá aos princípios de legalidade, impessoalidade, moralidade, publicidade e eficiência e, também, ao seguinte: *[redação dada pela Emenda Constitucional 19/1998]*: (...); XVIII – a Administração Fazendária e seus servidores fiscais terão, dentro de suas áreas de competência e jurisdição, precedência sobre os demais setores administrativos, na forma da lei; (...)".

15. Entre outras obras, destacam-se: Maria Rita Gradilone Sampaio Lunardelli, *Lançamento, Processo Administrativo e Extinção do Crédito Tributário: uma Aplicação da Teoria da Comunicação*, São Paulo, Quartier Latin, 2010; Fábio Soares de Melo, *Processo Administrativo Tributário: Princípios, Vícios e Efeitos Jurídicos*, São Paulo, Dialética, 2012; José Eduardo Soares de Melo, *Processo Tributário Administrativo Federal, Estadual e Municipal*, São Paulo, Quartier Latin, 2006; e Marcos Vinicius Neder e Maria Teresa Martínez López, *Processo Administrativo Fiscal Comentado*, 2ª ed., São Paulo, Dialética, 2004.

outras formas de jurisdição e a questão da localização geográfica dos tribunais administrativos.[16]

Da mesma forma, não se trata das distinções técnicas entre os julgadores e representantes das partes (que não necessariamente precisam ser advogados) existentes nos processos administrativos e judiciais.

Estas distinções técnicas se desvelam em vários níveis, iniciando com a necessidade de saber específico daquela área tanto dos membros destes tribunais representantes fiscais (que realizaram concurso público para tanto) como daqueles representantes dos contribuintes, que devem demonstrar curricularmente suas qualidades técnicas para compor estes órgãos de julgamento, requisito indispensável à sua nomeação.

Mais ainda: nestes órgãos paritários, de fato, o estudo das provas é a grande chave para os julgamentos, muito por conta do chamado princípio da verdade material,[17] que perpassa as etapas contenciosas deste processo administrativo – sinteticamente: lançamento, impugnação, decisão de primeiro grau e recursos (ordinário ou especial).

Nestas Cortes administrativas, portanto, existe um processo probatório mais aberto e diferenciado[18] (incluindo a possibilidade de baixar o processo para diligências e o não formalismo dos seus julgamentos) em relação ao episódico e circunstanciado do Judiciário, permitindo maior abertura cognitiva e maior possibilidade de alinhamento de expectativas normativas e cognitivas (sociais), como será mais bem elucidado.

Diversamente, os processos judiciais pressupõem provas pré-constituídas (mandado de segurança) ou momentos mais ou menos rígidos para sua produção, proibindo sua produção em grau de apelação ou, mesmo, a análise de provas nos recursos especiais e extraordinários.

16. Para mais sobre esta geografia: Jonathan Barros Vita, "Os processos administrativo e judicial e a matéria tributária na geografia do sistema jurídico", in *Contencioso Administrativo Tributário: Questões Polêmicas*, São Paulo, Noeses, 2011.

17. Como obra que trata especificamente do tema, apesar das diferenças metodológicas de abordagem: Demetrius Nichele Macei, *A Verdade Material no Direito Tributário: a Cidadania Fiscal Administrativa e Judicial*, São Paulo, Malheiros Editores, 2013.

18. Como exemplo dogmático da possibilidade de juntada de provas *a posteriori* no processo administrativo tributário tem-se o art. 83 do Regimento do TIT-SP (Decreto 54.486/2009).

De qualquer forma, com este procedimento probatório mais aberto também se cumpre a busca do princípio constitucional da eficiência administrativa, pois quão mais qualificado e poliédrico for o julgamento, diminui-se o risco de busca do Judiciário pela parte recorrente/impugnante do lançamento tributário.

Obviamente, sabe-se que existe nestes tribunais paritários o chamado voto de qualidade, mas tem-se que, por simetria à presunção de constitucionalidade das leis, existe a presunção de validade dos atos administrativos, que seria confirmada em caso de empate na votação, como ocorre no STF, o que também não retira o caráter de imparcialidade dos mesmos no exercício desta função jurisdicional.

2.2 (Re)definindo o conceito de jurisdição: entre os tribunais administrativos e judiciais

Tendo sido definidos alguns dos contornos principiológicos e estruturais das Cortes administrativas fiscais, tem-se que há a necessidade de investigar qual o objetivo destes procedimentos e sua qualificação enquanto jurisdição estatal em função atípica do Poder Executivo.

Neste sentido, dizer o Direito é realizar jurisdição, sendo seu produto uma decisão, (re)positivação de norma primária dispositiva,[19] após o uso de mecanismos que reabrem expectativas normativas não efetivadas, sendo mediadas através do procedimento, que permite este ato decisório em tempo próprio (digital) do sistema jurídico.

Frisa-se que, em uma abordagem mais clássica, somente as decisões judiciais ou decisões em sentido estrito seriam o objeto/termo final das expectativas normativas, vez que o acesso à jurisdição estatal que admite o uso do sistema político para sua efetivação (coerção) é permitido apenas com esta espécie de decisão.

Da mesma forma, apenas com estas decisões cumprir-se-ia a certeza do direito (de decisão) que é permitida pela forma de fechamento operativo do Direito, efetivado através do princípio do *non liquet* (sem-

19. Para a classificação entre normas primárias dispositivas e sancionadoras e normas secundárias: Paulo de Barros Carvalho, *Direito Tributário: Linguagem e Método*, cit., 2ª ed., 2008.

pre existirá decisão quando o sistema for provocado), previsto no art. 5º, XXXV, da CF.[20]

Entretanto, a proposta apresentada aqui é de que quando existem decisões do sistema com alto grau de estabilidade e posição (geograficamente) mais cêntrica no sistema jurídico tem-se o cumprimento das expectativas normativas, ainda que estas decisões não sejam judiciais em sentido estrito.

É dizer: um ato de decisão realizada por terceiros de maneira imparcial seria considerado como decisão que cumpre expectativas normativas e possui três espécies distintas: judicial, administrativa e arbitral.[21]

Neste sentido, as duas últimas espécies de decisão citadas são formas de emulação da decisão judicial, vez que são ativadas através de normas primárias sancionadoras, e não normas secundárias.

Logo, equiparar as decisões administrativas e arbitrais àquelas judiciais meramente demonstra que a estabilidade das mesmas e sua maior centricidade é que seriam o requisito necessário para o cumprimento de expectativas, pois nem todo processo judicial chega ao centro do sistema (STF) e pode ser esgotado em segundo grau de jurisdição.

Mais ainda: nestes casos de decisões administrativas ou arbitrais houve uma opção dos sujeitos litigantes envolvidos que sopesam os riscos e benefícios destas decisões.

Prosseguindo para outro nível de análise das distinções entre decisões judiciais e administrativas, muitos autores determinam (incorretamente) que o processo administrativo não seria processo em sentido estrito, mas mero procedimento, pois vinculado à produção de um ato administrativo, e, portanto, não deveria seguir integralmente os citados princípios constitucionais previstos no art. 5º, LIV e LV, da CF.[22]

20. CF, art. 5º, XXXV: "XXXV – a lei não excluirá da apreciação do Poder Judiciário lesão ou ameaça a direito; (...)".

21. Para uma visão da arbitragem como estrutura decisional e adaptativa dentro do conjunto de premissas teóricas apresentadas: Jonathan Barros Vita, "Os conflitos entre as estruturas normativas nas arbitragens internacionais: uma análise sintática e sistêmica", in *Arbitragem Internacional: UNIDROIT, CISG e Direito Brasileiro*, São Paulo, Quartier Latin, 2010, pp. 51-78.

22. CF, art. 5º, LIV e LV: "LIV – ninguém será privado da liberdade ou de seus bens sem o devido processo legal; LV – aos litigantes, em processo judicial ou admi-

Esta distinção entre processo e procedimento não é aceita,[23] dado o fato que qualquer processo decisório realizado por terceira pessoa para produção de uma NIC é realizado seguindo uma série de passos ordenados para este fim, sendo o processo nada mais que um conjunto de procedimentos.

Deixa-se claro que, apesar de inexistir possibilidade na decisão administrativa de declaração de inconstitucionalidade ou ilegalidade de normas jurídicas, incluindo a chamada "declaração branca" ou "escamoteada" de inconstitucionalidade (afastamento de normas jurídicas sem declaração de inconstitucionalidade[24]), esta impossibilidade não afeta o *status* de processo ou seu caráter jurisdicional.

Neste campo, estes caracteres processuais derivam do fato de se seguirem princípios constitucionais, que incluem os citados ampla defesa, contraditório e devido processo legal, não importando as limitações legais ou materiais dos mesmos.

Outrossim, o sistema jurídico possui vários atores e correspondentes focos (geográficos) ejetores de normas, mas em poucos casos este procedimento de produção normativa é alçado à categoria de processo em sentido estrito, que seria aquele que possui um conjunto de princípios específicos como contraditório, ampla defesa e devido processo legal, uma forma qualificada de produção de programação jurídica.

De qualquer forma, não se olvide que há previsão em vários dos regimentos internos das Cortes administrativas – como no art. 523 do Decreto 52.703/2011 (Consolidação da Legislação Tributária Municipal de São Paulo)[25] – de que o acesso ao Judiciário faria preclusão

nistrativo, e aos acusados em geral são assegurados o contraditório e ampla defesa, com os meios e recursos a ela inerentes; (...)".

23. De maneira mais aprofundada por este autor: Jonathan Barros Vita, "Análise normativa da retroatividade da lei mais favorável: uma análise do art. 5º, XL, da Carta de 1988 e do art. 106, II, 'c', do CTN", in *O Processo na Constituição*, São Paulo, Quartier Latin, 2008, pp. 344-361.

24. Estes termos foram utilizados pelo Min. Marco Aurélio de Melo na ADC 16 e estão sendo estudados por: Luciana Campanelli Romeu, "A declaração branca de inconstitucionalidade e a ação direta de inconstitucionalidade como instrumento processual eficaz para combatê-la", *Revista de Direito Brasileira* (no prelo), São Paulo, Ed. RT, 2013.

25. Decreto estadual (SP) 52.703/2011: "Art. 519. A propositura, pelo sujeito passivo, de qualquer ação ou medida judicial relativa aos fatos ou aos atos administra-

em relação à esfera administrativa, impedindo a discussão paralela nas duas vias.

Seguindo em outra direção, e levando-se em conta a geografia do sistema luhmaniano,[26] permite-se que se visualize, a partir da dicotomia centro/periferia, como esta posição dos tribunais administrativos permite uma potencialização da abertura cognitiva e maior alinhamento entre as expectativas normativas e cognitivas.

Neste sentido, importante é dizer que o Judiciário possui uma baixa sensibilidade a certos assuntos ou argumentos, pois é menos técnico do que a esfera administrativa, como no CADE e nos tribunais administrativos tributários.

Interessantemente, esta menor profundidade do Judiciário pode ser comprovada (pragmaticamente) através da tendência do uso de *Law and Economics*, Direito Comparado e maior influencia da contabilidade nos julgamentos fiscais.

Esta incapacidade de resposta técnica do Judiciário vem, obviamente, de sua formação, que não é voltada para estas disciplinas do conhecimento e faz com que, cada vez mais, os magistrados dependam de *experts* ou provas periciais no seu ato de decidir.

Finalmente, é óbvio que esta constatação positiva em relação à esfera administrativa, entretanto, vem sendo acompanhada de um problema: o fato que as Cortes administrativas utilizam-se da estrutura da Administração Pública e perdem objetividade (mas não independência) no julgamento, estando mais próximas da periferia e abrindo-se para a corrupção sistêmica.

Sob certo ângulo, o fato de que estas Cortes administrativas tributárias são paritárias deveria torná-las mais imparciais (apesar da citada independência dos julgadores) – o que, entretanto, não vem ocorrendo, criando um abismo entre as posições dos julgadores indicados pela Administração Pública e aqueles indicados pelos contribuintes.

tivos de exigência do crédito tributário importa renúncia ao poder de recorrer na esfera administrativa e desistência do recurso acaso interposto (art. 35 da Lei n. 14.107, de 12.12.0205)".

26. Para texto que melhor elucida esta geografia: Jonathan Barros Vita, "Os processos administrativo e judicial e a matéria tributária na geografia do sistema jurídico", cit., in *Contencioso Administrativo Tributário: Questões Polêmicas*, 2011.

É óbvio, de outro lado, que teoricamente o Judiciário estaria mais isolado das pressões do sistema político (Administração Pública) e teria mais independência no ato de decidir em relação à esfera administrativa, até mesmo pelo fato de seus julgadores terem mais prerrogativas funcionais (inamovibilidade, irredutibilidade de vencimentos – entre outras) que os daquelas Cortes. Entretanto, isto não afeta o *status* processual/jurisdicional das decisões das Cortes administrativas.

3. Multifacetamento da função social: entre a(s) teoria(s) e a dogmática brasileira

3.1 Perspectivas da função social na Teoria dos Sistemas e no Law and Economics

Como mencionado anteriormente, a expressão "função social" pode assumir várias facetas distintas, a depender do sistema de referência que observa este princípio jurídico ou sua função irradiadora na sociedade.

Neste sentido, a expressão "função social" é problemática, pois parece confundir o discurso da Ciência do Direito com aquele discurso da Sociologia do Direito.

Sob este segundo ponto de vista, a teoria dos sistemas aplica a ideia de função social ao próprio sistema do Direito (ou a qualquer outro subsistema social diferenciado) em relação à sociedade ou, em outro nível, a função social de uma dada estrutura para a sociedade.

Em relação à primeira destas formas, a função social é aquela realizada por qualquer sistema social em seu fechamento operativo e abertura cognitiva; ou seja: a função de um subsistema social na sociedade comunicativa de um dado subdomínio social é realizar suas próprias funções.

É dizer: ao realizar independentemente dos demais subsistemas sociais suas funções diferenciadas, com código e programação autônomos e próprios, cada um dos subsistemas sociais exerce sua função social.

Obviamente, esta não é uma visão jurídica da expressão (contida em vários programas jurídicos) "função social", e parte-se para a segunda das análises citadas, que é a função social exercida por dada estrutura do sistema jurídico – no caso, a exemplo, os tribunais administrativos.

Neste caso, esta estrutura procura emular e (re)estabilizar as expectativas normativas e alinhando-as com as cognitivas/sociais, permitindo que o sistema jurídico possa manter uma homeostase na sociedade, legitimando-se (materialmente) frente aos demais sistemas, pois cumpre suas funções na sociedade diferenciada.

Prosseguindo, também sob o ponto de vista teórico (e apesar de não realizar uma reflexão crítica a respeito da expressão "função social" como sendo da Ciência ou da Sociologia do Direito), mas já dentro de uma análise da Ciência do Direito, a expressão "função social" quando observada a partir do *Law and Economics* acaba por revelar uma interessante análise a respeito dos motivos pelos quais, a exemplo, os contratantes agem da forma que agem e possuem expectativas a respeito da função deste ato na sociedade.[27]

Sob um ponto de vista mais amplo, simplesmente observar a função social em um âmbito contratual ou da propriedade não esgota, para este sistema de referência, as formas possíveis de realização de função social (dentro do Direito) de determinada comunicação jurídica, pois as tomadas de posição/decisão em determinado sistema são relacionadas com a função das mesmas, racionalizando as ações dos participantes do mesmo em suas escolhas de como agir em sociedade.[28]

Neste sentido, as funções de certos atos/fatos jurídicos dentro do sistema jurídico, obviamente a partir de uma chave de leitura que leva em consideração condições ideais observadas pelas ferramentas da Economia em um mercado, permitem que este conceito seja irradiado onde existir direito/ação comunicativa jurídica, como será mais bem elucidado.

3.2 Dogmática da função social no Direito Brasileiro

Passado o estudo funcional/social de comportamentos e estruturas para exercício de uma função social no sistema, tem-se que uma outra análise importante da função social se dá sob o ponto de vista analítico, elucidando as passagens legais mais importantes que trazem tal conceito.

27. Como obra que analisa especificamente a função social do contrato sob esta perspectiva: Luciano Benetti Timm, "Direito, Economia e a função social do contrato: em busca dos verdadeiros interesses coletivos protegíveis no mercado de crédito", *Revista de Direito Bancário e do Mercado de Capitais* 33/15-31, São Paulo, Ed. RT, 2006.

28. Como obra que analisa em vários ângulos a função social no Direito, especialmente a partir do *Law and Economics*: Luciano Benetti Timm (coord.), *Função Social do Direito*, São Paulo, Quartier Latin, 2009.

Neste sentido, a expressão "função social" aparentemente foi utilizada pela primeira vez na Constituição de 1988 e foi reproduzida em alguns de seus artigos utilizando-se de diversas formas:

- Enquanto comando genérico que fala da necessidade de função social da propriedade, no art. 5º, XXIII.[29]
- Como fundamento da ordem econômica para a propriedade e as sociedades de economia mista ou empresas públicas, respectivamente nos arts. 170, III,[30] e 173, § 1º, I.[31]
- Relacionada à função social das cidades e da propriedade urbana, no art. 182, *caput* e § 2º.[32] E:
- Relacionada à propriedade rural, nos arts. 184, *caput*,[33] 185, parágrafo único,[34] e 186, *caput*.[35]

29. CF, art. 5º, XXIII: "XXIII – a propriedade atenderá à sua função social; (...)".

30. CF: "Art. 170. A ordem econômica, fundada na valorização do trabalho humano e na livre iniciativa, tem por fim assegurar a todos existência digna, conforme os ditames da justiça social, observados os seguintes princípios: (...); III – função social da propriedade; (...)".

31. CF:

"Art. 173. Ressalvados os casos previstos nesta Constituição, a exploração direta de atividade econômica pelo Estado só será permitida quando necessária aos imperativos da segurança nacional ou a relevante interesse coletivo, conforme definidos em lei.

"§ 1º. A lei estabelecerá o estatuto jurídico da empresa pública, da sociedade de economia mista e de suas subsidiárias que explorem atividade econômica de produção ou comercialização de bens ou de prestação de serviços, dispondo sobre: *[redação dada pela Emenda Constitucional 19/1998]* I – sua função social e formas de fiscalização pelo Estado e pela sociedade; *[incluído pela Emenda Constitucional 19/1998]* (...)."

32. CF:

"Art. 182. A política de desenvolvimento urbano, executada pelo Poder Público Municipal, conforme diretrizes gerais fixadas em lei, tem por objetivo ordenar o pleno desenvolvimento das funções sociais da cidade e garantir o bem-estar de seus habitantes.

"(...).

"§ 2º. A propriedade urbana cumpre sua função social quando atende às exigências fundamentais de ordenação da cidade expressas no Plano Diretor."

33. CF: "Art. 184. Compete à União desapropriar por interesse social, para fins de Reforma Agrária, o imóvel rural que não esteja cumprindo sua função social, mediante prévia e justa indenização em títulos da dívida agrária, com cláusula de preservação do valor real, resgatáveis no prazo de até 20 (vinte) anos, a partir do segundo ano de sua emissão, e cuja utilização será definida em lei".

34. CF:

"Art. 185. São insuscetíveis de desapropriação para fins de reforma agrária: (...).

"Parágrafo único. A lei garantirá tratamento especial à propriedade produtiva e fixará normas para o cumprimento dos requisitos relativos à sua função social."

35. CF: "Art. 186. A função social é cumprida quando a propriedade rural atende, simultaneamente, segundo critérios e graus de exigência estabelecidos em lei, aos

Aparentemente acompanhando tal ideal de formação de um Estado Social, temperando o direito privado com a necessidade de equilíbrio social, contrapondo-se ao modelo do Estado Liberal, o Código Civil de 2002 também fez menção expressa à função social em dois momentos:

- Função social do contrato como requisito do mesmo, art. 421 do CC.[36] E:
- No art. 2.035, parágrafo único,[37] delimitando a função social do contrato e da propriedade como condição de validade dos mesmos.

Prosseguindo no campo dogmático do Direito Brasileiro, importante é mencionar que, assim como na citada coletânea organizada por Timm,[38] a faceta analítica/dogmática da análise da função social não se esgota nos limites citados topicamente na Constituição ou no Código Civil, mas permite que esta ideia seja irradiada em várias partes do ordenamento, e através de várias estruturas jurídicas.

Neste sentido, a ideia de função social não se esgota em suas vinculações com a propriedade ou os contratos, sendo vetor axiológico que irradia efeitos para todo o ordenamento, onde quer que exista atividade econômica, permitindo que qualquer estrutura/programa jurídico possua uma função social.

Obviamente, esta faceta principiológica da função social não se esgota com uma ideia singela de solidariedade, como na crítica de

seguintes requisitos: I – aproveitamento racional e adequado; II – utilização adequada dos recursos naturais disponíveis e preservação do meio ambiente; III – observância das disposições que regulam as relações de trabalho; IV – exploração que favoreça o bem-estar dos proprietários e dos trabalhadores".

36. CC: "Art. 421. A liberdade de contratar será exercida em razão e nos limites da função social do contrato".

37. CC:

"Art. 2.035. A validade dos negócios e demais atos jurídicos, constituídos antes da entrada em vigor deste Código, obedece ao disposto nas leis anteriores, referidas no art. 2.045, mas os seus efeitos, produzidos após a vigência deste Código, aos preceitos dele se subordinam, salvo se houver sido prevista pelas partes determinada forma de execução.

"Parágrafo único. Nenhuma convenção prevalecerá se contrariar preceitos de ordem pública, tais como os estabelecidos por este Código para assegurar a função social da propriedade e dos contratos."

38. Luciano Benetti Timm (coord.), *Função Social do Direito*, cit., 2009.

Timm,[39] mas tem como fundamento o fato de que as estruturas jurídicas devem pressupostamente emular a percepção dos outros sistemas sociais (e da sociedade) em relação às suas programações.

Logo, não somente elementos contratuais/patrimoniais do direito privado teriam função social, mas, por conta do caráter principiológico da mesma, qualquer espécie de estrutura/programação jurídica que possa ter impacto em qualquer sistema social, especialmente quando cria irritações.

4. Função social e justiça administrativa

Antes de analisar a questão proposta neste subitem, deixa-se claro que a Constituição brasileira não estabelece funções em um sentido mais amplo ao Judiciário, especialmente nos seus Capítulos III – "Do Poder Judiciário" (arts. 92 a 126) – ou IV – "Das Funções Essenciais à Justiça (arts. 127 a 135) –, mas determina apenas alguns requisitos estruturais destes órgãos julgadores ou, mesmo, delimita as matérias de suas competências.

Paralelamente a estas menções constitucionais, vários dos tribunais (judiciais e administrativos) brasileiros trazem em seu *site* sua missão institucional, delimitando programaticamente sua forma de atuação, orientando seus atos de alguma forma não juridicamente vinculada.

De qualquer forma, os subitens que formam este tópico serão utilizados para extrapolar o conceito de função social e delimitar sua aplicabilidade aos tribunais administrativos e demonstrar como isto vem ocorrendo na prática.

4.1 A possibilidade de aplicação do conceito de função social à justiça administrativa

Inicialmente, reitera-se a premissa de que os tribunais administrativos tributários são estruturas componentes do sistema jurídico; e, dado

39. Entre outras obras: Luciano Benetti Timm, *Ainda sobre a Função Social do Direito Contratual no Código Civil Brasileiro: Justiça Distributiva **Versus** Eficiência Econômica*, disponível em *http://direitorio.fgv.br/sites/direitorio.fgv.br/files/file/Semin%C3%A1rios%20de%20Pesquisa%20-%20Luciano%20Timm.pdf* (acesso em 9.6.2013); e "Social function of contracts: distributive justice *versus* eficiency", in *XI Congresso de Direito e Economia da Associação Latino-Americana de Direito e Economia*, Cidade do México, 2008.

o fato que qualquer estrutura do sistema do Direito pode possuir uma função social, tem-se como consequência lógica o fato que estes devem possuí-la intrinsecamente.

Neste sentido, várias poderiam ser as dimensões desta função social, sendo a mais óbvia o simples fato de que, por estes produzirem decisões através de um procedimento, cumpririam as expectativas normativas.

Claramente, o discurso deste artigo não se esgotaria com apenas esta função social de decidir no caso concreto, mas passa por realizar este ato levando em conta seus destinatários e seu contexto, incluindo pressupor causas de pedir remotas ou pedidos mediatos não verbalizadas no processo.

Abrem-se parênteses para deixar claro que o uso das expressões "causa de pedir remota" e "pedido mediato" não estão sendo utilizadas aqui no sentido estritamente técnico do processo civil, mas servem como formas de visualizar os pedidos de maneira mais ampla do que a concepção clássica, fazendo com que o ato de decidir também leve em conta estas razões verbalizadas no processo.

Entretanto, tomar esta posição de decidir levando em conta a função social do órgão judicante administrativo não significa aderir à concepção criticada por Espíndola[40] (baseando-se indiretamente em Timm[41]) de que o julgador teria um papel social, que deveria julgar para a sociedade protegendo minorias ou dando peso a uma posição majoritária (pressuposta) no sistema político.

Da mesma forma, as críticas de Timm[42] a respeito de uma justiça distributiva ou social não se aplicam a esta forma mencionada no artigo,

40. Amanda Vilarino Espíndola, *Breves Considerações Acerca da Função Social dos Contratos sob o Enfoque da Análise Econômica do Direito*, disponível em *http://www.jasonalbergaria.com.br/Documentos/funcao_social_dos_contratos.pdf* (acesso em 9.6.2013).

41. Entre outras obras: Luciano Benetti Timm, *Ainda sobre a Função Social do Direito Contratual no Código Civil Brasileiro: Justiça Distributiva "Versus" Eficiência Econômica*, cit., disponível em *http://direitorio.fgv.br/sites/direitorio.fgv.br/files/file/Semin%C3%A1rios%20de%20Pesquisa%20-%20Luciano%20Timm.pdf* (acesso em 9.6.2013); e "Social function of contracts: distributive justice *versus* eficiency", cit., in *XI Congresso de Direito e Economia da Associação Latino-Americana de Direito e Economia*, 2008.

42. Entre outras obras: Luciano Benetti Timm, *Ainda sobre a Função Social do Direito Contratual no Código Civil Brasileiro: Justiça Distributiva "Versus" Eficiência*

pois não existem partes iguais nos julgamentos tributários, não buscando os julgamentos administrativos-fiscais um reequilíbrio contratual ou ser o ponto cego da boa-fé, temas clássicos que permeiam a análise contratual moderna (pós-Código Civil de 2002).

É dizer: não se vê o Judiciário ou os tribunais administrativos como ferramentas para consecução do Estado Social *versus* o antigo Estado liberal, não cabendo uma orientação ideológica preconcebida a respeito de suas decisões, como muitas vezes aparentemente ocorre no caso da Justiça do Trabalho.

Igualmente, deixa-se claro que admitir uma função às Cortes administrativas tributárias não é também delimitar sua atuação no contexto do Ativismo Judicial,[43] não permitindo que posições de reformismo tributário ou de suprimento a legislações sejam adotadas.

Da mesma forma, tem-se que não é forma de justiça social nos tribunais administrativos decidir de maneira pró-contribuinte, aplicando uma versão do pseudoprincípio de proteção deste.

Logo, tais críticas possíveis a respeito de uma função social dos tribunais administrativos seriam infundadas, à medida que se deixa claro que o ato de decidir não deve ser influenciado por esta perspectiva de dar uma posição condizente com as expectativas cognitivas/sociais.

Mais ainda: ser aberto democraticamente para a sociedade não significa perda de foco do tribunal em distribuir justiça, mas tão somente estar atento ao contexto circundante do tribunal e de onde vão ser aplicadas suas decisões.

Da mesma forma, não deve existir um viés socializante das decisões com o tribunal sempre refletindo (pressupostamente) uma comunicação do sistema político com código majoritário em relação à aceitabilidade da decisão.

Econômica, cit., disponível em *http://direitorio.fgv.br/sites/direitorio.fgv.br/files/file/Semin%C3%A1rios%20de%20Pesquisa%20-%20Luciano%20Timm.pdf* (acesso em 9.6.2013); e "Social function of contracts: distributive justice *versus* eficiency", cit., in *XI Congresso de Direito e Economia da Associação Latino-Americana de Direito e Economia*, 2008.

43. Para mais sobre Ativismo Judicial em matéria tributária: Heleno Taveira Tôrres, *Direito Constitucional Tributário e Segurança Jurídica: Metódica da Segurança Jurídica do Sistema Constitucional Tributário*, 2ª ed., São Paulo, Ed. RT, 2012.

O que é proposto aqui, portanto, é que o julgador precisa reconhecer o impacto de suas decisões e utilizar isto no ato de decidir, permitindo um alinhamento (pressuposto) das expectativas dos vários sistemas sociais.

Outrossim, a decisão deve ser contextualizada e atingir o objetivo pragmático da mesma de resolver a questão, dando uma pequena margem de discussão posterior; o que significa, também, ser dada em linguagem clara, para de fato decidir o conflito (incluindo aquele subjacente), cumprindo a função das expectativas normativas.

Finalmente, aparte todo o dito, há necessidade de uma linguagem simples nas decisões, para melhor difusão das mesmas e compreensão do seu conteúdo pelos litigantes e de como estes contribuintes poderiam, de fato, resolver seus problemas.

4.2 Pragmática da função social dos tribunais administrativos tributários

Antes de tecer considerações específicas a respeito da pragmática da função social das Cortes administrativas tributárias em seus vários níveis, reitera-se que estas possuem localização mais próxima da periferia normativa (em relação aos seus pares judiciais), permitindo maior abertura cognitiva e alinhamento/estabilização de expectativas normativas e cognitivas derivantes do ato de decidir exarado por estes órgãos de julgamento.

Importante é ressaltar que esta maior abertura cognitiva revela-se também pelo fato que não existe a necessidade do uso de advogados ou qualquer representante das partes, que podem participar pessoalmente dos julgamentos e declinar as razões dos seus recursos.

Esta possibilidade de participação pessoal do contribuinte nos julgamentos acaba tangenciando a forma e o conteúdo do julgamento, lembrando que o valor envolvido nestes litígios informa a proximidade com os contribuintes destas Cortes e delimita materialmente até mesmo a linguagem que deve ser utilizada pelo julgador para materializar a decisão.

Neste plano dos valores envolvidos nos litígios administrativos existem regras específicas em cada uma das Cortes administrativas tributárias:

- No CARF existe um limite de R$ 1.000.000,00 para o recurso de ofício (que é idêntico ao valor de alçada das Turmas Especiais), conforme a Portaria MF-3/2008, que exercitou competência estabelecida pelo Decreto 70.235/1972, combinado com a Lei 9.784/1999 e o Regimento Interno do CARF, instituído pela Portaria MF-256/2009; e, paralelamente, desde Lei 11.941/2009, que revogou parte do antigo art. 25 do Decreto 70.235/1972, como incluído pela Medida Provisória 232/2004, não existe mais valor de alçada para julgamento no CARF.
- No TIT-SP, de 5.000 Unidades Fiscais do Estado de São Paulo/ UFESPs, conforme o art. 24 c/c o art. 40 da Lei 13.457/2009, como regulamentada pelo Decreto 54.486/2009 e o Regimento Interno do TIT de 2009 (referendado pela Portaria CAT-141/ 2009).
- No caso do CMT-SP, nem a Lei 14.107/2005 nem seu Regulamento, Decreto 50.895/2009, e o Regimento Interno do Conselho Municipal de Tributos – anexo à Portaria SF-91/2006 – trazem qualquer menção a valor mínimo para recorrer.

Mais ainda, especificamente no caso do CMT-SP, vários dos casos concretos julgados não possuiriam sequer valor fiscal (nem mesmo subjacente), como julgamento de desdobro de imóveis ou de regularização de Registro de Imóveis.

Neste sentido, esta Corte se destaca no cumprimento de suas funções sociais pelo fato de estar mais próxima geograficamente dos contribuintes e dos assuntos objeto de impugnações, que são nitidamente de interesse local/municipal, afetando o dia a dia desses recorrentes.

Lembra-se que, muitas vezes, estas impugnações e estes recursos são produzidos através de formulários quase ininteligíveis, exigindo o esforço do julgador em identificar a razão da controvérsia e o objeto do pedido e implicando que vários formalismos sejam deixados de lado (como a necessidade de plantas baixas de imóveis produzidas por arquiteto) para uma decisão mais justa.

Logo, para cumprir a função social nestes julgamentos, providências de ofício são tomadas para resolver problemas que fogem à competência do CMT-SP, são dadas decisões em que há tomada de providências de ofício para impulsionar o procedimento no órgão competente ou, mesmo, algumas decisões trazem quase um *roteiro de procedimentos* para o contribuinte para resolver o caso concreto no corpo da decisão.

Sob outro angulo, esta Corte administrativa municipal também tem decidido tomar providências de ofício para alertar as autoridades em casos que fogem à sua competência, como o requerimento de invasores de áreas urbanas para ter sua matrícula fiscal de IPTU, algo completamente fora da competência deste Conselho de (re)criar uma regularidade fundiária destes sujeitos.

Contextualmente, o CMT dá respostas em linguagem clara e acessível a estes contribuintes não somente aos problemas circunstanciados no processo, mas direciona soluções nos problemas subjacentes, exercendo uma função social relevante de estabilizar expectativas tanto normativas, pelo ato de decisão, como cognitivas/sociais do que se espera deste ato que põe fim ao processo, em muitos casos tangenciando temas como pacificação social com atuação de ofício nos citados casos.

5. Conclusões

5.1 Sistemas de referência distintos podem ser (re)coordenados para multifacetar um dado de mundo, sendo, neste sentido, compatíveis o construtivismo lógico-semântico, a teoria dos sistemas e *Law and Economics*.

5.2 Sob o ponto de vista jurídico, tanto o processo administrativo como aquele judicial são legitimados pelo procedimento (materialmente) por conta do contraditório, ampla defesa e devido processo legal, sendo forma de jurisdição.

5.3 As decisões administrativas, por possuírem grau de estabilidade e posição relativamente cêntrica no sistema, podem suprir as expectativas normativas.

5.4 As Cortes judiciais estão localizadas no centro do sistema jurídico e aquelas administrativas estão localizadas mais próximas à periferia, sendo aquelas, portanto, menos suscetíveis às irritações do ambiente que influenciam o ato de decidir.

5.5 O processo administrativo possui maior capacidade de resposta material aos problemas apresentados nesta instância, por ser mais técnico e, ainda, permitir maior profundidade na análise das provas, dentro do contexto do chamado princípio da verdade material.

5.6 A função social pode ser observada sob o ângulo da teoria dos sistemas e do *Law and Economics*, sendo considerada como o cumprimento da função deste processo no sistema social de decidir.

5.7 Já, sob o ponto de vista dogmático, a função social pode ser considerada como princípio constitucional aplicável a qualquer estrutura/programa jurídico, não se cingindo aos casos citados na Constituição ou no Código Civil diretamente.

5.8 A função social, portanto, deve ser aplicada à função de julgamento administrativo tributário, o que não significa um Ativismo Judicial ou forma de distributividade solidária ou social de justiça, mas tão somente uma decisão que tem como pano de fundo um contexto social, exigindo que esta deva ser adequada para pôr fim ao conflito tecnicamente.

5.9 Na pragmática da visualização da função social dos tribunais administrativos tributários, estes vêm exercendo esta função enquanto tratam os problemas tributários de maneira mais próxima da periferia e dão respostas não somente aos problemas circunstanciados no processo, mas direcionam soluções nos problemas subjacentes.

5.10 Finalmente, deixa-se claro que esta função possui maior potência no caso dos tribunais municipais, pois estes estão mais próximos da população e também possuem competências que estão vinculadas a vários elementos do funcionamento das cidades, como ocupação do solo, a exemplo.

Referências bibliográficas

CALIENDO, Paulo. *Direito Tributário e Análise Econômica do Direito: uma Visão Crítica*. Rio de Janeiro, Elsevier, 2009.

CAMPILONGO, Celso Fernandes. *Política, Sistema Jurídico e Decisão Judicial*. São Paulo, Max Limonad, 2002.

CARRAZZA, Roque Antonio. *Curso de Direito Constitucional Tributário*. 29ª ed. São Paulo, Malheiros Editores, 2013.

CARVALHO, Cristiano Rosa de. *Teoria do Sistema Jurídico: Direito, Economia, Tributação*. São Paulo, Quartier Latin, 2005.

CARVALHO, Paulo de Barros. *Direito Tributário: Linguagem e Método*. 2ª ed. São Paulo, Noeses, 2008.

DERZI, Misabel Abreu Machado. *Modificações da Jurisprudência no Direito Tributário*. São Paulo, Noeses, 2009.

ESPÍNDOLA, Amanda Vilarino. *Breves Considerações Acerca da Função Social dos Contratos sob o Enfoque da Análise Econômica do Direito*. Disponível em *http://www.jasonalbergaria.com.br/Documentos/funcao_social_dos_contratos.pdf* (acesso em 9.6.2013).

LÓPEZ, Maria Teresa Martínez, e NEDER, Marcos Vinicius. *Processo Administrativo Fiscal Comentado*. 2ª ed. São Paulo, Dialética, 2004.

LUHMANN, Niklas. *Law as a Social System*. Oxford, Oxford University Press, 2004.

LUNARDELLI, Maria Rita Gradilone Sampaio. *Lançamento, Processo Administrativo e Extinção do Crédito Tributário: uma Aplicação da Teoria da Comunicação*. São Paulo, Quartier Latin, 2010.

MACEI, Demetrius Nichele. *A Verdade Material no Direito Tributário: a Cidadania Fiscal Administrativa e Judicial*. São Paulo, Malheiros Editores, 2013.

MELO, Fábio Soares de. *Processo Administrativo Tributário: Princípios, Vícios e Efeitos Jurídicos*. São Paulo, Dialética, 2012.

MELO, José Eduardo Soares de. *Processo Tributário Administrativo Federal, Estadual e Municipal*. São Paulo, Quartier Latin, 2006.

NEDER, Marcos Vinicius, e LÓPEZ, Maria Teresa Martínez. *Processo Administrativo Fiscal Comentado*. 2ª ed. São Paulo, Dialética, 2004.

NEVES, Marcelo. *Entre Têmis e Leviatã: uma Relação Difícil*. São Paulo, Martins Fontes, 2006.

ROEMER, Andrés. *Derecho y Economía: una Revisión de la Literatura*. Cidade do México, ITAM, 2000.

ROMEU, Luciana Campanelli. "A declaração branca de inconstitucionalidade e a ação direta de inconstitucionalidade como instrumento processual eficaz para combatê-la". *Revista de Direito Brasileira* (no prelo). São Paulo, Ed. RT, 2013.

SCHOUERI, Luís Eduardo. *Direito Tributário*. São Paulo, Saraiva, 2011.

TIMM, Luciano Benetti. *Ainda sobre a Função Social do Direito Contratual no Código Civil Brasileiro: Justiça Distributiva **Versus** Eficiência Econômica*. Disponível em *http://direitorio.fgv.br/sites/direitorio.fgv.br/files/file/Semin%C3%A1rios%20de%20Pesquisa%20-%20Luciano%20Timm.pdf* (acesso em 9.6.2013).

——————. "Direito, Economia e a função social do contrato: em busca dos verdadeiros interesses coletivos protegíveis no mercado de crédito". *Revista de Direito Bancário e do Mercado de Capitais* 33/15-31. São Paulo, Ed. RT, 2006.

——————. "Social function of contracts: distributive justice *versus* eficiency". In: *XI Congresso de Direito e Economia da Associação Latino-Americana de Direito e Economia*. Cidade do México, 2008.

—————— (coord.). *Função Social do Direito*. São Paulo, Quartier Latin, 2009.

TÔRRES, Heleno Taveira. *Direito Constitucional Tributário e Segurança Jurídica: Metódica da Segurança Jurídica do Sistema Constitucional Tributário*. 2ª ed. São Paulo, Ed. RT, 2012.

VALVERDE, Gustavo Sampaio. *Coisa Julgada em Matéria Tributária*. São Paulo, Quartier Latin, 2004.

VITA, Jonathan Barros. "Classificação e cálculo de princípios". *RDTributário* 104. São Paulo, Malheiros Editores, 2009.

__________. "Os conflitos entre as estruturas normativas nas arbitragens internacionais: uma análise sintática e sistêmica". In: *Arbitragem Internacional: UNIDROIT, CISG e Direito Brasileiro*. São Paulo, Quartier Latin, 2010 (pp. 51-78).

__________. "Os processos administrativo e judicial e a matéria tributária na geografia do sistema jurídico". In: *Contencioso Administrativo Tributário: Questões Polêmicas*. São Paulo, Noeses, 2011.

__________. "Repercussão geral: um novo caminho entre *Civil Law* e *Common Law* através da Semiótica e da Teoria dos Sistemas". *Revista Tributária das Américas* 2/207-239. São Paulo, Ed. RT, julho-dezembro/2010.

__________. *Teoria Geral do Direito e Direito Internacional Aplicados à Matéria Tributária*. São Paulo, Quartier Latin 2011.

__________. "Análise normativa da retroatividade da lei mais favorável: uma análise do art. 5º, XL, da Carta de 1988 e do art. 106, II, 'c', do CTN". In: *O Processo na Constituição*. São Paulo, Quartier Latin, 2008 (pp. 344-361).

A NÃO CONCOMITÂNCIA ENTRE PROCESSO TRIBUTÁRIO ADMINISTRATIVO E JUDICIAL

JOSÉ MANOEL DE ARRUDA ALVIM NETTO

1. Notas introdutórias. 2. A hipótese analisada. Razões de ser das medidas judicial e administrativa. 3. A impossibilidade de "renúncia" administrativa: 3.1 Pedidos com naturezas diversas – 3.2 Supressão do direito de defesa – 3.3 Não discussão de Dívida Ativa. 4. A inexistência de concomitância: 4.1 Causa de pedir, identidade de causas e concomitância administrativa – 4.2 As causas de pedir das medidas judicial e administrativa. 5. Conclusões.

1. Notas introdutórias

Gostaríamos de sublinhar nossa grande satisfação em participar desta homenagem a um grande publicista e tributarista egrégio, professor Roque Carrazza.

O estudo que ora se apresenta foi desenvolvido tendo como base uma situação jurídica concreta porém recorrente na relação entre contribuintes e a Administração Pública Federal, quando da discussão da exigibilidade de tributos. A questão-chave para a solução do caso é de cunho predominantemente processual, levando em conta, porém, o direito tributário constitucional, especialmente no que diz respeito ao acesso à Justiça.

Serão tratadas, em resumo, as situações em que o contribuinte ajuíza medida judicial e, por circunstâncias fáticas e jurídicas diversas, formula requerimento administrativo – como a impugnação a um auto de infração –, ambas dizendo respeito ao mesmo lançamento tributário.

2. *A hipótese analisada. Razões de ser das medidas judicial e administrativa*

No caso concreto utilizado para o estudo, um contribuinte, valendo-se de autorizações legais, efetuou o cálculo de certos tributos em valor menor que o habitualmente lançado pela Administração. Receoso de que a diferença entre os cálculos pudesse lhe gerar incômodos futuros, impetrou mandado de segurança preventivo com o intuito de impedir que a Delegacia da Receita Federal efetuasse o lançamento futuro de créditos tributários relativos a possíveis diferenças que fossem apuradas entre o que o impetrante entendeu por devido e o que a Administração viesse a querer arrecadar. O valor entendido pelo impetrante como devido foi depositado em juízo, como garantia. Foi requerido, assim, o reconhecimento de que o cálculo realizado pelo próprio impetrante era correto, devendo, por consequência, ser suspensa a exigibilidade de créditos futuros relativos a esses tributos.

O pedido liminar que havia sido formulado não foi acolhido; e, por conta da não concessão da segurança preventiva, os lançamentos de crédito que se buscou evitar foram efetuados, resultando em uma série de autos de infração e pedidos de compensação. O contribuinte, então, impugnou e apresentou defesa desses autos, gerando processos administrativos.

Em face desse breve panorama, paira a dúvida sobre se o precedente ajuizamento de mandado de segurança, que teve por objeto a declaração da legalidade do cálculo de tributos, poderia vir a implicar a renúncia (na realidade, renúncia para o futuro, dado que a medida judicial foi anterior ao que ocorreu na esfera administrativa) da discussão de posterior lançamento tributário na via administrativa ou, ainda, a desistência ao recurso apresentado.

A dúvida que gerou o presente estudo reside em decisões, no bojo destes processos administrativos, que não conheceram das manifestações e impugnações do contribuinte por crer que *o ajuizamento do mandado de segurança equivaleria a uma renúncia a qualquer discussão em sede administrativa*. Assim, a Receita Federal considerou que houve "concomitância" entre o que foi pedido no mandado de segurança e o que foi aduzido como matéria de defesa nos diversos feitos administrativos.

Ocorre que, com efeito, são diversos os fundamentos (causas de pedir) da ação judicial e da defesa administrativa, dessumindo-se a necessidade de serem apreciadas e julgadas as defesas apresentadas pela empresa na esfera administrativa. A partir da individuação dos objetos, causas de pedir e pedidos de cada procedimento, deverá ser possível compreender em que medida as discussões judiciais e administrativas apresentam prejudicialidade entre si, e até que ponto os pontos de intersecção entre as "lides" podem significar a exclusão de uma das vias de resolução de conflito.

3. *A impossibilidade de "renúncia" administrativa*

Antes de tudo, e no contexto que foi apresentado, importa esclarecer a respeito da ideia de que *a propositura de ação judicial implica renúncia à instância administrativa relativamente à matéria que foi levada a juízo*.

Data venia, parece-nos totalmente despropositada a afirmação de ter havido, no caso, renúncia ao direito de postulação na via administrativa pela empresa que ajuizou, anteriormente à autuação fiscal, mandado de segurança com caráter preventivo.

Adotar este entendimento significa dizer que, ingressando o contribuinte em juízo mas sucedendo-se a isto uma autuação, teria necessariamente de ficar inerte. É de ser ressaltado, ainda, que, muito embora tenhamos utilizado a hipótese de um mandado de segurança preventivo, o mesmo resultado é atingido ao ser analisada qualquer ação declaratória de nulidade em face da Administração Pública, pois, como se verá adiante, o conteúdo dessas demandas é o mesmo.

O que se deseja evidenciar é que o ingresso em juízo pelo contribuinte em momento anterior à autuação e exigência do tributo não constitui, sob qualquer ângulo, óbice ao exercício do direito de defesa na esfera administrativa.

Renúncia teria havido se, diversamente do que se passou na hipótese, uma vez formalizada a exigência pelo auto de infração, nada se tivesse impugnado administrativamente, vindo o contribuinte a propor uma medida judicial tendente à anulação desse mesmo crédito fiscal.

É que não se renuncia ao que não se tem, nem tampouco àquilo a respeito do qual não há ainda condições de se exercer.

A renúncia é ato que implica o abandono da pretensão. Na espécie, no entanto, é de todo impossível imaginar que a parte que vai a juízo discutir uma relação ou situação jurídico-tributária quisesse abrir mão do seu direito de, uma vez autuada administrativamente, vir a se defender.

Outro tanto se diga em relação à desistência. Não nos parece possível vislumbrar, igualmente, a desistência de ação futura e incerta. A desistência da ação implica que o autor abra mão do seu direito de ação atual, hipótese que não ocorre na espécie. Isto é: teria havido desistência da postulação administrativa se, uma vez autuado, não viesse o contribuinte a impugnar o auto de infração e se conformasse com a exigência fiscal ou, ainda, propusesse diretamente uma medida judicial.

No caso que nos propusemos a estudar, entretanto, não foi o que se passou.

3.1 Pedidos com naturezas diversas

Veja-se, ademais, que o precedente mandado de segurança, anterior às autuações fiscais, versa a obrigação tributária: postulou-se, judicialmente, a declaração da juridicidade da maneira como se pretendia calcular os valores dos tributos no futuro. Situação diversa ocorre na via administrativa quando, já autuado, o contribuinte se insurge precisamente em face desse lançamento tributário, com vistas a impedir a constituição definitiva do crédito.

Os escopos dos pedidos – melhor dizendo, a eficácia dos provimentos requeridos – são absolutamente distintos nas medidas judicial e administrativa analisadas. Isso porque o mandado de segurança com caráter preventivo tem um pedido de natureza declaratória, como reconhece o STJ:

> Quando o mandado de segurança, antecipando-se ao lançamento fiscal, não ataca ato algum da autoridade fazendária, prevendo apenas a sua prática, a sentença que concede a ordem tem natureza exclusivamente

declaratória do direito a respeito do qual se controverte, induzindo o efeito da coisa julgada.[1]

Essa é uma das principais aplicações – note-se – do mandado de segurança preventivo em matéria tributária, em que "o contribuinte se antecipa ao Fisco e procede ao pagamento, *[no caso, ao depósito judicial]* o qual se sujeita, numa etapa posterior a conferência e homologação por parte da autoridade administrativa (CTN, art. 150)".[2]

É o caso de que se cuida: *o pedido declaratório não pressupõe ou demanda um lançamento*. Pretende-se tão somente declarar a juridicidade de uma relação ou situação jurídica. Não se busca a desconstituição do crédito tributário, mas, diversamente, antecipando-se a esse lançamento, requer-se um provimento judicial que afirme não ser devido determinado tributo.[3]

A tutela pleiteada é no sentido de eliminar uma incerteza jurídica atual e que se projeta no futuro, portanto. Deverá sobrevir uma decisão que se limita a reconhecer os contornos da relação jurídica, ou mesmo sua inexistência.

Por outro lado, o que se passa nas impugnações é a insurgência do contribuinte em relação ao fato concreto da autuação, as características e o montante desta. Cleide Cais,[4] em precioso estudo sobre a matéria em pauta, afirma:

> Essa discussão do contribuinte inconformado com o lançamento pode versar sobre a existência da obrigação (o contribuinte pode negar a própria obrigação sustentando que o fato gerador não ocorreu, ou que, se ocorrido,

1. STJ, 2ª Turma, REsp 12.184-RJ, rel. Min. Ari Pargendler, j. 6.12.1995, *DJU* 26.2.1996, p. 3981.

2. Eduardo Arruda Alvim, *Mandado de Segurança*, Rio de Janeiro, GZ, 2010, p. 140.

3. Neste sentido, já sustentamos para diferenciar a *ação declaratória negativa* da *ação anulatória* da seguinte maneira: "Distinção que se há de fazer entre ação anulatória e declaratória é que a anulatória pressupõe um lançamento, que se pretende desconstituir ou anular; a declaratória não o pressupõe. Através desta pretende-se declarar uma relação jurídica como inexistente, pura e simplesmente" (José Manoel de Arruda Alvim Netto, *Processo Judicial Tributário: Novo Processo Tributário*, São Paulo, Resenha Tributária, 1975, p. 169).

4. Cleide Previtalli Cais, *O Processo Tributário*, São Paulo, Ed. RT, 2011, p. 216.

não tem identificação com o fato tipificado pela lei); sobre as características da obrigação (o contribuinte, sem negar a existência da obrigação, entende que a verificação do fato gerador não tem as características que lhe foram atribuídas pelo lançamento) e sobre o montante da obrigação (quando entende que o montante deva ser menor do que o exigido).

Esse traço distintivo é bem pontuado por Rubens Gomes de Sousa, que, ao cuidar da definição do contencioso administrativo tributário, preleciona ser este a "controvérsia entre o contribuinte e o Fisco a propósito da existência, das características ou do montante da obrigação tributária".[5]

O que se busca evidenciar aqui é que essas impugnações ou "manifestações de inconformidade" trazem em si um pedido de cunho eminentemente *constitutivo negativo*, pois o que se pretende é anular, cancelar, ver desfeito, o ato administrativo que determinou o lançamento tributário. Quer-se estabelecer "um novo *status* jurídico para os litigantes",[6] com a desconstituição dos atos exarados pela Receita Federal.

São, portanto, bastante diferentes o caráter declaratório do mandado de segurança preventivo, cujos efeitos operam-se em relação a toda relação jurídica futura, do caráter constitutivo (negativo) das impugnações administrativas, que pressupõem necessariamente atos específicos e só sobre eles produzirão efeito. Essa diferenciação, por si só, já implica dizer que uma discussão (a judicial) não impede outras (administrativas) com objetivos e procedimentos estanques, diversos.

3.2 Supressão do direito de defesa

Há, ainda, um motivo de maior importância para corroborar nosso posicionamento. É a garantia constitucional do *due process of law*, que assegura o reexame dos atos expedidos pela Administração e, como desdobramento, o direito de as razões do contribuinte serem apreciadas pela autoridade administrativa.

5. Rubens Gomes de Sousa, *Compêndio de Legislação Tributária*, São Paulo, Resenha Tributária, 1975, p. 14.

6. Cássio Scarpinella Bueno, *Curso Sistematizado de Direito Processual Civil: Teoria Geral do Direito Processual Civil*, São Paulo, Saraiva, 2010, p. 348.

Em estudo sobre o lançamento tributário, Alberto Xavier afirma que o princípio da ampla defesa "exige – isso, sim – é que a Administração deve ouvir os interessados antes da decisão final de qualquer processo que lhes diga respeito, se eles assim o requererem ao órgão competente em tempo útil e não houver nenhum interesse relevante que o impeça".[7]

E prossegue:[8]

> Em matéria de lançamento tributário a garantia de ampla defesa não atua necessariamente pela via do direito de audiência prévia à pratica do ato primário (*pretermination hearing*), mas no "direito de recurso" deste mesmo ato, pelo qual o particular toma a iniciativa de uma impugnação em que o seu direito de audiência assumirá força plena (*posttermination hearing*).

Nesta mesma linha de pensamento, preleciona James Marins:[9]

> Toda a matéria de defesa produzida pelo contribuinte deve ser conhecida e apreciada pelo órgão da Administração encarregado do julgamento do conflito fiscal. Não pode se escusar a autoridade julgadora – em homenagem à garantia constitucional da ampla defesa – de apreciar matéria forma ou material, de direito ou de fato, questões preliminares ou de mérito.

Tanto assim que o Decreto 70.235/1972 comina de nulidade absoluta o ato administrativo praticado quando preterido o direito de defesa do contribuinte.

Consta do art. 59, especialmente no inciso II: "Art. 59. São nulos: (...) II – os despachos e decisões proferidos por autoridade incompetente ou com preterição do direito de defesa".

Conclui-se que não é juridicamente sustentável a ideia de que o ajuizamento de um mandado de segurança em caráter preventivo possa

7. Alberto Xavier, *Do Lançamento: Teoria Geral do Ato, do Procedimento e do Processo Tributário*, Rio de Janeiro, Forense, 1998, p. 164.

8. Idem, pp. 165-166.

9. James Marins, *Direito Processual Tributário Brasileiro (Administrativo e Judicial)*, São Paulo, Dialética, 2001, p. 190.

significar renúncia a todo e qualquer direito de defesa em autuações administrativas futuras.

Em primeiro lugar, pois *"renunciar" é abdicar de uma pretensão, e sabidamente os atos administrativos ocorridos após o ajuizamento de uma medida são incertos àquele tempo, não se podendo falar em renúncia geral a qualquer pretensão, genericamente*. Em outro aspecto, pois no caso em concreto a medida judicial tem cunho somente declaratório, e diz respeito à relação jurídica em geral, enquanto as impugnações contêm pedidos constitutivos, de efeitos concretos em relação unicamente aos atos que se pretende anular. E, por último, pois uma limitação dessa natureza seria uma afronta ao princípio da ampla defesa, já que a oportunidade de participar em contraditório é dada pela Constituição e não pode ser retirada do contribuinte que decidiu rever sua relação com o Fisco em juízo. O professor Roque Antonio Carrazza já há muitos anos defende veementemente essa ideia, em obra já clássica sobre o tema:[10]

> (...) *em todo e qualquer processo administrativo tributário de que possa resultar um dano jurídico, uma restrição ou sacrifício de direito* deve ser proporcionada ao contribuinte a possibilidade de *defesa eficaz*, aí compreendidas a *defesa técnica* (com a presença, pois, de advogado) e, especialmente, a *dupla instância administrativa*, que vai ensejar uma discussão mais isenta do caso. (...).

E não pode haver dúvida em relação à proeminência da ampla defesa sobre quaisquer objeções que existam nos procedimentos administrativos, pois se trata de valor principiológico de cariz constitucional.[11] A esse respeito, não se pode mais ter dúvidas sobre a disponibilização, ao contribuinte, de meios processuais adequados à defesa de seus interesses em face da Administração, como alerta o professor Roque Antonio Carrazza:[12]

10. Roque Antonio Carrazza, *Curso de Direito Constitucional Tributário*, 29ª ed., São Paulo, Malheiros Editores, 2013, p. 508.

11. CF, art. 5º, LV: "LV – aos litigantes, em processo judicial ou administrativo, e aos acusados em geral são assegurados o contraditório e a *ampla defesa*, com os meios e recursos a ela inerentes" (grifamos).

12. Roque Antonio Carrazza, *Curso de Direito Constitucional Tributário*, cit., 29ª ed., p. 566.

> (...) o atual Diploma Constitucional não se limitou a reconhecer a possibilidade de os contribuintes se insurgirem contra a tributação indevida. Também lhes conferiu os meios processuais adequados a este fim: o direito ao livre acesso ao Judiciário, o direito de serem indenizados contra atos ou omissões ilegais dos agentes fiscais, o direito de representação, o direito de petição, o mandado de segurança etc.
>
> Deste modo, os contribuintes, se, por um lado, têm o dever de pagar tributos, colaborando para a mantença da *coisa pública*, têm, por outro, ao alcance da mão, uma série de direitos e garantias, oponíveis *ex ante* ao próprio Estado, que os protegem da arbitrariedade tributária, em suas mais diversas manifestações (inclusive por ocasião do lançamento e da cobrança do tributo).

Ou seja: se também em relação ao processo administrativo "são assegurados o contraditório e a ampla defesa, com os meios e recursos a ela inerentes", isto conduz à evidência de que, pendendo um procedimento administrativo, nem mesmo caso vier a existir um processo judicial não sobreposto ao administrativo, não repetitivo do que consta do procedimento administrativo, este não poderá vir a ser extinto ou arquivado.

3.3 Não discussão de Dívida Ativa

Há, por derradeiro, neste momento do estudo, mais um ponto que impende ser examinado: não nos parece que o caso subjacente a esta consulta se subsuma à hipótese prevista no art. 38, parágrafo único, da Lei 6.830/1980, onde se lê:

> Art. 38. A discussão judicial da Dívida Ativa da Fazenda Pública só é admissível em execução, na forma desta Lei, salvo as hipóteses de mandado de segurança, ação de repetição do indébito ou ação anulatória do ato declarativo da dívida, esta precedida do depósito preparatório do valor do débito, monetariamente corrigido e acrescido dos juros e multa de mora e demais encargos.
>
> Parágrafo único. *A propositura, pelo contribuinte, da ação prevista neste artigo importa em renúncia ao poder de recorrer na esfera administrativa e desistência do recurso acaso interposto*. *[Grifamos]*

É que, como se disse linhas acima, a ação judicial precedeu qualquer ação e/ou autuação fiscal e, ademais, pela mesma não se pretendeu a anulação do crédito; bem ao contrário, muito antes dessa constituição do crédito tributário, a ação judicial antecipou-se a esse lançamento e versou apenas e tão só a obrigação tributária, ainda não constituída. *Não se discutiu, judicialmente, Dívida Ativa.*

Por isso, o mandado segurança preventivo, de caráter eminentemente declaratório, não se enquadra na enumeração do art. 38 da Lei 6.830/1980, e, portanto, a sua propositura – precedente a qualquer autuação fiscal – não envolve os efeitos referidos no parágrafo único desse artigo, de renúncia e desistência.

Este entendimento, aliás, foi referendado pelo egrégio TRF-3ª Região:

> Mandado de segurança – Ajuizamento de ação declaratória de inexistência de relação jurídica – Recurso administrativo – Prosseguimento – Providência que não se confunde com as restrições do art. 38 da Lei n. 6.830/1980 – Remessa oficial e apelação improvidas. 1. O ajuizamento de ação declaratória de inexistência de relação jurídica tributária não impede o processamento e julgamento de recurso administrativo interposto para discutir lançamento tributário, mormente se o ajuizamento da ação se dá anteriormente à prática do ato administrativo de lançamento – Hipótese que não se subsume às restrições do art. 38 e parágrafo único da Lei n. 6.830/1980 (LEF) – Precedente do STF. 2. Outrossim, na medida em que se verifica a ausência de identidade dos argumentos lançados na esfera administrativa em relação aos invocados na ação judicial, não se cogita da possibilidade de contradição de decisões, rejeitando-se essa linha de argumentação, defendida pela oficialidade. 3. Remessa oficial e apelação improvidas.[13-14]

13. TRF-3ª Região, 3ª Turma, AMS 185681-98.03.071998-0-SP, rel. Des. federal Nery Jr., *DJU* 4.6.2003, p. 296.

14. E, *a contrario sensu*, é o que se infere do seguinte julgado do TRF-1ª Região: "Tributário – Autuação fiscal – Recursos administrativo e judicial – Causa de pedir – Identidade – Lei n. 6.830/1980 – Vedação – Crédito tributário – Suspensão – Impossibilidade – Ato administrativo legal – Manutenção. *1. Protocolizados,* ***com a mesma causa de pedir****, recursos em duas instâncias, a administrativa e judicial, o processo e julgamento desta acarretam a renúncia aos daquela, conforme determina o parágrafo único do art. 38 da Lei n. 6.830/1980* – Precedente. 2. Não há falar em suspensão de

Igualmente, por tudo o que se disse, a pretensão do contribuinte de que fosse apreciada sua insurgência no âmbito administrativo não encontra óbice no disposto no Decreto-lei 1.737, de 20.12.1979, art. 1º, segundo o qual

> a propositura, pelo contribuinte, de ação anulatória ou declaratória da nulidade do crédito da Fazenda Nacional importa em renúncia ao direito de recorrer na esfera administrativa e desistência do recurso interposto.

A doutrina a respeito do tema não destoa deste entendimento. É, neste sentido, a lição de Humberto Meira:[15]

> A renúncia e a desistência apenas operam efeitos nos precisos limites do objeto do processo judicial, de tal modo que, se o processo administrativo tiver objeto mais amplo ou distinto, este prosseguirá no que concerne à matéria diferenciada.

Se os fundamentos (ou causas de pedir) são diversos, a instância administrativa há de conhecer e julgar esses fundamentos, alegados na seara administrativa, em insurgência à autuação fiscal – o que ocorreu, com inteira razão.

4. A inexistência de concomitância

O que foi dito até agora diz respeito à impossibilidade de se imputar ao contribuinte qualquer espécie de "desistência" ou "renúncia *pro futuro*".

exigibilidade do crédito tributário se não está presente nenhuma das hipóteses previstas no art. 151 do CTN. 3. Apelação a que se nega provimento" (TRF-1ª Região, 4ª Turma, AMS 38000277283-MG, rel. Des. federal Hilton Queiroz, *DJU* 2.4.2003, p. 76).

15. Humberto Meira, "A garantia do devido processo legal no processo administrativo tributário à luz do critério da lide", in James Marins e Gláucia Vieira Marins (orgs.), *Processo Tributário – Administrativo e Judicial*, Curitiba, Juruá, 2000, p. 27.

Assim, também, Natanael Martins, "Questões de Processo Administrativo Tributário", in Valdir de Oliveira Rocha (org.), *Processo Administrativo Fiscal*, 2º vol., São Paulo, Dialética, 1997, pp. 91 e ss.

No entanto, e ao contrário do que se sustentou até aqui, se for possível sustentar que o ajuizamento de medida judicial anterior importa renúncia à apreciação da matéria no âmbito administrativo, é verdadeiramente imprescindível reconhecer que isso se daria tão só e apenas em relação à matéria efetivamente levada ao conhecimento do Judiciário. É dizer, portanto, que é dever da autoridade administrativa conhecer da matéria da impugnação que não tenha o mesmo objeto da controvérsia levada ao Poder Judiciário. Na esteira deste entendimento há decisões do Conselho de Contribuintes do Ministério da Fazenda:

> Processo administrativo tributário – Concomitância com ação judicial – Cerceamento ao direito de defesa. Constatada a opção da contribuinte pela via judicial, deve a autoridade administrativa encarregada do julgamento conhecer da matéria da impugnação que não tenha o mesmo objeto da controvérsia levada a juízo, mesmo que esta trate de questão preliminar, como a arguição de nulidade do auto de infração, sob pena de restar caracterizado o cerceamento ao direito de defesa.[16]

E, nesse mesmo sentido, a Câmara Superior de Recursos Fiscais também veio a manifestar seu entendimento:

> Recurso ao Poder Judiciário – Renúncia à instância administrativa – Questões independentes – Nulidade do julgado. *A opção do contribuinte pela via judicial para assegurar determinado direito não implica em renúncia à instância administrativa em relação às questões que, embora correlatas, não compõem o pedido formulado ao Poder Judiciário*. As demais matérias objeto de litígio na instância administrativa devem ser conhecidas e julgadas nessa esfera. A composição plena do litígio é um dever da autoridade administrativa e um direito do contribuinte, não podendo o julgador de primeira instância condicionar e diferir sua prestação, sob pena de cercear o direito do sujeito passivo.[17]

16. 1º Conselho de Contribuintes, 8ª Câmara, Processo 10880.036831/93-04, rel. Nelson Lósso Filho, Acórdão 108-05878.

17. Câmara Superior de Recursos Fiscais, Processo 10880.007872/95-00, rel. Carlos Alberto Gonçalves Nunes, Acórdão CSRF/01-03.110.

Esse é o posicionamento constitucionalmente adequado da matéria. Por outro lado, a linha de raciocínio do Conselho Administrativo de Recursos Fiscais/CARF, em muitos casos recentes, é a seguinte:

> *Concluo inexistir a diferenciação pretendida na medida em que a postulação no Judiciário abarca os quesitos processuais (causa de pedir e objeto) trazidos à Administração, é dizer, coincidência integral.* (...). De fato, havendo o deslocamento da lide para o Poder Judiciário, perde o sentido a apreciação da mesma matéria na via administrativa, pois do contrário ter-se-ia a absurda hipótese de modificação de decisão judicial transitada em julgado e, portanto, definitiva, pela autoridade administrativa.[18]

Justamente por isso é que é necessária a análise do conteúdo jurídico e das razões de ser das medidas judicial e administrativa: para que se possa observar se a mesma causa de pedir está a fundamentar a ação judicial e as impugnações na via administrativa apresentadas pelo contribuinte, isto é, se a insurgência deu-se, nas duas vias (judicial e administrativa), com base em idênticos fundamentos.

4.1 Causa de pedir, identidade de causas e concomitância administrativa

Para a correta compreensão da análise, entenda-se que *causa de pedir* equivale à somatória de fatos e fundamentos. Em nosso *Manual de Direito Processual Civil*[19] afirmamos que:

> Os fatos contidos na inicial, qualificados como *causa petendi*, constituem efetivamente o fundamento jurídico da demanda. O autor deve demonstrar que os fatos descritos levam necessariamente à conclusão ou conclusões pedidas, isto é, à relação de causa e efeito (no plano lógico e volitivo do autor) entre os fatos jurídicos e o pedido, ou seja, os fatos e

18. CARF, 1ª Câmara, Processo 11052.000871/2010-14, Acórdão 1103-00.634, de 15.3.2012.

19. José Manoel de Arruda Alvim Netto, *Manual de Direito Processual Civil*, vol. 1, São Paulo, Ed. RT, 2012, p. 48. V. mais amplamente em nosso *Direito Processual Civil – TGPC*, vol. I, São Paulo, Ed. RT, 1972, pp. 58 e ss.

suas consequências. Afigura-se-nos que *a **causa petendi** é constituída pelos fatos e a respectiva fundamentação jurídica*. São os fatos jurídicos *em virtude dos quais nasce o interesse de agir ou mesmo a necessidade de agir*, sob pena de ter o autor prejuízo.

Os fatos jurídicos são, então, aqueles em virtude dos quais entende o autor ser justificável o seu acesso ao Judiciário para pleitear uma dada providência prevista pelo ordenamento e precisamente a que decorre dos efeitos jurídicos daqueles fatos.

Semelhantemente, nas palavras de Barbosa Moreira:[20]

> Todo pedido tem uma causa. Identificar a *causa petendi* é responder à pergunta: por que o autor pede tal providência? Ou, em outras palavras: qual o fundamento de sua pretensão? Constitui-se a "*causa petendi* do fato ou do conjunto de fatos a que o autor atribui a produção do efeito jurídico por ele afirmado".

Significa, portanto, que a colocação de uma *causa petendi* ou de fundamento diferente altera substancialmente o objeto da discussão, tanto que, para ocorrer inviabilidade de um segundo processo, há de se verificar a tríplice identidade, quer dizer, deve haver congruência exata: as partes deverão ser as mesmas, assim como a causa de pedir e o pedido.[21]

Por isso mesmo que, na hipótese de ser diferente a causa de pedir ou o pedido, fala-se de outra ação, não a mesma. E apenas "quando o interessado opta por discutir *a mesma questão* pela via judicial o interesse de agir na esfera administrativa desaparece".[22] Na verdade, quan-

20. José Carlos Barbosa Moreira, *O Novo Processo Civil Brasileiro*, 8ª ed., Rio de Janeiro, Forense, 1988, p. 19.

21. É o que estabelece o art. 301, §§ 1º e 2º, do CPC:

"§ 1º. Verifica-se a litispendência ou a coisa julgada, quando se reproduz ação anteriormente ajuizada.

"§ 2º. Uma ação é idêntica à outra quando têm as mesmas partes, a mesma causa de pedir e o mesmo pedido."

Isto é: uma ação é idêntica à outra quando há reprodução *integral*, quer dizer, apenas quando se verifica a tríplice identidade (com mesmas partes, mesma causa de pedir e mesmo pedido).

22. Marco Meirelles Aurélio, *Invalidades no Processo Administrativo Tributário*, monografia classificada em 1º lugar no "Prêmio CARF de Monografias em Direi-

do há identidade entre partes, pedido e causa de pedir, ou seja, "se todos os elementos coincidem, não há, na verdade, duas ações idênticas, mas apenas uma ação que se repete".[23]

Essa situação de causas repetidas é definida pelo art. 301, § 3º, do Código de Processo Civil: "Há litispendência quando se repente ação, que está em curso".

A hipótese existe para dois processos judiciais, mas, como uma defesa em procedimento administrativo também tem pedido e causa de pedir, pode ocorrer litispendência entre uma medida judicial e outra administrativa. É a isso que se chama *concomitância*.

Conforme se sustentou até aqui, no caso em concreto não se fala de uma mesma questão, ou de questões concomitantes, mas, sim, de hipóteses diversas e sequer prejudiciais entre si. Se o fundamento ou os fundamentos são diferentes, ou seja, se a *causa petendi* não é a mesma, inexiste identidade, e então a circunstância de a Justiça Administrativa deixar de analisar esse fundamento ou *causa petendi* – que não há ou não constou do processo judicial – por equivocada alegação de concomitância levaria ilegitimamente a negativa de apreciação de uma postulação legítima.

Por esse motivo já sustentamos que o objeto litigioso (ou, na terminologia do Código de Processo Civil, "*lide*") é integrado pelo tipo de ação, isto é, o tipo de tutela postulada. Com base nisso, afirmamos que a tutela declaratória tem objeto diverso da anulatória (constitutiva negativa). Na primeira verifica-se a insurgência contra a obrigação em si mesma considerada, desejando-se uma declaração sobre dada relação jurídica; na outra essa insurgência é em face do lançamento, pretendendo-se sua desconstituição (anulação). As tutelas pretendidas em uma e outra hipótese são diversas.

Consequentemente, a defesa administrativa há de ser conhecida e examinada em todos os seus fundamentos, sob pena de se negar ilegitimamente ao contribuinte o direito assegurado pela Constituição Federal ao devido processo legal e à petição aos órgãos da Administração. É dessa maneira que entende o CARF:

to Tributário", 2010 (disponível em *http://www.esaf.fazenda.gov.br*, acesso em 6.6.2013, p. 27).

23. Vicente Greco Filho, *Direito Processual Civil Brasileiro*, São Paulo, Saraiva, 1996, p. 89.

> Normas processuais – Preliminar de conhecimento – Matéria diferenciada. Estando nitidamente demonstrado serem diversas as causas de pedir da ação judicial e do processo administrativo, impõe-se o conhecimento da matéria diferenciada pelos órgãos administrativos.[24]

Do corpo do julgado extraem-se trechos – cuja transcrição se toma a liberdade de fazer – que perfeitamente descrevem a situação ora em apreço:

> Em outras palavras, o simples fato de o contribuinte haver ajuizado medida judicial não acarreta, necessariamente, que o mesmo esteja desistindo ou renunciando à via administrativa. Havendo aquilo que se acostumou chamar matéria diferenciada, impõe sejam conhecidas pelos órgãos julgadores administrativos as questões que não foram suscitadas na ação posta em juízo.
>
> Há que ser examinado se a propositura pelo contribuinte de medida judicial, objetivando a declaração de inexistência de relação jurídico-tributária posteriormente à Constituição Federal de 1988, no que se refere à contribuição sobre açúcar e álcool/CAA e seu adicional, interfere na possibilidade de ser proferida decisão administrativa sobre a exigência fiscal consubstanciada no auto de infração.
>
> Em conclusão, *não só o pedido mas "a causa de pedir" é elemento da ação que diferencia uma de outra demanda*. Por esta diferença caracterizada através da "causa de pedir" pode-se identificar que duas ações são distintas e que nas mesmas poderão ser proferidas decisões plenamente executáveis, porque delas não resultarão contradições nem conflitos.[25]

Ocorre, então, que não é só o objeto (o provimento requerido, o pedido, o tipo de pretensão) que difere; a própria razão pela qual os diferentes pedidos são feitos também não é a mesma. Veja-se, nesse contexto, a essência exata do que diz o Verbete 1 da Súmula do CARF:

24. CARF, 3ª Câmara, Processo n. 13830.000243/92-72, Acórdão CSRF/03-04.023, de 5.7.2004.

25. CARF, 3ª Câmara, trecho do voto de Nilton Luiz Bartoli no Processo 13830.000243/92-72, Acórdão CSRF/03-04.023, de 5.7.2004.

> Importa *renúncia* às instâncias administrativas a propositura pelo sujeito passivo de ação judicial por qualquer modalidade processual, antes ou depois do lançamento de ofício, com o *mesmo* ***objeto*** *do processo administrativo*, sendo cabível apenas a apreciação, pelo órgão de julgamento administrativo, de *matéria distinta* da constante do processo judicial. *[Grifamos]*

Anote-se primeiramente que o fato de o verbete mencionar "sujeito passivo" de ação judicial é meramente secundário – quer dizer, nada impede sua aplicação análoga ao sujeito ativo de ação judicial. É preciso ressaltar também que há uma terminologia ligeiramente equivocada no verbete, pois, como se viu no segundo capítulo deste estudo, não existe "renúncia", propriamente dita, a um direito de ver conhecidas as alegações que apresenta a título de impugnação administrativa.

De qualquer forma, quando o verbete diz "mesmo objeto", ele quer significar, em verdade, "mesmo conteúdo", implicando que causas que contenham mesmos pedido *e causa de pedir* é que são concomitantes, e por isso não merecem uma apreciação dúplice, judicial e administrativa. Assim, a expressão "matéria distinta" é indicativa dessa conclusão, já que a "matéria" engloba tudo: pedido, objeto, e fundamentação (causa de pedir). O órgão administrativo, dessa forma, deve conhecer e julgar toda a matéria que for *distinta*, ou seja, que não for idêntica em conteúdo – repita-se: objeto, pedido e causa de pedir.

Justamente por isso, essa Súmula deverá ser aplicada na sua exata dimensão. Na hipótese por nós levantada, pois, não existe concomitância, já que o objeto *e a causa de pedir*, ambos, não são os mesmos, administrativa e judicialmente. Vejamos com mais atenção quais as diferenças entre as causas de pedir, que culminam na inexistência de concomitância.

4.2 As causas de pedir das medidas judicial e administrativa

A questão central e o escopo de nossas investigações é identificar se os fatos e fundamentos que ensejaram o mandado de segurança confundem-se com (e por isso prejudicam) os que deram razão às defesas administrativas.

Entretanto, o que se verifica no caso é que as causas de pedir, em uma e outra hipótese, são absolutamente diversas.

No processo judicial, precedente a qualquer ação ou autuação fiscal, o contribuinte busca obter, exclusivamente, uma declaração acerca dos contornos da relação jurídico-tributária. E as causas de pedir que caracterizam o pedido manifestado judicialmente dizem respeito a autorização legal para o cálculo do tributo da maneira como foi feita pelo próprio contribuinte. A discussão na esfera judicial, então, gira em torno da obrigação tributária em si.

Isso não ocorre na seara administrativa, onde o contribuinte manifestou-se para aduzir as ilegalidades da exação, pelos mais diversos motivos – que usualmente podem incluir insuficiência na descrição de motivos dos autos de infração; inexatidão na indicação dos dispositivos legais supostamente violados; desproporcionalidade de valores de multas; inconstitucionalidade de determinadas taxas; etc.

É de se notar, portanto, que não se irá alegar, nas impugnações administrativas, qualquer inexistência ou modificação das condições da obrigação, mas, sim, a patente irregularidade do lançamento do crédito tributário, o que impediria sua cobrança. Já, na ação judicial o que se "impugna" é a obrigação que virá a existir, considerada em si mesma, vale dizer, na sua própria essência.

Não se há de falar em renúncia ao direito de postulação na seara administrativa, nem tampouco desistência a esse direito (à impugnação da autuação fiscal), na medida em que não há coincidência de fundamentos constituintes da causa de pedir. Igualmente, não será possível que a decisão administrativa posterior seja conflitante, invalide ou se sobreponha à judicial, já que os feitos dos provimentos têm naturezas diferentes e não dizem respeito aos mesmos objetos. Quer dizer: uma decisão nos processos administrativos não abalaria o processo judicial, e isso está bem evidenciado no caso.

A esse respeito, pede-se vênia para mencionar novamente o julgado do CARF acima transcrito, pois esse precedente debruçou-se sobre as causas de pedir judicial e administrativa e chegou a uma conclusão semelhante à deste parecer:

> Com efeito, de uma simples leitura do pedido laborado na medida judicial constata-se que o contribuinte não ajuizou ação anulatória do

ato declarativo da dívida fiscal, somente possível após constituição definitiva do crédito tributário em face de inexistência de impugnação ou decisão administrativa irrecorrível. O contribuinte propôs, sim, uma ação declaratória negativa com escopo de ver reconhecida a inexistência de obrigação tributária concernente ao pagamento da contribuição sobre açúcar e álcool e seu adicional. Assim, sendo uma medida anterior ao lançamento, não está a questioná-lo, por evidente impossibilidade temporal.

Por outro lado, através da impugnação buscou o contribuinte se opor a um determinado crédito concretamente lançado em auto de infração, isto é, buscou a desconstituição do crédito tributário formalizado.

Em outros termos, na esfera judicial pretendeu questionar a relação jurídica que o obrigue ao recolhimento da contribuição (*an debeatur*) enquanto na esfera administrativa impugnou os aspectos formais exigidos em auto de infração (*quantum debeatur*).

É exatamente isso o que ocorreu no caso ora em estudo. Judicialmente, foi impetrado mandado de segurança fundamentado na autorização legal para sua conduta jurídica; administrativamente, recorreu-se, pois não se conformou com aspectos legais das exações realizadas pela Receita Federal. Não há pontos de intersecção entre os processos. O julgado citado acima, ao fim, adotou as razões jurídicas apresentadas por um parecer de nossa lavra, convergindo com o que se expõe neste estudo:

> Com efeito, levando-se em consideração a "causa de pedir" de que se valeu o contribuinte na via judicial e na via administrativa, pode-se constatar nitidamente que ambas distinguem-se, sendo diversas, o que importa dizer, portanto, que estamos diante de matérias diferenciadas. Aliás, *a este respeito Arruda Alvim, em parecer pelo sujeito passivo apresentado na sessão de 3.11.2003, concluiu*: "*São, como se disse, manifestamente diversas as causas de pedir (ou fundamentos) alegados em sede judicial e, posteriormente, no âmbito administrativo*".[26]

26. Idem, ibidem.

Naquele caso foi realizado um estudo que, assim como aqui, contrastava os objetos e os fundamentos de uma medida judicial e uma administrativa.

Essa decisão do CARF utilizou-se daquele parecer para compreender que a concomitância implica identidade perfeita entre objeto, pedido e causa de pedir.

A diferença de fundamentos que embasam a ação judicial (declaratória) e a impugnação administrativa (constitutiva negativa) conduz à inarredável conclusão de que os pedidos na esfera administrativa, na situação estudada, não constam do processo judicial. E a distinção de fundamentos que os embasam evidencia a não identidade entre eles, o que acaba por revelar que ambas as formas de impugnação são efetivamente diferentes na exata medida em que seu objeto (pedido) e seu fundamento (causa de pedir) são diversos.

5. *Conclusões*

Por tudo o que nós foi dito aqui, algumas breves conclusões merecem ser feitas.

Primeiramente, para lograr estabelecer a diferença entre o conteúdo da demanda administrativa e a judicial, na hipótese, foi necessário diferenciar pedidos e causas de pedir de cada uma das demandas.

O pedido feito nas impugnações dos processos administrativos é de cancelamento, desconstituição, anulação, dos autos de infração. Isto (e esta é a causa de pedir) por serem infundados quanto por irregularidades formais (como aplicação de multas abusivas, por exemplo).

Já, no mandado de segurança o pedido é declaratório: reconhecer a legalidade do cálculo dos tributos feito pelo contribuinte, mediante o depósito do valor entendido como devido. Não existia o lançamento (ao contrário do pedido administrativo, onde se busca anular justamente o lançamento errôneo), e a causa de pedir é a legalidade da maneira como foram calculados os tributos.

Existe, em verdade, uma incompatibilidade entre esses pedidos, que é gerada justamente pela diferença entre os fundamentos (as causas de pedir) entre uma e outra medida, administrativa e judicial.

Essa afirmação, corriqueira na atividade da Administração Pública, de que existe uma "renúncia automática" a processos (judiciais ou administrativos) futuros, parece de todo despropositada. Isso porque implicaria dizer que o contribuinte ou o administrado deve, por força, ficar inerte e silenciar ante qualquer auto de infração que for ilegalmente lavrado em seu desfavor.

O administrado, nesse contexto, teria escolhido abrir mão de sua ampla defesa sem mesmo saber o conteúdo do que poderá ser levantado contra si pela Administração.

Renúncia teria havido se, diversamente do que se passou na hipótese, uma vez formalizada a exigência pelo auto de infração, nada se tivesse impugnado administrativamente, vindo o contribuinte a propor medida judicial tendente à anulação desse mesmo crédito fiscal.

Como o caso é totalmente outro, não se pode alegar desistência ou renúncia. Principalmente pois o escopo do mandado de segurança, de natureza preventiva, é o de antecipar-se ao Fisco e requerer o reconhecimento de que a empresa estava agindo dentro da legalidade. O intuito, em outras palavras, é impedir lançamentos tributários equivocados, que prejudicassem o contribuinte.

Por outro lado, as impugnações e manifestações em sede administrativa são principalmente baseadas na necessidade de anular os lançamentos, por conta inclusive de erros formais ou de excessos nas cobranças de multas e na forma dessas cobranças. É impossível admitir-se que, ao impetrar mandado de segurança, seja feita uma opção automática por abrir mão de discutir, futuramente, em sede administrativa, se uma multa (cuja existência sequer imaginava) é ou não abusiva.

Sendo assim, é de se negar a "renúncia". No entanto, mesmo caso se entenda existir renúncia, esse instituto deve ser compreendido com peculiaridades próprias, aceitando-se apenas a impossibilidade de rediscussão em caso de concomitância administrativa.

"Concomitância", de acordo com o que se viu no item 3 deste estudo, é a exata e perfeita congruência entre o objeto, o pedido e a causa de pedir em duas ações ou processos distintos. Quando são concomitantes, pode-se concluir que são, na verdade, uma mesma ação, e por isso mesmo não condiz com a função jurisdicional (ou administrativa) apreciar repetidamente a mesma coisa.

Ocorre que muitas vezes – como no caso de que se procurou tratar – uma semelhança entre objetos, ou entre pedidos, leva de forma equivocada à ideia de que haveria essa concomitância, sem que exista a identidade tríplice, entre objeto, pedido e causa de pedir. Disso resulta a também equivocada concepção de que um mesmo tributo não poderia ser alvo de medida judicial e administrativa, como se sempre fosse existir uma congruência de conteúdos em ambas as discussões.

Esperamos ter demonstrado que em muitas hipóteses, e pelas mais variadas circunstâncias, há, sim, a possibilidade – e necessidade, diga-se – de que sejam apreciados pedidos tanto judiciais quanto administrativos relativos a uma mesma situação jurídica tributária, por atenção ao acesso à Justiça e à ampla defesa previstas no texto constitucional.

Bibliografia

ARRUDA ALVIM, Eduardo. *Mandado de Segurança*. Rio de Janeiro, GZ, 2010.

ARRUDA ALVIM NETTO, José Manoel de. *Direito Processual Civil – TGPC*. vol. I. São Paulo, Ed. RT, 1972.

————. *Manual de Direito Processual Civil*. vol. 1. São Paulo, Ed. RT, 2012.

————. *Processo Judicial Tributário: Novo Processo Tributário*. São Paulo, Resenha Tributária, 1975.

AURÉLIO, Marco Meirelles. *Invalidades no Processo Administrativo Tributário*. Monografia classificada em 1º lugar no "Prêmio CARF de Monografias em Direito Tributário", 2010 (disponível em *http://www.esaf.fazenda.gov.br*, acesso em 6.6.2013).

BARBOSA MOREIRA, José Carlos. *O Novo Processo Civil Brasileiro*. 8ª ed. Rio de Janeiro, Forense, 1988.

BUENO, Cássio Scarpinella. *Curso Sistematizado de Direito Processual Civil: Teoria Geral do Direito Processual Civil*. São Paulo, Saraiva, 2010.

CAIS, Cleide Previtalli. *O Processo Tributário*. São Paulo, Ed. RT, 2011.

CARRAZZA, Roque Antonio. *Curso de Direito Constitucional Tributário*. 29ª ed. São Paulo, Malheiros Editores, 2013.

GRECO FILHO, Vicente. *Direito Processual Civil Brasileiro*. São Paulo, Saraiva, 1996.

MARINS, James. *Direito Processual Tributário Brasileiro (Administrativo e Judicial)*. São Paulo, Dialética, 2001.

————, e MARINS, Gláucia Vieira (orgs.). *Processo Tributário – Administrativo e Judicial*. Curitiba, Juruá, 2000.

MARTINS, Natanael. "Questões de processo administrativo tributário". In: ROCHA, Valdir de Oliveira (org.). *Processo Administrativo Fiscal*. 2º vol. São Paulo, Dialética, 1997.

MEIRA, Humberto. "A garantia do devido processo legal no processo administrativo tributário à luz do critério da lide". In: MARINS, James, e MARINS, Gláucia Vieira (orgs.). *Processo Tributário – Administrativo e Judicial*. Curitiba, Juruá, 2000.

ROCHA, Valdir de Oliveira (org.). *Processo Administrativo Fiscal*. 2º vol. São Paulo, Dialética, 1997.

SOUSA, Rubens Gomes de. *Compêndio de Legislação Tributária*. São Paulo, Resenha Tributária, 1975.

XAVIER, Alberto. *Do Lançamento: Teoria Geral do Ato, do Procedimento e do Processo Tributário*. Rio de Janeiro, Forense, 1998.

REPERCUSSÃO GERAL E A SUSPENSÃO DA EXIGIBILIDADE DO CRÉDITO TRIBUTÁRIO

MARIA LEONOR LEITE VIEIRA

O tema da repercussão geral, trazido ao Direito Brasileiro pela Emenda Constitucional 45/2004, vem provocando os estudiosos do Direito para as adaptações necessárias, pois que foi criado como um requisito de admissibilidade de recurso extraordinário perante o STF, de modo a garantir que seja levado àquela Corte o julgamento exclusivo de temas que apresentem questões relevantes do ponto de vista econômico, político, social ou jurídico, que ultrapassem os interesses subjetivos da causa. Para tanto, necessário que seja identificada a controvérsia, mediante a eleição de um caso representativo (art. 543-B, § 1º, do CPC), que sofrerá juízo de admissibilidade para remessa ao STF, e o sobrestamento dos demais recursos que versem sobre a mesma questão.

O Código de Processo Civil, cuidando da matéria, prevê que a identificação de controvérsia e a eleição de representativo devem ser feitos pelos tribunais de origem, que não deverão remeter ao STF processos que: (a) tratem de controvérsia já identificada e publicada; (b) tratem de controvérsia ainda não identificada e que não contenha indicação de se tratar de representativo; e (c) tratem de controvérsia ainda não identificada e que não contenha indicação de se tratar de processo "único". Atualmente os tribunais não têm observado essa regra, de forma que o STF tem assumido o ônus de identificar controvérsias, eleger representativos e devolver à origem, para sobrestamento, os demais.

É dizer: a decisão dada pelo STF ao caso concreto examinado repercutirá nos casos idênticos sobre a mesma questão, provocando, assim, uniformização da interpretação, que será aplicada a casos idênticos pelas instâncias inferiores.

Enquanto não examinada a questão em que suscitada a repercussão geral, os processos que cuidem de idêntica matéria ficarão sobrestados, até o pronunciamento definitivo da Corte.

O propósito foi, justamente, o de reduzir a avalanche de recursos extraordinários que diariamente aportam no STF, visando a tornar mais racional e célere a atividade judicante.

Pois bem, convém reter esta afirmação: ficam *sobrestados* os recursos até que advenha decisão do STF, e todos os casos estarão resolvidos, positiva ou negativamente.

Como se verifica, o processo tem, portanto, seu andamento sobrestado até o julgamento de preliminar de repercussão geral em controvérsia já delimitada, ou até o julgamento de mérito do tema com ampla repercussão reconhecida. O sobrestamento deve ser determinado pelo tribunal de origem, antes do juízo de admissibilidade do recurso. No caso de o STF tornar pública controvérsia ou julgar preliminar de repercussão geral, entre o juízo de admissibilidade e a efetiva remessa do processo, o tribunal deve sobrestá-lo. O sobrestamento também pode ser determinado pelo relator, no STF, em casos em que se reconheça a excepcionalidade.

Por outro lado, também por expressa determinação legal, o recurso extraordinário deve ser recebido somente no efeito devolutivo (art. 542, § 2º),[1] permitindo a execução provisória do acórdão que se pretende combater. Na circunstância de acórdão desfavorável à tese do contribuinte e não dispondo o recurso extraordinário da eficácia suspensiva, o crédito tributário discutido poderá ser cobrado a qualquer momento pelo titular do direito subjetivo.

Caso o contribuinte não realize o recolhimento dos supostos débitos tributários, estará submetido a procedimentos de cobrança e respectivos consectários, além de inscrição do débito em Dívida Ativa, ajuizamento de execução fiscal e, ainda, inclusão do nome no Cadastro de Devedores/CADIN, negativa de expedição de certidões de regularidade fiscal, entre outros – com o quê sofrerá graves obstáculos ao exercício de suas atividades.

1. CPC, art. 542, § 2º: "§ 2º. Os recursos extraordinário e especial serão recebidos no efeito devolutivo".

Com efeito, havendo o reconhecimento da matéria como sendo de repercussão geral, há casos em que se torna imperiosa a concessão do efeito suspensivo ao recurso extraordinário, sob pena de inviabilidade da atividade, abrindo-se, aí, a possibilidade de invocar o poder geral de cautela do juiz, conforme lhe permitem a lei adjetiva civil e o Regimento Interno da Suprema Corte brasileira. A previsão da lei adjetiva torna indubitável a possibilidade, diante da existência do interesse jurídico da parte, de se valer de medida acautelatória a ser proposta com o escopo de antecipar a tutela recursal nos casos de plausibilidade do direito invocado e da urgência que a lide exige, suspendendo, por conseguinte, os efeitos da decisão recorrida. Especificamente quando o processo se encontra em fase recursal, preceitua o parágrafo único do art. 800 do CPC que, "interposto o recurso, a medida cautelar será requerida diretamente ao tribunal".

O STF sempre adotou o entendimento de que o juízo de admissibilidade no tribunal de origem é competente para o julgamento da medida cautelar que tenha por escopo a concessão de efeito suspensivo ao recurso extraordinário. O principal argumento para justificar a impossibilidade de concessão do efeito suspensivo é que a inexistência do juízo de admissibilidade representaria uma invasão na competência do tribunal de origem, detentor dos poderes para a admissão ou não do recurso, nos termos do art. 542 e §§ do CPC.

Duas súmulas enunciadas pelo STF deixam claro que:

> **Súmula 634.** Não compete ao Supremo Tribunal Federal conceder medida cautelar para dar efeito suspensivo a recurso extraordinário que ainda não foi objeto de juízo de admissibilidade na origem.
>
> **Súmula 635.** Cabe ao presidente do tribunal de origem decidir o pedido de medida cautelar em recurso extraordinário ainda pendente do seu juízo de admissibilidade.

A concessão da medida cautelar, por seu turno, na qualidade de tutela preventiva e provisória, exige o cumprimento de rígidos requisitos, estatuídos no art. 273 do CPC,[2] quais sejam: o *fumus boni iuris*

2. CPC: "Art. 273. O juiz poderá, a requerimento da parte, antecipar, total ou parcialmente, os efeitos da tutela pretendida no pedido inicial, desde que, existindo

(matéria submetida à sistemática da repercussão geral) e o *periculum in mora* (*exigibilidade do crédito tributário discutido*).

O *fumus boni iuris*, nesses casos, é justificado pela simples pendência do julgamento do tema no STF, reconhecido como de repercussão geral, a significar a definição de casos que, envolvendo preceito constitucional, apresentem interesse abrangente, que vai além do interesse no próprio processo em andamento. Ora, se o objetivo precípuo da ação cautelar, sobretudo tratando-se de pendência de recurso, é resguardar campo propício à eficácia concreta de pronunciamento judicial, a plausibilidade do direito material não pode estar mais bem caracterizada pela circunstância relatada.

Acerca do tema do "perigo de dano de difícil reparação", o Min. Luiz Fux reconheceu sua existência em caso análogo ao escrever, em voto, que "o *periculum in mora* reside no fato de que a ausência de provimento jurisdicional, que impeça a autoridade coatora de proceder a atos de autuação e cobrança da exação, poderá culminar em graves prejuízos à requerente, que se verá obstada, inclusive, de participar de licitações e contratações com o Poder Público".[3]

Enquanto isto não ocorre, recursos que estejam "sobrestados" podem sofrer – e têm sofrido cada vez mais –, por parte das Fazendas Públicas, a propositura de execuções fiscais, se a última decisão proferida no bojo dos autos houver sido desfavorável ao contribuinte, do que advêm, por óbvio, a penhora de bens e a exigência do pagamento do débito, se não tiver sido conferido "efeito suspensivo" ao recurso extraordinário, que, a rigor, recebe apenas o efeito devolutivo,[4] o que somente pode ser alterado na eventual concessão de medida cautelar, interposta perante o tribunal de origem, jogando o contribuinte ao odioso périplo do *solve et repete*.

Justamente em virtude das consequências daí advindas é que surge a indagação: O que significa esse sobrestamento? A suspensão do recurso,

prova inequívoca, se convença da verossimilhança da alegação e: I – haja fundado receito de dano irreparável ou de difícil reparação; ou II – fique caracterizado o abuso do direito de defesa ou o manifesto propósito protelatório do réu".

3. STJ, 1ª Turma, MC/AgR 14.444-RJ, j. 18.11.2008, v.u., *DJU* 18.12.2008.

4. CPC, art. 542, § 2º: "Os recursos extraordinário e especial serão recebidos no efeito devolutivo".

apenas, ou a suspensão dos processos e a possibilidade de se exigir o crédito tributário em contenda?

Maria Helena Diniz ensina, do alto de sua autoridade:

> Sobrestamento. Direito processual civil. 1. Suspensão do processo. 2. Paralisação temporária do processo (Egas Dirceu Moniz de Aragão, Hélio Tornaghi e Pontes de Miranda). 3. Interrupção da ação. 4. Não prosseguimento de uma diligência.[5]

O art. 151 do CTN cuida da suspensão da exigibilidade do crédito tributário, estabelecendo suas modalidades de forma a entender que fica impedida a possibilidade de ser o crédito exigido, acionado, ajuizado, pela Administração Pública, exercido enfim, na pendência de – no que nos interessa neste momento, "*– concessão de medita liminar ou de tutela antecipada*; e, por óbvio, fazendo interpretação sistemática do texto, o crédito apontado encontra a característica de definitividade no momento em que cessa a discussão acerca de sua existência e sua legitimidade.

A suspensão da exigibilidade consiste na sustação temporária dos atos atinentes à obrigação tributária, isto é, daqueles atinentes à coercibilidade que o sujeito ativo pode impor ao sujeito passivo quando requer a intervenção do Poder Judiciário, na propositura de execução fiscal.

O professor Paulo de Barros Carvalho[6] é enfático ao ensinar que:

> Por *exigibilidade* havemos de compreender o direito que o credor tem de postular, efetivamente, o objeto da obrigação, e isso tão só ocorre, como é óbvio, depois de tomadas todas as providências necessárias à constituição da dívida, com a lavratura do ato de lançamento tributário. No período que antecede tal expediente ainda não se tem o surgimento da obrigação tributária, inexistindo, consequentemente, o crédito tributário, o qual nasce com o ato do lançamento tributário. Ocorrendo uma das hipóteses previstas no art. 151 da Lei 5.172/1966, aquilo que se

5. Maria Helena Diniz, *Dicionário Jurídico*, 3ª ed., vol. 4, São Paulo, Saraiva, 2008, p. 392.

6. Paulo de Barros Carvalho, *Direito Tributário: Linguagem e Método*, 22ª ed., São Paulo, Saraiva, 2010, p. 507.

> opera, na verdade, é a suspensão do teor da exigibilidade do crédito, não o próprio crédito, que continua existindo tal qual nascera. (...).
>
> O direito positivo prevê situações em que o atributo da exigibilidade do crédito fica temporariamente sustado, aguardando nessas condições sua extinção, ou retomando sua marcha regular para ulteriormente extinguir-se.

O ilustre professor, Roque Carrazza, aqui homenageado, assevera, com o rigor de sua cátedra:[7]

> 5. A supremacia dos princípios constitucionais está acentuada na Carta Magna, que em várias passagens impõe severas sanções pelo descumprimento de qualquer deles. Muita vez, uma lei é inconstitucional não por ferir a letra da Constituição, mas porque está em antagonismo com os princípios nela insertos.
>
> 6. Os princípios constitucionais são, a um só tempo, *direito positivo* e *guias* seguros das atividades interpretativa, legislativa, administrativa e judicial. São, ainda, *fonte de Direito* e *ideias-base* de normas jurídicas.

Em outra passagem de seu *Curso de Direito Tributário* Roque Carrazza é categórico ao dizer, no capítulo que trata da "proibição de vantagens tributárias fundadas em privilégios":[8]

> (...) diante do princípio republicano, é proibida a concessão de vantagens tributárias fundadas em privilégios de pessoas ou categorias de pessoas. Deveras, com o advento da República, foi-se o tempo, entre nós, em que as normas tributárias podiam ser editadas em proveito das classes dominantes, até porque, nela, extintos os títulos nobiliárquicos, os privilégios de nascimento e os foros de nobreza, "todos são iguais perante a lei" (CF, art. 5º). Atentemos, a propósito, para este primor de relanço de João Barbalho: "Não há, perante a lei republicana, grandes

7. Roque Antonio Carrazza, *Curso de Direito Constitucional Tributário*, 29ª ed., São Paulo, Malheiros Editores, 2013, p. 1.141.

8. Idem, pp. 84-85.

nem pequenos, senhores nem vassalos, patrícios nem plebeus, ricos nem pobres, fortes nem fracos, porque a todos irmana e nivela o Direito".

Logo, nos dias que correm, os tributos, no Brasil, devem ser instituídos e arrecadados sem se ferir a harmonia entre os direitos do Estado e os direitos de cada um do povo.

Não é porque o Estado, para sobreviver, precisa de meios pecuniários (dinheiro) que os contribuintes podem ter seus direitos atropelados.

Assim, por oportuno, no assunto que ocupa nossa atenção neste momento, não se pode pretender, como tenho escrito em diversas oportunidades, interpretar que o "sobrestamento" dos recursos, por conta da novel "repercussão geral", significa tão somente "suspender os recursos semelhantes", pois que seria fazer tábula rasa da interpretação que acompanha o Direito e há de ser sistemática, demandando reflexão e prudência, ainda mais em campo do direito processual, onde se deve levar em conta a utilidade do processo – utilidade, aqui, no sentido de ser útil ao processo, independentemente do interesse específico de uma das partes –, que, se não suspensa a exigibilidade, e se pode a Fazenda promover execuções fiscais, de que adiantaria o reconhecimento da repercussão geral e o desfazimento da questão posta a juízo?

É o Poder Judiciário quem dirá a última palavra, e esta ainda não foi dada; motivo pelo qual ficam sobrestados todos os recursos que cuidam da matéria até que, em última instância, diga o Supremo Tribunal Federal.

Se o art. 265 do CPC cuida da "suspensão do processo", diz, também, o art. 266 que: "Durante a suspensão é defeso praticar qualquer ato processual; poderá o juiz, todavia, determinar a realização de atos urgentes, a fim de evitar dano irreparável" – e este ato urgente não pode ser o exercício de privilégio ao credor, com a consequente penhora de bens em execução fiscal proposta antes da hora oportuna; pelo ignóbil tema do *solve et repete*.[9]

9. Maria Helena Diniz, *Dicionário Jurídico*, cit., 3ª ed., vol. IV, p. 418: "Aforismo jurídico. Pague e depois reclame; primeiro pague e depois peça a devolução (se tal pagamento foi indevido) (...). 3. Direito tributário: Locução empregada para indicar que o contribuinte só pode discutir o que considera indevido, após o pagamento do tributo, reclamando restituição".

Aliás, "uma das características do processo civil moderno é o *repúdio ao formalismo* mediante a flexibilização das formas e interpretação racional das normas que as exigem, segundo os objetivos a atingir. É de grande importância a regra da *instrumentalidade das formas*, concebida para conduzir a essa interpretação e consistente na afirmação de que, realizado por algum modo o objetivo de determinado ato processual e não ocorrendo prejuízo a qualquer dos litigantes ou ao correto exercício da jurisdição, nada há a anular ainda quando omitido o próprio ato ou realizado com transgressão a exigências formais. *Não há nulidade sem prejuízo* (CPC, arts. 224 e 249, §§ 1º e 2º). (...)".[10]

Mais adiante assevera o eminente processualista Cândido Dinamarco:

> Assim ligado aos escopos a realizar e sobremodo ao de praticar a *justiça* ao pacificar os litigantes, tem-se o conceito de *processo justo*, hoje corrente na teoria processual. Justo será, em primeiro lugar e acima de tudo, o processo que ofereça *resultados justos* aos litigantes na vida comum. Mas, para ter-se razoável segurança de que o processo oferecerá resultados substancialmente justos, ele há de ser *justo em si mesmo*, mediante o tratamento isonômico dos litigantes, liberdade de atuar na efetiva defesa de seus interesses, participação efetiva do juiz, imparcialidade etc. Ao conjunto de garantias destinadas a conferir ao processo esse perfil de instrumento justo a Constituição e a Justiça dão a qualificação de *devido processo legal* (Constituição, art. 5º, LIV) e o exercício do poder estatal no processo só será política e eticamente legítimo quando observada esta cláusula de aceitação geral no processo civil moderno.[11]

Por esses fundamentos podemos entender que o sobrestamento deve alcançar não só o recurso, mas, sim, todo o processo. Dessa forma, os contribuintes que se enquadrarem na circunstância ora debatida podem lançar mão da propositura de medida cautelar dirigida ao presiden-

10. Cândido Rangel Dinamarco, *Instituições de Direito Processual Civil*, 7ª ed., vol. I, São Paulo, Malheiros Editores, 2013, p. 41.

11. Idem, p. 64.

te do tribunal de origem para que conceda a liminar determinando a suspensão do processo e, consequentemente, a suspensão da exigibilidade do crédito tributário, por ser a Corte competente para a apreciação do pedido.

Entretanto, caso seja indeferida a medida, existe, ainda, a possibilidade se buscar junto ao STF a providência jurisdicional excepcional, dentro das seguintes condições, sob pena de ver desmoronados todos os fundamentos da criação do novel instituto: (a) recurso extraordinário sobrestado ou aguardando juízo de admissibilidade perante a Vice-Presidência do tribunal de origem; (b) matéria debatida preliminarmente reconhecida como de repercussão geral no STF; (c) proposta medida cautelar perante a Vice-Presidência do tribunal de origem objetivando atribuição de efeito suspensivo com eficácia ativa ao recurso extraordinário; (d) esgotamento da jurisdição cautelar do tribunal de origem com o indeferimento da liminar pleiteada, ou até mesmo o retardamento na apreciação da liminar; (e) presença efetiva de perigo de dano de difícil reparação, apto a comprometer a situação econômico-financeira do contribuinte.

Poucas são as decisões nesse sentido – justamente em razão do espírito novidadeiro da "repercussão geral" –, conforme acórdãos cujas ementas pedem reprodução:

Rel. Min. Celso de Mello:

Recurso extraordinário que ainda não sofreu juízo de admissibilidade – Acórdão do Tribunal recorrido que versa matéria idêntica à veiculada em causas já preparadas para serem julgadas pelo Plenário do STF – *Retardamento, pela Presidência do Tribunal recorrido, da formulação do juízo (positivo ou negativo) de admissibilidade do apelo extremo – Potencialidade danosa resultante dessa omissão processual, agravada pela inércia no exame do pedido de tutela de urgência – Caracterização de dano potencial apto a comprometer, de modo grave, a situação jurídica da empresa contribuinte* – Possibilidade, ainda, de frustração dos fins inerentes ao processo cautelar – Hipótese excepcional que justifica, no caso, o exercício, pelo STF, do poder geral de cautela – Situação extraordinária que autoriza a não incidência das Súmulas ns. 634 e 635 do STF – Função jurídica da tutela cautelar – Instrumentalidade do processo cautelar (binômio necessidade/utilidade) – Relação de complementaridade entre o instituto da tutela cautelar e o princípio da efetividade do processo – Doutrina – Situação que enseja a outorga excepcional do provimento cautelar, considerada a singularidade do caso – Suspensão da eficácia do acórdão objeto do apelo extremo – Medida cautelar deferida pelo Relator – Decisão referendada.[12] *[Grifos nossos]*

Cabe referir, por necessário, que a hipótese versada nestes autos – o sobrestamento do recurso extraordinário, sem a formulação de juízo (positivo ou negativo) de admissibilidade e o indeferimento, pelo TRF-3ª Região, do pedido de tutela de urgência que lhe foi submetido – faz instaurar, na espécie, situação configuradora de dano iminente e grave, capaz de comprometer o próprio direito material vindicado pela empresa contribuinte, ora requerente, a legitimar, por isso, mesmo, o exercício, ainda que excepcional, por esta Suprema Corte, do seu poder geral de cautela, considerando-se, para tanto, a peculiaridade do caso em análise.[13]

Rel. Min. Marco Aurélio:

Imposto sobre a renda de pessoa jurídica e contribuição social sobre o lucro líquido – Sociedades controladas e coligadas no Exterior – Supremo – Pendência de tema – Ação cautelar – Liminar – Recurso extraordinário – Efeito suspensivo ativo – Competência – Verbetes ns. 634 e 635 da Súmula do Supremo – Peculiaridades do caso – Liminar deferida.[14]

Rela. Min. Carmen Lúcia:

Medida liminar em ação cautelar – Efeito suspensivo em agravo regimental no agravo de instrumento – Reconhecimento da existência de repercussão geral da questão constitucional – Excepcionalidade configurada – Medida liminar deferida.[15]

12. STF, 2ª Turma, AC/QO 1.810-DF, j. 16.10.2007, *DJU* 31.10.2007, p. 93.

13. STF, decisão monocrática, AC/MC 2.168-SP, j. 14.10.2008, *DJU* 20.10.2008, pp. 167-169.

14. STF, decisão monocrática, AC 3141-RJ, j. 9.5.2012, *DJU* 11.5.2012.

15. STF, decisão monocrática, AC/MC 3.065-DF, rela. Min. Carmen Lúcia, j. 26.3.2012, *DJU* 2.4.2012.

Rel. Min. Celso de Mello:

(...) – Matéria pendente de julgamento no Plenário do STF (RE n. 439.796-PR) – Reconhecimento da existência de repercussão geral dessa controvérsia constitucional (RE/RG n. 594.996-RS) – Situação que enseja a outorga excepcional de provimento cautelar – Medida cautelar deferida – Decisão referendada. (...). Achando-se a controvérsia submetida ao Plenário do STF e havendo sido reconhecida, em sede recursal extraordinária (RE/RG n. 594.996-SP), a existência de questão impregnada de transcendência ou de repercussão geral (como sucede na espécie), impõe-se deferir, por tal razão, a suspensão cautelar de eficácia do acórdão objeto do apelo extremo em cujo âmbito tenha sido suscitado o mesmo litígio jurídico-constitucional ainda pendente de definição pela Corte Suprema.[16]

Com efeito, o processo de interpretação, como reiteradas vezes ensina Paulo de Barros Carvalho, é

inesgotável. O programa de pesquisa para acesso à compreensão é, efetivamente, interminável. Conhecer e operar os textos, aprofundando o saber, é obra de uma vida inteira, mesmo que se trate de algo simples, aparentemente acessível ao exame do primeiro instante. A instável relação ente os homens, no turbulento convívio social, gera inevitáveis mutações semânticas, numa sucessão crescente de alterações que se processam no interior do espírito humano. Aquilo que nos parecia objeto de inabalável convicção, em determinado momento de nossa existência, fica desde logo sujeito a novas conformações que os fatos e as pessoas vão suscitando, no intrincado entrelaçamento da convivência social. O mundo experimenta mudanças estruturais de configuração sob todos os ângulos de análise que possamos imaginar. E essa congênita instabilidade, que atina às quatro regiões ônticas, está particularmente presente no reino dos objetos culturais, território onde se demoram as prescrições jurídico-normativas. Os signos do Direito surgem e vão se transformando ao sabor das circunstâncias. Os fatores pragmáticos, que intervêm na trajetória dos atos comunicativos, provocam inevitáveis modificações no campo de irradiação dos valores significativos, motivo pelo qual a

16. STF, referendo na AC/MC-REF 3.024-DF, j. 08.11.2011, *DJU* 29.11.2011.

historicidade é aspecto indissociável do estudo das mensagens comunicacionais".[17]

Afinal, como diz o professor Roque Carrazza:

> (...) o contribuinte tem a assisti-lo o direito de, a qualquer tempo, ir ao Judiciário para que este Poder decida, com imparcialidade, se as exigências do Fisco encontram, ou não, acústica na Constituição e nas leis. Como corolário disso, o magistrado tem o dever indeclinável de prestar a tutela jurisdicional, não podendo dele eximir-se a pretexto de obscuridade ou lacuna da norma jurídica. Nesse sentido, aliás, o art. 4º da *Lei de Introdução* às Normas do Direito Brasileiro (...) ("quando a lei for omissa, o juiz decidirá o caso de acordo com a analogia, os costumes e os princípios gerais de Direito");[18] citando, mais adiante, Pontes de Miranda, para quem: "(...): 'A regra do texto (CF, art. 5º, LV) não é regra jurídica vazia, não é, como diriam os juristas alemães, *Leerlaufend*; trata-se de *direito subjetivo* (*constitucional*) *de defesa*. Dela nasce direito constitucional a *defender-se* ou a *ter tido defesa*; em consequência disso, é nulo o processo em que se não assegura ao réu a defesa, ainda que tenha o juiz aplicado alguma 'lei'."[19]

Por tudo isto, é lícito e forçoso concluir que, em casos de sobrestamento, em virtude de repercussão geral conferida à matéria em debate, ao mesmo tempo, deve ser estabelecido, por interpretação lógico-sistemática, que também estão "sobrestadas" todas as providências jurídico-processuais que visem a arrecadar e/ou a forçar o contribuinte a recolher o crédito tributário em contenda antes que o STF a tenha definitivamente julgado, com o quê se eliminaria, de pronto, a necessidade de ser interposta medida cautelar perante os tribunais de origem ou, mesmo, perante o STF, o que tem tornado o processo muito menos célere e mais dispendioso.

17. Paulo de Barros Carvalho, *Direito Tributário: Linguagem e Método*, 4ª ed., São Paulo, Noeses, 2011, p. 201.

18. Roque Antonio Carrazza, *Curso de Direito Constitucional Tributário*, cit., 29ª ed., pp. 504-505.

19. Idem, p. 505.

Referências bibliográficas

CARRAZZA, Roque Antonio. *Curso de Direito Constitucional Tributário*. 29ª ed. São Paulo, Malheiros Editores, 2013.

CARVALHO, Paulo de Barros. *Direito Tributário: Linguagem e Método*. 22ª ed. São Paulo, Saraiva, 2010; 4ª ed. São Paulo, Noeses, 2011.

DINAMARCO, Cândido Rangel. *Instituições de Direito Processual Civil*. 7ª ed., vol. I. São Paulo, Malheiros Editores, 2013.

DINIZ, Maria Helena. *Dicionário Jurídico*. 3ª ed., vol. 4. São Paulo, Saraiva, 2008.

TROCA INTERNACIONAL DE INFORMAÇÕES FISCAIS E A COLABORAÇÃO RECÍPROCA ENTRE AS ADMINISTRAÇÕES TRIBUTÁRIAS BRASILEIRAS

MARIA RITA FERRAGUT

1. Introdução

Não poderia deixar de iniciar este artigo sem antes registrar que é uma grande honra para mim associar-me à justa homenagem que está sendo prestada ao professor Roque Antonio Carrazza, reconhecidamente a grande referência brasileira no estudo do direito constitucional tributário, e que por inúmeras vezes já enfrentou, com toda a sua sabedoria, as principais questões que pretendemos abordar nesse texto, e que dizem respeito ao direito constitucional à privacidade, à segurança jurídica, aos direitos individuais dos contribuintes, aos direitos e limites da atuação fiscal brasileira e internacional e, finalmente, ao intercâmbio de informações e das provas passíveis de serem produzidas pelo Fisco.

Foi com o professor Roque, na época em que cursava a Graduação na PUC/SP, que tive o privilégio de ser apresentada ao direito tributário, com toda sua complexidade e seus encantamentos. Devo a ele, portanto, meu eterno agradecimento.

O tema proposto diz respeito à troca internacional de informações fiscais como meio de prova para a fiscalização brasileira.

Atualmente não é possível garantir o cumprimento das leis tributárias de um Estado sem contar com informações fiscais de caráter transnacional, tendo em vista o intenso processo de globalização das atividades econômicas e financeiras, bem como pela formação de blocos econômicos e pela livre circulação de pessoas e capitais.

Esse contexto histórico ampliou as possibilidades de duplo ou múltiplo interesse tributário sobre determinada riqueza, bem como de evasão fiscal.

A difusão dos impostos sobre o capital, sucessão e renda tornou-se motivo para a necessidade de uma regulamentação internacional, já que vários Estados passaram a tributar essas manifestações de riqueza, independentemente da origem.

Além disso, constatou-se um incremento importante no volume de operações econômicas internacionais: boa parte do comércio mundial é exercida por empresas multinacionais, o que acaba por gerar conflitos de bitributação internacional, ao dificultar a identificação de um único elemento de conexão, dentro das classes "estabelecimento/domicílio" e "fonte produtora de riqueza". Por fim, nas últimas décadas também se notou o aumento da evasão fiscal internacional como resultado do "*dumping* fiscal" (*fiscal degradation/harmful tax competition*), em virtude da disseminação de "paraísos fiscais".

A reação adotada inicialmente pela maioria dos Países frente à internacionalização da vida econômica e financeira e a fraude internacional foi cobrar tributos sobre todo fato que pudesse ter alguma conexão (real ou pessoal) com seu território, ainda que o fato típico tributário ocorresse fora de suas fronteiras. Exemplos típicos no Brasil são o ISS-Importação e o IR sobre lucro de controlada sediada no Exterior.

Essa medida fiscal resultaria praticamente inoperante se as Administrações não dispusessem da *necessária informação fiscal* para exigir ou garantir o cumprimento das obrigações tributárias. Necessário, portanto, um sistema de obtenção de informação que transcendesse as fronteiras territoriais dos Países.

Por isso, nos tratados internacionais[1] sobre matéria tributária destaca-se a cláusula da troca de informações entre as Administrações Tributárias. Esse intercâmbio constitui-se em importante mecanismo de prevenção ou eliminação da bitributação e da evasão tributária internacional, e há de ser positivado, desde que não haja contrariedade às leis internas de cada País.

2. *Troca internacional de informações*

O cerne de um efetivo sistema de controle fiscal é a informação (inteligência). Nas palavras de José Manuel Calderón Carrero,[2] temos o seguinte:

> O controle das obrigações tributárias não representa outra coisa que não administrar informação. Através de uma eficiente rede de informação, os agentes tributários podem verificar que contribuintes realizam fatos com relevância fiscal internacional ou não. A relevância da manutenção de um fluxo sistemático de informação tributária radica na possibilidade do controle fiscal pela Administração. Ademais, exerce um efeito persuasivo frente aos contribuintes. Certamente, o Fisco pode levar a cabo um controle fiscal efetivo das operações que ocorrerem dentro das fronteiras de seu mesmo País, pois, geralmente, tem ou pode obter os meios e, em especial, a informação que permite garantir o cumprimento das leis tributárias. Sem embargo, quando se trata do controle das operações internacionais, surgem muitos obstáculos para que se pos-

1. *Tratado* é todo acordo formal concluído entre pessoas jurídicas de direito internacional público e destinado a produzir efeitos jurídicos. Conforme lição de Francisco Rezek (*Direito Internacional Público: Curso Elementar*, 10ª ed., São Paulo, Saraiva, 2005, pp. 15-16), "o uso constante a que se entregou o legislador brasileiro da fórmula *tratados e convenções* induz o leitor à ideia de que os dois termos se prestem a designar coisas diversas, mas são sinônimos. As variantes terminológicas de tratado concebíveis em Português são as seguintes: acordo, ajuste, arranjo, ato, carta, código, compromisso, constituição, contrato, convenção, convênio, declaração, estatuto, memorando, pacto, protocolo e regulamento".

2. José Manuel Calderón Carrero, *Intercambio de Información y Fraude Fiscal Internacional*, Madri, Centro de Estudios Financieros, 2000, p. 28.

sa implantar um efetivo controle fiscal; um de tais impedimentos – provavelmente o maior – é a falta de informação fiscal transnacional.

Assim, a maioria dos Países tomou consciência de que a via mais eficaz para controlar a magnitude dos efeitos negativos inicialmente expostos (bitributação e evasão) é através da cooperação mútua internacional, passível de ajudar a identificar os fatos que representem conexão internacional.

2.1 Instrumentos internacionais de intercâmbio de informações

Como vimos, o surgimento de instrumentos internacionais de intercâmbio de informações deveu-se à percepção dos membros da comunidade internacional acerca dos problemas representados pela aplicação de distintos sistemas tributários nacionais a fatos jurídicos que transcendiam as fronteiras de um único Estado.

É sabido que a origem da cláusula de intercâmbio de informação remonta a meados do século XIX, época em que a Bélgica firmou vários tratados fiscais com a França (1843), Países Baixos (1845) e Luxemburgo (1845) em que regras específicas de cooperação foram incluídas.

A expansão do uso de mecanismos de assistência mútua ocorreu, entretanto, somente nos anos 1970, devido à discussão da soberania política dos entes envolvidos, ao sigilo fiscal dos contribuintes, à complexidade técnica da troca de informações e à falta de confiança entre as Administrações Tributárias dos distintos Países.

A Organização de Cooperação e Desenvolvimento Econômico/ OCDE desenvolveu o mais importante modelo de convênio para evitar a dupla imposição internacional e prevenir a evasão fiscal. Em que pese à natureza jurídica ser de mera recomendação, a Convenção-Modelo obteve grande respaldo na comunidade internacional, e muitos Países passaram a utilizá-la como texto básico de seus tratados.

A Convenção-Modelo da OCDE é a adotada pela maioria dos Países de grande expressão econômica, sejam eles membros ou não da Organização. Além dela, surgiram também dois outros modelos de tratado: o modelo norte-americano, utilizado pelos Estados Unidos da América em todos os seus tratados contra bitributação, e o da ONU, que encontrou aceitação maior nos Países menos desenvolvidos.

O Brasil não é membro da OCDE, mas utiliza a Convenção-Modelo em seus tratados sobre bitributação e evasão fiscal. Vejamos o enunciado do art. 26º da referida Convenção, que introduziu o intercâmbio de informações:

> Art. 26º
>
> **Troca de informações**
>
> 1. As autoridades competentes dos Estados Contratantes trocarão entre si a informação previsivelmente relevante para aplicar as disposições da Convenção ou para administrar ou pôr em vigor as leis internas dos Estados contratantes, das suas subdivisões políticas ou autarquias locais, na medida em que a tributação nelas prevista não seja contrária à Convenção. A troca de informações não é restringida pelo disposto nos arts. 1º e 2º.
>
> 2. Qualquer informação recebida, nos termos do § 1º, por um Estado Contratante será considerada secreta do mesmo modo que a informação obtida com base na legislação interna desse Estado e só poderá ser comunicada às pessoas ou autoridades (incluindo tribunais e autoridades administrativas) encarregadas da liquidação ou cobrança dos impostos referidos no primeiro período, ou dos procedimentos declarativos ou executivos relativos a estes impostos, ou da decisão de recursos referentes a estes impostos. Essas pessoas ou autoridades utilizarão as informações assim obtidas apenas para os fins referidos. Essas informações podem ser reveladas em audiências públicas de tribunais ou em decisões judiciais.
>
> 3. O disposto nos ns. 1 e 2 não poderá ser interpretado no sentido de impor a um Estado Contratante a obrigação de: a) tomar medidas administrativas contrárias à sua legislação, e à sua prática administrativa ou às do outro Estado contratante; b) fornecer informações que não possam ser obtidas com base na sua própria legislação ou no âmbito da sua prática administrativa normal ou nas do outro Estado Contratante; c) transmitir informações reveladoras de segredos ou processos comerciais, industriais ou profissionais, ou informações cuja comunicação seja contrária à ordem pública.

4. Se, em conformidade com o disposto neste artigo, forem solicitadas informações por um Estado Contratante, o outro Estado Contratante utiliza os poderes de que dispõe a fim de obter as informações solicitadas, mesmo que esse outro Estado não necessite de tais informações para os seus próprios fins fiscais. A obrigação constante da frase anterior está sujeita às limitações previstas no n. 3, mas tais limitações não devem, em caso algum, ser interpretadas no sentido de permitir que um Estado Contratante se recuse a prestar tais informações pelo simples fato de estas não se revestirem de interesse para si, no respectivo âmbito interno.

5. O disposto no n. 3 não pode em caso algum ser interpretado no sentido de permitir que um Estado Contratante se recuse a prestar informações apenas porque estas são detidas por uma instituição bancária, um outro estabelecimento financeiro, um mandatário ou por uma pessoa agindo na qualidade de agente ou fiduciário, ou porque essas informações são conexas com os direitos de propriedade de uma pessoa.

As informações passíveis de serem trocadas são, principalmente, as seguintes: financeiras, contábeis e transacionais relevantes – incluindo a identidade do contribuinte, terceiros e clientes e das partes envolvidas em operações bancárias e societárias.

O dado informado poderá, também, consistir em detalhes da estrutura jurídica da propriedade de ativos por parte de toda e qualquer pessoa que atue na condição de agente fiduciário, *nominee* ou *manager*, sem que possa ser invocado segredo profissional ou prerrogativa pessoal (esses profissionais deverão revelar os titulares reais de estruturas jurídicas coorporativas ou contratuais de qualquer natureza, sócios, fundadores, *trustees* ou beneficiários de fundações, situados em um ou mais elos de uma cadeia de participações).

Mas também existem limites previstos no art. 26º, que podem ser sintetizados da seguinte forma:

(1) *Limites em razão dos tributos* – informações devem referir-se somente aos tributos objeto da Convenção.

(2) *Limites em razão da competência* – os Estados Contratantes não são obrigados a adotar medidas administrativas contrárias à sua legislação, ou à prática administrativa, ou às do outro Estado contratan-

te, nem a fornecer informações que não poderiam ser obtidas com base em sua própria legislação ou no âmbito da sua prática administrativa normal, ou das do outro Estado Contratante.

(3) *Limites em razão da matéria* – os Estados Contratantes não podem fornecer informações que revelem segredo comercial, industrial, profissional, processo comercial ou industrial, ou informações cuja comunicação seja contrária à ordem pública.

O art. 26º, ademais, protege o Direito interno dos Estados e respeita o sigilo bancário – o que na opinião de muitos representa um entrave ao desenvolvimento da cooperação internacional. Para a Organização, entretanto, a preservação do sigilo não é impeditivo ao desenvolvimento da cooperação internacional, já que a maioria de seus Estados-membros contempla em seus Direitos internos a possibilidade de se ter acesso a toda a informação bancária e fiscal necessária à aplicação de determinadas leis, em especial as relacionadas à lavagem de dinheiro e à evasão fiscal.

Os dois maiores problemas relacionados à efetiva concretização do intercâmbio de informações foram, na realidade, a heterogeneidade das informações (cada Estado tem um sistema tributário distinto e cada sistema trabalha com métodos de obtenção e retenção de informações também distintos e que, muitas vezes, não são as necessárias ao País solicitante) e os "paraísos fiscais", que não forneciam informações do real titular de bens e direitos.[3]

Como resultado disso, em 2002, 2005 e 2006 a OCDE aperfeiçoou novos modelos de tratado, integrados ao primeiro, e cujo principal propósito, considerando-se os fins deste trabalho, foi o de incrementar a cooperação internacional no intercâmbio de informações, recomendando, inclusive, que os Estados autorizassem suas Administrações Tribu-

3. Muitos desses Países ainda não fornecem todas as informações relevantes aos Estados requerentes. Entretanto, inúmeros tratados bilaterais de troca de informações, seguindo o Modelo OCDE, foram ou estão sendo negociados. Áustria, Bélgica, Luxemburgo e Suíça retiraram as reservas formuladas à nova versão do art. 26º do Modelo OCDE e estão renegociando seus tratados nas novas bases. Liechtenstein, Andorra e Mônaco já se comprometeram a acatar o padrão internacionalmente aceito. Costa Rica, Malásia, Filipinas e Uruguai, tidos como últimos "paraísos não cooperativos", também mudaram de postura diante da eminência de sanções internacionais (listas negras, retenções na fonte, restrições a ajudas financeiras etc.). Parece ser o fim da tolerância aos "paraísos fiscais".

tárias a ter acesso *direto* às informações bancárias dos contribuintes, como método de eficácia na arrecadação.[4]

De forma complementar, o art. 7º do novo modelo excluiu a possibilidade de os Estados-membros considerarem o sigilo bancário como espécie de "sigilo profissional ou comercial", de modo que o intercâmbio de informações não pudesse ser negado por este motivo.

Um último ponto a se destacar é que a OCDE reconhece que os Estados vêm tentando deter a evasão fiscal internacional por meio de medidas unilaterais (no Brasil, o parágrafo único do art. 116 do CTN, as regras sobre preço de transferência etc.).

Não obstante, reconhece que tais medidas unilaterais têm eficácia limitada, e, neste sentido, afirma que só uma cooperação internacional pode torná-las eficazes.

2.2 As modalidades de solicitação de informação tributária internacional

Existem três modalidades de solicitação da informação tributária internacional, todas elas obrigando as autoridades competentes a fornecer as informações que tenham, de contribuintes e não contribuintes, inclusive não residentes. São elas:

(1) *Informação por petição ou específica* – este tipo de informação tem origem na solicitação de um País a outro sobre um contribuinte específico ou sobre fatos concretos.

Quando a informação requerida não estiver disponível nos arquivos do Estado requerente, referido Estado tomará as medidas necessárias e permitidas pela legislação a fim de obtê-las junto a outro Estado. O requerente deve provar – mediante apresentação de processo administrativo ou judicial, em que o devido processo legal, o contraditório e a ampla defesa tenham sido observados – ter esgotado as fontes locais de investigação sem que tenha sido possível obter o resultado necessário.

4. Segundo art. 5º, § 4º, "b", e § 5º, "f", os Estados devem assegurar que suas autoridades competentes tenham "capacidade jurídica para obter e fornecer as informações fiscais relevantes e, especificamente, as informações que estejam sob controle das instituições bancárias, financeiras ou fiduciárias".

A informação pode ser solicitada pela Administração Tributária do Estado contratante solicitante ou pelo Poder Judiciário.

A recepção desta solicitação pelo Estado solicitado também deve seguir alguns trâmites, fundamentais para a legalidade do ato. Depois de recebida, a solicitação da informação deve passar pelo Poder Judiciário local, para que seja feita a análise da legalidade de tal solicitação, vinculada aos indícios existentes e justificadores da troca de informações, ao fato de o Estado solicitante ter esgotado todos os seus recursos para obtenção da informação de relevância fiscal, ao respeito ao devido processo legal, à ampla defesa e ao contraditório na apuração interna dos fatos indiciários e, finalmente, ao fato de o tributo objeto da solicitação fazer parte do convênio firmado entre os Estados contratantes.[5]

(2) *Informação espontânea ou voluntária* – o intercâmbio espontâneo ou voluntário consiste em proporcionar informação à outra parte contratante quando não houver solicitação específica para tanto. As autoridades competentes dos Estados Contratantes transmitirão mutuamente informações de maneira espontânea sempre que tiverem conhecimento de fatos que possam ser relevantes para um outro Estado. As autoridades determinarão o tipo de informação objeto da troca, estabelecendo a forma e o idioma em que se realizará a transmissão.

Para a legalidade do ato, é necessário que o Estado informante tenha previamente intimado o fiscalizado para prestar informações, defender-se etc. No caso de neste procedimento ficar comprovado o ilícito fiscal em ambos os territórios ou apenas no do Estado receptor da informação, o Estado informante poderá, espontaneamente, enviar os dados coletados, a fim de que o outro tome conhecimento dos fatos e das medidas legais cabíveis. Com isso, há evidente cooperação para o combate à evasão fiscal. É o conhecimento como ferramenta da concretização da legalidade.

(3) *Informação automática ou de rotina* – trata-se de informações rotineiras, que podem referir-se à renda recebida por residentes de cada

5. Registre-se, ainda, que as autoridades judiciais contam com mecanismos próprios e específicos para obter dados em poder de autoridades estrangeiras. Dentre eles destacam-se os instrumentos de cooperação judicial internacional – por exemplo, na Europa, o Convênio Europeu de Assistência Judicial em Matéria Penal, de 20.4.1959, aplicável aos delitos fiscais.

País proveniente de fontes localizadas em outro, assim como dos impostos retidos sobre essa renda no País da fonte. Compete às partes contratantes estipular, em negociação bilateral, a determinação do tipo e da classe de informação que se deseja trocar, em forma habitual ou automática. As autoridades competentes estipularão também a forma, o idioma e os procedimentos que utilizarão.

Como, nesse caso, a informação é enviada sem a necessidade de comprovação de qualquer indício de fraude, entendemos ferir o sigilo fiscal brasileiro.

2.3 Valor jurídico-probatório da troca de informações

Um ponto importante a se definir, a fim de atribuir a real importância ao intercâmbio de informações, é seu valor jurídico-probatório. Em outras palavras: em que medida uma informação é útil às autoridades fiscais brasileiras como prova de ilícitos.

As informações internacionais são importantes como qualquer outra prova, e devem ser avaliadas dentro do conjunto probatório, como mais um elemento que o compõe. Não são mais ou menos relevantes que as provas produzidas em território nacional. Devem, obviamente, estar traduzidas para a Língua Portuguesa, a fim de permitir ao acusado defender-se.

A importância da prova internacional variará, também, de acordo com seu conteúdo (gravidade da infração e forma da descrição do fato ilícito) e a maneira pela qual ela foi produzida (se respeitados os direitos individuais do fiscalizado, mediante garantia do devido processo legal).

No que diz respeito à forma de apresentação, importantes tanto a descrição minuciosa e clara do ilícito quanto a juntada de todo tipo de prova documental, eletrônica, pericial etc., de reconhecida autenticidade, coletada pelo Estado informante durante o procedimento de fiscalização.

Nesse sentido, não basta que um Estado informe a existência de omissão de receitas por parte de determinada empresa, mas que, juntamente com essa conclusão, anexe ao dossiê os livros e registros fiscais, informes, notas fiscais, *e-mails*, laudos etc. É a prescrição contida no § 3º do art. 26º da Convenção-Modelo da OCDE.[6]

2.4 *Intercâmbio de informações internacionais como exceção aos sigilos bancário e fiscal*

Nas Constituições dos Países-membros da OCDE não há proteção absoluta do sigilo bancário, para efeitos fiscais. No Brasil o entendimento é o mesmo, embora ainda hoje exista grande resistência a essa possibilidade de transferência de informações, talvez pelo receio de que poderá haver abuso em sua utilização ou pelo próprio interesse em qualificar tal acesso como algo arbitrário e violador dos interesses individuais do cidadão e, com isso, assegurar que indícios relevantes de fraude fiscal permaneçam ocultos.

O sigilo fiscal possui duas características: pressupõe a reserva de confidencialidade de toda informação obtida pela Administração Tributária, que não pode revelá-la a terceiros; e, por outro lado, impede que a informação em poder da Administração possa ser usada, pelos seus próprios funcionários, para fins diferentes dos estritamente tributários. Os dados bancários objeto da quebra de sigilo seguem essas diretrizes.

De acordo com o art. 116, VIII, da Lei 8.112/1990, o servidor público tem o dever de manter sigilo sobre assuntos da repartição. No que concerne especificamente à Fazenda Pública e a seus funcionários a matéria é disciplinada pelos arts. 198 e 199 do CTN.

O art. 198 proíbe a divulgação, pela Fazenda Pública e seus funcionários, de informes sobre a situação financeira e econômica dos sujeitos passivos e de terceiros, bem como de seus negócios e atividades. Os §§ 1º e 3º trazem exceções que se diferenciam pela peculiaridade de, no primeiro caso, a informação não deixar de ser sigilosa, ao passo

6. Convenção-Modelo da OCDE, art. 26º, § 3º: "§ 3º. Ali onde for expressamente solicitado pela autoridade competente de um Estado Contratante, a autoridade competente do outro Estado Contratante enviará a informação a que se refere este preceito na forma de declarações testemunhais e cópias autenticadas de documentos originais (incluindo livros e registros, documentação, informes, declarações e planilhas, contabilidade, contas e escritos), da mesma forma que tais testemunhos e documentos podem ser obtidos de acordo com a legislação e prática administrativa deste outro Estado em relação com seus próprios impostos".

que, no segundo, ela deixar de ser, tal como ocorre com as representações fiscais para fins penais, inscrições em Dívida Ativa e parcelamentos ou moratórias.

Da proibição prevista no *caput* do art. 198 são excepcionados os casos previstos no art. 199, bem como os de requisição de autoridade judiciária no interesse da Justiça, de Comissão Parlamentar de Inquérito (art. 58, § 3º, da CF) e do Ministério Público da União no exercício de suas atribuições (Lei Complementar 75/1993, art. 8º, § 2º), importando saber se são também excepcionados da proibição os casos previstos em tratados internacionais destinados a evitar a dupla tributação e a prevenir a evasão tributária.

O inciso X do art. 5º da CF prescreve que "são invioláveis a intimidade, a vida privada, a honra e a imagem das pessoas, assegurado o direito a indenização pelo dano material ou moral decorrente de sua violação".

Nessa linha, Roque Antonio Carrazza ensina:[7]

> (...) uma *existência digna* compreende os direitos à intimidade, à vida privada, ao sigilo de dados, ao sigilo fiscal, ao sigilo bancário – entre outros.
>
> (...).
>
> É por isso que, em boa hora, o constituinte de 1988 guindou a intimidade, a vida privada, a honra e a imagem das pessoas ao patamar dos direitos fundamentais (cf. art. 5º, X, da CF). (...).

Assim, a constitucionalidade da cláusula da troca de informações, inserida em tratados internacionais de que o Brasil é parte, deve ser aferida mediante cotejo com o direito à privacidade previsto na norma constitucional.

2.5 O direito constitucional à privacidade e o sigilo bancário

Como harmonizar a vida social com os direitos à privacidade e à intimidade? O texto constitucional não se refere à manutenção de uma

7. Roque Antonio Carrazza, *Curso de Direito Constitucional Tributário*, 29ª ed., São Paulo, Malheiros Editores, 2013, p. 552.

intimidade injustificável. Muito pelo contrário, a sintaxe do dispositivo apenas não admite a violação ilegal, ilícita.[8] É por isso que, em nosso entender, a relativização do direito à intimidade é adequada e necessária.

O inciso X do art. 5º da CF tem sido objeto de controvérsias, tanto na doutrina quanto na jurisprudência. Tércio Sampaio Ferraz Jr.,[9] ao se debruçar sobre o tema, conclui que vida privada e intimidade são diferentes; por consequência, possuem implicações jurídicas diversas. Vejamos:

> Embora os comentadores não vejam diferença entre vida privada e intimidade (cf. Ferreira Filho, 1990:35; Cretella Jr., 1990:257), pode-se vislumbrar um diferente grau de exclusividade entre ambas. A intimidade é o âmbito do exclusivo que alguém reserva para si, sem nenhuma repercussão social, nem mesmo ao alcance de sua vida privada, que, por mais isolada que seja, é sempre um viver entre os outros (na família, no trabalho, no lazer em comum). Não há um conceito absoluto de intimidade. Mas é possível exemplificá-lo: o diário íntimo, o segredo sob juramento, as próprias convicções, as situações indevassáveis de pudor pessoal, o segredo íntimo cuja mínima publicidade constrange. Já a vida privada envolve a proteção de formas exclusivas de convivência. Trata-se de situações em que a comunicação é inevitável (em termos de relação de alguém que, entre si, trocam mensagens), das quais, em princípio, são excluídos terceiros. (...).
>
> A vida privada pode envolver, pois, situações de opção pessoal (como a escolha do regime de bens de casamento) mas que, em certos momentos, podem requerer a comunicação a terceiros (na aquisição, por exemplo, de um bem imóvel). Por aí ela difere da intimidade, que não experimenta esta forma de repercussão.

8. Cf. Eurico Marcos Diniz de Santi, "Fundamento jurídico constitucional do direito à prova, as obrigações acessórias e o sigilo bancário", in Marcos Vinicius Neder, Eurico Marcos Diniz de Santi e Maria Rita Ferragut (coords.), *A Prova no Processo Tributário*, São Paulo, Dialética, 2010, p. 63.

9. Tércio Sampaio Ferraz Jr., "Sigilo de dados: o direito à privacidade e os limites à função fiscalizadora do Estado", *Revista dos Tribunais, Cadernos de Direito Tributário e Finanças Públicas* 1/141-154, São Paulo, Ed. RT, outubro-dezembro/1992 (p. 143).

No STF o sigilo, tanto fiscal quanto bancário, tem sido entendido como expressão do direito à privacidade (e não à intimidade), *não se revestindo de caráter absoluto*. Na Pet 577-5-DF,[10] tendo por objeto o sigilo bancário, o Relator, Min. Carlos Mário Velloso, afirmou em seu voto:

> O sigilo bancário protege interesses privados, é ele espécie de direito à privacidade, inerente à personalidade das pessoas e que a Constituição consagra (CF, art. 5º, X), além de atender "a uma finalidade de ordem pública, qual seja, a de proteção do sistema de crédito", registra Carlos Alberto Hagstrom, forte no magistério de G. Ruta (*Le Secret Bancaire en Droit Italien*, Rapport, p. 17; Carlos Alberto Hagstrom, "O sigilo bancário e o Poder Público", *RDM* 79/34). Não é ele um direito absoluto, devendo ceder, é certo, diante do interesse público, do interesse da justiça, do interesse social, conforme, aliás, tem decidido esta Corte (...).
>
> Esse caráter não absoluto do segredo bancário, que constitui regra em Direito Comparado, no sentido de que deve ele ceder diante do interesse público, é reconhecido pela maioria dos doutrinadores. O segredo há de ceder, entretanto, na forma e com observância de procedimento estabelecido em lei.

Esse também é o nosso entendimento. O sigilo bancário não é absoluto, e, no que diz respeito ao aspecto fiscal, deve ceder ao interesse público de obter informações que possam se configurar relevantes a tipificar indícios de prática do fato jurídico tributário. Isso, obviamente, não significa fechar os olhos para eventuais abusos e violações aos direitos individuais dos contribuintes, na linha muito explorada pelo homenageado.[11]

A interpretação do direito à privacidade, na forma ora proposta, garante tanto a eficácia na produção de provas tributárias quanto a concretização da legalidade e da igualdade.

Os benefícios parecem, portanto, muito maiores que a prevalência cega e absoluta da privacidade.

10. *RTJ* 148/366.

11. Roque Antonio Carrazza, *Curso de Direito Constitucional Tributário*, 29ª ed., cit., pp. 552 e ss.

2.6 Sigilo bancário e a regulamentação infraconstitucional

No Brasil não há lei que proteja o sigilo bancário das atribuições legais do Fisco de controlar a veracidade das informações declaradas pelo contribuinte. O que existe é autorização legal de, sob rígidas condições e procedimentos, obter informações financeiras dos contribuintes com o objetivo de assegurar a legalidade e a igualdade tributárias.

Nesse contexto, apropriadas são as palavras do Min. Sepúlveda Pertence nos autos do MS 21.729-DF, ao considerar que o sigilo bancário não é abrangido pela garantia da vida privada nem por outro direito fundamental, sendo tão somente tutelado no âmbito da legislação ordinária e, assim, passível de limitações. Confira-se:

> O sigilo bancário só existe no Direito Brasileiro por força de lei ordinária. Não entendo que se cuide de garantia com *status* constitucional. Não se trata da "intimidade" protegida no inciso X do art. 5º da CF. (...).
>
> Em princípio, por isso, admitiria que a lei autorizasse autoridades administrativas, com função investigatória e sobretudo o Ministério Público, a obter dados relativos a operações bancárias.

A Lei Complementar 105/2001 regulou definitivamente o instituto do sigilo bancário frente à Administração Tributária e estabeleceu a possibilidade de o Fisco determinar às instituições financeiras a transferência dos dados protegidos pelo sigilo bancário de seus clientes sujeitos a um procedimento administrativo de fiscalização.

Por força dessa lei e dos Decretos 3.724/2001 e 4.489/2002, os dados transferidos ao Fisco ficam protegidos pelo "sigilo fiscal", segundo o qual tais dados não são acessíveis a terceiros, e são transferidos ao Fisco de forma global e mensal, ou seja, sem a individualização de operações, preservando-se a intimidade do indivíduo.

Algumas das relevantes características da lei foram relatadas por Eurico de Santi,[12] *in verbis*:

12. Eurico Marcos Diniz de Santi, "Fundamento jurídico constitucional do direito à prova, as obrigações acessórias e o sigilo bancário", cit., in Marcos Vinicius Ne-

(i) Não é caso de *simples conhecimento dos dados bancários*: ao contrário, a Lei Complementar 105/2001 garante a proteção dos dados bancários, prescrevendo o dever de sigilo às instituições financeiras e ao Banco Central (arts. 1º e 2º).

(ii) O acesso aos dados bancários também não é *simples*: exige processo administrativo ou procedimento fiscal em curso (art. 6º da Lei Complementar 105/2001) e o início do procedimento exige Mandado de Procedimento Fiscal/MPF, privativo de coordenador-geral, superintendente, delegado ou inspetor (§§ 1º e 2º e inciso V do § 3º do art. 2º do Decreto 3.724/2001).

(iii) É pressuposto do ato de Requisição de Informações sobre Movimentação Financeira a prévia intimação ao sujeito passivo para apresentação de suas informações financeiras, necessárias à execução do Mandado de Procedimento Fiscal (§ 2º do art. 4º do Decreto 3.724/2001).

(iv) O § 2º do art. 5º da Lei Complementar 105/2001 não permite possibilidade jurídica de "deixar ao desabrigo a intimidade das pessoas", pois determina que as informações transferidas à Administração Tributária da União "restringir-se-ão a informes relacionados com a identificação dos titulares das operações e os montantes globais mensalmente movimentados, vedada a inserção de qualquer elemento que permita identificar a sua origem ou a natureza dos gastos a partir deles efetuados".

(v) Impõe-se, ainda, que tais informações sejam *conservadas sob sigilo* (§ 5º do art. 5º e parágrafo único do art. 6º da Lei Complementar 105/2001), com controle de acesso registrado e tramitação estritamente regulada mediante envelopes lacrados (§§ 1º e 2º do art. 7º do Decreto 3.724/2001).

(vi) Todo esse regime rigoroso impõe-se sob pena de responsabilidade funcional do servidor público (art. 10 do Decreto 4.489/2002) e responsabilidade material e moral pessoal do servidor por eventuais danos decorrentes (art. 11 da Lei Complementar 105/2001). E:

der, Eurico Marcos Diniz de Santi e Maria Rita Ferragut (coords.), *A Prova no Processo Tributário*, pp. 59-60.

(vii) Por fim, o acesso às informações bancárias fora das estritas hipóteses autorizadas na Lei Complementar 105/2001, *ex vi* do seu art. 10, constitui crime sujeito à pena de reclusão, de um a quatro anos, sem prejuízo de outras sanções.

É de se notar, portanto, que a possibilidade de transferência de dados bancários ao Fisco respeita os direitos individuais do contribuinte. Não há que se falar em violação da intimidade ou abuso. Se algum problema ocorrer, terá sido em determinado procedimento administrativo, e, neste caso, as autoridades administrativas envolvidas deverão ser responsabilizadas civil e criminalmente. Pode ocorrer de o agente fiscal agir de forma ilegal em qualquer situação concreta: o abuso não é prerrogativa do sigilo bancário (e tampouco do fiscal).

Ressalte-se, finalmente, que pendem de julgamento no STF as ADI 2.386, 2.390, 2.389 e 2.397, que versam sobre a impossibilidade de quebra do sigilo bancário e a inconstitucionalidade de dispositivos das Leis 9.311/1996, 105/2001 e 10.174/2001, bem como do Decreto 3.724/2001.

3. Colaboração recíproca entre as Administrações Tributárias

Uma última questão que nos parece relevante diz respeito à colaboração recíproca entre as Administrações Tributárias brasileiras.

Após o advento da Emenda Constitucional 42/2003 a Constituição passou a prever que as Administrações Tributárias atuarão de forma integrada, inclusive com o compartilhamento de cadastros e de informações fiscais, na forma da lei ou convênio (art. 37, XXII).

No âmbito da legislação infraconstitucional, a colaboração recíproca é prevista no art. 199 do CTN, cujo *caput* prescreve:

> Art. 199. A Fazenda Pública da União e as dos Estados, do Distrito Federal e dos Municípios prestar-se-ão mutuamente assistência para a fiscalização dos tributos respectivos e permuta de informações, na forma estabelecida, em caráter geral ou específico, por lei ou por convênio.

Assim, as Administrações Tributárias das pessoas jurídicas de direito público devem unir esforços na troca de informações sobre contribuintes, terceiros, operações, industrializações, serviços, procedimentos etc.

Para garantir que as informações pessoais dos contribuintes não sejam violadas, as informações fornecidas devem ser restritas àquelas indispensáveis à ação fiscalizadora ou arrecadadora. Além disso, a Administração Tributária que solicitar as informações deve fundamentar a necessidade dos dados solicitados e não pode, após recebê-los, transferi-los a terceiros.

As informações podem também ser prestadas de ofício, justamente porque o intercâmbio é determinado pela lei ou convênio pertinente, visando à cooperação entre as Administrações. Além dos requisitos previstos em lei e convênios específicos, o intercâmbio deve respeitar as regras procedimentais do art. 198, § 2º, do CTN, já que esse mecanismo é imposto para o trânsito de dados do sujeito fiscalizado.

Dois são os principais argumentos existentes para tentar invalidar a troca de informações entre as Administrações Tributárias – nenhum deles, a nosso ver, procedente.

O primeiro diz respeito ao sigilo. Hoje é pacífico o entendimento de que, sem a colaboração do sujeito passivo, arrecadar seria praticamente inviável. Não há estrutura operacional e pessoal suficiente para fiscalizar a grande quantidade de contribuintes, o que justifica a importância dos deveres instrumentais e da constituição do crédito tributário pelo particular. É a concretização do "processo de privatização da gestão tributária", segundo Estevão Horvath.[13]

Consequência do direito de prestar informações é a proteção ao sigilo dos dados transmitidos. A Administração Tributária não pode revelar a terceiros os fatos de que tomou conhecimento por conta do cumprimento, pelo sujeito passivo, de seus deveres instrumentais, sob pena de responsabilização administrativa, civil e criminal.

O direito ao sigilo já foi analisado acima; e, como vimos, não é ele absoluto. Também não se sobrepõe ao dever de investigação da Administração. Pelo contrário, a relativização dos sigilos bancário e fiscal permite o conhecimento de dados relevantes para a incidência tributária,

13. Baseando-se nas lições de Ferrero Lapatza (Estevão Horvath, *Lançamento Tributário e "Autolançamento"*, 2ª ed., São Paulo, Quartier Latin, 2010, p. 71).

concretizando, com isso, a legalidade e a igualdade. A realização efetiva da legalidade exige prova dos fatos descritos hipoteticamente em lei.

Por essas razões, o intercâmbio de informações entre os Fiscos não ofende o sigilo fiscal imposto à Administração Pública. O fluxo de dados ocorrerá no âmbito interno dos Poderes Públicos e não serão divulgados a terceiros.

O segundo argumento que pretende invalidar a troca de informações é o de que as informações não têm grande valor probatório, uma vez tratar-se de tributos diferentes.

Ora, o escopo da troca de informações não é o de criar autuações automáticas, e sim municiar a entidade tributante com dados relevantes descobertos por outra. A par desses dados, a Administração Tributária receptora deverá proceder às investigações pertinentes e, somente se for o caso, autuar. Trata-se, pois, de mero – mas importantíssimo – subsídio à fiscalização.

Passemos a alguns exemplos de trocas de informações. O primeiro deles é o caso da fiscalização do IPI, promovida pela Receita Federal, que, ao constatar a existência de estoques sem a devida anotação nos livros e registros contábeis e fiscais, toma as medidas cabíveis no interesse da Administração Tributária da União e noticia o ocorrido à Fazenda Pública Estadual, para verificação dos efeitos relativos ao ICMS.

Já, o segundo exemplo, muito discutido recentemente, diz respeito à fiscalização do imposto sobre transmissão *causa mortis* e doação de quaisquer bens ou direitos/ITCMD promovida pelos Estados a partir de informações por eles recebidas da Receita Federal. O contribuinte declarava ter recebido doação de dinheiro, títulos ou ações para a Receita (no campo "Rendimentos isentos e não tributáveis de transferência patrimonial"), mas nada informava para o Fisco Estadual, deixando de recolher o imposto sobre doações, de 4% do valor da transação no Estado de São Paulo.

Outro exemplo relevante são os convênios firmados entre a Receita Federal e os Municípios que permitem aos dois órgãos ter acesso a dados que possam ajudar a combater a sonegação de impostos em suas esferas de governo, como o acesso, pelas Prefeituras, aos dados sobre imóveis contidos na Declaração de Informação sobre Atividades Imobiliárias/DIMOB, por meio da qual imobiliárias, construtoras e empresas da construção civil prestam informações anuais à Receita sobre as operações realizadas no setor. Em contrapartida, a Receita poderá acessar informações do ITBI sob responsabilidade das Prefeituras.

E para concluir, a possibilidade de utilização da prova emprestada, nos termos do art. 199 do CTN, é acatada pela jurisprudência, conforme podemos conferir nas duas decisões a seguir, dentre as inúmeras existentes:

> Tributário – IR – Lançamento – Auxílio à prova emprestada – Art. 199 do CTN.
>
> 1. Todos os órgãos da Administração Federal, Estadual, Municipal e autarquias estão obrigados à prestação mútua de assistência e cooperação na fiscalização dos tributos respectivos.
>
> 2. No lançamento do imposto de renda pode o Fisco Federal valer-se de documentos, informações, laudos, autos de infração etc. levados a efeito pela Fiscalização Estadual.
>
> 3. Cabe à autora provar os fatos constitutivos de seu direito alegados na inicial, que poderão ser contestados pelo réu em juízo.[14]
>
> Tributário – Embargos à execução fiscal – Imposto de renda pessoa jurídica – Omissão de receita – Matéria preliminar – Mérito – Incorreção dos valores cobrados – Prova emprestada – Possibilidade de rejeição.
>
> (...). IV – Admissível que o Fisco Federal tome emprestado auto de infração lavrado pelo Fisco Estadual para lançamento de imposto de renda onde se comprovou que a embargante deu entrada em seu estabelecimento de mercadorias sem documentário fiscal e sem registro contábil, presumindo-se que as adquiriu com recursos advindos de omissão de receita.[15]

Referências bibliográficas

CARRAZZA, Roque Antonio. *Curso de Direito Constitucional Tributário*. 29ª ed. São Paulo, Malheiros Editores, 2013.

CARRERO, José Manuel Calderón. *Intercambio de Información y Fraude Fiscal Internacional*. Madri, Centro de Estudios Financieros, 2000.

14. TRF-1ª Região, AC 89.01.04836, rel. Nelson Gomes da Silva.
15. TRF-3ª Região, 3ª Turma, AC 93.03.049612-4, rela. Lúcia Figueiredo.

FERRAGUT, Maria Rita, NEDER, Marcos Vinicius, e SANTI, Eurico Marcos Diniz de (coords.). *A Prova no Processo Tributário*. São Paulo, Dialética, 2010.

FERRAZ JR., Tércio Sampaio. "Sigilo de dados: o direito à privacidade e os limites à função fiscalizadora do Estado". *Revista dos Tribunais, Cadernos de Direito Tributário e Finanças Públicas* 1/141-154. São Paulo, Ed. RT, outubro-dezembro/1992.

HORVATH, Estevão. *Lançamento Tributário e "Autolançamento"*. 2ª ed. São Paulo, Quartier Latin, 2010.

NEDER, Marcos Vinicius, FERRAGUT, Maria Rita, e SANTI, Eurico Marcos Diniz de (coords.). *A Prova no Processo Tributário*. São Paulo, Dialética, 2010.

REZEK, Francisco. *Direito Internacional Público: Curso Elementar*. 10ª ed. São Paulo, Saraiva, 2005.

SANTI, Eurico Marcos Diniz de. "Fundamento jurídico constitucional do direito à prova, as obrigações acessórias e o sigilo bancário". In: FERRAGUT, Maria Rita, NEDER, Marcos Vinicius, e SANTI, Eurico Marcos Diniz de (coords.). *A Prova no Processo Tributário*. São Paulo, Dialética, 2010.

__________, FERRAGUT, Maria Rita, e NEDER, Marcos Vinicius (coords.). *A Prova no Processo Tributário*. São Paulo, Dialética, 2010.

A CITAÇÃO COMO MODALIDADE DE INTERRUPÇÃO DA PRESCRIÇÃO CONSTITUCIONALMENTE VÁLIDA

RENATO LOPES BECHO

1. Introdução

Em uma das intersecções mais importantes do direito tributário com o direito processual, o Código Tributário Nacional, em sua redação atual, estipula que *o despacho do juiz determinando a citação* é causa interruptiva da prescrição (art. 174, parágrafo único, I, redação dada pela Lei Complementar 118/2005). Entretanto, o egrégio Superior Tribunal de Justiça afastou a aplicação do dispositivo legal, firmando que *a propositura da ação* é que tem o condão de interromper a prescrição.[1] Além das duas referências indicadas, também a distribuição da ação e a efetiva citação podem ser os marcos interruptivos da prescrição.

De fato, na legislação brasileira há alguns artigos que tratam da interrupção processual da prescrição em relação ao crédito tributário no Código Tributário Nacional, no Código de Processo Civil e na Lei de Execução Fiscal. Não há uniformidade, atualmente, entre esses coman-

1. STJ, 1ª Seção, REsp 1.120.295-SP, rel. Min. Fux, v.u.

dos, pois, enquanto no Código Tributário Nacional e na Lei de Execução Fiscal o despacho do juiz interrompe a prescrição, o Código de Processo Civil estipula duas possibilidades:

(i) se a citação for efetivada em até 100 dias da propositura da ação, será esse momento do ajuizamento do feito a interrupção da prescrição;

(ii) se, contudo, a efetiva citação não ocorrer em até 100 dias da propositura da ação, a interrupção da prescrição será com a citação.

Temos, portanto, prazos prescricionais distintos nos diplomas legais mencionados e na jurisprudência.

No presente estudo, escrito em homenagem a Roque Antonio Carrazza – a maior autoridade acadêmica brasileira tratando-se de direito constitucional tributário –, procuraremos demonstrar que, das quatro opções possíveis, somente a efetiva citação pode ser considerada constitucionalmente válida. Para tanto, trilharemos o caminho seguro de nosso orientador, valendo-nos dos princípios constitucionais para a solução de um problema concreto. Antes de abordarmos os aspectos principiológicos envolvidos no tema, procuraremos especificar o objeto de nossa atenção.

2. Clareando o problema e as opções possíveis para a interrupção da prescrição

2.1 Quando da edição do Código Tributário Nacional, em 1966,[2] ficou estipulado que *a citação pessoal feita ao devedor* (art. 174, parágrafo único, I) interrompia a prescrição. Essa determinação estava de acordo com a tradição brasileira e refletia os parâmetros processuais civis. O Código de Processo Civil, de 1973, também elegeu a citação como marco interruptivo da prescrição (art. 219, *caput*).

Entretanto, quis o legislador processual que os efeitos dessa interrupção da prescrição retroagissem à data do despacho judicial que a determina, desde que a citação ocorra em até 100 dias, a requerimento da parte (autora). Eis a transcrição do texto legal à época de sua promulgação:

2. Temos plena ciência de que o tratamento legal para a interrupção da prescrição, pela citação, antecede o Código Tributário Nacional. Faremos um corte histórico, para fins didáticos, ao não desenvolvermos o assunto antes da indigitada lei.

Art. 219. A citação válida torna prevento o juízo, induz litispendência e faz litigiosa a coisa; e, ainda quando ordenada por juiz incompetente, constitui em mora o devedor e interrompe a prescrição.

§ 1º. A prescrição considerar-se-á interrompida na data do despacho que ordenar a citação.

§ 2º. Incumbe à parte, nos dez (10) dias seguintes à prolação do despacho, promover a citação do réu.

§ 3º. Não sendo citado o réu, o juiz prorrogará o prazo até o máximo de noventa (90) dias, contando que a parte o requeira nos cinco (5) dias seguintes ao término do prazo do parágrafo anterior.

§ 4º. Não se efetuando a citação nos prazos mencionados nos parágrafos antecedentes, haver-se-á por não interrompida a prescrição.

2.2 Em 1980 o legislador federal entendeu por bem retirar a execução fiscal do Código de Processo Civil, editando uma lei especial para referido procedimento (Lei 6.830/1980). Nela, o tema em comento sofreu sensível diferenciação: reproduzindo apenas o § 1º do art. 219 do CPC, ficou gravado que "o despacho do juiz, que ordenar a citação, interrompe a prescrição" (art. 8º, § 2º).

2.3 Em 26.5.1994 o STJ editou a Súmula 106, refletindo sua jurisprudência no seguinte sentido:

Súmula 106. Proposta a ação no prazo fixado para o seu exercício, a demora na citação, por motivos inerentes ao mecanismo da Justiça, não justifica o acolhimento da arguição de prescrição ou decadência.

O STJ não especificou, entretanto, quais são esses "mecanismos inerentes" ao funcionamento do Poder Judiciário, tornando sua Súmula como que um "cheque em branco" a favor dos exequentes, considerando que seriam eles, pelo § 2º do art. 219 do CPC, os incumbidos da promoção da citação na execução.

2.4 Em 13.12.1994, pela Lei 8.952/1994, o Congresso Nacional modificou os §§ 1º e 2º do art. 219 do CPC, nos termos abaixo destacados:

§ 1º. A interrupção da prescrição retroagirá à data da propositura da ação.

§ 2º. Incumbe à parte promover a citação do réu nos 10 (dez) dias subsequentes ao despacho que a ordenar, não ficando prejudicada pela demora imputável exclusivamente ao serviço judiciário.

Como se observa, antes o legislador previa que, se a citação ocorresse em até 100 dias, a interrupção da prescrição retroagia até o despacho do juiz que a determinasse. Com a alteração legislativa, a retroação passou a ser da propositura da ação, o que é uma medida muito diferente. Quanto ao § 2º do art. 219 do CPC, o legislador incluiu uma importante palavra: "exclusivamente".

É de se presumir, por isso, que a jurisprudência refletisse a alteração legislativa. Contudo, não localizamos grandes mudanças, como será demonstrado.

Identificamos que o legislador procurou instrumentalizar o autor da ação com um comando (o § 2º do citado artigo) que lhe confere o direito e, mais do que isso, o dever de diligenciar para que seu processo seja autuado, distribuído e despachado pelo magistrado rapidamente. Afinal, quando a lei especifica que ele será o incumbido da citação, mas que será efetivada pela administração judiciária, e, ainda, considerando que a interrupção da prescrição poderá retroagir à propositura da ação apenas em caso de citação em prazo estipulado, o autor foi instado a atuar firmemente para impulsionar a máquina judiciária.

Exceto prazos *exclusivos* do Judiciário, tais como um dia de trânsito entre o setor de distribuição e a secretaria da Vara, ou um dia para a autuação e despacho do juiz, para todos os demais o legislador determinou uma responsabilidade do autor, que deverá zelar para que seu processo seja distribuído, autuado, despachado e para que o despacho determinando a citação seja cumprido em 10 dias ou, eventualmente, em até 100 dias. Se todas essas providências não ocorrerem nos prazos assinalados, a punição recairá sobre o autor (não sobre a máquina do Poder Judiciário): a interrupção da prescrição será considerada apenas quando da efetiva citação.

Pelos comandos legais apontados – repetimos –, o autor terá que acompanhar, peticionar e impulsionar o Poder Judiciário até a efetiva citação. Não lhe é dado o direito de simplesmente ajuizar a ação e voltar para um eventual estado de inação.

2.5 Em 1996 o STJ firmou um precedente no sentido da interpretação conjunta da Lei de Execução Fiscal com o Código de Processo Civil, estipulando que, não se efetuando a citação em 100 dias, considera-se não interrompida a prescrição com o despacho do juiz que a determina. Confirme-se:

> Embargos de divergência em recurso especial – Execução fiscal – Despacho citatório que não interrompe a prescrição – Art. 8º, § 2º, da Lei n. 6.830/1980.
>
> A norma acima mencionada deve ser interpretada em combinação com o art. 219, § 4º, do CPC, ou seja, no sentido de que, não se efetuando a citação nos prazos aludidos nos parágrafos anteriores, haver-se-á por não interrompida a prescrição.
>
> Embargos de divergência recebidos.[3]

Essa decisão veio em boa hora, conferindo interpretação sistemática entre os dois diplomas processuais (o codificado e o descodificado). A prática forense indica que os autores de execuções fiscais costumam simplesmente ajuizar a ação, sem impulsioná-la, nos termos como determinado no Código de Processo Civil. Considerando que a Lei de Execução Fiscal não foi tão ampla quanto o Código, o STJ conferiu interpretação da lei especial compatível com a lei geral.

2.6 Em dezembro/2004 foi promulgada a Emenda Constitucional 45, que incorporou à Constituição Federal o princípio da duração razoável do processo, estipulado expressamente no Pacto de São José da Costa Rica.

No ponto desenvolvido, acreditamos que uma medida importante para a efetivação da execução seja seu ajuizamento célere (mais próximo do vencimento do tributo do que da fluência do prazo prescricional). Entretanto, em fevereiro/2005 foi editada a Lei Complementar 118, alterando o Código Tributário Nacional e passando a considerar, como estava na Lei de Execução Fiscal, que o despacho do juiz determinando a citação interrompe a prescrição. A alteração legislativa, de início, parece contrariar o novel princípio constitucionalizado. Afinal,

3. STJ, 1ª Seção, REsp/EDv 34.851-SP, rel. Min. José de Jesus Filho, *DJU* 9.8.1996. A decisão foi por maioria (4 a 3).

omitindo o legislador os comandos sistematizados no Código de Processo Civil, passou a impressão – largamente aceita pelos tribunais – de que o exequente deveria diligenciar apenas para que o processo fosse despachado pelo juiz, independentemente de quando a ordem fosse cumprida.

2.7 Em maio/2010 o egrégio STJ promoveu nova mudança em sua jurisprudência. Pelo REsp 1.120.295-SP (rel. Min. Luiz Fux), submetido ao regime dos recursos repetitivos, o Tribunal da Cidadania firmou que "a interrupção da prescrição, pela citação, retroage à data da propositura da ação".

Nesses termos, à evidência, ainda que tenha havido retórica menção ao § 2º do art. 219 do CPC, o fato foi que o STJ autorizou que os exequentes *simplesmente protocolem suas petições iniciais no prazo prescricional*, nada fazendo para acelerar sua distribuição, autuação, seu despacho e efetiva citação.

Em termos práticos, o que significam tais mudanças? Reorganizando e resumindo as possibilidades já aventadas, a interpretação conjunta do art. 219 do CPC com seus parágrafos leva às duas possibilidades já indicadas:

(i) interrupção da prescrição com o ajuizamento da ação, desde que a citação seja efetivada em até 100 dias;

(ii) interrupção da prescrição com a efetiva citação, se essa demorar mais de 100 dias do ajuizamento da ação.

Já, com a execução fiscal a sistemática passou a ser outra: quis o legislador que a interrupção da prescrição ocorresse com o despacho judicial determinando a citação, enquanto o julgador criou regra própria: basta o ajuizamento da execução fiscal.

Acreditamos que, para a boa compreensão do assunto, deva o intérprete conhecer qual o período de tempo envolvido desde o ajuizamento da ação até a efetiva citação. Considerando que o legislador colocou regra imperativa para que todos esses passos ocorram em 100 dias, punindo o autor caso esse prazo seja ultrapassado, e considerando que o legislador e o julgador retiraram esse lapso temporal da execução fiscal, é imperioso saber quanto tempo pode levar desde o ajuizamento da ação até a efetiva citação.

Em nossa opinião, exemplos colhidos na vida real podem auxiliar o intérprete a se posicionar frente a problemas teoricamente expostos.

Nessa linha, levantamos, em 13.11.2012, a data em que alguns dos processos que receberam o despacho de citação na 10ª Vara Federal de Execução Fiscal de São Paulo/SP foram ajuizados. Alguns deles o foram em 14.12.2011.[4] Por essa análise, apenas no lapso entre o ajuizamento da demanda e o despacho judicial determinando a citação passaram-se 11 meses.

Observa-se, pelo exposto, que o prazo prescricional de cinco anos estipulado no Código Tributário Nacional não servirá de referência para o sujeito passivo, mas apenas para o sujeito ativo.

É emblemático, para nós, um processo de execução fiscal iniciado em 25.5.1976, ajuizado pela Fazenda Nacional.[5] O objeto era suposto débito decorrente de imposto de renda/pessoa física, referente ao exercício de 1966, ano-base 1965. O despacho do juiz determinando a citação foi exarado logo após a propositura da ação. Entretanto, a providência só foi cumprida em 24.10.1994, 18 anos e 5 meses após o início do processo! A justificativa para tamanha demora encerrou-se em uma tentativa de citação postal e outra pessoal por carta precatória, ambas infrutíferas, bem como redistribuições do processo com o surgimento de Varas especializadas e Varas novas. O mais interessante nos parece ser que o Juízo sentenciante, no final dos anos 1990, reconheceu que o despacho determinando a citação, exarado em maio/1976, interrompeu a prescrição, ainda que a citação válida tenha ocorrido em outubro/1994, e não acolheu os embargos à execução fiscal.

Para deixar mais claro o que aconteceu:

> Despacho do juiz determinando a citação → passaram-se 18,5 anos → efetiva citação = não ocorrência da prescrição.
>
> Ou, ainda:
>
> Data da obtenção da renda: 1965
>
> Momento da interrupção da prescrição: 1976
>
> Data da efetiva citação: 1994
>
> O contribuinte é citado 29 anos após a obtenção da renda.

4. Referimo-nos aos Processos 0074009-06.2011.403.6182, 0074049-85.2011.403.6182, 0074096-49.2011.403.6182, 0074102-66.2011.403.6182, 0074142-48.2011.403.6182, 0074151-10.2011.403.6182, 0074165-91.2011.403.6182, 0074197-96.2011.403.6182, 0074203-06.2011.403.6182.

5. Os embargos à execução fiscal, propostos perante a Justiça Federal em São Paulo/SP, tomaram o n. 95.0504593-0.

A sentença exarada nesse processo usado como paradigma está de pleno acordo com a jurisprudência predominante. Tal conjunto decisório havia motivado o extinto TFR a sumular a matéria no Verbete de n. 78, nas seguintes palavras: "Proposta a ação no prazo fixado para o seu exercício, a demora na citação, por motivos inerentes ao mecanismo da Justiça, não justifica o acolhimento da arguição de prescrição". A posição foi seguida pelo STJ, como já se viu (Súmula 106).

Essa é a interpretação jurisprudencial que se tem dado ao tema. Ela merece análise principiológica, como procuraremos demonstrar em seguida.

3. O princípio da segurança jurídica

Considerando que, ao contrário do Código de Processo Civil, o Código Tributário Nacional e o REsp 1.120.295-SP não apontam nenhum prazo fatal para que o sujeito passivo seja citado e possa se defender na execução fiscal, resta a impressão de uma imprescritibilidade real, mas escondida nas dobras da legislação e da jurisprudência.

Havendo conflito interpretativo, é voz corrente na melhor doutrina que os princípios constitucionais devam ser buscados para compor o resultado final que uniformize a solução jurídica. Não são poucos os princípios constitucionais envolvidos: segurança jurídica, legalidade, igualdade, devido processo legal, duração razoável do processo e eficiência administrativa. O primeiro desses princípios – dentre tantos que podem ser buscados –, o da segurança jurídica, destaca o afastamento de causas imprescritíveis, exceto as estipuladas na Constituição Federal (isto é, os contidos nos incisos XLII e XLIV do art. 5º).

Nessa linha, vem a nosso encontro a lição de Roque Antonio Carrazza:[6]

> Os direitos fundamentais, evidentemente, também amparam o contribuinte contra os Poderes do Estado, inclusive o Legislativo. Deveras, todo o Capítulo I do Título II da Constituição brasileira delimita o exer-

6. Roque Antonio Carrazza, *Curso de Direito Constitucional Tributário*, 29ª ed., São Paulo, Malheiros Editores, 2013, p. 463.

cício das competências tributárias das pessoas políticas, impedindo-as de ingressarem nas áreas reservadas aos direitos "à vida, à liberdade, à igualdade, à segurança e à propriedade" dos contribuintes. Os direitos consagrados no art. 5º do Diploma Magno são tão ou mais relevantes que os recebidos pela União, pelos Estados, pelos Municípios e pelo Distrito Federal para instituir impostos, taxas, contribuição de melhoria e demais figuras exacionais. Daí serem inconstitucionais as normas jurídicas que, a pretexto de exercitarem competências tributárias, impedirem ou tolherem o pleno desfrute dos direitos públicos subjetivos dos contribuintes.

O jurista exemplifica a violação do princípio da segurança jurídica e o impedimento ou tolhimento "do pleno desfrute dos direitos subjetivos dos contribuintes" com o art. 40 da LEF, quando não estava consolidado o entendimento conhecido como prescrição intercorrente (acolhido pela jurisprudência e, posteriormente, pelo legislador), aduzindo:[7]

> As ações que dão eficácia aos direitos patrimoniais, em nosso Direito, sempre prescreveram: em 5, 10, 15, 20 anos, não importa, mas sempre prescreveram. Nunca se aceitou que uma dívida pudesse ficar em aberto *ad aeternum*.
>
> O mesmo se dá com as obrigações tributárias. O contribuinte pode livrar-se de seus débitos tributários pela inação do Fisco durante certo lapso de tempo.
>
> A prescrição da ação de cobrança dos tributos baseia-se não numa renúncia do Fisco ao seu direito – porquanto a obrigação tributária é indisponível –, mas na necessidade de proteger o interesse público da "incerteza e instabilidade das relações econômicas". Mesmo os créditos tributários não podem se eternizar. Mais dia, menos dia, devem desaparecer.
>
> (..)
>
> Felizmente, em face das críticas constantes da doutrina bem como do advento da Emenda Constitucional 45/2001, que introduziu no art. 5º da CF um inciso LXXVIII ("a todos, no âmbito judicial e administrativo,

7. Idem, pp. 464-465, rodapé.

são assegurados a razoável duração do processo e os meios que garantam a celeridade de sua tramitação"), a Lei 11.051/2004 inseriu um § 4º no art. 40 da Lei 6.830/1980, *verbis*: "Se da decisão que ordenar o arquivamento tiver decorrido o prazo prescricional, o juiz, depois de ouvida a Fazenda Pública, poderá, de ofício, reconhecer a prescrição intercorrente e decretá-la de imediato".

Com esta providência legislativa o princípio da segurança jurídica finalmente restou prestigiado.

É o que se apresentam, para nós, as alterações legislativas e jurisprudenciais que negam a aplicação do Código de Processo Civil em relação à interrupção da prescrição pela efetiva citação ou, quando muito, sua retroação ao ajuizamento do feito desde que a providência apontada seja cumprida em até 100 dias. Acreditamos que, na busca pela melhor interpretação – aquela constitucionalmente albergada –, é imprescindível observar um comando direcionado para o sujeito passivo, permitindo que o cientista do Direito veja o problema pela ótica do autor e do réu, buscando, ao final, um equilíbrio jurídico.

Nesse sentido, vem à mente a previsão legal de guarda de documentos fiscais, nos termos a seguir especificados.

3.1 Por quanto tempo devem ser guardados os documentos fiscais?

O CTN determina, no parágrafo único do art. 195, que os documentos fiscais devem ser guardados "até que ocorra a prescrição dos créditos tributários decorrentes das operações a que se refiram". Compondo esse comando com os indicados anteriormente, podemos afirmar que, enquanto não interrompida a prescrição, não deve o contribuinte desfazer-se de seus livros e comprovantes fiscais. Em termos fáticos, que prazo é esse? Genericamente, ele será de cinco anos a contar da constituição definitiva do crédito tributário (CTN, art. 174). Poderá o contribuinte, após referido lapso de tempo, desfazer-se de tais elementos probantes?

A resposta dependerá do texto legal ou da referência jurisprudencial utilizada. Se não, vejamos.

No tópico 2 indicamos os três momentos utilizados pelo legislador como referência para a interrupção da prescrição: o ajuizamento da ação, o despacho do juiz determinando a citação e sua efetivação. Comporemos, agora, essas três possibilidades com o tempo para a guarda de livros e comprovantes fiscais.

Pela sistemática do Código de Processo Civil, se a citação ocorrer em até 100 dias do ajuizamento da ação, a interrupção da prescrição será no momento da propositura do feito. Assim, considerando um prazo prescricional de 5 anos, o ajuizamento da ação no último dia e a citação ocorrida no centésimo dia, podemos afirmar que o contribuinte passou a ter ciência do processo contra si e deve providenciar sua defesa após 5 anos e 100 dias da constituição do crédito tributário. Esse foi o prazo para a guarda dos referidos documentos.

Já, pela sistemática da Lei de Execução Fiscal e da atual redação do Código Tributário Nacional, como basta que o juiz determine a citação no prazo prescricional para que a Administração Tributária veja interrompida a prescrição, é impossível saber por quanto tempo o contribuinte deve guardar seus livros e comprovantes fiscais. Essa solução não encontra, a nosso ver, respaldo constitucional.

Considerando que optamos por aplicar o Código de Processo Civil, a despeito do Código Tributário Nacional e da Lei de Execução Fiscal, sentimo-nos no dever de apresentar importante distinção entre a relação jurídica tributária e a relação jurídica tributária processual.

4. A complexidade da relação jurídica tributária processual

O direito tributário tem como um de seus conceitos básicos o de relação jurídica. A relação jurídica tributária une duas pessoas – o sujeito ativo e o sujeito passivo – em torno de um objeto (o tributo ou o dever de prestá-lo). Nesse sentido, o Código Tributário Nacional dedica textos importantes tanto para o objeto (como a definição legal expressa no art. 3º) quanto para as pessoas que compõem os polos ativo (arts. 119 e 120) e passivo (arts. 121 a 138).

A relação jurídica tributária é notavelmente complexa, como um passar de olhos sobre a legislação, sobre um manual acadêmico ou um repositório de jurisprudência comprova. Todavia, há outra relação, de fundamental importância para o cumprimento da finalidade do direito tributário (a arrecadação de tributos submetida ao Direito), ainda mais complexa, que é a relação processual. Ela não está diretamente tratada no Código Tributário Nacional, posto que regida pela Constituição Federal e pelo Código de Processo Civil.

Dissemos que a relação jurídica processual tributária é mais complexa que a relação jurídica tributária. Muitos pontos comprovam essa assertiva. Um deles é a quantidade de pessoas nos polos jurídicos processuais. Para além do sujeito ativo tributário e do sujeito passivo tributário, a relação jurídica processual tributária envolve, além dos dois indicados, um terceiro neutro: o juiz. Parece-nos evidente que uma relação com três partes é mais complexa que uma relação com duas partes. Além disso, a indicação dos três principais atores do processo (autor, juiz e réu) é uma redução simplificadora de três polos mais complexos, posto envolverem advogados, procuradores (advogados do Estado), serventuários do Poder Judiciário (como os oficiais de justiça e os cartorários) e agentes externos em auxílio ao juiz (como os peritos e assistentes técnicos).

A operacionalização desse vasto mecanismo que é o processo não faz parte, expressamente, do direito tributário, conforme apontamos há pouco. Mas o direito tributário por vezes se aproxima desse campo complexo, o que demonstra a vinculação intrínseca entre as duas disciplinas (direito tributário e direito processual), separadas apenas para facilitar o aprendizado.[8] Um desses pontos de contato é o art. 174, parágrafo único, I, do CTN, que veicula uma causa interruptiva do prazo prescricional que é um acontecimento processual.

Entretanto, conforme vimos, o direito tributário é insuficiente para manejar o acontecimento processual que é a citação. A negativa de tratar dessa causa interruptiva da prescrição do crédito tributário em ter-

8. A autonomia meramente acadêmica do direito tributário pode ser estudada, dentre outros, em Geraldo Ataliba, *Hipótese de Incidência Tributária*, 6ª ed., 14ª tir., São Paulo, Malheiros Editores, 2013, p. 37; e em Aliomar Baleeiro, *Uma Introdução à Ciência das Finanças*, 14ª ed., atualizada por Flávio Bauer Novelli, Rio de Janeiro, Forense, 1987, p. 31. Cf., ainda, nosso *Filosofia do Direito Tributário*, São Paulo, Saraiva, 2009, pp. 276-278.

mos processuais acarreta, segundo nossa visão, séria violação à Constituição Federal. Por isso, firmamo-nos na doutrina processual.

5. A interrupção da prescrição no Código de Processo Civil

A relação jurídica tributária começa a ser formada com a ocorrência do fato jurídico coincidente com a hipótese descrita, anteriormente, na regra legal. Essa relação completa-se com a constituição do crédito tributário, que pode ocorrer pela *declaração* do contribuinte ou pelo *lançamento* realizado pela autoridade administrativa. Constituído o crédito tributário por uma de suas duas modalidades, a relação jurídica tributária nos parece formada.

A relação jurídica processual se formaliza pelo protocolo de uma petição inicial. Quando o juiz se manifesta a respeito dessa petição inicial, a relação jurídica entre o autor e o julgador vai tomando forma. Mas a primeira atuação judicial pode não ter o condão de estabelecer a relação jurídica entre autor e juiz, posto que a primeira manifestação judicial pode ser a distribuição da ação, o que não vincula a autoridade à referida relação. A ordem para a distribuição da petição, que ocorre quando mais de um julgador for apto a processar o feito, não é ocorrência de menor significado, mas dela não cuidaremos agora. Sua menção é para frisar um acontecimento temporal.

Recapitulando, indicamos dois momentos processuais importantes: o protocolo da petição inicial e sua distribuição. Esses acontecimentos podem ocorrer em um mesmo dia ou não, a depender da estrutura judicial e do horário dos acontecimentos.

O próximo fato é deveras importante e está no Código Tributário Nacional (art. 174, parágrafo único, I): o juiz ao qual foi distribuída a petição inicial fará uma primeira análise de seus termos e a despachará. O Código Tributário Nacional, como dito, menciona esse acontecimento, mas apenas em uma de suas possibilidades – ainda que a mais habitual: o juiz, considerando que a petição inicial está *em termos* (cumprindo os requisitos minimamente exigidos), ordena que o réu seja citado. A referência do Código Tributário Nacional diz respeito a um dos tipos de processamento possíveis em nosso ordenamento jurídico – a execução fiscal.

Temos, até agora, três ocorrências importantes: o protocolo da petição inicial, sua distribuição e o primeiro despacho do juiz que presidirá o feito. Mais uma vez, é importante que se tenha em vista que esses três acontecimentos podem ser realizados em dias diferentes e, eventualmente, a diferença entre esses dias pode ser da máxima relevância.

Além disso, afirmamos que o Código Tributário Nacional menciona apenas uma – ainda que a mais habitual – possibilidade de despacho judicial inaugural: a ordem de citação. Todavia, o órgão judicial pode entender que a petição inicial não esteja em termos para ser processada, faltando um dado essencial (o número do CPF ou do CNPJ do processado) suprível. Nesse caso, o primeiro despacho do juiz será para que o autor emende a inicial. Outra possibilidade – dentre tantas: pode ser que o julgador entenda que falta um dos requisitos para o processamento do feito (a ausência de *interesse de agir* do autor), o que impedirá o próprio despacho de citação.

Ainda que não seja a única possibilidade, centremo-nos na mais comum: o despacho do juiz determinando a citação do processado. A regulamentação desse acontecimento de máxima relevância que é a citação coube, na formação do Direito, à disciplina *direito processual*, e possui legislação específica: o Código de Processo Civil.

A citação é o acontecimento processual pelo qual se traz o terceiro ator para o feito. Pela citação, o processado, o réu – o "executado", na linguagem do processo de execução –, terá conhecimento de que contra ele há uma demanda e que seu direito está em jogo. No caso da execução, é pela citação que o devedor saberá que parte de seu patrimônio está sendo reclamada pelo credor. Pela citação, ele deverá apresentar-se diante do juiz e defender seus interesses. Quando o fizer, a relação jurídica processual estará completa, ocorrendo a triangulação que lhe é característica, composta por autor, juiz e réu. Ou, com mais cientificidade, a angulação exposta por Pontes de Miranda,[9] na seguinte lição:

> Se bem que esboçada em 1887 por J. W. Planck (*Lehrbuch*, I, 201) e em 1899 por Höpfner (*Vertretung*, 35 s.), a concepção da angularidade, em vez da triangularidade da relação jurídica processual, tomou feição precisa e sistemática em 1905 e 1907, no *Klagrecht und Klagmöglichkeit*

9. F. C. Pontes de Miranda, *Comentários ao Código de Processo Civil*, t. I, Rio de Janeiro, Forense, 1974, p. XXVII.

(84) e no *Lehrbuch* (II, 28 e 36) de Konrad Hellwig. Rigorosamente, é concepção que pertence ao século XX e foi aceita, integralmente, pelos maiores processualistas, ainda no processo penal.

Referida angulação processual pode ser apresentada graficamente a partir da seguinte forma:[10]

JUIZ

↕ ↕

AUTOR RÉU

Completam a lição as seguintes palavras, ainda de Pontes de Miranda:[11]

> A relação jurídica processual exsurge, de ordinário, com a apresentação da demanda; portanto, no momento mesmo em que o juiz toma conhecimento da petição e não a repele. A citação completa a angularidade. O despacho, na petição, estabeleceu a relação jurídica processual "autor → juiz", a citação, a relação jurídica processual "juiz → réu".
>
> (...).
>
> De tal relação jurídica se irradiam direitos e deveres do autor em frente ao Estado e direitos e deveres do réu em frente ao Estado (direito a que o Estado prossiga no processo, segundo a lei, a que não quebre o princípio de igual tratamento das partes; dever de cooperação, que é o de colimar rápido e justo desenvolvimento do processo; direito à ciência dos prazos e dos atos processuais; direito à veracidade e dever de veracidade (princípio do dever de veracidade).

Identificamos, até aqui, quatro momentos processuais diferentes e importantes: o protocolo da petição inicial, sua distribuição, o despacho do juiz determinando a citação e a efetivação dessa providência. Vamos nos concentrar, agora, na citação.

10. Gráfico aproximado em relação ao apresentado por Pontes de Miranda, *Comentários ao Código de Processo Civil*, cit., t. I, p. XXVII.

11. Pontes de Miranda, *Comentários ao Código de Processo Civil*, cit., t. I, p. XXIX.

Conforme estabelece o Código de Processo Civil (art. 213), "a citação é o ato pelo qual se chama a juízo o réu ou o interessado a fim de se defender".

Como firma José Frederico Marques: "Ela é ato imprescindível para início do processo", sendo "*conditio sine qua non* do contraditório e do exercício do direito de defesa".[12] O legislador processual corrobora a lição do Mestre, tanto que determina: "Art. 214. Para a validade do processo é indispensável a citação inicial do réu". Assim, sem citação não há *devido processo legal*. É ainda o mesmo autor quem deixou assentado:[13]

> A citação é ato fundamental do processo, porque de outro modo não se configuraria este como *actum trium personarum*, desapareceriam o contraditório e o direito de defesa, e inexistiria o *devido processo legal*.

A doutrina moderna não destoa, no particular, da antiga, como indicam as lições de Cássio Scarpinella Bueno, de quem colhemos, exemplificativamente, a seguinte asserção: "A citação é, justamente pela sua importância, para a própria concepção de Estado Democrático de Direito, ato processual formal".[14]

Tais palavras nos remetem novamente a Pontes de Miranda,[15] que deixou registrada como que uma advertência, não ouvida pelo legislador com a Lei Complementar 118/2005:

> Objetivamente, a relação jurídica processual resulta do exercício da pretensão à tutela jurídica do autor, dirigindo-se ao juiz, com a consequente citação que o juiz ordena, dando conhecimento da petição, tal como ocorre no Código, ou marcando a audiência para esse conheci-

12. José Frederico Marques, *Manual de Direito Processual Civil*, vol. 1, São Paulo, Saraiva, 1974, p. 328.

13. Idem, ibidem.

14. Cássio Scarpinella Bueno, *Curso Sistematizado de Direito Processual Civil*, 4ª ed., vol. 1, São Paulo, Saraiva, 2010, p. 451.

15. Pontes de Miranda, *Comentários ao Código de Processo Civil*, 2ª ed., t. III, Rio de Janeiro, Forense, 1974, p. 194.

mento, segundo outros sistemas. A citação angulariza a relação jurídica processual. Subjetivamente, aforismos produzem o que deriva dessa necessidade de ser ouvido o réu, *necessidade decorrente da Civilização*, porque nem sempre existiu, nem existe em certos povos atrasados, ou *desaparece em momentos despóticos*. *[Grifos nossos]*

A necessidade civilizatória da citação, que desapareceu do Código Tributário Nacional (pela Lei Complementar 118/2005) e não foi explicitada no REsp 1.120.295-SP, está presente, todavia, no Código de Processo Civil (art. 219). Assim, se o credor possui 5 anos para exercer seu direito creditório em juízo, ele deverá fazê-lo de modo a conseguir a citação do devedor antes que o prazo de 5 anos se complete. Quando muito, terá 5 anos e 100 dias. O Código de Processo Civil traz outro artigo de interesse – agora, específico para o processo de execução –, mas que não destoa do art. 219. Vejamos: "Art. 617. A propositura da execução, deferida pelo juiz, interrompe a prescrição, mas a citação do devedor deve ser feita com observância do disposto no art. 219".

Como se observa, o indigitado art. 617 do CPC não inova os efeitos da interrupção da prescrição para as ações executivas em geral. A exceção apontada no início deste estudo (art. 174, parágrafo único, I, do CTN) é apenas e tão somente para as execuções fiscais.

Para melhor visualização do que estamos apresentando, vamos construir dois exemplos e aplicar os textos legais já citados.

Consideremos uma execução ajuizada (distribuída) em 1.2.2011. O juiz determinou a citação em 7.2.2011, efetivada em 17.5.2011. Aplicando-se o Código de Processo Civil, a prescrição foi interrompida em 1.2.2011. Considerando um crédito prescritível em cinco anos, se ele foi constituído em prazo inferior a cinco anos da interrupção, a execução deverá prosseguir. Caso contrário o processo não deve ter curso. Mas repetimos: no exemplo dado, a interrupção da prescrição ocorreu com a distribuição da execução somente porque a citação foi efetivada em até 100 dias da data do despacho do juiz que determinou a citação. Caso a citação tenha ocorrido após o transcurso do tempo já indicado, a interrupção da prescrição não retroagirá à data da propositura da ação. Assim, se a citação tiver ocorrido em 20.10.2011, será esse o momento em que se considera interrompida a prescrição.

Partindo para a análise do Código Tributário Nacional, entendemos por bem deixar consignado que a citação, ainda que realizada pela máquina judiciária, é responsabilidade do autor. Cabe a ele, autor, acompanhar com zelo e atenção seu processo, cuidando para que a citação ocorra em prazo célere e de maneira eficaz. Deve, para tanto, peticionar ao juiz e acompanhar seu processo, pois o risco do perecimento do direito é seu.

A afirmativa de que a citação é de responsabilidade do autor, ainda que não seja ele quem a efetive, é corroborada por indicações doutrinárias, como a da lavra de Humberto Theodoro Jr.:[16]

> Se *o autor promover* a citação do réu nos 10 dias seguintes ao despacho que a ordenou, considera o Código a prescrição interrompida, retroativamente, na data do referido despacho (art. 219, §§ 1º e 2º). *[Grifamos]*

Chamamos a atenção para o início do trecho colacionado: cabe ao autor promover a citação. Se cabe a ele *promovê-la*, ainda que não *realizá-la*, ele será responsável caso a providência não seja realizada. Não é outra a lição de Pontes de Miranda:[17]

> Despachada a petição, tem a parte o prazo de 10 dias para que *promova a citação* do réu. Não se trata de prazo para a citação, mas sim para a promoção, seja para que a faça o oficial público, ou seja por edital, ou seja pelo Correio. Citação requer-se.

Da legislação se infere a mesma lição. O legislador deixou registrado no Código de Processo Civil que "incumbe à parte promover a citação" (art. 219, § 2º). Além disso, é ela que poderá *promover* a citação por edital, cabendo-lhe multa se manusear essa possibilidade dolosamente (CPC, art. 233).

O que estamos querendo ressaltar é que a citação não é providência que seja, toda ela, realizada por impulso oficial. É claro que o juiz de-

16. Humberto Theodoro Jr., *Curso de Direito Processual Civil*, 4ª ed., vol. I, Rio de Janeiro, Forense, 1988, p. 291.

17. Pontes de Miranda, *Comentários ao Código de Processo Civil*, cit., 2ª ed., t. III, p. 194.

termina a citação, conforme apontado anteriormente, e espera que sua ordem seja cumprida rapidamente. Todavia, caso não seja cumprida com a brevidade necessária, deverá o autor (na execução fiscal, o exequente, a Procuradoria Fazendária) requerer, provocar o juízo para que a ordem se faça cumprir. O Código de Processo Civil não admite, em nenhum dispositivo, que o autor deixe de ser diligente e acompanhar o andamento processual. Se o juiz determinou a citação do executado por carta (Lei 6.830/1980, art. 8º, I), porque o autor *não a requereu por outra forma*, e a providência não foi cumprida em poucos dias, deve o autor peticionar nos autos e fazer o juiz ver que a providência não foi realizada. Corrobora nosso entendimento o seguinte comando legal:

> Art. 8º. (...): (...); III – se o aviso de recepção não retornar no prazo de 15 (quinze) dias da entrega da carta à agência postal, a citação será feita por oficial de justiça ou por edital; (...).

Esse texto é o inciso III do art. 8º da Lei 6.830/1980. Como se infere do referido artigo, a citação nas execuções fiscais será feita, preferentemente (*se a Fazenda Pública não a requerer por outra forma*), pelo Correio, por carta com Aviso de Recepção. Conforme estipula o texto legal citado, caso o Aviso de Recebimento retorne negativo, a citação será feita por oficial de justiça ou por edital. Pode ser que o intérprete entenda: cabe ao Poder Judiciário optar por fazer a citação por oficial de justiça ou por edital. Não nos parece, entretanto, que seja essa a determinação legal. Primeiro porque há uma opção que nos parece ser dada ao autor da lide. E, quando ele optar pela citação por oficial de justiça, pode ser que ele, diligentemente, requeira a citação por oficial de justiça em outro endereço. Imaginemos a seguinte situação: um devedor possui contra si diversas execuções fiscais. Em uma delas o credor conseguiu sua citação não no endereço de eleição (CTN, art. 127), mas no endereço que consta dos registros eleitorais, obtido mediante investigação realizada por ele, credor. Diante do retorno da carta, com Aviso de Recepção negativo, o juízo dará vista ao credor, que, nessa hipótese, requererá a citação por oficial de justiça em novo endereço, fornecido naquela oportunidade. O segundo aspecto que nos leva a crer que a opção dada no inciso III do art. 8º da LEF deve ser realizada pelo credor, após ter vista dos autos, está nos efeitos da citação feita por edital, caso não seja corretamente realizada. A citação por edital tem lugar nos termos do art. 231 do CPC.[18]

Uma dessas hipóteses pode ser, justamente, a das execuções fiscais: não localizado o executado por carta ou por oficial de justiça, o credor requer a citação por edital. Mas, se o executado, citado por edital, vem aos autos e comprova que possui endereço certo, de conhecimento da Fazenda Pública (informação repassada ao Fisco em nova Declaração de Rendimentos, por exemplo), ele – o executado – terá direito de receber a quantia de cinco salários-mínimos. É o que determina o CPC.[19] Observemos bem a redação legal: "a parte que requerer (...)". Não é o juízo que determina, sem o pedido da parte. Continuamos dentro do requisito geral: incumbe à parte promover a citação do réu. Demonstrando que a interpretação gramatical não é a única a justificar nosso ponto de vista, não teria sentido o juízo determinar – sem ser provocado – a citação por edital e, posteriormente, o autor ser condenado a pagar ao réu por uma providência a que não tenha dado azo.

A boa doutrina corrobora nosso entendimento, como damos prova com as lições de Cássio Scarpinella Bueno:[20]

> *Inércia* – A jurisdição é inerte no sentido de que ela não é prestada de ofício. Os interessados no exercício da função jurisdicional devem requerê-la, devem provocar a atuação do Estado-juiz.
>
> Nesta característica, dizem alguns autores com acerto, reside uma fundamental diferença entre a atividade jurisdicional do Estado e a atividade legislativa e administrativa. O exercício destas *funções* estatais dá-se "de ofício", isto é, por impulso próprio do Estado, é dizer, dos seus

18. CPC: "Art. 231. Far-se-á a citação por edital: I – quando desconhecido ou incerto o réu; II – quando ignorado, incerto ou inacessível o lugar em que se encontrar; III – nos casos expressos em lei".

19. CPC:
"Art. 233. A parte que requerer a citação por edital, alegando dolosamente os requisitos do art. 231, I e II, incorrerá em multa de 5 (cinco) vezes o salário-mínimo vigente na sede do juízo.
"Parágrafo único. A multa reverterá em benefício do citando."

20. Cássio Scarpinella Bueno, *Curso Sistematizado de Direito Processual Civil*, cit., 4ª ed., vol. 1, pp. 289-291.

agentes, independentemente da eventual provocação de quaisquer interessados.

(...).

A inércia da jurisdição, contudo, ainda é um valor muito intenso nas normas de direito processual civil. A lei processual civil em geral, o Código de Processo Civil em particular, mesmo depois das mais recentes reformas, ainda exige, para a prática de determinados atos, a iniciativa do interessado. (...).

A inércia da jurisdição, destarte, impõe que o autor e, mais amplamente, também o réu e eventuais terceiros intervenientes provoquem o exercício da atuação jurisdicional ao longo do processo. Caso não o façam, a tendência é a de que prevaleça o estado inicial de inércia.

Pelo exposto, entendemos que a citação é uma providência que tem que ser *promovida* pelo autor, inclusive sendo ele a Fazenda Pública. A Constituição Federal (princípio da segurança jurídica), a legislação processual e a melhor doutrina suportam nossa afirmação.

6. A interrupção da prescrição no Código Tributário Nacional

A divergência de redação entre o Código Tributário Nacional, o Código de Processo Civil e a Lei de Execução Fiscal chegou, conforme já indicado, ao STJ, que decidiu, em dado momento, pela aplicação do Código de Processo Civil.[21] Essa linha decisória estava em consonância com a interpretação sistemática e com boa parte da doutrina, mas foi obtida por apertada margem. De fato, os Mins. Humberto Gomes de Barros, Milton Luiz Pereira e Ari Pargendler entenderam que, por ser a Lei 6.830/1980 uma legislação especial, poderia dispor de forma distinta dos demais diplomas processuais. Já, os Mins. Peçanha Martins, Demócrito Reinaldo e Antônio de Pádua Ribeiro entenderam como o vo-

21. STJ, 1ª Seção, REsp/EDv 34.851-SP, rel. Min. José de Jesus Filho, *DJU* 9.8.1996, já citado. Há outras decisões do STJ, no mesmo ou em sentido diverso. Consulte-se, por exemplo, o Theotônio Negrão, *Código de Processo Civil e Legislação Processual em Vigor*, 28ª ed., São Paulo, Saraiva, 1997, nota 19 ao art. 8º da LEF, p. 877.

to-condutor do Min. José de Jesus Filho, exarado no sentido de que a regra da Lei de Execução Fiscal deve ser interpretada em combinação com o disposto no Código de Processo Civil.

Na mesma direção encontramos diversas decisões posteriores tomadas no STJ, todas elas no sentido de que "as disposições do Código Tributário Nacional devem prevalecer sobre os ditames da Lei n. 6.830/1980 (Lei de Execução Fiscal), por ser aquele lei complementar, de maior hierarquia".[22] Conforme noticia Humberto Theodoro Jr.,[23] a 2ª Turma do egrégio STJ demorou um pouco mais, mas passou a adotar o mesmo entendimento.[24]

Na doutrina colhemos algumas manifestações de interesse, como a seguinte, da lavra de Araken de Assis,[25] a respeito do processo de execução em geral – palavras exaradas à época a que estamos nos reportando:

> Em geral, a petição inicial se encontra em ordem, cabendo ao juiz, depois de examiná-la e ponderar os pressupostos processuais, deferi-la, mandando citar o executado. (...).
>
> Os efeitos da propositura da demanda executória emanam deste pronunciamento sob a condição de o ato citatório se realizar no prazo de 10 dias (art. 219, § 2º). Efetivada a citação no tempo e na forma da lei, os efeitos se reportam à data da propositura.

Humberto Theodoro Jr., comentando o art. 8º da LEF, afirma: "Trata-se, sem dúvida, de privilégio odioso, porque discrimina entre credores a forma de interromper a prescrição, sem razão plausível".[26]

22. STJ, 1ª Turma: REsp 90.152-SP, rel. Min. Demócrito Reinaldo, j. 1.12.1997, *DJU* 8.6.1998, p. 15; REsp 151.598-DF, rel. Min. Garcia Vieira, j. 10.3.1998, *DJU* 4.5.1998, p. 94.

23. Humberto Theodoro Jr., *Lei de Execução Fiscal*, 11ª ed., São Paulo, Saraiva, 2009, p. 91.

24. STJ, 2ª Turma: REsp 76.739-RS, rel. Min. Francisco Peçanha Martins, j. 23.2.1999, *RT* 769/167; REsp 502.438-SP, rela. Min. Eliana Calmon, j. 6.11.2003, *DJU* 1.12.2003, p. 319.

25. Araken de Assis, *Manual do Processo de Execução*, 5ª ed., 2ª tir., São Paulo, Ed. RT, 1998, pp. 307-308.

26. Humberto Theodoro Jr., *Lei de Execução Fiscal*, cit., 11ª ed., p. 90.

Essas posições dogmáticas e as decisões judiciais citadas motivaram o legislador a editar a Lei Complementar 118/2005 e levar o conteúdo da Lei de Execução Fiscal (o despacho do juiz que determina a citação interrompe a prescrição) para o Código Tributário Nacional, superando o problema da hierarquia de normas.[27]

Evidentemente, a alteração beneficiou os Fiscos, em detrimento dos contribuintes.

Após a Lei Complementar 118/2005 observamos significativa alteração na jurisprudência do STJ, que amplamente aceitou a escolha do legislador.[28] O egrégio TRF-3ª Região tem aplicado a mesma linha jurisprudencial.[29]

Evidentemente, o despacho do juiz que determina a citação e a própria ocorrência da citação são momentos muito diferentes, e entre ambos pode passar um longo período de tempo. Tanto é assim que o legislador, no Código de Processo Civil, estipulou outros mandamentos em relação à interrupção da prescrição e à citação, constantes dos §§ do citado art. 219.

No exemplo já apresentado (execução ajuizada em 1.2.2011; despacho do juiz determinando a citação datado de 7.2.2011; citação efetivada em 17.5.2011), aplicando-se o Código Tributário Nacional, a prescrição foi interrompida em 7.2.2011. Consideremos, agora, uma execução fiscal ajuizada (distribuída) em 1.2.2011. O juiz determinou a citação em 7.2.2011, efetivada em 17.5.2017. Aplicando-se o Código de Processo Civil, a prescrição foi interrompida em 17.5.2017. Aplicando-se o Código Tributário Nacional, a prescrição foi interrompida em 7.2.2011. Se a dívida do exemplo for tributária, com prazo prescricional de cinco anos, certamente a aplicação do Código de Processo Civil levaria à caracterização da prescrição, enquanto a aplicação estrita e literal do Código Tributário Nacional não.

27. Por nós tratada no artigo "A interrupção do prazo de prescrição, pela citação, na Lei Complementar 118/2005", *Revista Dialética de Direito Tributário* 115/108-115, São Paulo, Dialética, 2005.

28. STJ, 2ª Turma: AGA-AI/AgR 1.048.148, Processo 200801057971-PR, rela. Min. Eliana Calmon, j. 16.9.2008, *DJe* 14.10.2008; REsp 1.041.033-RS, rel. Min. Mauro Campbell Marques, j. 5.8.2008, *DJe* 22.8.2008.

29. TRF-3ª Região, 1ª Turma, AI 343.830-SP, rel. Des. federal Luiz Stefanini, j. 9.12.2008, *DJF3* 26.1.2009, p. 246.

A redação atual do Código Tributário Nacional demonstra que o legislador complementar alterou radicalmente a interrupção da prescrição executiva fiscal, fazendo-o de maneira a beneficiar a Fazenda Pública, em detrimento do contribuinte. Assim, a Administração Fazendária poderá aguardar praticamente por cinco anos antes de ajuizar a execução fiscal, atentando-se apenas para que o juiz determine a citação dentro do interregno indicado. Após o despacho do juiz, os procuradores fazendários poderão despreocupar-se com o feito, pois a interrupção da prescrição já terá beneficiado os cofres públicos.

Humberto Theodoro Jr. aduz, ainda que por outros motivos, que a legislação "praticamente instituiu a imprescritibilidade da Dívida Ativa a partir do ajuizamento da execução fiscal, mesmo que o feito venha a paralisar-se, no nascedouro, sem completar a relação processual".[30] De fato, talvez seja isso que estejamos vivenciando.

7. Superação do problema por parte dos exequentes

A efetiva citação do executado é essencial para a interrupção do prazo de prescrição. Lembramo-nos das palavras de Pontes de Miranda: "Sempre levei a sério o direito processual. É o ramo das leis mais rente à vida. Por ele poder-se-iam classificar os povos".[31] Diminuir a importância da efetiva citação na interrupção do prazo de prescrição do crédito tributário é laborar para que o sistema tributário brasileiro não seja classificado entre aqueles dos povos mais evoluídos ou que levam o direito dos súditos a sério.

O que podem fazer os procuradores de Fazenda Pública para evitar os problemas aqui levantados? A primeira medida nos parece ser ajuizar as execuções fiscais o mais próximo possível da constituição do crédito tributário.[32] Acreditamos que o ajuizamento das execuções em 90 dias da constatação da mora do sujeito passivo é a primeira medida a ser tomada. Em segundo lugar, realizar o acompanhamento processual dos feitos pelo meio de sistema informatizado que *avise*, que *aler-*

30. Humberto Theodoro Jr., *Lei de Execução Fiscal*, cit., 11ª ed., p. 92.

31. Pontes de Miranda, *Comentários ao Código de Processo Civil*, cit., t. I, p. XV.

32. V. nosso artigo "Efeitos do ajuizamento tardio das execuções fiscais", *Revista Dialética de Direito Tributário* 170/64-74, São Paulo, Dialética, 2009.

te o agente do Estado da necessidade de peticionar ao juízo da causa, promovendo, dessa maneira, a citação e outros atos processuais. Assim, um sistema de acompanhamento processual do exequente deve ser abastecido com a data da distribuição da inicial, a data do despacho do juiz que determina a citação e com a data da efetivação da providência. Caso o sistema não seja *alimentado* com essas informações, ele emitirá um aviso ao procurador: "Atenção para a não realização da citação". Com essa informação, o advogado do Fisco, agindo como credor diligente, requererá outra providência ao órgão judiciário, nos termos da legislação já apresentada.

Em outros termos: para o cumprimento do ordenamento jurídico nacional não é necessário uma legislação que fira os direitos do contribuinte e que envergonhe os juristas brasileiros diante de seus pares estrangeiros. É, antes de tudo, necessário que os agentes políticos e públicos percebam que o cumprimento do sistema legal exige providências administrativas. Não se resolvem os problemas nacionais com novas leis, pois elas não nos faltam. Mas talvez falte a Administração Pública que o brasileiro, notadamente aquele que suporta a nada desprezível carga fiscal nacional, merece.

8. Conclusão

Pelo exposto, entendemos que a interrupção da prescrição com relação à citação deve ser tratada no Código de Processo Civil, que construiu um mecanismo adequado com o princípio da segurança. Nesses termos, concluímos que a Lei Complementar 118/2005, ao alterar o art. 174, parágrafo único, I, do CTN, bem como a decisão do REsp 1.120.295-SP do egrégio STJ não visualizaram as referências constitucionais que abarcam o assunto. O STF prestará um grande serviço à segurança jurídica afastando tais marcos de nosso ordenamento jurídico.

Referências bibliográficas

ASSIS, Araken de. *Manual do Processo de Execução*. 5ª ed., 2ª tir. São Paulo, Ed. RT, 1998.

ATALIBA, Geraldo. *Hipótese de Incidência Tributária*. 6ª ed., 14ª tir. São Paulo, Malheiros Editores, 2013.

BALEEIRO, Aliomar. *Uma Introdução à Ciência das Finanças*. 14ª ed., atualizada por Flávio Bauer Novelli. Rio de Janeiro, Forense, 1987.

BECHO, Renato Lopes. "A interrupção do prazo de prescrição, pela citação, na Lei Complementar 118/2005". *Revista Dialética de Direito Tributário* 115/108-115. São Paulo, Dialética, 2005.

__________. "Efeitos do ajuizamento tardio das execuções fiscais". *Revista Dialética de Direito Tributário* 170/64-74. São Paulo, Dialética, 2009.

__________. *Filosofia do Direito Tributário*. São Paulo, Saraiva, 2009.

BUENO, Cássio Scarpinella. *Curso Sistematizado de Direito Processual Civil*. 4ª ed., vol. 1. São Paulo, Saraiva, 2010.

CARRAZZA, Roque Antonio. *Curso de Direito Constitucional Tributário*. 29ª ed. São Paulo, Malheiros Editores, 2013.

MARQUES, José Frederico. *Manual de Direito Processual Civil*. vol. 1. São Paulo, Saraiva, 1974.

NEGRÃO, Theotônio. *Código de Processo Civil e Legislação Processual em Vigor*. 28ª ed. São Paulo, Saraiva, 1997.

PONTES DE MIRANDA, F. C. *Comentários ao Código de Processo Civil*. t. I. Rio de Janeiro, Forense, 1974; 2ª ed., t. III. Rio de Janeiro, Forense, 1974.

THEODORO JR., Humberto. *Curso de Direito Processual Civil*. 4ª ed., vol. I. Rio de Janeiro, Forense, 1988.

__________. *Lei de Execução Fiscal*. 11ª ed. São Paulo, Saraiva, 2009.

A APLICAÇÃO DOS PRINCÍPIOS CONSTITUCIONAIS DO DIREITO AO DEVIDO PROCESSO LEGAL, DO DIREITO À AMPLA DEFESA E AO CONTRADITÓRIO NOS PROCEDIMENTOS ADMINISTRATIVOS DE FISCALIZAÇÃO FEDERAL. BREVE ANÁLISE DESTE POR MEIO DE JULGADOS DO CONSELHO ADMINISTRATIVO DE RECURSOS FISCAIS/CARF

SUSY GOMES HOFFMANN

1. Introdução

Ao ser convidada a escrever um artigo em homenagem ao professor Roque Antonio Carrazza, passei a refletir sobre um tema que me possibilitasse demonstrar a enorme influência das lições do professor Roque na minha vida acadêmica e profissional.

Sempre que leio um artigo do Professor, que releio seu livro *Curso de Direito Constitucional Tributário*, que escuto suas palestras ou aulas, indubitavelmente suas palavras e suas lições me chamam à reflexão e ao aprofundamento nos estudos.

Nesses últimos anos dediquei-me, primordialmente, às funções assumidas, primeiramente como Conselheira integrante do antigo 3º Conselho de Contribuintes e depois como Vice-Presidente do atual Conselho Administrativo de Recursos Fiscais/CARF – funções, estas, que me fazem, diuturnamente, interpretar o Direito e subsumir o caso que se apresenta à lei.

Nesses momentos, por certo que surgem as dúvidas e as incertezas, inerentes à tarefa de julgar; por outro lado, pude perceber ainda de forma mais evidente a importância dos doutrinadores, pois, se a interpretação "autêntica" é feita pelo aplicador da lei, os caminhos desta interpretação são dados pelos doutrinadores.

Daí revelou-se ainda mais para mim a importância da obra do professor Roque Carrazza, pois, apesar de atuar num Tribunal Administrativo em que não se pode discutir a constitucionalidade das leis, é ínsito que tudo que gira em torno do direito tributário envolve a Constituição Federal e todos os direitos, deveres e garantias ali estipulados.

Nesta seara, o professor Roque trouxe e traz luzes a todos os estudiosos e aos aplicadores do Direito.

O tema ora escolhido é muito discutido. Apesar de muitos entenderem que os princípios do devido processo legal, do direito ao contraditório e à ampla defesa não se aplicam à fase de fiscalização que antecede a lavratura do lançamento de ofício e da aplicação da penalidade[1] (no CARF já houve até propostas de súmulas neste sentido[2]), sempre defendi que tais princípios se aplicam ao procedimento fiscalizatório e, em especial, para todos os tributos sujeitos ao denominado "lançamento por homologação".

E, nesta linha de pensamento, é certo que todas as lições do professor Roque Carrazza sempre estiveram presentes, como deixarei claro ao longo deste artigo.

Este artigo é uma forma singela, mas muito verdadeira, de homenagear o grande e querido professor Roque Antonio Carrazza.

Tomei a liberdade de fazer esta breve "Introdução" na primeira pessoa do singular, em vista das particularidades aqui contidas.

1. Neste sentido deve ser citada a ementa do Acórdão 201-81498, de 10.10.2008: "Processo administrativo fiscal – Preliminar – Nulidade – Cerceamento do direito de defesa. As garantias constitucionais do contraditório e da ampla defesa só se manifestam com o processo administrativo, iniciado com a impugnação do auto de infração. Não existe cerceamento do direito de defesa durante o procedimento de fiscalização, procedimento inquisitório que não admite contraditório".

2. Na sessão do Pleno da Câmara Superior de Recursos Fiscais do CARF, em 8.12.2009, foi rejeitada a proposta de Súmula que possuía o seguinte enunciado: "As garantias constitucionais do contraditório e da ampla defesa só se manifestam com a instauração do litígio". Tive a oportunidade de me manifestar pedindo que os conselheiros votassem pela rejeição da súmula, que restou rejeitada por 19 votos a 6.

2. *O direito ao devido processo legal, à ampla defesa e ao contraditório e a "realidade" dos tributos sujeitos ao "lançamento por homologação"*

Uma breve consideração antes de adentrar a discussão deste item. Sempre permeou esta discussão a posição contrária à que ora se adota, qual seja, a premissa de que era inviável a posição de defesa de direito à ampla defesa e ao contraditório no curso do procedimento de fiscalização.[3] Entretanto, talvez em virtude da defesa aqui pretendida, a realidade é no sentido de que transparece que esta é uma premissa daquelas "inquestionáveis", verdadeiros "dogmas", mas sem fundamento constitucional ou legal.

O art. 5º da CF, em seus incisos LIV e LV, dispõe:

> Art. 5º. (...): (...); LIV – ninguém será privado da liberdade ou de seus bens sem o devido processo legal; LV – aos litigantes, em processo judicial ou administrativo, e aos acusados em geral são assegurados o contraditório e ampla defesa, com os meios e recursos a ela inerentes; (...).

Em razão de uma interpretação literal dos termos "litigantes" e "processo", a interpretação mais comum é no sentido de que estes direitos não se aplicam aos "procedimentos" investigatórios – como seria, por exemplo, o caso de um inquérito policial ou de um procedimento de fiscalização.

A primeira crítica que se pode fazer a este entendimento é pela impossibilidade da comparação entre o inquérito e o procedimento fiscalizatório, pois, primeiro, num inquérito a Polícia costuma trabalhar com mais de uma possibilidade da autoria do eventual crime, enquanto numa fiscalização é certo que ela ocorre frente a determinado contribuinte; em segundo lugar, se a partir do inquérito for feita uma denúncia e for instaurado o processo criminal, todo o ônus da prova recairá para

3. Na defesa do Doutorado, pelo tema "Teoria da Prova no Direito Tributário", foi enfrentada esta discussão, nos idos de 1998, em que foi defendida a tese de que era possível a defesa da prerrogativa do devido processo legal no processo fiscalizatório. Os anos de Advocacia e em especial os anos de trabalho na Junta de Recursos Tributários no Município de Campinas e depois, a partir de 2005, os anos de trabalho no CARF demonstram que estes princípios se aplicam ao procedimento fiscalizatório.

a acusação, de tal maneira que as provas serão produzidas no curso do processo criminal, enquanto no procedimento de fiscalização, ao culminar na lavratura do auto de infração que veicula o lançamento tributário e a imposição das penalidades, ao término do processo administrativo, se restar confirmada a constituição do crédito tributário, o contribuinte deverá estar ciente de que, por qualquer via processual eleita, o ônus da prova de demonstrar o erro, a ilegalidade ou a inconstitucionalidade da cobrança é seu.

A segunda crítica a ser feita a este entendimento é que não se pode deixar de considerar, ao menos consoante a posição ora adotada, que esta é uma posição restritiva de direitos. Esta crítica fica mais clara durante a exposição aqui pretendida.

O foco deste artigo é a aplicação dos princípios citados nos lançamentos veiculados ao final de um procedimento de fiscalização no que se refere aos tributos sujeitos ao lançamento por homologação.

E, para tanto, não há que ser analisado o inciso LV do art. 5º da CF sem sua inserção em todo o sistema constitucional e sua ligação umbilical com o inciso LIV do mesmo artigo.

Cabe citar os ensinamentos do professor Roque Antonio Carrazza:[4]

> Permitam-se relembrar que "princípio constitucional" é uma regra básica, implícita ou explícita, que, por sua grande generalidade, ocupa posição de preeminência no mundo do Direito e, por isso, vincula o entendimento e a boa aplicação seja dos simples atos normativos, seja dos próprios mandamentos constitucionais.
>
> Observem que o princípio constitucional interfere na interpretação e na aplicação até das normas constitucionais. Ninguém ignora que, por vezes, uma norma constitucional aceita duas, três, interpretações. Qual haverá de prevalecer? A *priori*, respondo: aquela que estiver em sintonia com o princípio constitucional que lhe for mais próximo. Daí costumar-se dizer que os princípios são vetores para soluções interpretativas.
>
> Com efeito, na análise de qualquer problema jurídico, por mais trivial que seja ou por mais trivial que pareça ser, deve o jurista alçar-se ao

4. Transcrição do XIX Congresso Brasileiro de Direito Tributário, trecho da palestra proferida na Mesa de Debates sobre "República e Constituição", *RDTributário* 94/161, São Paulo, Malheiros Editores, 2006.

altiplano dos princípios constitucionais. Para quê? Para verificar em que sentido, em que direção, os princípios constitucionais apontam. Nenhuma interpretação será havida por jurídica – e, portanto, por boa – se fizer *tabula rasa* de qualquer princípio constitucional.

Mas alguém poderia observar – com toda razão – que um princípio constitucional não passa de uma regra. Concordo. É, porém, uma regra básica, que, por ter um âmbito de validade maior, orienta a interpretação de outras regras, inclusive das regras constitucionais.

(...).

Assim, utilizando-se das lições acima, há que se entender que os princípios constitucionais do direito à ampla defesa e ao contraditório estão entrelaçados com o princípio constitucional do devido processo legal.

Ora, se um procedimento fiscalizatório poderá culminar com um ato administrativo que veiculará um lançamento tributário e aplicará uma penalidade que, em muitos casos, traz reflexos penais, além de privar o contribuinte de seus bens ao exigir o tributo, há que se entender que, durante este procedimento, o contribuinte deve ser ouvido, deve ter a oportunidade de explicar os motivos pelos quais realizou as operações, omitiu informações nos documentos contábeis etc.

O art. 142 do CTN, que veicula o procedimento para a constituição do crédito tributário, dispõe: "Compete privativamente à autoridade administrativa constituir o crédito tributário pelo lançamento, assim entendido o procedimento administrativo tendente a verificar a ocorrência do fato gerador da obrigação correspondente, determinar a matéria tributável, calcular o montante do tributo devido, identificar o sujeito passivo e, sendo caso, propor a aplicação da penalidade cabível".

Ora, se o procedimento administrativo irá verificar a "ocorrência do fato gerador " e se todos os elementos deste fato foram indicados pelo contribuinte, sua presença ativa neste procedimento é fato relevante.[5]

5. Relevante considerar que desde a entrada em vigor do Código Tributário Nacional até os dias atuais passaram-se mais de quatro décadas, com aumento do número de tributos, e todos sujeitos ao lançamento por homologação. De tal modo que se impôs que toda a interpretação das leis tributárias, apuração dos tributos, além de toda o trabalho com o cumprimento dos deveres formais, recaiam sobre o contribuinte.

Ainda – e este é o foco deste artigo –, esta *oportunidade de se manifestar* é essencial nas fiscalizações dos tributos em que o lançamento ocorre na modalidade "por homologação".[6]

Nos tributos sujeitos ao lançamento por homologação pressupõe-se que o contribuinte, seja ele pessoa física ou jurídica, deve: (a) conhecer a lei (a ninguém é autorizado alegar desconhecê-la); (b) interpretar a lei; (c) realizar todas as diligências e todos os procedimentos necessários para cumprir os chamados deveres instrumentais (no linguajar do Código Tributário Nacional – "obrigações acessórias"); (d) apurar o valor do tributo; e, finalmente, (e) pagar o tributo.

Na fiscalização sobre a correção pelos contribuintes da apuração e pagamento dos tributos sujeitos ao lançamento por homologação, salvo raríssimas exceções atreladas a erro evidente de valores, não é possível à Fiscalização, consoante a ideia ora defendida, lançar diretamente os tributos sem que seja dado direito ao contribuinte de se manifestar.

O raciocínio aqui adotado deve ficar mais claro mediante exemplos.

Uma pessoa física apresenta a Declaração de Ajuste Anual de seu imposto sobre a renda. Nesta Declaração aponta gastos com médicos, indicando nome, CPF e os respectivos gastos. Se, num processo fiscalizatório, a Receita Federal, por meio de seus agentes, pretender glosar respectivos valores, não há dúvidas de que, além de abrir a fiscalização, deverá solicitar que o contribuinte comprove tais gastos, seja por meio dos recibos, seja por meio da comprovação do efetivo pagamento e do efetivo serviço prestado. Neste caso, seria possível que se abrisse a fiscalização com o respectivo Mandado de Procedimento Fiscal/MPF e, ato contínuo, já se autuasse o contribuinte, glosando os valores das referidas despesas médicas?

A posição defendida é no sentido de que ao contribuinte é dado o dever de apurar o tributo, indicando as receitas tributáveis, imunes e isentas, bem como as despesas dedutíveis. Para a Fiscalização poder glosar a despesa, como no caso exemplificado, é preciso dar a chance ao contribuinte de explicar o motivo de ter lançado tal despesa. A falta

6. Importante registrar que não será analisada a hipótese do lançamento direto, porque, em conformidade com o atual sistema tributário, nenhum dos tributos federais está sujeito ao lançamento direto ou ao lançamento por declaração.

desta "chance", de acordo com o aqui defendido, macula o procedimento administrativo, trazendo sua nulidade.

Aqueles contrários a esta tese indicam que o art. 59 do Decreto 70.235/1972[7] não traz este caso de nulidade, vez que a preterição do direito de defesa só pode ocorrer nos despachos ou decisões após instaurado o processo administrativo. Todavia, a CF de 1988 traz a disposição do art. 5º, acima citado, e a nulidade poderá ser analisada e decretada pelo tribunal administrativo se for entendido que houve afronta ao devido processo legal durante o procedimento fiscalizatório, ou durante o processo fiscalizatório, sem as restrições do referido art. 59.

Outro exemplo, ainda na seara das pessoas físicas. A Declaração de Ajuste de um contribuinte pessoa física em comparação com o informativo da instituição financeira de que este contribuinte mantém conta-corrente e aplicações indica que foi informado pelo contribuinte valor muito inferior de rendimentos do que aqueles indicados pela citada instituição financeira. Neste caso, abre-se a fiscalização mediante o procedimento adequado, e o contribuinte deve ser intimado para esclarecer esta diferença. Pode ser considerada a hipótese de que o contribuinte apenas se manifeste com respostas evasivas e a Fiscalização opte por solicitar os dados bancários detalhados para a instituição financeira,[8] e, então, verifica-se que há inúmeros depósitos em sua conta-corrente. A Fiscalização, não poderá, consoante a ótica deste artigo, fazer diretamente o lançamento mediante a lavratura do auto de infração, fundamentado na presunção legal do art. 42 da Lei 9.430/1996.[9]

7. Decreto 70.235/1972:

"Art. 59. São nulos: I – os atos e termos lavrados por pessoa incompetente; II – os despachos e decisões proferidos por autoridade incompetente ou com preterição do direito de defesa.

"§ 1º. A nulidade de qualquer ato só prejudica os posteriores que dele diretamente dependam ou sejam consequência.

"§ 2º. Na declaração de nulidade, a autoridade dirá os atos alcançados, e determinará as providências necessárias ao prosseguimento ou solução do processo.

"§ 3º. Quando puder decidir do mérito a favor do sujeito passivo a quem aproveitaria a declaração de nulidade, a autoridade julgadora não a pronunciará nem mandará repetir o ato ou suprir-lhe a falta" (incluído pela Lei 8.748/1993).

8. Não será analisada ou tratada a questão da eventual inconstitucionalidade da Lei Complementar 105/2001, que permite o acesso da Fiscalização aos dados bancários do contribuinte.

9. Dispõe tal artigo da Lei 9.430/1996:

Deverá notificar o contribuinte a apontar a origem de todos estes depósitos em conta. Se for constatada a ausência desta indicação pelo contribuinte ou se esta indicação não estiver calcada em provas, a Fiscalização poderá desconsiderá-la e fazer o lançamento e aplicar as penalidades.

Importante analisar exemplos de contribuintes pessoas jurídicas.

Uma pessoa jurídica lança como despesa dedutível para fins de apuração do imposto sobre a renda o valor pago a título de juros sobre o valor principal de um empréstimo feito por outra pessoa jurídica, considerando que as pessoas jurídicas pertencem ao mesmo grupo econômico. Para a Fiscalização este valor não poderia ser dedutível, em tese, por não se configurar uma despesa que esteja enquadrada no previsto no art. 299 do Regulamento do Imposto sobre a Renda/RIR.

"Art. 42. Caracterizam-se também omissão de receita ou de rendimento os valores creditados em conta de depósito ou de investimento mantida junto a instituição financeira, em relação aos quais o titular, pessoa física ou jurídica, regularmente intimado, não comprove, mediante documentação hábil e idônea, a origem dos recursos utilizados nessas operações.

"§ 1º. O valor das receitas ou dos rendimentos omitido será considerado auferido ou recebido no mês do crédito efetuado pela instituição financeira.

"§ 2º. Os valores cuja origem houver sido comprovada, que não houverem sido computados na base de cálculo dos impostos e contribuições a que estiverem sujeitos, submeter-se-ão às normas de tributação específicas, previstas na legislação vigente à época em que auferidos ou recebidos.

"§ 3º. Para efeito de determinação da receita omitida, os créditos serão analisados individualizadamente, observado que não serão considerados: I – os decorrentes de transferências de outras contas da própria pessoa física ou jurídica; II – no caso de pessoa física, sem prejuízo do disposto no inciso anterior, os de valor individual igual ou inferior a R$ 1.000,00 (mil Reais), desde que o seu somatório, dentro do ano-calendário, não ultrapasse o valor de R$ 12.000,00 (doze mil Reais). *[V. Lei 9.481/1997]*

"§ 4º. Tratando-se de pessoa física, os rendimentos omitidos serão tributados no mês em que considerados recebidos, com base na Tabela Progressiva vigente à época em que tenha sido efetuado o crédito pela instituição financeira.

"§ 5º. Quando provado que os valores creditados na conta de depósito ou de investimento pertencem a terceiro, evidenciando interposição de pessoa, a determinação dos rendimentos ou receitas será efetuada em relação ao terceiro, na condição de efetivo titular da conta de depósito ou de investimento. *[Incluído pela Lei 10.637/2002]*

"§ 6º. Na hipótese de contas de depósito ou de investimento mantidas em conjunto, cuja declaração de rendimentos ou de informações dos titulares tenham sido apresentadas em separado, e não havendo comprovação da origem dos recursos nos termos deste artigo, o valor dos rendimentos ou receitas será imputado a cada titular mediante divisão entre o total dos rendimentos ou receitas pela quantidade de titulares." *[Incluído pela Lei 10.637/2002]*

Todavia, considerando que não há uma previsão legal expressa sobre o referido tema, a Fiscalização teria que abris a fiscalização por meio do competente MPF e, para ser possível glosar tal despesa, notificar a empresa para explicar as razões sobre tal lançamento de despesas.

Mais um exemplo. Uma pessoa jurídica que apura o PIS e a COFINS por meio da sistemática da não cumulatividade utiliza créditos de inúmeros insumos, com base no art. 3º da Lei 10.637/2002 e no art. 3º da Lei 10.833/2003.[10]

Neste caso, em especial, a interpretação é muito controvertida, e talvez seja um dos temas mais polêmicos atualmente. Pois bem, a doutrina e grande parte da jurisprudência, em especial administrativa, partem do pressuposto de que o bem ou serviço, para ser considerado insumo, precisa estar relacionado com a atividade empresarial. Então, como corolário lógico, numa eventual fiscalização será necessário que o Fisco verifique esta "relação" entre o bem ou serviço considerado insumo e o produto ou serviço objeto da atividade empresarial.

Assim, se coube à própria sociedade empresarial fazer a apuração dos respectivos tributos e considerou os bens ou serviços como insumos, como poderia a Fiscalização, sem notificar a empresa, após abrir o procedimento fiscal, já autuar o contribuinte, sem lhe dar a chance de apresentar suas razões?

Outro exemplo. Numa importação, determinado contribuinte pessoa jurídica importa determinado produto e o classifica numa posição. No momento do desembaraço aduaneiro a fiscalização entende que tal produto não deve ser classificado naquela posição, mas, frente à dificuldade de apurar a correta classificação, determina que seja feita perícia. Ademais, o produto é perecível. Seria possível que todo este procedimento fosse realizado sem a participação efetiva do contribuinte, seja guardando uma contraprova, seja participando da perícia?

10. Dispõe tal artigo: "Art. 3º. Do valor apurado na forma do art. 2º a pessoa jurídica poderá descontar créditos calculados em relação a: (...); II – bens e serviços, utilizados como insumo na prestação de serviços e na produção ou fabricação de bens ou produtos destinados à venda, inclusive combustíveis e lubrificantes, exceto em relação ao pagamento de que trata o art. 2º da Lei n. 10.485, de 3 de julho de 2002, devido pelo fabricante ou importador, ao concessionário, pela intermediação ou entrega dos veículos classificados nas posições 87.03 e 87.04 da TIPI; (...)" (redação dada pela Lei 10.865/2004).

Enfim, exemplos elucidadores.

Será que é possível adotar a linha de que os lançamentos eventualmente decorrentes desses processos fiscalizatórios seriam corretos e legais se não tivesse sido dada a oportunidade para o contribuinte se manifestar durante o processo fiscalizatório?

A resposta é negativa.

A questão é que, conforme pode ser aferido dos exemplos acima, a participação do contribuinte numa fiscalização dos tributos sujeitos ao lançamento por homologação é fundamental, pois os dados que levaram à apuração do tributo e que, por sua vez, levaram o Poder Público a realizar a fiscalização são dados fornecidos pelo contribuinte, e ele deverá, antes de sofrer a autuação, ter a oportunidade de mostrar e demonstrar os motivos pelos quais indicou aqueles números e aqueles fatos.

Somente mediante a participação efetiva do contribuinte no procedimento fiscalizatório se estará dando cumprimento ao comando constitucional do devido processo legal.

3. A breve análise do tema a partir de julgados do CARF

A partir da experiência na esfera do contencioso administrativo fiscal federal pode-se verificar que grande parte dos procedimentos fiscalizatórios que culminam nas autuações fiscais obedece a estes princípios, trazendo a oportunidade de o contribuinte se manifestar.[11]

Não haveria sentido que fosse feito de forma diversa, daí que traz perplexidade o fato de ainda haver julgados do CARF apontando pela inviabilidade de serem arguidos os princípios do contraditório e da ampla defesa durante o procedimento fiscalizatório.

Entretanto, muitos julgados guardam no seu voto (diferente do que consta da ementa) o relatório do ocorrido, destacando que no procedi-

11. Apenas a título de exemplo, cita-se o seguinte acórdão contrário à tese defendida (Acórdão 3302001.895):

"Cerceamento do direito de defesa – Fase inquisitória – Nulidade – Inocorrência.

"Os procedimentos da autoridade fiscalizadora têm natureza inquisitória, não se sujeitando, necessariamente, ao contraditório os atos lavrados nessa fase.

"Somente depois de lavrado o auto de infração e instalado o litígio administrativo é que se pode falar em obediência aos ditames do princípio do contraditório e da ampla defesa."

mento de fiscalização houve o diálogo com o contribuinte. Cita-se, a título de exemplo, ementa de julgado do CARF (Acórdão 3102001.665):

> Considera-se incontroversa a matéria objeto do recurso quando não impugnada em primeiro grau.
>
> Cerceamento do direito de defesa. Não há que se cogitar de nulidade do lançamento de ofício quando, no decorrer da fase litigiosa do procedimento administrativo, é dada ao contribuinte a possibilidade de exercício do direito ao contraditório e à ampla defesa.
>
> Inconstitucionalidade de normas tributárias – Incompetência – Aplicação da Súmula n. do CARF. Este Colegiado é incompetente para apreciar questões que versem sobre constitucionalidade das leis tributárias.
>
> Falta de atendimento à intimação que impede ou dificulta a apuração dos fatos – Multa de embaraço à Fiscalização. A falta de atendimento à intimação da Fiscalização, que impede ou dificulta a apuração dos fatos, sujeita o infrator à aplicação da penalidade de embaraço à fiscalização, prevista no art. 107, inciso IV, alínea "c", do Decreto-lei n. 37/66 – Recurso voluntário negado.

Num exame um pouco mais aprofundado deste julgado[12] pode-se verificar que durante o procedimento fiscalizatório foi dada oportunidade para o contribuinte se manifestar, de modo que a alegação de eventual preterição do direito à ampla defesa e ao contraditório não se sustentava; assim, de fato, e a partir da análise do caso, o entendimento da Turma Julgadora não foi o de que não caberia a aplicação destes

12. Constou do relatório fiscal no caso do primeiro acórdão citado:

"Conforme relato da autoridade autuante, a referida multa foi aplicada pelo fato de a empresa acima qualificada não haver atendido, no prazo estipulado, à intimação fiscal para apresentação de documentos e esclarecimentos.

"Consta da 'Descrição dos Fatos', contida na peça impositiva, que a empresa foi intimada pelo Termo de Início de Fiscalização, de 23.12.2006, a fornecer cópia da documentação relativa ao pagamento de seguro sobre transporte internacional de mercadorias importadas no período de 2003 a 2005. Na resposta de 12.3.2007 a empresa informou não ser possível atender à intimação, posto que os documentos estavam apreendidos pela Receita Federal de Ribeirão Preto, por determinação judicial. Segundo a Fiscalização, referida situação poderia ter sido contornada, bastando que a empresa solicitasse à seguradora cópia dos referidos documentos."

princípios no procedimento de fiscalização, mas de que, no caso concreto, não houve o afastamento dos princípios.

É certo que ainda existem julgados – poucos – que admitem que a ausência de intimação do contribuinte para explicações durante o curso do procedimento fiscalizatório não macula o lançamento. Veja-se a seguinte ementa (Acórdão 2802002.124):

> Fase de fiscalização – Nulidade – Cerceamento de defesa e contraditório.
>
> Durante o procedimento de fiscalização não existe contraditório e ampla defesa. Esses direitos serão exercidos com a instauração do processo administrativo fiscal pela apresentação de impugnação tempestiva.
>
> Súmula CARF n. 12.
>
> Constatada a omissão de rendimentos sujeitos à incidência do imposto de renda na Declaração de Ajuste Anual, é legítima a constituição do crédito tributário na pessoa física do beneficiário, ainda que a fonte pagadora não tenha procedido à respectiva retenção.

Neste caso acima citado, o histórico consiste no fato de o contribuinte não ter indicado em sua Declaração de Ajuste rendimento tributável recebido de pessoa jurídica, que, por sua vez, informou ao Fisco o pagamento ao referido contribuinte. Com base nesta informação, a Fiscalização já realizou o ato administrativo do lançamento com a imposição da penalidade.

O problema neste caso é a incidência da Súmula CARF-46, que dispõe: "O lançamento de ofício pode ser realizado sem prévia intimação ao contribuinte, quando o Fisco dispuser de elementos suficientes para a constituição do crédito tributário".

Algumas observações sobre esta Súmula. Primeiro, sua votação na sessão do Pleno da Câmara Superior de Recursos Fiscais do CARF realizada em 8.12.2009 trouxe um resultado que demonstra a polêmica de seu enunciado: 13 votos favoráveis à sua aprovação contra 12 votos contrários.[13] A segunda observação é que implicitamente se admite que

13. Apenas a título de comentário, é importante considerar que estava ausente um conselheiro no momento desta votação, e este voto poderia ter alterado o resultado da aprovação da referida Súmula.

na grande maioria dos casos – que são os casos em que o Fisco não dispõe dos elementos suficientes para lançar diretamente o tributo – o contribuinte tem que ser intimado a se manifestar, o que corrobora todo o arrazoado apresentado neste artigo. A terceira observação é que é lamentável que num Estado Democrático de Direito, em que ao contribuinte é imposto todo o dever de interpretar e apurar os tributos, obrigando-o a cumprir inúmeros deveres instrumentais e formais, o que faz com o que o "custo Brasil" só aumente, não lhe seja dada a chance de explicar eventual falha, e o contribuinte desde logo sofra o lançamento, exigindo-se o tributo e a aplicação da penalidade.

Outro julgado que denota a relevância do tema, e que é elucidador, é o constante do Acórdão 1401000.713:

> Nulidade do auto de infração – Requisitos essenciais – Cerceamento do direito de defesa – Não ocorrência.
>
> Tendo sido regularmente oferecida a ampla oportunidade de defesa, com a devida ciência do auto de infração, e não provada violação das disposições previstas na legislação de regência, restam insubsistentes as alegações de cerceamento do direito de defesa e de nulidade do procedimento fiscal.

Este julgado indica, de acordo com a linha ora exposta, o caminho que vem sendo seguido pelo CARF, qual seja, o de analisar o ocorrido durante o procedimento fiscalizatório. Isto é, verifica-se se houve o diálogo com o contribuinte durante o procedimento de fiscalização, analisa-se se o contribuinte foi intimado a se manifestar sobre o objeto da fiscalização; e se constata se o contribuinte demonstrou que, efetivamente, houve a preterição dos direitos de ampla defesa e do contraditório.

Importante julgado sobre o tema veiculado nestas linhas ainda deve ser citado. Trata-se do julgado da 2ª Turma da Câmara Superior de Recursos Fiscais do CARF, Acórdão 9202002.413, que tem a seguinte ementa:

> *Assunto:* Contribuições sociais previdenciárias.
>
> Exercício: 2002, 2003, 2004, 2005, 2006.
>
> Auto de infração – Nulidade – Domicílio tributário – Estabelecimento centralizador. Prevalece o direito à eleição do domicilio tributário, reco-

nhecido em decisão judicial, que somente pode ser recusado nas hipóteses comprovadas de impossibilidade ou dificuldade de realização da ação fiscal.

Deve ser declarada a nulidade de lançamento que aplica arbitramento pela falta de apresentação de documentação quando a fiscalização foi realizada em domicílio diverso do eleito, vício que afeta a própria fundamentação em que se sustenta a imputação infracional.

Recurso especial negado.

A importância deste julgado está em demonstrar que o contribuinte teve a preterição do seu direito de defesa ao ter sido fiscalizado fora de seu domicílio regularmente eleito. A Fiscalização, no caso, exigiu a apresentação de inúmeros documentos, que, conforme alegado pelo contribuinte, estavam todos à disposição na sede da empresa e seu domicílio fiscal. Por não ter apresentado a documentação, o contribuinte sofreu um arbitramento. O CARF, seja no julgamento pela Turma Ordinária, seja no julgamento da 2ª Turma da Câmara Superior de Recursos Fiscais – este, por unanimidade de votos – entendeu que houve a nulidade em razão da violação do direito de defesa do contribuinte.

Pretendeu-se, com a indicação de alguns dos julgados, apresentar, ainda que de forma breve, um panorama do tratamento que é dado ao tema pelo CARF.

Enfim, ao se analisar a jurisprudência administrativa mais atual do CARF, tem-se verificado que: (a) a maior parte dos procedimentos de fiscalização tem sido realizada instando o contribuinte a se manifestar; questionando as motivações dos lançamentos contábeis e das operações investigadas; (b) ao julgar por entender que não cabe a aplicação do princípio do contraditório e da ampla defesa no procedimento de fiscalização, na maior parte dos casos, o CARF, por suas Turmas, julga a alegação do contribuinte que, em muitos casos, teve o contraditório e a ampla defesa, porque lhe foi permitido se manifestar sobre o objeto da fiscalização antes da lavratura do ato administrativo que veicula o lançamento e impõe a penalidade; (c) poucos julgados afastam totalmente a aplicação do direito à ampla defesa e ao contraditório no procedimento de fiscalização.

4. Conclusão

Defende-se, por meio das ideias trazidas neste artigo para o diálogo com a comunidade jurídica, que seja mais uma vez analisada a premissa de que em procedimentos de fiscalização não tenha cabimento a aplicação de direitos constitucionais, como o do contraditório e o da ampla defesa (que apenas passariam a ser garantidos após instaurado processo administrativo).

A ideia defendida é que, da mesma forma que não há qualquer discussão sobre o fato de ser imputado ao contribuinte muito além do dever de pagar o tributo, isto é, o dever de interpretar a lei que impõe a incidência do tributo, o dever de apurar o tributo e de realizar todas as obrigações e deveres instrumentais a fim de deixar documentado o fundamento fático da operação que reveste o surgimento do fato jurídico tributário e todos os demais históricos e informações atinentes a este fato e que são exigidos por lei, então, que seja aceito, sem perplexidades, que este contribuinte que fez todo o caminho da interpretação da lei até o cumprimento de todos os deveres instrumentais e formais para culminar com o pagamento do tributo tenha sua presença garantida e sua voz ouvida no procedimento de fiscalização.

Assim feito, ou seja, obrigatoriamente sendo ouvido o contribuinte e consideradas todas as suas manifestações para a conclusão da fiscalização, estar-se-á dando cumprimento aos direitos constitucionalmente garantidos ao devido processo legal, ao contraditório e à ampla defesa.

Se esta interpretação é um passo maior do que antes foi dado seja pelos doutrinadores, seja pelos aplicadores do Direito, importante lembrar, para finalizar este artigo, a lição do festejado e homenageado professor Roque Antonio Carrazza,[14] ao ensinar:

> Portanto, o princípio constitucional deve ser continuamente "construído" (ou, se preferirmos, "descoberto") pelo aplicador e pelo intérprete, a partir dos valores consagrados no ordenamento jurídico como um todo considerado. Do contrário, com o tempo, fragiliza-se a própria vontade da Constituição.

14. Roque Carrazza, *Curso de Direito Constitucional Tributário*, 29ª ed., São Paulo, Malheiros Editores, 2013, p. 56.

O próprio Poder Judiciário, ao decidir casos em que eles estão em jogo, deve despegar-se dos métodos tradicionais de interpretação, para assumir uma atuação criadora, que concretize os princípios constitucionais, que – como observa José Carlos Vieira de Andrade – "não necessitam da mediação legislativa e não dependem, nem podem depender, por isso, da opiniões ou opções das leis ordinárias. (...).

GRÁFICA PAYM
Tel. (11) 4392-3344
paym@terra.com.br